HISTOIRE

DE LA VIE,

DES OUVRAGES ET DES DOCTRINES

DE CALVIN.

Cet ouvrage se trouve aussi :

A LYON, chez Chambet, Guyot, Mothon et Pincanon, Pélagaud, Périsse.

ET A

AGEN, chez Chairoux et Cie.
AVIGNON, chez Seguin, Aubanel.
BESANÇON, chez Bintot.
BOURG, chez Bottier.
METZ, chez Pallets et Mersh-Maréchal.
MONTPELLIER, chez Séguin.
MULHOUSE, chez François Perrin.
NANCY, chez Grimblot.
NANTES, chez Legros et Mlle Meuret.
POITIER, chez Fradet.
LA ROCHELLE, chez Boutet.
St-ETIENNE, chez Delarue.
TOURS, chez Mlle Leroy, Bonamy.
TOULOUSE, chez Pradel, Douladoure, Bon et Priva.
VERDUN, chez Laurent.

ET A L'ÉTRANGER A

GENEVE, chez Chateauvieux et Berthier Guers.
FRIBOURG, chez Lanther
MILAN, chez Dumolard et Molinari.
ROME, chez Merle.
TURIN, chez Toscanelli frères, Bocca et Reycend.

CALVIN.

HISTOIRE
DE LA VIE,
DES OUVRAGES ET DES DOCTRINES
DE CALVIN

PAR M. AUDIN,

AUTEUR DE « L'HISTOIRE DE LUTHER.

Post tenebras spero lucem.
(DEVISE DE GENÈVE CATHOLIQUE.)

I

PARIS,
MAISON, LIBRAIRE-EDITEUR,
Quai des Augustins, 29.

1841

INTRODUCTION.

A Wittemberg la réforme fut d'abord une révolte de cloître ; à Genève un mouvement politique. Sous cette double forme, elle trompa les ames qu'elle avait séduites. En Saxe, sa destinée était d'aboutir à l'anarchie ; en Suisse au despotisme. Carlstadt porta le premier la peine de sa foi au principe protestant. Le moine d'Eissleben avait proclamé, en termes magnifiques, la supériorité de la raison sur l'autorité. Carlstadt fut exilé et obligé de mendier son pain de village en village, parce qu'il avait interprété, autrement que le docteur Martin, un pronom démonstratif. Schwonkfeld, Œcolampade et d'autres nobles esprits éprouvèrent la colère du réformateur pour ne point avoir cru à son infaillibilité. Il y eut des hérésies dans une église qui avait fait un dogme du libre examen. Mais Dieu réservait à l'Allemagne d'autres châtiments que le désordre intellectuel ; elle devait être punie dans le sang. Les prédications de Luther soulevèrent les paysans de la Thuringe et de la Souabe, qui voulurent pêcher dans les étangs, chasser dans les forêts de leurs maîtres, en vertu du droit que Luther avait donné aux électeurs de faire paître leurs chevaux dans les prairies des moines, de boire dans la coupe des abbés, et de coudre à leurs vêtements les pierreries des évêques.

« Père, nous avons lu la Bible, disaient-ils. Il est écrit dans le saint livre que Dieu fait luire son soleil pour tous les hommes. Nos princes s'élèvent donc contre le Seigneur? car nous ne le voyons presque jamais ce bel astre, nous mineurs enfermés dans les entrailles de la terre et obligés de travailler tous les jours à forger des lances pour nos maîtres, des fers pour leurs chevaux et des colliers pour leurs chiens. Ils nous font payer l'air que nous respirons et la lumière même dont nous sommes privés : la dîme de nos troupeaux et de nos champs leur appartient. Père, à ces électeurs déjà si riches, tu as donné des crosses, des mitres, des ostensoirs d'or, le vin du cellier des couvents, les tapis des cathédrales, des vases sacrés tout garnis de pierreries, des abbayes, des monastères, des prébendes [1] : nous, nous demandons à couper dans les forêts, en hiver seulement, un peu de bois pour nous chauffer; à prendre, en été, quelques grains de blé aux champs de nos seigneurs; en automne, quelques grappes de raisin à leurs vignes pour nos nouveaux nés, et une fois par semaine un peu d'herbe dans leurs prairies pour nos brebis. Si nous sommes comme eux enfants de Dieu,

---

[1] Luther gab den Fürsten die Stifter, Klöster und Abteien; den Priestern gab er die Weiber; dem gemeinen Manne die Freiheit, und das that viel zur Sache. Preb. Gasp. Brochmand, in Examine politico. Conf. Aug., p. 162.

fils d'Adam, créés du même limon ; pourquoi nos conditions sont-elles si différentes ? Cela n'est pas dans l'ordre de la Providence. Le livre que tu nous a recommandé de lire nous l'a dit. Nous t'envoyons nos doléances, mets-les sous les yeux de nos princes. S'ils ne veulent pas nous rendre justice ; Dieu nous a donné des bras, une enclume, un marteau, des piques : nous nous en servirons, et, comme il est écrit dans la Bible, nous combattrons le combat du Seigneur. Dieu nous enverra son ange, qui renversera les forts et élèvera les faibles. Nous frapperons pink, pank, sur l'enclume de Nemrod, et les tours tomberont sous nos coups : dran, dran, dran. 1)

C'est la substance de cette longue prière des paysans que vous pourrez lire dans *Sartorius* 2), ou dans notre père Catrou 3), historien un peu trop oublié.

Les princes, épouvantés, demandèrent à Luther si, dans l'Écriture il n'y avait pas quelques textes à opposer à tous ceux dont les mineurs avaient grossi leur Mémoire. Le moine ne chercha pas longtemps ; il en trouva presque à toutes les pages, qu'il recueillit et adressa, sous la forme d'*Avertissement* 4), aux ouvriers révoltés. Münzer, leur chef, répondit par de nouvelles citations bibliques, et, au nom du Seigneur, appela tous ses frères aux armes. Luther, de son côté, jeta le même cri auquel répondirent les prin-

---

1) Menzel (Ab.), Neuere Geschichte der Deutschen.
2) Sartorius — Versuch einer Geschichte des deutschen Bauernkriegs, Berlin, 1795.
3) Histoire du fanatisme dans la religion protestante, depuis son origine. 2 vol. in-12. Paris, 1733.
4) Vermahnung an die Fürsten und an die Bauern.

ces. Il soutint, ainsi que vous le verrez dans ses œuvres, qu'au paysan il suffit d'un peu de paille et de foin, comme à l'âne : que s'il secoue la tête il faut employer le bâton; s'il rue ou donne du pied, faire siffler la balle 1). Les princes employèrent ces arguments dans l'ordre indiqué par le réformateur, et les paysans succombèrent. On porte le nombre des morts à 120,000. Du sang des mineurs surgit une semence nouvelle de sectaires. Les Anabaptistes vinrent apprendre ce qu'Eckius, Miltitz, Prierias, et d'autres catholiques avaient enseigné : Que Luther marchait dans les ténèbres; et ils ajoutaient qu'eux seuls avaient reçu la lumière et l'intelligence de la parole sainte. Heureusement pour le catholicisme, la parole de Luther avait fait naître une foule de sectes, telles que celles des sacramentaires, des œcolampadiens, des majoristes, des antinomistes, qui, au nom du Saint-Esprit, protestèrent à leur tour contre les prétentions d'infaillibilité que s'arrogeait l'anabaptisme. En sorte que, comme au temps du paganisme, tout fut Dieu excepté Dieu, et toute chaire infaillible excepté la chaire de vérité.

A peine si l'on connaissait, à Genève, une seule ligne de la symbolique luthérienne, quand Froment et Farel vinrent y prêcher leurs nouveautés. La haine de la maison de Savoie jeta dans la révolte une foule de patriotes qui s'imaginaient follement que le catholicisme, au jour du danger, leur refuserait aide et assistance. Comme s'il ne s'était pas déjà noblement associé, dans la personne de ses évêques, aux luttes de la commune, contre les prétentions des empereurs !

---

1) An Joh. Rühel. — be Wette, p. 669, t. II.

comme si la Cité ne devait pas ses franchises à Adhémar Fabri, un des ornements de l'épiscopat genevois! Nous évoquerons dans cet ouvrage quelques unes de ces saintes ombres, et vous verrez tout ce qu'elles valurent, et si elles manquèrent de courage, de dévouement, de charité et de science! Genève a pu les oublier, mais notre devoir était de rappeler leur souvenir. C'est que le catholicisme n'a jamais laissé sur son chemin une gloire même humaine qu'il n'ait voulu rattacher à sa couronne. Ce pont d'Arve, où Froment venait appeler un peuple à la révolte contre le souverain spirituel, c'était un évêque qui l'avait construit de ses deniers. N'est-ce pas le catholicisme qui, au moyen-âge, réveilla les arts, ranima le culte des Muses, ressuscita l'industrie, féconda l'esprit d'association! Il ne pouvait pas plus laisser un peuple dans les ténèbres que dans l'esclavage! Voyez-le au moment de son plus grand développement! Ne soutient-il pas les cités et les républiques italiennes dans leurs luttes avec l'empire germanique? Au XIII° siècle, ne se mêle-t-il pas à ce mouvement de liberté politique qui travaille toutes les nations? Au Grutli, n'apparait-il pas pour sanctifier le serment des trois libérateurs contre l'oppression de la maison d'Autriche? N'est-ce pas une main catholique qui a planté, à Fribourg, le tilleul de Morat? Et Byron n'a-t-il pas vu errer dans la petite tourelle de Stanzad l'ombre de Nicolas de Flue, aussi bon patriote que Guillaume Tell? Il suffirait de jeter un coup d'œil sur la nation allemande pour se convaincre que de toutes les formes religieuses le protestantisme est celle qui est la plus ennemie de la liberté des peuples. Et il faudrait bien se garder de nous opposer l'Angleterre où le catholicisme avait fondé des libertés tellement vivaces que le protestantisme dut les accepter comme lois de l'État 1).

A l'arrivée de Calvin à Genève, la réformation était accomplie. On pouvait la suivre, comme les soldats de Vitellius, aux traces de désordre qu'elle laissait sur son passage. Son triomphe se lisait sur les débris de nos églises, sur les palais de nos évêques, sur les tombeaux des chanoines, sur nos cimetières, et jusque sur les murailles de quelques habitations encore toutes tachées de sang. Une pauvre fille, religieuse à Sainte-Claire, a décrit ces scènes de deuil, de sac et de meurtre ! On nous saura gré, sans doute, d'avoir conservé quelques pages de son récit si naïf et si dramatique.

Quelques historiens modernes, inquiets des destinées de la réforme, se sont demandé quel sort elle aurait eu si Calvin ne fût pas venu s'en emparer comme d'un instrument de domination. Les uns croient qu'elle aurait revêtu la forme zwinglienne; d'autres qu'elle se serait absorbée dans le luthéranisme. Peut-être que, fatigué de doutes, Genève eût suivi sa pente naturelle, et serait retourné au catholicisme. Il faut bien reconnaître que Calvin a été le plus puissant obstacle à l'abjuration de la Cité. Toutefois, une réconciliation était difficile à opérer. Le vainqueur n'aurait pas, sans peine, restitué au vaincu les dépouilles qu'il lui avait dérobées; car nous dirons comment la réforme en Suisse s'y prit pour empêcher tout retour à l'ordre : elle affichait sur les murs de la commune la vente des biens des monastères et des églises; les acheteurs étaient

---

1) Revue du Nord, 251.

nombreux, car le magistrat avait ordre d'adjuger à tout prix. C'est ainsi que le prieuré de Divosne, dans le pays de Lausanne, fut vendu au seigneur du lieu pour 1,000 écus; celui de Perroy, à M. de Senarchans, pour 1,125 fr., et les terres de Villars-le-moine et Clavelayre, près de Morat, à M. l'avoyer Jean-Jacques de Watteville, pour 7,300 fr. 1).

« Trésors d'églises et des couvents, disait Mélanchthon, les électeurs gardent tout et ne veulent même rien donner pour l'entretien des écoles 2). » Ils consentaient à casser le mariage des prêtres, mais ils ne pouvaient entendre parler de restituer les dépouilles du clergé, qu'ils avaient dérobées, ou que Luther leur avait abandonnées.

Le bien d'autrui était devenu pour eux un patrimoine de famille 3).

Luther, à son avènement, ne trouva que des germes imparfaits de révolte. Sa mission fut de les féconder, et, pour le malheur de l'humanité, Dieu voulut qu'il réussît. A la venue de Calvin, la scission de Genève avec l'autorité était un fait accompli. Luther réveille une idée toute spirituelle : c'est l'apôtre de la raison, mais de la raison déchue, contre la foi ou l'autorité. Sa vie est celle d'un théologien qui a jeté sur sa route assez de bruit, de style, de poésie, de colères, de ruines et de sang pour donner de l'intérêt au drame où il a joué. Au dernier acte, la

---

1) Haller, Histoire de la réforme protestante dans la Suisse occidentale, in-12, p. 329.

2) Die Fürsten reißen die Einkünfte der Klöster und die Kirchengüter an sich, und geben kaum was Weniges zu den Bedürfnissen der Kirchen und Schulen.

3) Die Großen ließen sich guten Theils durch die Kirchengüter bewegen. Arnold.

toile tombe, et l'acteur, resté théologien, parait sur une autre scène, dans un misérable cabaret où il épuise les derniers restes d'une imagination désordonnée. Qu'il meure, et l'Allemagne protestante continuera de perdre chaque jour quelque lambeau nouveau de sa nationalité, quelque trait de son imagination primitive, quelque lien qui la rattachait à son passé historique et intellectuel, enchaînée qu'elle est par la main du pouvoir à l'œuvre du réformateur,

Les protestants avancés refusent à Calvin le titre de démagogue qu'ils donnent au Christ et à Luther. Tzschirner appelle Jésus Luther Ier, et ne regarde Jean de Noyon que comme un usurpateur qui s'est servi du peuple pour se couronner 1).

La vie psychologique de Calvin commence quand finit celle de Luther, c'est à dire quand la réforme vit et se meut; parce que Jean de Noyon, ainsi que Henri VIII, adopta l'idée protestante pour se faire chef de l'église et de la société. En lui donc une double individualité.

Comme sectaire, sa puissance est de beaucoup inférieure à celle de Luther qui ressuscita le principe du libre examen, l'illumination par la Bible, la justification par la foi et le serf arbitre, vieilles formules enfouies dans les théologiens hétérodoxes qui l'avaient précédé, mais qu'il raviva par sa parole créatrice. Calvin fut obligé de recevoir,

---

1) Und den (Christus) wir, nach Hrn. Dr. Tzschirner's Ansicht eigentlich Luther den Ersten nennen müßten. Bemerkungen eines Protestanten in Preußen über die Tzschirner'schen Anfeindungen etc. 1824. p. 52.

Voyez: Höninghaus, Das Resultat meiner Wanderungen, Aschaffenburg, 1835, 8, p. 349.

en partie, la symbolique saxonne : ce qui lui appartient dans la confession qui porte son nom, c'est son système hermaphrodite sur la cène, moitié zwinglien, moitié luthérien, trope et réalisme, figure et sensualisme tout ensemble ; car son Dieu ou plutôt son destin, qui damne et sauve suivant son bon plaisir, se retrouve dans OEcolampade.

Dans l'existence des réformateurs quels providentiels enseignements ! tous deux suscités de Dieu, si vous croyez à leur témoignage, pour fonder le règne du Christ; apôtres du libre examen, qu'ils ont mission d'introduire dans le monde; chevaliers, aux gantelets de fer, de la raison humaine qu'ils viennent couronner. Et pour être sauvé, il faut qu'on croie aveuglément à leur parole ! L'impanation de Luther et le prédestinatianisme de Calvin sont deux vérités de salut : l'un voue aux flammes éternelles quiconque refuse d'accepter sa symbolique eucharistique ; et l'incrédule, c'est OEcolampade, Zwingli, Bucer, Brenz, Bullinger, Calvin lui-même, glorieux représentants de l'émancipation religieuse; l'autre n'a pas assez du feu de la vie future pour punir ceux qui lui résistent. Il chasse Bolsec, il exile Gentilis, il brûle Servet, il décapite Gruet qui ne veulent pas adorer son Dieu ! Si la vie dogmatique de Luther est plus dramatique, parce qu'elle s'agite devant des papes et des empereurs, des rois et des électeurs, dans la pathmos de la Wartburg et dans l'antichambre des légats de Léon X, sur les bancs des auberges d'Orlamünd et dans les cités impériales de Worms et d'Augsbourg; celle de Calvin a un autre intérêt bien puissant aussi. Jean de Noyon en lutte avec tous les déserteurs de l'école catholique, Gentilis, Ochin, Castalion, Westphal, qui s'étudient à montrer combien il y a dans sa parole magistrale de faiblesse, de déception, d'inanité, c'est un spectacle que nous avons le droit de reproduire dans notre duel avec la réforme. Rejeté par Pighius, maudit par Bellius, méprisé de Leo Judae, anathématisé par Luther, quelle parole de vie personnifie-t-il donc ? la sienne seule. Ses maîtres, ses disciples, ceux qui l'ont précédé, ceux qui le suivront dans la voie de la révolte, Zwingli dans ses montagnes de l'Albis, Mélanchthon à l'université de Wittemberg, Œcolampade au pied du Hauenstein, Bucer à Strasbourg, le frère Martin à Marbourg, enseignent une autre doctrine que celle que nous entendrons dans l'église de Saint-Pierre à Genève. Tout en nous renfermant dans notre mission d'historien, nous ne pouvions pas, dans notre biographie de Calvin, nous empêcher de faire ressortir les misères de la raison humaine qui reste seule toutes les fois qu'elle se sépare du grand principe de l'autorité : l'unité ou la vérité. Et si notre tâche est plus facile ici que dans la vie de Luther, combien notre parole aussi sera plus saisissante quand nous mettrons aux prises, non plus comme dans notre premier ouvrage, la réforme et le catholicisme, mais deux principes ayant une mère et une genèse communes. Aux Verrières, près de Pontarlier, est une habitation dont le double toit verse les eaux du ciel dans un double ruisseau qui les mène doucement l'un à l'Océan, l'autre à la Méditerranée : c'est l'image de cette parole réformée qui va se perdre dans deux fleuves divers, tandis que la nôtre n'a qu'une source et qu'un réservoir.

Calvin a essayé de ressembler à Luther en bâtissant sur des ruines. C'est à cette œuvre de réédification que nous l'attendions, et que nous le montrerons dans ses stériles essais de liturgie où l'ame souffre autant que le corps.

Nous appellerons à notre aide les calvinistes même pour juger ces formes plastiques dont la stérilité les frappe douloureusement : vous entendrez leurs plaintes et les nôtres aussi, et vous jugerez si cette ame déchue a mieux compris la vérité de notre évangile que la poésie de notre culte.

M. Paul Henry disait récemment que les lois de Calvin sont écrites non seulement avec du sang, mais avec du feu, et l'écrivain, il ne faut pas l'oublier, est un admirateur fanatique du Genevois. Nous ferons connaître le législateur: nous apprécierons ces institutions qu'on dirait dérobées à Dèce ou à Valens, moitié bouffonnes, moitié barbares, où médire de « M. Calvin » est un blasphême ; où défense est faite, sous peine d'emprisonnement, de porter des souliers à la mode bernoise ; où regarder de travers un réfugié français mérite le fouet. Il y a dans le code calviniste tout ce qu'on trouve dans la législation païenne, des anathèmes, des verges, du plomb fondu, des tenailles, des cordes pour suspendre par les aisselles, des potences, un glaive, un bûcher, une couronne de soufre. Celui qui met à la torture est un juriste apostat nommé Colladon qui continue de déchirer les chairs du patient même après l'aveu du crime réel ou supposé. Ceux qui connaissent de l'hérésie, sont des laïques qui savent à peine lire 1) ; les délateurs, des juges sous le nom d'anciens, et la caution du dénonciateur, un secrétaire ou un disciple de Calvin.

Après avoir lu les procès de Servet et de Gruet, on croit sortir de l'un de ces songes poétiques décrits par Shakespeare, où l'on dit à la vision :

---

1) Quippe illitterati homines. Cast. contra Calvinum.

Horrible vision ! n'es-tu pas sensible au toucher, ainsi qu'à la vue, ou n'es-tu que le produit d'une imagination en délire ?

Vous ne rêvez pas. Ce sont de funèbres réalités qui passeront devant vos yeux, mais un autre que nous écrira le récit : ce sera tantôt le secrétaire des archives du conseil d'état de la république, tantôt Calvin lui-même. On nous taxerait de calomnie si nous racontions nous-même.

Toutefois, notre grand débat avec Calvin se videra sur le terrain politique. Il y a trop longtemps que la réforme se vante d'avoir émancipé l'intelligence. C'est assez qu'elle ait joui pendant trente ans de ce triomphe qu'elle obtint un jour quand l'institut de France vînt la couronner dans l'œuvre de Ch. Villers, pour avoir sauvé le monde des ténèbres de la papauté. Alors pas un des juges n'avait étudié l'état de la société saxonne au moment où elle fut envahie par le protestantisme. En Allemagne, on vient de traduire un écrit de M. Spazier, inséré par fragments dans la Revue du Nord, où l'auteur prouve que la réforme de Luther fut également funeste aux développements des lumières, au progrès social, aux libertés populaires et à l'unité germanique. Et M. Spazier a soin, dans une note, d'avertir « qu'il doit être d'autant plus à l'abri de toute suspicion qu'il est protestant, qu'il a été élevé dans le préjugé et presque dans l'intolérance du protestantisme; qu'il a été dans le nord de l'Allemagne, et qu'ainsi l'opinion émise par lui est le fruit de méditations consciencieuses et n'est aucunement provoquée par des influences extérieures 1). »

Donc, nous allons demander compte à Calvin des fran-

---

1) Revue du Nord, N° 2, première année, Avril 1835.

chises dont l'épiscopat avait doté Genève. Vous les verrez, ces saintes libertés, violées, étouffées, détruites dans le sang; les têtes des patriotes qui avaient cru échapper à la tyrannie d'une maison royale trop catholique pour être despote, tomberont une à une. Pierre Vandel, Berthelier, Ami Perrin, François Favre, seront obligés de se courber devant un Abel Poupin, qui les traitera, en chaire, de chiens et de « galaufres »; de paraître devant un consistoire de papes marchands, pour rendre compte de leur foi, de demander l'absolution à quelque moine apostat, chassé de son pays pour vol ou paillardise, de faire amende honorable en face de réfugiés, bourgeois de Genève par la grace de Calvin, au même prix que le bourreau, c'est à dire gratuitement. Les femmes de ces patriotes seront insultées au temple, repoussées de la table de la communion, mises en prison pour avoir dansé ou pour avoir vu danser: cela est écrit dans le procès: échafauds, glaives et bûchers, voilà le spectacle que, pendant sa théocratie de 24 ans, Calvin donnera à la ville qui l'avait accueilli, lui, dit M. Galiffe, banni de tous les pays « qu'il cherchait à s'assujettir ». 1)

En quittant le conseil, le temple, la rue, nous suivrons Calvin dans son logis à Strasbourg et à Genève; nous étudierons l'homme privé, et nous verrons s'il mérite les louanges de Bèze. Farel et Bèze, voilà les seuls amis qui lui resteront fidèles; tous les autres s'éloigneront, exilés volontaires ou martyrs de leur opinion, pour se soustraire à ce despote bilieux qui veut imposer son joug à tout

---

1) Lettre à un protestant.

ce qui l'approche, briser tout ce qui lui résiste, flétrir tout ce qui le contrarie, hommes et croyances. A l'apôtre absolu du moi, nous demanderons ce qu'il a fait d'Ochino et de Gentilis?

Beau rôle que celui du biographe de Calvin! Qu'importe que le lecteur le lise avec des préventions, des préjugés ou des instincts malveillants? L'historien n'a pas besoin de dire : ceci est un récit de bonne foi; le greffier de la justice ne ment pas, nous écrirons sous sa dictée.

Ainsi Calvin dans toutes les phases de sa vie, Calvin adolescent aux écoles de Paris; Calvin à Genève, avec Farel et Froment, quand le germe de la réforme se développe et mûrit; Calvin banni, se mêlant, à Strasbourg, aux discussions religieuses des diètes de Worms, de Francfort et de Ratisbonne; Calvin, au retour de l'exil, théocrate, théologien, législateur, dans toutes ses luttes avec les représentants du libre arbitre : Bolsec, Castalion, Gentilis, Servet et Gruet, et les apôtres exaltés des franchises nationales : Ameaux, Pierre Ami, François Favre, Berthelier; Calvin, enfin, aux prises avec l'autorité représentée par Paul III, la Sorbonne et le clergé lyonnais.—C'est là toute notre œuvre.

Notre idée a été, dans l'*Histoire de Luther*, de réhabiliter la mémoire des intelligences qui se vouèrent à la défense de l'autorité. Nous avons voulu, dans la biographie de Calvin, prouver que le réfugié de Noyon fut funeste à la civilisation, à l'art, aux libertés.

Et cependant il faut bien avouer que nous n'avons pas dit la vérité tout entière : ce n'était pas faute de courage. Des hommes de vive foi et de haute intelligence, M. de Bonald entre autres, nous avaient blâmé d'avoir reproduit dans notre *Histoire de Luther*, des pages transparentes jusqu'à la nudité. Nous nous croyions encore dans cette Allemagne catholique, le pays du franc parler : nous avions tort. On ne nous adressera point ici le même reproche ; il a fallu nous montrer plus chaste que le Réformateur. Quand son langage sera trop libre, nous le ferons parler latin. Nous ne trahirons pas le texte : Calvin s'est traduit lui-même.

La critique, en rendant compte de notre premier ouvrage, a montré envers nous une bienveillance dont nous ne saurions assez la remercier. Ce travail est la suite de celui que nous avons fait paraître; puisse-t-il être acueilli avec la même indulgence ! En composant la Biographie du moine saxon, nous rassemblions les matériaux de l'Histoire de Calvin. Il n'est pas de dépôt littéraire, en Allemagne ou en France, que nous n'ayons visité. Gotha, Berne, Genève, nous ont fourni un grand nombre de lettres du Réformateur, en partie insérées dans l'ouvrage allemand de M. Paul Henry. [1] Pour la première fois nous imprimons en entier l'Epître de Calvin à Farel (1546), touchant Servet, dont l'existence a si longtemps été contestée, et que nous avons trouvée aux manuscrits de la bibliothèque royale à Paris. Lyon et Dijon nous ont donné quelques libelles en vers et en prose, publiés au XVIe siècle ; Mayence et Cologne, des pamphlets allemands sur les disputes dogmatiques de la réforme et du protestantisme ; Bâle, Berlin, Darmstadt, dans des journaux ou revues littéraires et scientifiques, beaucoup de faits curieux; Schroeckh, Plank et Müller, d'intimes appréciations d'hommes et d'évènements.

Admiration et amour pour le principe catholique, c'est le double sentiment qui a inspiré cette Histoire.

---

[1] L'Alphabet manuscrit de Calvin, placé à la fin du deuxième volume, appartient à cet historien.

Nous dononns ici un aperçu des sources où nous avons puisé :

a) SOURCES PROTESTANTES ET REFORMÉES.

ANCILLON, Vie de Guill. Farel.
BAYLE, Dict. historique.
BÈZE (Théodore), Histoire de la vie et mort de feu M. Jean Calvin, fidèle serviteur de J.-C., Genève, Pierre Choult, 1657. — De Cœna contra Westphalum.
Bretschneider (Carl Gotl.), Ueber die Bildung und den Geist Calvins und der Genfer Kirche.
BUCER, De Regno Christi et opera varia.
CALVINI, Opera et Epistolae. Var. edit.
CARLSTADT (And.), Opera varia.
CASTALION, contra libellum Calvini quo ostendere conatur Hæreticos jure gladii coercendos esse. — Attribué aussi à Bellius.
CLÉMENT (David), Bibliothèque curieuse, historique et critique. Leipzig, in-4, 9 vol.
DRELINCOURT, La Défense de Calvin contre l'outrage fait à sa mémoire, dans un livre qui a pour titre : Méthode la plus facile pour convertir ceux qui se sont séparés de l'Eglise, par le cardinal de Richelieu.
FAZY (James), Essai d'un Précis de l'Histoire de la République de Genève, 2 vol., Genève, 1838.
Fessler, Ansichten über Religion und Kirchthum. 1807.
FREHERUS (Paul), Theatrum virorum eruditione singulari clarorum, 2 vol. in-folio.
GABEREL, Calvin à Genève, in-8., 1836.
GALIFFE (J.-A.), Notices généalogiques sur les familles genevoises, 3 vol. in-8. Genève, 1831-1836.
GROTIUS (HUGO), Votum pro pace.
GRENUS, Fragments biographiques et historiques, extraits des registres du conseil d'état de la république de Genève, de 1535 à 1792, 2 vol. in-8.
HAAG, Vie de Calvin, à l'usage des écoles, in-18, 1840.
Henke (Prof. Dr. Heinrich), Allgemeine Geschichte der christl. Kirche nach der Zeitfolge, 1799, in-8.
HESS, Vie de Zwingle, in-8.
Paul Henry, Das Leben Johann Calvins des großen Reformators. 2 vol. in 8. Hamburg. 1835.

Hospinianus, Historiae sacramentariae, in-fol.

Kirchhofer, Farels Leben.

Leti (Greg.), Notitia della vita di Giov. Calvino.

Liebe, Diatribe de Pseudonymia Calvini, Amst.

Lutheri, Opera varia.

Melanchthonis, Epistolae.

Menzel (Karl, Ad.), Neuere Geschichte der Deutschen.

Mori (Alexander), Oratio Genevae habita.

Mosheim, Geschichte des Spanischen Arztes Servede, und neue Nachrichten, in-4. 2 vol.

Maccrie (Thomas), Histoire du progrès et de l'extinction de la reforme en Italie au 16ᵉ siècle, in-8, Paris, 1831.

Müller (Johannes von), Minerva, 1809 et suiv.

Plank, Geschichte unseres protestantischen Lehrbegriffs, 1781.

— — Worte des Friedens.

Ruchat, Histoire de la reformation Suisse, in-12. 6 vol.

Schelhorn (J. Georg.), Amœnitates Hist. Eccles. Francf. 1732, in-8.

Schlosser, Leben des Th. Beza und des P. Martyr.

Schröckh (Prof. Joh. Matth.), Christliche Kirchengeschichte seit der Reformation.

Scott (John), Calvin and the Swiss Reformation. London, 1833.

Senebier, Histoire littéraire de Genève, t. 1. art. J. Calvin, et catalogue raisonné des manuscrits conservés dans la Bibliothèque de Genève.

Servet (Michel), Christianismi Restitutio, in-8. 1)

Tischer, Calvins Leben, Meinungen und Thaten, Leipzig, 1794.

Westphal, Opera varia, Hamburg.

b) SOURCES CATHOLIQUES. 2)

Baudry, l'abbé de, La Religion du cœur, in-12, 1839.

Brieger (Julius), Flores calvinistici descripti ex vita Roberti Dudlei, Joh. Calvini, Thomae Cranmeri, Joh. Knoxii, Neapoli, 1585.

Bolsec (Hierosme), médecin à Lyon, Histoire de la vie,

---

1) L'exemplaire dont nous nous sommes servi et que possède la bibliothèque royale, appartint à Colladon, un des juges de l'Espagnol.

2) Nous n'avons admis les témoignages catholiques qu'autant qu'ils étaient appuyés par des écrivains protestants ou réformés.

mœurs, actes et mort de J. Calvin, recueillis par ... Paris ; chez Guill. Chaudiere, rue St. Jacques à l'enseigne du Tems et du Sauvage, in-12, 1578.

— Histoire de la vie et mœurs de Th. Bèze, Paris, chez le même, 15

CORNAEUS (Melchior), Manes Lutheri et Calvini judicati. Herbipoli, 1651.

DAMIANUS (G.-F.), Synopsis vitae, missionis, Miraculorum et Evangeliorum Mart. Lutheri et J. Calvini, quinque tantum constans capitibus ; Posonii, 1754.

DESMAY (prêtre, Dr. en théologie), Remarques sur la vie de J. Calvin, hérésiarque, tirées des Registres de Noyon, Rouen, 1657.

ECKIUS, Apologia pro reverendiss. illustr. Principibus Catholicis ac aliis ordinibus Imperii, adversus Mucrones et Calumnias Buceri super actis Ratisponae. Parisiis, 1543, in-12.

GAILLARD, Histoire de François premier, t. 7 et 8, Paris, in-12, 1769.

Höninghaus, Das Resultat meiner Wanderungen durch das Gebiet der protestantischen Litteratur, in-8. Aschaffenburg, 1835.

JUSSIE (Jeanne de), Relation de l'apostasie de Genève, in-12 Chambéry, 1611.

LESS (Leonard), Posthumum Calvini stigma in tria lilia sive tres libros dispertitum, a Rhetoribus coll. Societatis Jesu. Bruxellis, 1611.

MAUDUIT, Response au livre intitulé : Défense de Calvin composée par le sieur Drelincourt, ministre de Charenton, Lyon, petit in-8, 1669.

RAEMOND (Florimond de), Histoire de la naissance, progrès et décadence de l'hérésie de ce siècle. Rouen, 1622, in-4.

RICHELIEU (le cardinal de), Méthode la plus facile et la plus assurée pour convertir ceux qui se sont séparés de l'Eglise, Paris, in-fol. 1651.

ROMAEUS (Nicolaus), J. Calvini Noviod. nova effigies, centum coloribus ad vivum expressa, auctore Nicolao Romaeo Brugensi, e societate Jesu, qua Sancti Thomae theologia strictim attingitur, Calvini tota fuse refutatur. Accedit digressio de praedestinatione et justificatione, idem Calvini confessio ex equuleo. Antwerpiae, 1621.

SADOLETI, Opera.
SOULIER, Histoire du Calvinisme, Paris, 1686, in-4.
VASSEUR (Jacques Le), Annales de la Cathédrale de Noyon, Paris, 1633, 2 vol. in-4.

c) JOURNAUX ET FEUILLES LITTÉRAIRES ALLEMANDS.

Allg. K. Zeitung.
Baseler wissenschaftl. Zeitschrift.
Darmst. Allg. K. Z.
Homiletisch-liturgisches Correspondenzblatt.
Literarisches Conversationsblatt.
Theol. Literaturbl. zur Allg. K. Z. 1)

---

1) Nos textes ont été reproduits avec l'orthographe et la syntaxe de l'époque. Nous avons écrit : Budée au lieu de Budé, Beaudoin pour Baudouin, d'après l'orthographe de Calvin ; Kaufmann pour Kauffmann, d'après les manuscrits du temps.

CHAPITRE I.

PREMIERES ANNÉES DE CALVIN. 1509—1529.

Naissance de Calvin. — Ses parents. — Gérard son père le destine à l'étude de la théologie. — La famille Mommor. — Calvin à Paris, chez son oncle Richard. — Mathurin Cordier. — Farel. — Retour à Noyon.

« En 1509, le 10 de juillet, naquit à Noyon Jean Calvin [1]), dans la maison où pend à présent l'enseigne du cerf, et que son père s'était acquise au marché au bled. Il fut baptisé à Ste-Godeberte, et eut pour parrain le chanoine Jean de Vatines.—Je retiens mon baptême, disait souvent Calvin à Bèze, et renonce le crême [2]).

« Gérard, son père, natif de Pont-l'Evêque, esprit ardent et des mieux entendus en la plus fine pratique et algèbre des procès, qui se fourra partout et

---

1) Voyez aux *Pièces justificatives*, n° 1, la PSEUDONYMIE de Calvin.
2) Bèze, Vie de Calvin, p. 8.

brigua grandement les affaires, ne manquait ni de diligence ni d'invention : notaire apostolique, procureur fiscal du comté, scribe en cour d'Eglise, secrétaire de l'évêque, et promoteur du chapitre.

« Gérard eut deux femmes, la première nommée Jeanne-le-Franc, native de Cambray, fille d'un tavernier qui s'était retiré à Noyon, belle personne, mais d'assez mauvais bruit. D'icelle il eut six enfants, quatre fils et deux filles; l'aîné eut nom Charles, le second Jean, le troisième Anthoine, le nom du quatrième n'est su, d'autant qu'il décéda fort jeune. Les deux filles furent mariées en l'Eglise catholique, dont l'une fit sa demeure à Noyon, et eut une fille mariée à Luc de Molle, fourbisseur, demeurant à Compiègne; de ce mariage, naquirent deux enfants, à savoir : Anthoine et Marie. Anthoine, fourbisseur, décéda à Noyon, bon catholique, le troisième dimanche de l'avent, en 1614. Marie épousa un nommé Bruyant, de Compiègne, et eut un fils, Adrien, ci-devant hôte du Lion-d'Argent, à Chartres, près du mont Héry. Anthoine de Molle eut deux enfants, Luc et Marie. Luc fut maître chirurgien au Faubourg de Saint-Germain-des-Prés; Marie fut femme de Jean Fauquet, maître boulanger de la ville de Noyon [1]). »

C'est l'abbé Jacques le Vasseur, chanoine et doyen de l'Eglise de Noyon, qui nous donne ces détails

---

[1]) Annales de l'Eglise de Noyon, par Jacques le Vasseur, in-4°, p. 1156. — « Jacques Desmay et Jacques le Vasseur, docteurs de Sorbonne, ont donné un journal fort exact de la vie de Calvin, jusqu'à sa sortie du royaume, et cela tiré des registres de Noyon. » Drelincourt.

qu'il avait extraits des registres de la cathédrale. Il ajoute tout bas :

« Damoiselle Jeanne de Bure, femme d'honorable homme feu maistre Claude Geuffrin, Françoise Maresse, mère de M. Vincent Wiard, président au grenier à sel, et Hélène Hauet, femme de feu M. Wallerand de Neufville, orfèvre à Noyon, la plus ancienne de la ville, naguère vivante, ont plusieurs fois déclaré avoir entendu rapporter à leurs mères, qu'elles étaient présentes à l'accouchement de la mère de Jean Calvin lorsqu'elle l'enfanta, et qu'avant la sortie de l'enfant, sortit du ventre de la mère une quantité de grosses mouches : présage du bruit que Jean devait faire dans la chrétienté 1). »

Vers ce temps à peu près, un enfant qui devait troubler le monde, allait mendiant son pain de porte en porte, sur la route de Magdebourg, et chantant à l'ame qui lui jetait un grœscheb, la chanson du bon Dieu 2); c'était Martin Luther, le fils de Hans Luther, paysan du village de Mœhra, dans la province de Saxe. Jean Calvin ne devait pas être soumis à d'aussi rudes épreuves.

Son père le destinait à l'étude de la théologie 3) : il lisait dans l'avenir, car il était homme de conseil et de jugement 4). L'œil limpide et proémi-

---

1) Voyez *Pièces justificatives,* n° 2.
2) Mathesius: Jn seinem vierzehnten Jahre kam er nach Magdeburg in die Schule. Alba ist dieser Knabe nach Brod gangen, und hat sein panem propter Deum geschrien.
3) Theologiæ me pater tenellum adhuc puerum destinaverat.
4) Erat is Gerardus non parvi judicii et consilii homo. Beza.

nent de l'enfant, son front large, son nez à inflexions douces comme les anciens l'aimaient à leurs statues, ses lèvres plissées par le dédain et la moquerie, son teint plombé et bilieux, étaient des indices de ruse, de finesse et de sagacité. Quand à la bibliothèque de Genève, vous rencontrez l'image de Luther à côté de celle de Calvin, tout aussitôt vous devinez les facultés psychologiques des deux réformateurs. L'un, avec sa figure fleurie, où le sang court et bouillonne ; son regard d'aigle et ses chairs brillantes d'un coloris tout vénitien, doit représenter l'éloquence populaire, la force brutale, l'enthousiasme lyrique. A lui la tribune, la place publique, le cabaret. L'autre, avec sa face d'anachorète, usée par les veilles ou les maladies ; ses chairs fannées, ses yeux vifs, son teint de cadavre, ses os saillants et qui percent la peau 1), figurera l'analyse, la dialectique, le syllogisme, l'argumentation : c'est l'homme de l'école, du temple, du cabinet, le théologien diplomate, le renard qui a mis pour se déguiser la calotte du moine.

Gérard Calvin était pauvre. Sa place de procureur fiscal lui rapportait à peine 700 livres de rente, et il avait une femme et six enfants à nourrir ; mais la noble maison des Mommor venait à son secours dans les moments de détresse, quand l'hiver était trop rigoureux, que le pain était trop cher, que la famine désolait Noyon. Alors, tous les Calvin, père, mère, enfants, se réfugiaient sous l'aile de cette autre

---

1) Colore subpallido et nigricante, oculis ad mortem usque limpidis, quique ingenii sagacitatem testarentur. Beza, His. Calv.

providence, qui leur donnait du pain et des vêtements. On voudrait que Jean, quand il s'essaie aux lettres humaines, se rappelât avec plus d'attendrissement le bon pasteur de Noyon. Calvin, il est vrai, au sortir de l'enfance, a dédié son commentaire sur Sénèque, « au saint, au pieux Hangest, abbé de Saint-Eloy», un membre de la famille Mommor; mais c'est là tout : et, pourtant, il avait trouvé dans cette maison outre le pain matériel, le pain de vie dont il était alors si avide. La famille des Mommor avait pris soin de l'ame et du corps de leur protégé. Elle lui avait donné pour précepteur le maître de ses enfants. C'est chez elle que Calvin ouvrit sa première grammaire latine, et comme il le dit, qu'il reçut la première discipline de la vie et des lettres 1).

Ainsi, c'est un toit catholique qui abrite l'enfance de Calvin; c'est au foyer des Mommor qu'il se réchauffe, à leur table qu'il s'assied, avec leurs enfants qu'il joue et s'instruit; c'est à leurs livres qu'il va boire les premières gouttes « du lait » des bonnes lettres, ainsi qu'il le nomme lui-même. Et un jour, quand ces images d'enfance se seront effacées, qu'il sera puissant, élevé, que toute une nation l'écoutera, il oubliera la manne de Noyon, et la main qui la distribuait; et dans son humeur puritaine, il damnera quiconque aura adoré Baal — Baal, c'est à dire le Dieu qu'invoquait son protecteur, l'abbé de Hangest, que les enfants Mom-

---

1) Verum etiam magis, quod domi vestræ puer educatus, iisdem tecum studiis initiatus, primam vitæ et literarum disciplinam, familiæ vestræ nobilissimæ acceptam refero. Calv., Præfat. in Senecam, ad sanctiss. et sapientissimum Præsulem Claudium Hangestium, abbatem divi Eligii.

mor ses condisciples priaient chaque matin dans cette maison de charité, qui ne sera plus à ses yeux qu'un nid affreux de papistes.

Le professeur de la maison Mommor était un homme habile, qui donna à son élève tout ce qu'il possédait : une phraséologie abondante, mais sans relief ; un idiome cousu d'archaïsmes provinciaux, et aux couleurs de toutes les gloires littéraires de ce temps-là : grecque, latine, française : instrument sans taille ni contours, dont l'écolier pourrait se servir contre un pédant de collége, mais jamais contre un homme du peuple. Ajoutez quelques lambeaux de prosodie et de poésie latine, et vous aurez tous les trésors littéraires que Calvin tira de cette maison : c'était beaucoup pour un enfant. On le destinait à l'état ecclésiastique, comme vous savez. Avec quelques centaines de livres tournois, que lui donnèrent ses bienfaiteurs, il acheta, le 15 mai 1521, la prébende de la Chapelle de Notre-Dame de la Gésine.

Il avait alors douze ans. « Sous un corps sec et atténué, il faisait montre déjà d'un esprit vert et vigoureux, prompt aux reparts, hardi aux attaques ; grand jeûneur, soit qu'il le fît pour sa santé et pour arrêter les fumées de la migraine qui l'assiégait continuellement ; soit pour avoir l'esprit plus à délivre, afin d'écrire, étudier et améliorer sa mémoire. Il parlait peu : ce n'étaient que propos sérieux et qui portaient coup ; jamais parmi les compagnies, et toujours retiré 1). »

---

1) Florimond de Ræmond, Histoire de la naissance, progrès et décadence de l'hérésie de ce siècle. Liv. 7, ch. 10.

L'œuvre du régent de Noyon était achevée. Calvin partit pour Paris qui était alors le rendez-vous des ames d'élite de la province. Ses chaires étaient occupées par des humanistes dont le nom était Européen. Aleandro avait brigué l'honneur de s'y faire entendre, en venant de Venise, la tête pleine de grec, de latin, de syriaque et de chaldéen : trésors qu'il avait amassés dans l'imprimerie d'André d'Asola. C'est là qu'aidé de quelques écoliers, il avait rassemblé les matériaux de son lexique grec.

La Sorbonne venait de soutenir une lutte avec l'apôtre de la réforme allemande, et elle en était sortie glorieuse, après avoir condamné la plupart des propositions du moine saxon: mais ce triomphe devait être cruellement expié! Mélanchthon, dont le nom était connu de toute la France littéraire, avait livré les sorbonistes parisiens aux moqueries des Allemands. Sa satyre, qui avait traversé le Rhin, et qu'on se montrait en cachette, remuait les écoliers. Alciati, qui enseignait alors à Bourges, pleura de joie en la lisant, et la compara aux plus fines comédies d'Aristophane. Le nom de Luther avait tout à coup retenti dans les colléges de la capitale. Louis Berquin, un ami de Farel, avait traduit en français le traité de la « Captivité de Babylone »; et un matin tous les élèves en droit, en théologie, avaient appris que le pape était l'antechrist annoncé par les prophètes, les moines des acolytes de Satan, les cardinaux des portiers d'enfer, les prêtres des paillards, les docteurs des ânes! Or, jugez de quel émoi dut être prise une ville comme Paris, toute pleine de prêtres, d'évêques, de cardinaux, de moines et de sorbonistes ! La Sorbonne alla déterrer, dans le quartier St-Jacques, un docteur, Jose Clitowe, élève de Jacques le Fèvre, qui se mit à composer un traité contre le moine saxon, lequel eut un grand succès. C'est Bèze qui nous donne ces détails 1).

La théologie était alors la reine du monde ! Pour faire du bruit, elle avait pris tous les costumes : la robe rouge du cardinal, le camail de l'évêque, la soutane du prêtre, le froc du moine, l'hermine du magistrat, le bonnet carré du professeur, la cotte de mailles du guerrier, et jusqu'à des jupons de femme. Marguerite, la sœur de François Ier, faisait dans son hôtel, des modes, de la poésie, du dogme et des contes libertins. Elle chantait :

> La mort est chose heureuse
> A l'âme qui de luy est amoureuse (Dieu).
> O mort ! par vous j'espère tant d'honneur,
> Qu'à deux genoux, en cry, soupir et pleur,
> Je vous requiers, venez hâtivement
> Et mettez fin à mon gémissement.
> O heureuses ames, filles très saintes,
> En la cité de Jérusalem jointes,
> Baissez vos yeux par misération,
> Et regardez ma désolation.
> Je vous supply que vous veuillez pour moi
> Dire à mon Dieu, mon amy et mon roy

---

1) Luther ayant commencé d'écrire contre les indulgences de la croisade 1517, poursuivit plus outre, mettant en lumière son traité intitulé : De la captivité Babylonique. Ce qui amena la Sorbonne à le condamner comme hérétique l'an 1521, et à écrire finalement contre lui un livre intitulé : Anti-Luther, duquel fut auteur un nommé Jose Clitowe, disciple de Jacques Fabri, mais non pas de l'opinion de son maître. Bèze, Hist. eccl., t. I, p. 5.

Luy annonçant à chasque heure du jour
Que je languis pour lui de son amour.
O douce mort, par cet amour venez,
Et par amour à mon Dieu me menez 1).

---

1) Marguerite écrivit à diverses époques : 1° Nouvelles de la reine de Navarre ; 2° Les marguerites de la Marguerite des princesses, avec quatre mystères ou comédies pieuses, et deux farces; 3° Le triomphe de l'agneau ; 4° des Chansons spirituelles ; 5° Le miroir de l'ame pecheresse. Elle avait choisi d'abord pour devise une fleur de souci, avec ces mots : Non inferiora secutus ; plus tard, un lis avec une marguerite : Mirandum naturæ opus.

Voici quelques vers de l'ouvrage incriminé par la Sorbonne.

Marie dit à Jésus :

O quel repos de mère et filz ensemble !
Mon doux enfant, mon Dieu, honneur et gloire
Soit à vous seul et à chacun notoire
De ce qu'il plait à votre humilité,
Moy, moins que rien, toute nihilité,
Mère nommer : plus est le cas estrange,
Et plus en ha votre bonté louange 1).

A JÉSUS SAUVEUR ET JUSTIFICATEUR.

O mon Sauveur par Foi je suis plantée,
Et par amour en vous jointe et entée.
Quelle union, quelle bienheureuseté,
Puisque par Foi j'ai de vous seureté.

Donc Monseigneur, qui me condamnera :
Et quel juge jamais me damnera,
Quand celuy là, qui m'est donné pour juge
Est mon espoux, mon père, mon refuge ?

Jésus Christ qui est mon Redempteur
Qui par sa mort nous a restitué
Notre heritage, et s'est constitué
Notre advocat, devant Dieu présentant
Ses merites : qui sont et valent tant,
Que ma grand depte en est si surmontée
Que pour rien n'est en jugement comptée.

1) Marguerites de la Marguerite des princesses, très illustre royne de Navarre. 1547, p. 34, 51, 59, 68.

Et le cantique achevé, elle lisait à la duchesse d'Etampes les amours adultères ou incestueux de quelque bourgeois de Paris ou de quelque nonne de province, ou à son directeur Guillaume Roussel une satyre contre la Sorbonne qui avait eu l'audace de défendre le miroir de l'ame pécheresse, au grand scandale de ses filles et de ses cameristes : « princesse d'excellent entendement, dit Bèze, et pour lors suscitée de Dieu pour rompre autant que faire se pouvait les cruels desseins d'A. Duprat, chancelier de France et des autres incitant le roi contre ceux qu'ils appeloient hérétiques 1) ». Ce chancelier Duprat était un magistrat inflexible, doué d'une vue profonde, d'une raison exquise, et qui avait eu le grand tort de deviner les projets des deux femmes, la reine de Navarre et la duchesse d'Etampes, qui voulaient convertir François Ier 2), parce que « la rigueur des règles de l'Eglise, et surtout cette gêne de la confession contrariaient leur conscience 3). »

La cour du roi de France était l'asile et comme le

Quand vos vertus, mon Sauveur, présentez
Certes assez justice contentez,
Et sur la croix par votre passion
En avez fait la satisfaction.

Moy doncques ver de terre, moins que rien
Et chienne morte, ordure de fiens,
Cesser dois bien parler de l'altitude
De ceste amour.

1) Bèze, Hist. eccl., t. I, 5.
2) Und sie sowohl als die Maitresse des Königs, die Herzogin von Etampes, führten den König fast bis zum evangelischen Glauben. Das Leben Johann Calvins, von Paul Henry. Hamburg, 1835, t. I, p. 18.
3) Florimond de Ræmond, liv. VIII, ch. III, p. 347.

rendez-vous de toutes les gloires du temps, des gloires littéraires surtout que ce prince aimait et protégeait. On y voyait Guillaume Budée « qui fut si heureux en son érudition de trouver un roi d'excellemment bon esprit et grandement amateur des bonnes lettres, auquel l'écrivain dédia cet excellent livre : Commentaires de la langue grecque, et qui persuada au prince que les trois langues se devaient lire ès écoles et universités de son royaume, et de bâtir un magnifique collége de trois langues 1) » ; Iehan du Bellay, qui aimait d'un amour si vif Horace, qu'il le plaçait sous son chevet ; Ramus, qui devait mourir si misérablement à la St-Barthélemy ; Scaliger, qu'on nomme sans autre éloge ; Melchior Wolmar, un de ces jurisconsultes que Luther poursuivait au cabaret de Wittenberg de ses mordantes ironies, « épilogueurs de mots, disait-il, qui referaient au besoin le Pater ». Vous y trouviez encore Guillaume Cop, Pierre de l'Etoile, « qui tous se mêloient de grec et tant soit peu d'hébrieu, au grand déboire de la Sorbonne, ajoute malignement Bèze, laquelle s'opposa à tout avec une si grande furie, que si l'on eût voulu croire nos maistres, estudier en grec estoit une des plus grandes hérésies du monde. » Calomnie gratuite, car la plupart des sorbonistes savaient à la fois l'hébreu et le grec 2). N'admirez-vous pas les voies de Dieu

---

1) Théodore de Bèze, Histoire ecclésiastique, citée par Paul Henri.

2) Voyez l'écrit de la Sorbonne au sujet de la dispute de Luther et Eck à Leipzig. Luther, avant sa condamnation, appelait la Sorbonne : la mère et la nourrice des bonnes lettres. T. I de sa correspondance, publiée par de Wette.

qui, suivant Bèze, suscite une femme galante pour réformer l'œuvre religieuse, et retire l'entendement à des hommes comme les sorbonistes qui ont blanchi à méditer l'Ecriture !

Aux humanistes, aux poètes, aux lettrés, venaient se mêler les théologiens. On remarquait surtout Jacques le Fèvre d'Etaples, qui avait tout récemment publié son Exégèse sur les Epîtres de saint Paul, et qui préparait alors dans le silence de la solitude sa traduction française de la sainte Bible. En ce moment même Luther annonçait que jusqu'à sa venue, la Bible était un livre proscrit parmi les catholiques, et maître Jean Mathésius, le disciple du moine saxon, se lamentait sur les chaînes auxquelles la papauté tenait liée la chrétienté, en lui déniant la parole de Dieu 1). Abominable mensonge que réfutent assez les commentaires de Cajetano sur les psaumes, les fragments de nos livres sacrés, traduits à Venise, à Rome, à Florence, et la translation de la Bible, par maître le Fèvre 2). Parmi les courtisans de la science on distinguait encore Guillaume Farel, Arnaud Roussel et Gérard Roussel, qu'un évêque de Meaux, monseigneur Briçonnet, avait appelés pour travailler à répandre, dans son diocèse, le goût des lettres humaines. Ce prélat, animé de bonnes intentions, s'était trompé sur le choix des ses instruments ;

---

1) In ben Predigten des Magister Mathesius. Historien von des Ehrwürdigen in Gott seligen M. Luther Anfang, Lehre ꝛc., durch Magister Mathesius, 1627, p. 28, cité dans l'édit. d'Arnim, 1827.

2) Voyez dans le deuxième volume le chapitre qui a pour titre : La Bible.

la plupart de ces théologiens s'étaient infatués à Strasbourg d'idées hétérodoxes sur la liberté, la grace, la justification, et les œuvres, et en étaient sortis, les uns conquis à l'idée luthérienne, d'autres au zuinglianisme, quelques uns aux opinions de Bucer. Pas un n'avait de symbolique uniforme, et tous rêvaient la réforme du catholicisme, par l'immolation de l'autorité au sens individuel, de la parole traditionnelle à l'interprétation privée, de la figure à la réalité, de la conscience éclairée par l'enseignement du pasteur, à l'illumination capricieuse de l'Esprit-Saint.

Donc c'est parmi ces théologiens, trempés de doutes et d'incrédulité, d'amour de nouveautés, et d'orgueil, que Calvin adolescent allait bientôt se trouver! C'est au milieu de factions religieuses de toutes couleurs qu'il devait un jour chercher la vérité.

Il descendit chez son oncle Richard, serrurier, près de l'église Saint-Germain-l'Auxerrois 1). C'était un honnête ouvrier que Richard Calvin, qui nourrit et hébergea le fils de son frère plusieurs années de suite, à ses frais. L'enfant avait une petite chambre qui donnait sur l'église, dont les chants le réveillaient le matin. Les deux fils Mommor qui accompagnaient leur condisciple, l'avaient quitté sur le seuil de la boutique du serrurier, et étaient allés se loger dans la rue Saint-Jacques. Cette séparation ne brisa pas leur amitié d'enfance. Ils se retrouvaient

---

1) Hæc causa fuit cur pater eum quam doctissimum fieri cuperet, mitteretque Lutetiam, et Ricardo fratri commendaret, in vico divi Germani.

Pap. Masso.

chaque jour au collége de la Marche, à la leçon du professeur, et le dimanche ou les jours de fête, à la table de quelque grand seigneur, allié de la famille Mommor, ou dans les jardins du collége, se promenant ensemble, et repassant dans leur mémoire toutes les belles leçons de la semaine. Richard Calvin le serrurier, fier des succès de son neveu, car l'enfant en avait et de bien beaux, continuait d'aller tous les matins à la messe de sa paroisse, de faire maigre le vendredi et le samedi, de dire son chapelet, de jeûner aux quatre temps : pratiques dont l'écolier se moquait. Car Jean à quatorze ans avait lu déjà quelques uns des livres de Luther, et le doute était entré dans son ame, puis l'inquiétude et le tourment. Il enviait le repos dont jouissait le pauvre ouvrier, et ce repos le fuyait. Ce n'était pas, cependant, un grand secret que cette paix intérieure; son oncle le lui eût dit volontiers : croire et aimer était toute la science du forgeron.

Le professeur du collége de la Marche était Mathurin Cordier [1]), qui avait fait des écrivains latins de l'ancienne Rome, ses amis, ses hôtes et ses dieux : « fort bon personnage, de grande simplicité, et fort songneux en son estat; lequel depuis a usé sa vie en enseignant les enfants tant à Paris qu'à Nevers, Bordeaux, Genève, Neuchastel, Lausanne, et finalement

---

[1] Maturinus Corderius spectatæ tum probitatis, tum eruditionis vir. Beza. Ses dialogues ont été long temps dans les mains des écoliers. Il s'essaya à la poésie française dans des hymnes spirituelles, de la force, à peu près, des cantiques de Marot. (Lyon, 1552.)

de rechef à Genève, où il est mort cette année 1564, en l'aage de 85 ans, instruisant la ieunesse en la sixième classe » 1). Véritable esprit révolutionnaire, qui, après avoir jeté un salutaire désordre dans l'enseignement, aurait voulu traiter le catéchisme comme un rudiment. Il était en chaire élégant et fleuri ; sa phrase, quelque peu familière, sentait l'antiquité; poète après sa leçon, il laissait au sortir de classe tout l'olympe païen pour chanter quelque hymne au Seigneur. Ces chants, que Sadolet n'aurait peut-être pas désavoués, n'avaient pas toujours le parfum d'orthodoxie que le savant italien a su mêler à l'ambroisie païenne. Cordier penchait pour les nouveautés allemandes, parce que c'étaient des doctrines nées d'hier, et que ceux qui les propageaient entendaient à merveille la langue d'Homère ou de Virgile. Il ne connaissait pas encore les œuvres poétiques de Bembo, de Bibiena, de Sadolet; son regard s'arrêtait à Bâle, où OEcolampade, Capito, Erasme, ressuscitaient l'antiquité, et jamais ne traversait les Alpes, pour contempler les statues antiques sortant de terre, et chantées à leur réveil en grec, en latin, en hébreu. Quand l'Allemagne essayait quelque glose nouvelle sur un texte de l'Ecriture ; qu'elle poursuivait l'obscurantisme monacal dans les petites lettres de Hutten ; qu'à Wittenberg, elle écoutait, ravie, les commentaires de Mélanchthon sur Aristophane, ou qu'elle se prenait dans le couvent des Augustins d'Erfurth à la parole colorée de Luther: Mélanchthon, Erasme, Hutten, brillants météores

---

1) Bèze, Vie de Calvin.

de la renaissance ; l'Italie suscitait Machiavelli, annaliste à la manière de Tacite, Arioste, poète comme Homère, Guicciardini, historien, souvent aussi chaud que Salluste ; le Tasse, que Platon n'aurait pas eu la force de bannir de sa république, Michel-Ange, Raphaël, Benvenuto Cellini. Beau ciel de poètes, de peintres, de sculpteurs, d'historiens, de ciseleurs, d'orateurs, qui s'ouvrait à chaque heure du jour, et d'où s'envolait quelque divinité qui allait s'abattre à Bourges, sous le nom d'Alciati, pour y porter la science du droit; à l'université de Paris, sous celui d'Aleandro, pour y répandre la langue hellénique.

Ce spectacle était fermé pour Cordier, qui ne voulait pas voir, et qui s'obstinait à prophétiser le réveil prochain de l'esprit, quand l'Italie, grace à la papauté, avait déjà des poètes épiques 1).

Le professeur du collége Montaigu, sous lequel Calvin étudia la dialectique ne ressemblait en rien au régent de la Marche: c'était un espagnol attaché à sa foi, et cloué à Aristote, son idole, malgré tous les sarcasmes que l'Allemagne lettrée répandait sur le philosophe de Stagyre 2). C'était alors la mode parmi les humanistes à foi douteuse, de ridiculiser

---

1) Qu'il nous soit permis de renvoyer nos lecteurs au chapitre de l'histoire de Luther, Léon X, où nous avons décrit l'influence de ce pape sur les lettres.

2) Hispanum habuit doctorem non indoctum. A quo exculto ipsius ingenio, quod ei jam tum acerrimum erat, ita profecit, ut cæteris sodalibus in grammatices curriculo relictis, ad dialecticos et aliarum quas vocant artium studium promoveretur. Beza, vit. Calv.

Aristote, qui représentait l'autorité dans les écoles, comme la papauté la figurait dans le monde catholique. Du reste, Aristote devait plaire à Calvin, esprit pointilleux, retors, amoureux du syllogisme que Luther laissait en arrière, « comme Abraham faisait de son âne. » L'écolier de Noyon ne pouvait aimer Platon : son imagination était trop froide pour se prendre aux songes poétiques de ce moraliste.

C'est à cette époque que Calvin vit et connut Farel, ce puritain de la réforme, qui eût voulu établir le règne de son Dieu, par la flamme et l'épée, et dont OEcolampade avait essayé, mais en vain, de frotter les lèvres de miel, « ame menteuse, virulente, séditieuse 1), » ainsi que l'a peinte Erasme, qui devait la connaître. Farel, natif de Gap et fils d'un notaire appelé Fareau, venait de Bâle. « Zuingle, la chandelle ardente et luisante de Zurich, Haller, le vaisseau d'élection de Berne, et OEcolampade, la lampe de la maison de Dieu, l'avaient embrassé et reconnu pour frère 2)». Il promenait en Suisse son vagabond prosélytisme lorsqu'il arrive à Bâle et demande à disputer. Louis Berus, un théologien renommé de l'université s'y oppose, sous prétexte que les positions de l'étranger sentent l'hérésie. Farel les affiche à la porte du collége : le grand vicaire, le recteur de l'université défendent, sous peine d'excommunication, d'assister à cette dispute. Le sénat croit son autorité compromise et ordonne à tous les théologiens,

---

1) Habetis in propinquo novum Evangelistam Pharellum quo nihil vidi unquam mendacius, virulentius, aut seditiosius. Er., ep. XXX, lib. XVIII, p. 798.
2) Ancillon, vie de Farel, p. 197-198.

aux curés, aux écoliers, de se trouver au tournoi religieux, en déclarant que ceux qui n'y assisteront pas perdront le droit de se servir de moulins, et de fours, et d'acheter au marché leurs viandes et légumes 1). Donc le 15 février tout le monde théologique, qui a peur de mourir de faim, est à son poste. Farel soutient sa thèse, injurie, calomnie, s'emporte, et est obligé de quitter la ville qu'il maudit dans sa colère.

Calvin entrait alors dans sa 19ᵉ année. Le 27 septembre 1527 2), il fut pourvu de la cure de Marteville; il n'était que tonsuré 3). Quelques années plus tard, son père, qui était aimé de l'évêque, obtint pour son fils l'échange de cette cure contre celle de Pont-l'Evêque, « paroisse où son grand père faisait sa demeurance, où son fils Gérard fut baptisé. Ainsi baillait-on les brebis à garder au loup 4). » C'est encore ce bon abbé Claude de Hangest, qui le présente à la cure; cette fois, l'écolier a grandi, il est homme et il ne songe pas à bénir la main qui assure ainsi son pain pour l'avenir. Il n'a de joie que celle d'un enfant orgueilleux, qu'une seule thèse a fait curé de paroisse 5). Cherchez dans ses livres ou dans ses lettres, et vous ne trouverez aucune parole d'amour ou de reconnaissance pour ce nouveau

---

1) Melch. Adam in vitis Theol. exter. 113–114.

2) Moreri, article Calvin. Voy. Pièces justificatives N° 2.

3) Calvin ne fut jamais prêtre et n'entra dans l'état ecclésiastique que par la tonsure. Bayle. — Quo loco (Pont l'Evêque) constat J. ipsum Calvinum antequam Gallia excederet, nullis alioqui pontificiis ordinibus unquam initiatum, aliquot ad populum conciones habuisse. Beza.

4) Desmay, Actes du chapitre de Noyon, cité par Drelincourt, p. 168.

5) Paul Henry, t. 1., p. 34.

bienfait de la famille Mommor ! cœur froid, qui ne garde la mémoire que d'une injure. Oh ! comme nous préférons Luther à Calvin ! Chez le moine saxon, tout est passion, jusqu'à la reconnaissance. Au milieu de ses triomphes bien propres à enivrer une jeune tête, il a de douces souvenances pour Cotta, qui lui jeta la première aumône. Cette image de sainte femme qui vient se placer si souvent entre le pape et le docteur, a je ne sais quel charme qui semble adoucir les emportements du réformateur. Florimond de Ræmond a raison : « Calvin, après avoir vécu aux dépens du crucifix, oublia qui l'avait nourri et élevé 1). »

Il retourna à Noyon et prêcha quelquefois à Pont-l'Evêque 2). Calvin ne nous a rien dit dans ses lettres de ses adieux à ses compagnons de collége, à son régent Mathurin Cordier, et à son oncle le serrurier. Il y aurait eu là, pour Luther, une scène attendrissante à décrire, et le moine de Wittenberg ne l'aurait pas oubliée !

C'est vers ce temps qu'il se lia, dit-on, avec Robert Olivetan, son parent, qui travaillait alors à sa traduction française de la Bible : une de ces ames toutes pleines de doutes et que le Dante place dans les enfers....

  Ne fur fedeli a Dio, ma per se foro
  ....
  Misericordia e giustizia gli sdegna.
  Non ragionam di cor, ma guarda e passa.
      Inferno, cant. 3.

---

1) Florim. de Ræmond, Histoire de l'hérésie de ce siècle.
2) Bèze.

CHAPITRE II.

LES UNIVERSITÉS.

L'Ecolier à l'université. — Location des chambres.— Quand doit-il payer son bail? — Droit qu'il a d'évincer tous locataires qui font du bruit.— N'est pas tenu aux prestations de service envers l'état. — Vêtements. — Livres de l'Ecolier insaisissables. — Droits civils de l'Etudiant. — Ne peut être excommunié. —Prière de l'Elève. —Conseils de Rebuffy.

Voici un monde nouveau que Calvin va bientôt venir habiter, et où nous allons l'accompagner. Les écoliers des universités formaient au 16e siècle, une société régie à la fois par le droit-canon, par la jurisprudence civile, et par les coutumes locales. Rassemblés des divers points de la France, ils apportaient à la ville où ils venaient étudier, des mœurs, un langage, des vêtements dont la forme était lente à s'effacer. L'étudiant, à cette époque, a quelque ressemblance avec celui du 19e siècle : tous deux insouciants, amoureux du bruit, querelleurs ; bons cœurs et mauvaises têtes. Au moyen-âge, l'opposition religieuse et politique qui ne pouvait avoir pour organes, ni des journaux, ni des livres, s'était réfugiée dans l'école.

L'étudiant, en 1500, c'est le vaudeville vivant, frondant le trône et l'autel, le monarque et le pape. En Saxe, quand la voix de Luther se fit entendre à Wittenberg, les écoliers coururent au collége, emportèrent les livres et les brûlèrent devant l'église de Tous les Saints, se croyant à jamais délivrés du joug de leurs régents. En France, ils accueillirent avec une joie enfantine les premiers missionnaires luthériens qui prêchaient l'abolition de l'abstinence des vendredis et samedis. Placés sous la protection des papes et des rois, nos étudiants jouissaient dans la vie civile et religieuse de priviléges dont ils étaient jaloux, et qu'on n'eût pu leur ravir impunément. Le tableau de ces franchises scholaires a été tracé par un professeur qui lisait à Montpellier, Pierre Rebuffy 1), au moment où Calvin vint étudier à Paris. Il nous a semblé que ce serait une curieuse étude de mœurs que celle de ces immunités octroyées pendant plusieurs siècles aux élèves des universités. Ce sont de précieuses images que celles qui nous reportent vers une époque où l'esprit humain marchait à une rénovation complète.

Donc nous sommes à Paris où l'écolier cherche une chambre, presque toujours dans le quartier latin et à proximité du collége qu'il fréquente. Dès qu'il a décliné son titre, le propriétaire est obligé de lui louer. Au besoin, l'écolier peut forcer le propriétaire d'expulser un locataire ancien 2).

---

1) Petri Rebuffi Monspessulani jusrisconsulti, in privilegia et immunitates universatum, doctorum, magistrorum et studiosorum, commentationes enucleatissimæ. Antuerpiæ, 1583, in-4°.

2) Qui si non inveniant domos, possunt compellere habentes ad illis locandum. Guill. de Cugno.

L'écolier, en donnant caution, peut contraindre également son maquignon habituel à lui louer un cheval, suivant cette maxime: que l'hôte qui a arboré les signes de l'hospitalité est tenu d'en remplir tous les devoirs 1). Si le cheval, frappé de verges, et non de l'étrier, est mort sous les coups, il en doit payer le prix. Mais si, faute d'avoine, l'animal s'est amaigri, il n'est tenu à aucun dommage, suivant le texte in Animalia; **C. de cursu publico; lib. 12**, et l'opinion de Platea, ainsi formulée — l'étudiant n'est pas obligé de bourrer d'avoine un cheval de location, attendu la modicité de ses revenus 2).

S'il ne trouve pas de répondant, il doit payer un guide ou coureur. Que si le maître de la maison demande trop cher de ses chambres, l'élève en appelle au recteur qui taxe le loyer 3). A Montpellier, c'était le juge **parvi sigilli** qui fixait le prix de la location, en vertu d'un privilége concédé à cette ville en 1322, au mois de janvier, par le roi Charles IV. A Paris, la taxe était arrêtée par deux magistrats choisis par l'université, assistés au besoin de deux citoyens, en vertu de la bulle de Grégoire IX, donnée à St-Jean de Latran, le 6 des Kal. de mai, et déposée dans les archives de ce corps savant.

Mais, quand l'écolier doit-il payer son bail? S'il

---

1) Nam hospes postquam signa hospitii erexit, cogitur hospites recipere. Joc. Ruffus in l. cursum c. de cursu publico, lib. 12, arg. 4.

2) Nam studentes non solent equos locatos avena impinguare, cum modicum sit eis.

3) Parnormit, in lib. de locat.

y a convention, l'acte oblige; au défaut de convention, la coutume fait règle.

Le maître qui, pour des motifs puissants, a besoin de sa maison entière, ne peut évincer l'écolier auquel il a loué, par la raison toute simple — que dans les villes d'université, il est souvent bien difficile à un étudiant de trouver à se loger ; qu'il ne faut pas lui faire perdre à chercher une chambre, un temps qu'il emploierait à l'étude, et que tout bon citoyen doit penser au bien de son pays avant de songer à ses commodités privées.

Innocent IV par une bulle donnée à Lyon, le second des nones de mars, et la deuxième année de son pontificat, avait défendu, sous peine d'excommunication, à tout maître de maison de louer une chambre déjà occupée par un étudiant ou un docteur.

Si le bruit du marteau d'un forgeron, de la roue d'un tourneur ou du chant d'un ouvrier, habitant sous un toit commun, empêchait l'élève de travailler, il pouvait faire donner congé à son voisin incommode, comme écrivent Barthole et Platea [1], et comme fit Pierre Rebuffy à l'égard d'un tisserand, textor, qui logeait à Montpellier près du collége du Vergier, et qui, levé avec le coq, chantait si haut qu'il étourdissait tous les professeurs [2]. Ce privilége d'éviction s'étendait jusque sur le manipulateur d'odeurs capables de nuire à la santé de l'étu-

---

[1] In lib. 1, in fine. Et solut. mat., in lib. 2; c. qui ætate, lib. 10, et lib. 1 de Excusat. artif.

[2] Petri Rebuffi in privilegia et immunitates universitatum, etc., p. 12.

diant, suivant ce précepte : non licet alicui immittere in alienum quicquam, quamvis in suo possit facere quod libet 1), et parce que, fût-ce le diable même, on aurait le droit d'empêcher qu'il ne nous troublât ou ne nous empoisonnât au logis, comme le confirme Barba in C. 1. de prolat; si toutefois on pouvait trouver un valet assez osé pour faire au malin esprit pareille inhibition 2). Et ni le forgeron, ni le tourneur, ni l'homme à odeurs immondes, ne peuvent suspendre la sentence, exécutoire. nonobstant opposition ou appellation.

Le père est obligé de payer au commencement de l'année scholaire au moins un mois de la pension de son fils qui, à la mort de l'auteur de ses jours, n'est pas tenu de rendre les livres qu'il en a reçus ni d'en imputer le prix sur la légitime, parce que le père est censé les avoir donnés spontanément. Si l'étudiant a contracté pendant ses études des dettes dans l'intérêt de la science, il n'est pas obligé, à la mort du chef de la famille, de les payer sur sa part de légitime, mais de satisfaire son créancier aux dépens de la communauté.

L'écolier doit écouter son maître en silence, ne jamais troubler la leçon par le bruit des pieds, des mains, de la voix, comme cela, dit le professeur Rebuffy, a malheureusement trop souvent lieu à Tou-

---

1) L. sicut § aristo. ff. servit., vendir.
2) Etiam si esset diabolus qui potest prohiberi ne strepitum faciat in domo sua, si tamen inveniretur serviens qui hanc illi inhibitionem facere auderet.

louse et à Orléans où les étudiants sont si turbulents que quand deux d'entre eux ont résolu d'interrompre une leçon, ils forcent le professeur à descendre de chaire 1).

Si un père peut battre son fils, le mettre aux arrêts, le tenir en prison pendant plus de vingt heures, jusqu'à ce qu'il demande pardon ; les docteurs, pères des étudiants, ne peuvent cependant les fustiger, parce que les écoliers, pour un coup en donneraient quatre 2), et que de doux traitements valent beaucoup mieux pour mener la jeunesse à résipiscence.

L'écolier ne pouvait être sous aucun prétexte distrait de ses études par des prestations de service pour l'état. En 1345, le 23 février, Philippe VI rendit l'ordonnance suivante :

« Que des biens desdictz maistres et escoliers ne prenes auculns biens quelz qu'ilz soient pour les garnisons de noz guerres ne pour nostre hostel, pour l'hostel de nostre chere compaigne la royne, ne pour nos enfants, ne pour aultres quelz qu'ilz soient de notre lignage, noz lieuxtenans, capitaines, connestables ou aultres veuillans ou soi disans avoir prinses a nostre royaulme, par quelque autorité que ce soit, mais tous les biens desdictz maistres et escoliers leur laisses paisiblement. »

L'étudiant avait droit de récuser pour examinateur tout docteur qui lui était suspect : le chancelier et les doyens veillaient à ce qu'aucun régent sous le poids de suspicion légitime n'entrât dans la salle d'exa-

---

1) Rebuffus, p. 124.
2) Quia forte ipsi, cum sint jam magni, redderent suis doctoribus quadruplum.

men. L'examen devait être consciencieux, doux plutôt que sévère « qui nimis emungit, elicit sanguinem. »

Il était défendu aux professeurs, aux bedeaux ou appariteurs d'accepter à dîner des élèves qui commençaient à lire (faire des leçons), même dans les universités où l'habitude contraire avait prévalu, comme à Montpellier.

C'était une coutume dans les universités et surtout à Toulouse, à Poitiers, à Cahors, que les maîtres ne reçussent aucun salaire des écoliers sans fortune, auxquels on devait même faire remise de toute somme qu'ils étaient tenus de payer. A Bourges, quand un pauvre plaidait contre la couronne, le roi était obligé de payer deux avocats, le sien et celui du pauvre 1), afin que le procès ne fût point une fiction.

On comparait alors l'étudiant au pauvre, parum habens, qui retourne au logis paternel la bourse vide.

Non unquam gravis ære domum mihi dextra redibat.

En 1295, le mardi après le dimanche de la Trinité, Philippe-le-Bel exempta les maîtres et les écoliers de l'université de Paris, de tout impôt envers l'état, même pour frais de guerre 2).

Les écoliers avaient le droit de porter des vestes courtes, vestes breves, et de la couleur qu'ils ai-

---

1) Quod si pauper habet litem cum rege et non habeat unde faciat expensas, rex administrat advocatum ut veritas causæ servetur.

2) Rebuffus, 148.

maient. En voyage, ils pouvaient avoir des armes au côté. A Avignon et à Montpellier, les clercs eux-mêmes avaient des souliers rouges, caligas rubras.

« Nous autres professeurs, disait Rebuffy, nous jugeons de l'esprit de nos élèves à leur accoutrement.

Plume au chapeau, signe de légèreté;
Habit sévère, signe de demi-sagesse;
Vêtements brillants, signe d'étourderie;
Robe malpropre, signe de gourmandise.

«Veux-tu maintenant savoir quelle doit être la mise d'un écolier? interroge Simache, le philosophe, il te répondra — que sa robe ne balaye pas la poussière, et que si elle traîne à terre, la boue n'y paraisse pas : c'est donc la couleur grise que tu dois affecter; le gris dénote l'espérance. »

En cas d'offense grave envers un écolier, le juge pouvait poursuivre d'office. Pour protéger les étudiants, St-Louis rendit en 1229, au mois d'août, une ordonnance ainsi conçue :

« Que notre propositus ou celui de la justice ne mette la main sur un écolier ou ne l'envoie en prison, à moins que le délit ne soit de nature à exiger une prompte répression: alors notre justice l'arrêtera sans le frapper, à moins que le coupable ne se défende : on le remettra dans les mains de la justice ecclésiastique qui le gardera pour que satisfaction nous soit rendue » 1).

Les livres de l'écolier étaient insaisissables comme

---

1) Et tunc justitia nostra arrestabit eum in eodem loco sine omni percussione, nisi se defenderit, et reddet eum ecclesiasticæ justitiæ quæ eum custodire debet pro satisfaciendo nobis.

l'arme du soldat. Le créancier ne pouvait pas s'en emparer comme gage, il devait attendre que l'écolier eût achevé ses cours. « Car, disait le privilége, il importe que l'étudiant ait des livres qui l'aideront à accroître ou à améliorer ses facultés intellectuelles. La société est intéressée aux études de l'écolier, et le créancier par conséquent, comme membre de la comnauté. Donc il doit prendre patience dans l'intérêt de la chose publique et attendre que son débiteur ait terminé ses études : ce qui est différé n'est pas perdu » 1).

Les Juifs qui, dans beaucoup de villes du royaume, pouvaient garder les objets volés qu'on leur avait vendus ou engagés, jusqu'à réclamation du légitime propriétaire qui devait restituer les avances faites, n'avaient pas le même privilége quand il s'agissait d'écoliers dépouillés de leurs livres par quelque domestique. Le livre reconnu, l'étudiant l'emportait sans désintéresser l'acheteur ou le gagiste. Défenses sévères étaient faites à tout individu tenant pension bourgeoise de garder des livres pour prix des dîners et repas.

Comme la femme, à raison de sa dot, avait privilége sur les biens du mari, de préférence à tout autre créancier ; ainsi dans toute distribution des biens d'un débiteur, l'écolier avait le même avantage, et cela dans l'intérêt des professeurs et régents de collége, dont on voulait assurer le traitement.

L'étudiant jouissait de tous les droits civils de la ville où il étudiait, bien qu'il n'y eût pas de domicile:

---

1) Quod differetur non auferetur.

on avait voulu l'arracher par ce privilége à la loi commune qui permettait à un citoyen de faire emprisonner pour réclamation d'un sou tout étranger, et de le détenir jusqu'à ce qu'il eût donné caution 1).

L'étudiant était dispensé de garder les portes de la ville même en temps de guerre ou de peste, de monter la garde ou de remplir d'autres charges imposées aux citoyens, en vertu d'une immunité concédée aux écoliers par Charles VI, le 12 juin 1419, à Pontoise, nonobstant toute charte de Normand 2).

Pendant tout le temps de leurs études, les écoliers ne payaient aucun de ces impôts connus sous le nom de gabelles. Philippe de Valois, en 1340, au mois de juin, avait rendu l'ordonnance suivante : En vertu de notre pleine puissance, voulons qu'aucun laïque de quelque condition ou dignité qu'il soit, bailli ou préposé, n'inquiète et ne moleste pour aucun prétexte les écoliers qui se rendent au collége ou en reviennent, ou ne leur fassent payer aucun impôt, sous titre de péage, tailles, coutumes, etc. Ce privilége fût confirmé par Charles V qui, le 26 septembre 1369, voulut que l'écolier fût dispensé de toute taxe, tam in aqua quam in terra... Les publicains qui exigeaient d'un étudiant un impôt qu'il ne devait pas étaient condamnés à des dommages-intérêts envers la partie, d'après un privilége con-

---

1) Quo cavetur quod cives, cum literis clamoris unius solidi, possint debitorem forensem etiam ad corpus non obligatum capi facere et in carceres detrudere, donec dederit fideijussores. Rebuffus. p. 305.
2) Bar. per. Mum. tex. in l. 1. C. qui aetate. lib. 10.

cédé par Charles VII à l'université de Paris, l'an
1460, le 25 novembre.

On conserve à Montpellier une charte de Charles VIII où le monarque prenant en considération les services rendus à la France par l'université de cette ville, et les peines des lettrés qui travaillent s péniblement à chercher dans l'étude la perle de la sagesse 1), affranchit les écoliers et les maîtres des droits de gabelle.

Le recteur de l'université de Paris et les procureurs s'assemblaient trois fois la semaine, les lundi, mercredi et vendredi à deux heures de l'après-midi, pour exercer ce qu'on appelait Jurisdictionem in suos; c'est à dire pour examiner ce qui regardait les charges des régents et bedeaux, les droits respectifs des écoliers, des propriétaires ou tenant pension, et régler ce qui avait trait aux lettres, aux manuscrits, aux reliures, aux enluminures 2).

Ni les maîtres, ni les élèves de l'université de Paris ne pouvaient être excommuniés. Innocent l'avait ainsi décrété : — Que nul n'ose donner ou promulguer sentence d'excommunication, même pour cause de meurtre contre tout recteur, maître, procureur ou écolier de l'université parisienne, sans une permission expresse du siège apostolique 3).

Le droit canon permettait à l'écolier d'étudier ou de lire les jours de fête, parce que si le jour consacré au Seigneur il est permis de réparer ou de construire

---

1) Margarita sapientiæ.
2) Robert Goulet in compendio. — Rebuffus. p. 233.
3) Rebuffus. p. 240-241.

des ponts dans l'intérêt public, à plus forte raison peut-on se livrer à une étude qui doit avancer le règne de Dieu. Le droit civil venait s'associer au droit canonique, et décidait que s'il est loisible en ce jour de s'adonner à des occupations sans lesquelles le monde cesserait de subsister, ergo peut-on s'abandonner à l'étude de sciences sans lesquelles le monde cesserait d'exister.

Voici une belle prière tirée de St-Thomas que l'étudiant pieux avait coutume de dire en se levant.

— O créateur ineffable, qui des trésors de votre sagesse avez formé neuf chœurs d'anges, que vous avez, dans un ordre merveilleux, établis au dessus du firmament; vous qui avez distribué avec tant d'ordre les sphères du monde! source de lumière, principe souverain des choses, daignez illuminer les ténèbres de mon entendement des clartés de vos rayons, et corriger cette double misère que j'apportai en naissant: l'ignorance et le péché. O vous qui rendez diserte la langue de l'enfant, instruisez ma langue et répandez sur mes lèvres les trésors de votre grace; donnez à mon intelligence de la perspicacité, à ma mémoire de la facilité, à mon esprit de la subtilité, à mon élocution de la grace et de l'abondance; soutenez mes essais, dirigez mes progrès et achevez mon enseignement.

Rebuffy, le professeur de Montpellier, qui ne manquait jamais de dire le matin l'oraison de l'ange de l'école, assure que ceux qui la réciteront dévotement, réussiront dans leurs études [1]).

---

[1]) Et qui hoc fecerint, venient ad studiorum suorum frugem,

Son « Nécessaire des Ecoles » Scholasticis necessarium, est un code moral où l'on peut surprendre dans les conseils qu'il adresse à ses élèves, la vie de l'étudiant au seizième siècle. Il paraît qu'elle était agitée, tumultueuse, désœuvrée. Rebuffy se plaint des jeunes gens qui, au collége, écoutent fort peu les leçons du professeur, s'amusent à compter les tuiles des maisons voisines, et ont toujours l'œil au plat 1). Il ne voudrait pas qu'ils quittassent leur chambre pour aller étudier en plein vent, sur les promenades publiques où ils sont étourdis par le bruit des passants, et tentés par les œillades des dames qui les regardent des fenêtres. Il désire qu'ils soient laborieux la première année, plus laborieux la seconde, très laborieux la troisième et per-laborieux la quatrième. Amassez, leur dit-il, dans le jeune âge, et rappelez-vous les beaux vers du poète :

> Ut ver dat florem, flo sfructum, fructus honorem
> Sic studium morem, mos sensum, sensus honorem.

Il voudrait que l'écolier de chaque université fît ce qu'il avait vu pratiquer à Toulouse où l'étudiant, avant de boire, devait expliquer un texte de loi romaine, ou le citer par cœur. Il recommande bien à ses élèves de ne pas parler femme à table, de n'avoir qu'un ou deux plats, et, s'il est possible, de ne man-

---

multamque scientiam accipient et omnia eis prospera succedent. — Scholasticis necessarium, p. 270.

1) Sed sunt in studio tegulas domus numerantes et animum in patinis habentes, p. 276.

ger que trois fois tous les deux jours 1). O honte ! s'écrie-t-il; aujourd'hui, non-seulement nous mangeons trois fois tous les deux jours, mais dix fois, et souvent même trois fois dans la même heure ! ah ! combien la pluie qui tombe lentement est préférable à ces averses qui inondent et déchirent le sol !

---

1) Ter in duobus diebus comedere.

CHAPITRE III.

CALVIN A L'UNIVERSITÉ DE BOURGES. 1529 — 1532.

Mort de Gérard Calvin. — Lettre de Jean Calvin à Daniel. — Bourges, André Alciati. — Melchior Wolmar. — Retour de Calvin à l'étude de la théologie. — Théodore de Bèze. — Melanchthon et Bèze. — Système de la prédestination. — Retour de Calvin à Paris. — Prédications. — Le pouvoir sévit contre les réformés.

Les idées de Gérard Calvin étaient changées. Soit qu'il eût deviné les tendances religieuses de son fils; soit qu'il entrevît les luttes que le catholicisme allait subir et où la foi du néophyte pourrait succomber; soit que la théologie n'offrît à ses yeux qu'une rude carrière pleine de périls, sans gloire ni profit, il voulut donner une autre direction aux études de son enfant. C'étaient des pensées mondaines qui agitaient le cœur paternel 1), comme le remarque Calvin.

---

1) Cum videret pater, legum scientiam passim augere suos cultores opibus, spes illa repente eum impulit ad mutandum consilium. Ita factum est ut revocatus a philosophiæ studio ad leges discendas traherer, quibus tametsi ut patris voluntati obsequerer, fidelem operam impendere conatus sum. Cal. Praef. ad Psal.

Alors le droit menait aux honneurs, aux dignités, aux conseils du prince et à la fortune. André Alciati, venait d'être appelé d'Italie par François 1er, pour enseigner à Bourges, au prix de 1200 écus d'or par an 1). « Le roi a bien placé les 1200 écus d'or qu'il octroye à messire Alciat, disaient les échevins de Bourges, car jamais la ville n'a été si brillante ni si heureuse; jamais ses magistrats n'ont eu tant de besongne 2). » C'est à l'étude des lois que Gérard destinait son fils. L'écolier obéit sans murmurer et partit d'abord pour Orléans où lisait un habile homme, Pierre de l'Estoile, qui depuis fut président au parlement de Paris, et le plus aigu jurisconsulte de France, comme on disait alors. Pierre de l'Estoile, apprit à son élève à serrer plus fortement son argumentation, à émonder sa phrase trop exubérante, à être plus sobre d'ornements et de figures, à donner à son style une allure plus franche. Jean Calvin faisait la joie du maître, il était assidu, docile et plein d'ardeur pour le travail : « on ne le tenait déjà plus pour escolier, mais pour enseigneur, dit un de ses biographes. 3)» Maître François Baudoin, Balduinus, rapporte que Calvin ne faisait d'autre métier au collége, que de calomnier ses camarades : aussi l'avaient-ils surnommé accusativus. Ils disaient de de lui — Jehan sait décliner jusqu'à l'accusatif 4).

---

1) Paulus Freherus, Theatrum virorum eruditione singulari clarorum, p. 826.
2) Lettre au chancelier Duprat.
3) Theod. de Bèze.
4) Franc. Balduinus, Apol. secunda contra Calv.

D'Orléans il passa à l'université de Bourges où ses études furent tout à coup interrompues. Il partit pour aller soigner son père malade que Dieu appela bientôt à lui. Gérard Calvin s'endormit dans la foi de ses ancêtres, réconcilié avec l'Eglise qu'il avait contristée, et priant entre ses lèvres pour le salut d'un fils qui allait être exposé aux tentations du monde. Calvin n'a pas voulu décrire les derniers moments de son père; vraisemblablement parce qu'il eût été obligé de peindre l'espoir d'une ame qui rompt ses liens terrestres et s'envole aux paroles du prêtre : sors de ce corps d'argile, ame chrétienne et va vers ton Dieu. Voici les premières lignes tracées par l'écolier de Paris et d'Orléans. La lettre est adressée à Nicolas du Chemin.

« Je t'avais bien promis en partant d'être bientôt auprès de toi, j'attendais; mais la maladie de mon père a retardé mon départ. Les médecins me faisaient espérer un retour à la santé, alors je ne pensais qu'à toi. Les jours s'écoulent; enfin il n'y a plus d'espoir, la mort va venir. Quoi qu'il arrive, je te reverrai. Embrasse François Daniel, Philippe et toute la maison. T'es-tu fait agréger parmi les professeurs de littérature... ? 1) »

---

1) Manssc. ex Bibl. Gen. Quod tibi promiseram discedens me brevi adfuturum, ea me expectatio diutius suspensum habuit, nam dum reditum ad vos meditor, patris morbus attulit causam remoræ. Sed cum medici spem facerent posse redire in prosperam valetudinem, nihil aliud visum est quam tui desiderium, quod me antea graviter affecerat, aliquot dierum intervallo acui. Interim dies de die trahitur, donec eo ventum est ut nulla spes vitæ sit reliqua, certum mortis periculum. Utcumque res ceciderit

Cette lettre est écrite à côté du chevet d'un père mourant, quand le médecin vient de déclarer que tout est fini, et que le prêtre catholique, au son des cloches de la paroisse, apporte les derniers secours spirituels au moribond... Et Calvin n'a pas une larme pour annoncer cette nouvelle à son ami ! Voyez s'il prie ou demande une seule prière à du Chemin ! Il écrit cette scène comme nous ferions d'un drame ordinaire. « Il n'y a plus d'espoir de salut, la mort est certaine. » Le médecin qui sort de la chambre de l'agonisant ne dirait pas autrement ! Et cependant le baiser que Jean a dû imprimer sur les lèvres de son père, est le dernier : il ne le reverra plus. Le père et l'enfant ne se retrouveront jamais. « Gérard, papiste impénitent, n'a plus qu'une demeure de feu; Jean, évangéliste, choisi de Dieu, verra le Seigneur face à face ». Ainsi, la réforme étouffait déjà dans ce jeune cœur toute sensibilité filiale. Luther n'eut pas la triste consolation de voir mourir le vieil Hans. C'est bien loin de son père qu'il apprend que la dernière heure du mineur de Mœhra est arrivée, et alors il écrit aussi à un ami, mais avec quelle tristesse amère et quelle poignante douleur!

Calvin quitta Noyon pour continuer l'étude du droit. A Bourges florissait un professeur qu'on venait entendre de loin, jurisconsulte, théologien, historien et poète : c'était cet Alciati de Milan, l'homme

---

ad vos revisam. Saluta Franciscum Danielem, Philippum, et totum domus tuæ contubernium. Jam dedisti nomen inter rei literariæ Professores ?

de tout un cycle de doctrines 1), dont nous avons déjà parlé, et que sur sa grande renommée François Ier avait appelé en France. Les villes universitaires qu'il avait traversées lui avaient rendu des honneurs presque divins. Calvin l'entendit et en fut émerveillé. Alciati connaissait la Rome du temps de Justinien comme s'il l'eût habitée : on eût dit un plaideur de la Via Sacra, venant expliquer les coutumes, les lois, les usages du pays latin. Quand une pensée l'avait saisi vivement, il la mettait en vers afin que l'auditoire en gardât éternellement le souvenir. Un jour qu'il parlait d'Horace, il se mit à chanter les armes du poète :

> Gentiles clypeos sunt qui Jovis alite gestant ;
> Sunt quibus aut serpens aut leo signa ferunt.
> Dira sed hæc vatum fugiant animalia ceras
> Doctaque sustineat stemmata pulcher olor.
> Hic Phœbo sacer et nostræ regionis alumnus
> Rex olim veteros servat adhuc titulos.

Beaux vers qu'un écolier d'Alciati traduisit sur le champ, mais moins poétiquement :

ARMOIRIES DES POÈTES.

> D'aucuns ont en leurs armes aigles ;
> D'autres lions, serpents ou foines (fouines).
> Mais nous ne tenons point ces règles :
> Ains (mais) avons trop plus nobles signes.
> Nous, poètes, portons le signe
> De Phébus, oiseau bien chantant.
> Sa naissance nous est voisine :
> Roy fut dont est le nom portant.

---

1) Qui omnium doctrinarum orbem absolvit. Epitaphe d'Alciati, gravée sur le tombeau de ce jurisconsulte dans l'église de S.-Epiphane, à Paris.

Calvin, un des premiers à la leçon du docteur, s'attachait à la chaire, et, la bouche béante, l'œil immobile, écoutait Alciati dans une sorte d'extase angélique. De retour au logis, dans sa petite chambre d'écolier, il se hâtait de remplir ses cahiers de toutes les belles choses qu'il venait d'entendre. « Il écrivait, étudiait jusqu'à la nuit, et pour ce faire, mangeait bien peu au souper; puis le matin estant réveillé, il se tenoit encore quelque temps dans sa couchette, remémorant et ruminant tout ce qu'il avoit appris le soir 1). » Sa mémoire se fécondait ainsi, et sans qu'il s'en doutât, sur les bancs de ces écoliers venus de tous les pays, il apprenait ce qu'on enseignait alors dans les couvents : le procédé mécanique de l'argumentation. Seulement à Bourges, le syllogisme d'Alciati se trempait dans la poésie profane pour faire une plus vive impression. Du couvent, Calvin ne fût sorti qu'avec un seul dieu, Aristote; des bancs de l'université de Bourges, il en emportait mille qu'Alciati lui donnait à adorer. C'étaient tous ces fondateurs du droit romain que, dans son enthousiasme lyrique, le milanais comparait à Romulus.

Bientôt l'écolier échangea les empereurs, les consuls, les édiles et la magistrature de Rome contre la Grèce, ses dieux et ses poètes dont un allemand du nom de Wolmar, avait mission, par ordre du roi, de répandre le culte en France. Melchior Wolmar aimait les élèves qu'il engendrait à Sophocle ou à Démosthènes, comme les fils de sa propre chair; il les choyait, les caressait et payait au besoin leurs dettes.

---

1) Bèze.

Il paraît qu'il chérissait de prédilection Jean Calvin, double nature, teutone par sa tenacité au travail, gauloise par sa « grande promptitude à recueillir les leçons du maître, et les saillies des disputes orales 1). »

Melchior, luthérien, comptait beaucoup sur son élève pour faire réussir l'œuvre de la réforme. On voit qu'il fondait surtout ses espérances d'avenir sur l'humeur quinteuse de Calvin ; car il écrivait à Farel : « Quant à Jean, je ne crains pas tant son esprit de travers que j'en espère bien : car ce vice est propre à l'avancement de nos affaires pour le rendre un grand défenseur de nos opinions, parce qu'il ne pourra si aisément être pris qu'il ne puisse envelopper ses adversaires en des empêchements plus grands 2). » Du moins Calvin n'oublia pas cette amitié de collége, et qu'il en soit loué ! Bien longtemps après sa sortie de l'université, il se rappelait son bon Wolmar, et il lui disait :

— Je me souviendrai toute ma vie de ton zèle pour mon avancement, de ton amour pour ton disciple, de ta complaisance à orner mon esprit de tous les dons de la science. C'est sous toi que je me formai aux lettres grecques; et tu ne te bornais pas à veiller sur mes progrès littéraires, tu aurais bien voulu encore m'ouvrir ta bourse 3).

---

1) Bèze.

2) De Calvino non tam metuo ingenii sui τὴν στρεβλοτὴν, quam bene spero, id enim vitii aptum est rebus nostris, ut in magnum assertorum nostrorum dogmatum evadat; non enim facile capi poterit quin majoribus tricis adversarios involvat.

3) Préface du Commentaire sur les Ep. aux Corinth.

Souvent Wolmar, en descendant de chaire, prenait Calvin sous le bras et devisait avec lui dans la cour du collége sur la mythologie grecque, dont il était véritablement amoureux. Mais sa passion ne l'aveuglait pas. Il avait deviné que Calvin n'était pas né pour commenter Aristophane, en pédant de collège, ni pour s'attacher, comme Aleandro, à un imprimeur en renom, afin d'illustrer de scholies et de variantes quelque Hellène récemment déterré.

Donc un jour que tous deux faisaient leur promenade du soir : — Sais-tu bien, dit Wolmar à son élève, que ton père s'est trompé sur ta vocation ! tu n'es pas appelé, comme Alciati, à prêcher sur le droit, ni, comme moi, à débiter du grec ! livre-toi à la théologie, car la théologie est la maîtresse science de toutes les sciences 1).

Ces paroles décidèrent de l'avenir de Jean Calvin qui ferma son Homère, et se mit dès ce jour même à étudier la parole de Dieu. Or, cette parole qu'il trouva dans la Bible n'était pas ce latin de la Vulgate que l'école et l'église lisent encore aujourd'hui ; c'était le gaulois de Le Fèvre d'Etaples ou peut-être de Jean Olivetan que, dans son ardeur de néophyte, il chercha à expliquer, ainsi qu'il eût pu le faire de l'une de ces comédies antiques que commentait Melchior Wolmar. Un maître catholique n'aurait point oublié de lui dire qu'il existait une belle exégèse des livres saints, transmise d'âge en âge, depuis Jésus jusqu'à Léon X, et contre laquelle ne pourrait jamais prévaloir aucune voix humaine, fût-elle

---

1) Florimond de Raemond, page 882.

de Bérenger, d'Arius ou de Luther — l'autorité. Le maître lui aurait montré en ce moment la Bible livrée aux disputes d'hommes de nouveauté, à Zwingli, Luther, Mélanchton, OEcolampade, Capito, Hedio, Bucer, qui ne pouvaient s'entendre entre eux, et édifiaient une Babel dont la construction dure encore.

Parmi les écoliers qui se pressaient autour de la chaire de Melchior Wolmar pour respirer goutte à goutte la rosée de la parole magistrale, on remarquait Bèze que le catholicisme a jugé moins sévèrement que le protestantisme qui l'appelle « l'opprobre de la France, un simoniaque et un libertin infâme » 1). Beau jeune homme tout parfumé d'ambre et de poésie, qui faisait à la fois la cour aux femmes, aux muses et à son professeur Wolmar. Le professeur le gâtait; les muses lui inspiraient des chants que Catulle n'eût pas désavoués; les femmes le trompaient. Il paraît que l'écolier de Vezelay eut à s'en plaindre, et qu'il fut obligé d'aller chercher dans un faubourg de Paris une santé qu'il avait compromise à leur service 2). C'est le seul homme artiste de la réforme genévoise. Alors il ne pensait guère à la parole de Dieu: tout son souci était d'étudier Anacréon et Horace, de mettre ses conquêtes en trochées ou en iambes, qu'il lisait ensuite à ses camarades avec une voix plus douce encore que ses mélodies. Parfois, il était trop antique, et il voulait imiter le

---

1) Galliæ probrum, simoniacus, sodomita, omnibus vitiis coopertus.

2) Il mena une vie dissolue à Paris où il fut traité en un faubourg. Bolsec, p. 20.

poète de Téos jusque dans ses amours honteuses. Il chantait un adolescent du nom d'Audebert, dont il vante la beauté dans des vers, qu'à Rome on eût applaudis, qu'on devait brûler en France. Ce fut un cuisant chagrin pour ses vieux jours que ces pages libertines que Bèze, le ministre, aurait bien voulu déchirer de son livre d'épigrammes ! mais l'œuvre de Robert Etienne qui lui avait prêté ses presses était impérissable, et le scandale sans remède. Il fallut citer Catulle en témoignage de la vertu de Bèze, au défaut de poètes chrétiens anciens ou modernes qu'on eût vainement exhumés pour cautionner l'innocence des vers qu'on va lire :

THEODORUS BEZA, DE SUA IN CANDIDAM ET AUDEBERTUM BENEVOLENTIA.

Abest Candida : Beza, quid moraris ?
Audebertus abest : Quid hic moraris ?
Tenent Parisii tuos amores,
Habent Aurelii tuos lepores ;
Et tu Vezeliis manere pergis,
Procul Candidulaque, amoribusque,
Et leporibus, Audebertuloque ?

Immò Vezelii procul valete ;
Et vale, pater, et valete, fratres !
Namque Vezeliis carere possum,
Et carere parente, et his, et illis :
At non Candidulà, Audebertuloque.

Sed utrum rogo præferam duorum ?
Utrum invisere me decet priorem ?
An quemquam tibi, Candida, anteponam ?
An quemquam anteferam tibi, Audeberte ?
Quid si me in geminas ipse partes,
Harum ut altera Candidam revisat,
Currat altera versùs Audebertum ?

> At est Candida sic avara, novi,
> Ut totum cupiat tenere Bezam.
> Sic Bezæ est cupidus sui Audebertus,
> Beza ut gestiat integro potiri.
> Amplector quoque sic et hunc, et illam,
> Ut totus cupiam videre utrumque ;
> Integrisque frui integer duobus.
> Præferre attamen alterum necesse est ;
> O duram nimiùm necessitatem !
>
> Sed postquam tamen alterum necesse est,
> Priores tibi defero, Audeberte.
> Quod si Candida fortè conqueratur
> Quid tùm ? basiolo tacebit uno.

Nous avons, dans notre histoire de Luther, montré le moine saxon s'ébaudissant à l'auberge de l'Aigle Noire de Wittenberg, et les lèvres trempées de bierre de Thorgau, traitant de la femme en anatomiste plutôt qu'en apôtre de l'Evangile ; mais dans les Tisch-Reden il n'y a pas de Corydon qui chante Alexis. Au moins nous eussions voulu que Bèze eût un peu plus de pudeur, et qu'il ne vînt pas nous parler, comme il le fait, du triste état des mœurs à Orléans et à Bourges avant la venue de Calvin. A ce poète aux douteuses amours, il ne convenait pas d'affirmer que l'étincelle de la foi ne brûlait plus alors que dans deux ou trois cœurs [1], ceux de Daniel, l'avocat, et de Nicolas du Chemin ; qu'en ce temps-là l'espérance dans le Christ, notre rédempteur, était éteinte ; que son sang n'était plus invoqué par les pécheurs : calomnies que répandaient sur leur chemin Luther, quand il parut à Wittenberg, OEcolampade, à son entrée dans Bâle, Zwingli sur ses mon-

---

[1] Hist. eccles. l. 1 p. 9 et suiv.

tagnes de Schwitz, et Bucer à Strasbourg 1). Cette accusation a lieu d'étonner quand elle sort de la bouche d'un jeune écolier qui a dû entrer quelquefois dans la cathédrale de Bourges, ne fût-ce que pour y entendre ces magnifiques hymnes de notre vieille église où l'on chante qu'une « guttule du sang divin peut sauver le monde ». Où Bèze passait-il donc son temps? Quoi! cette ame poétique qui a visité Strasbourg n'a-t-elle pas levé son regard sur le portail du Münster, où l'architecte Ervin Von Steinbach a sculpté cette belle allégorie? — A droite, une femme (l'église) tenant d'une main un calice plein d'hosties; de l'autre une croix; au dessus de sa tête en forme d'auréole cette légende :

Mit Christi Blut überwind ich Dich
Le sang de Jésus-Christ me fait triompher de toi.

A gauche, une femme encore qui a les yeux fermés (la synagogue), une main attachée à une flèche brisée, l'autre aux tables de Moyse rompues, et dont la tête est surmontée de ces mots :

Dasselbig Blut verblindet mich,
Ce sang m'aveugle.

Il n'est donc point entré dans le temple? car il aurait vu sur une porte du tabernacle des prêtres en surplis agenouillés devant le saint sacrement et murmurant : O Jesu qui passus es pro nobis miseris, misero peccatori miserere 2).

---

1) Christum à nobis primo vulgatum audemus gloriari. Joh. Pappus in der Widerlegung des Zweybrückisch-Berichts, p. 427, 428.
2) Osias Schadäus. Beschreibung des Münsters, p. 56, 57.

On a voulu comparer Bèze et Melanchton, deux natures toutes différentes : chez Bèze c'était la matière qui était organisée poétiquement; son oreille musicale eût souffert d'un vers boiteux, d'une épithète douteuse, d'un vocable qui ne sentait pas l'antique ; son cerveau, à la moindre excitation, s'ouvrait pour répandre des mètres de toutes sortes ; mais son ame ne prenait guère part à ce travail mécanique. Ainsi, vous le voyez, quand les réformés promènent leurs ravages dans l'abbaye de Cluny, s'émouvoir, et faiblement encore, à la vue des statues mutilées, des arabesques que la lance d'un soldat fait voler en éclats, de toutes les merveilles de l'art que le fanatisme efface sur son passage. Mais il restera froid comme le marbre à l'aspect de ces prêtres qui élevèrent toutes ces pierres, les bénirent et les consacrèrent au Seigneur, qu'on chasse de la sainte demeure, qu'on laisse sans toit et sans pain. Mélanchthon n'est pas ainsi fait : chez lui c'est l'ame qui vit et sent. Ainsi, quand Luther, à Cobourg, voudra briser la hiérarchie cléricale, alors étudiez bien la figure de Mélanchton, vous surprendrez des larmes qui tombent de ses paupières. Il pleure la ruine de l'épiscopat, mais il cache ses larmes par un respect tout humain, par une amitié trop charnelle pour son père. S'il passe jamais à Strasbourg, comme Bèze, soyez sûr qu'il entendra le concert que lui chanteront les pierres de l'édifice, et qu'il n'insultera pas à la foi des évêques qui dorment dans les caveaux de l'église. Il ne les damnera pas ainsi que Bèze, l'écolier de Vezelay. C'est que sa mère est catholique comme la mère de Bèze et de Calvin, et qu'il ne peut comprendre que Dieu n'ait pas eu pitié de la femme qui le nourrit de son lait. Calvin, dans son puritanisme, envoyait aux flammes tout ce qui ne marchait pas à la lumière de la réforme. Vous vous trompez, si vous croyez que Dieu a placé Bèze près de Calvin pour en tempérer le zèle farouche. Bèze a bien une lyre comme David, mais il ne s'en servira pas; et, d'ailleurs, Calvin, qui se compare au prophète 1), l'écouterait-il ? Ce n'est pas sur une ame froide comme la sienne que la musique ou la poésie aura jamais d'empire 2).

Ainsi l'amitié qui les réunit sur les bancs de l'école de Bourges, sera toute mondaine, et n'aura jamais rien de sacré : tous deux ouvriers du mal, travailleront à la ruine de la papauté ou pour parler leur langue, de la papolatrie, sans pitié pour les cheveux blancs du prêtre catholique, pour le pain matériel qu'ils lui raviront, pour la vieille charge des ames dont ils le dépouilleront. S'ils entrent dans le temple de Saint-Pierre de Genève, et qu'ils heurtent quelque image de saint renversé par la fureur populaire..., ni l'un ni l'autre ne se baisseront pour en ramasser les débris, parce qu'à leurs yeux cette image rappellera le souvenir d'un culte qu'ils ont mission d'abolir. Qu'un bûcher s'élève sur le Champel, et qu'un homme y monte en chantant au Seigneur; soyez sûr que Calvin ne sourcillera même pas, et que si une larme vient mouiller l'œil de Bèze, du pan de sa

---

1) Préface des Psaumes.
2) Voyez au tome deuxième le chapitre qui a pour titre : Théodore de Bèze.

robe de ministre, il saura bien l'effacer, de façon que le maître n'en voie pas même les traces. Peut-être expliquerez-vous, chez Bèze du moins, ce dépouillement de tout sentiment humain par la croyance où l'a jeté Calvin : car tous deux croient à la prédestination. C'est le dogme du réformateur adolescent. Luther a connu ce système dégradant, qui livrant l'homme au désespoir ferait douter de Dieu, il s'en est expliqué avec Mélanchthon, et il a maudit celui qui l'introduisit dans le monde. Singulière destinée que celle de la réforme, qui dessèche les plus nobles sentiments de l'ame, les ravale par le serf arbitre de Luther jusqu'à la bête, lui ravit dans l'œuvre de l'illuminé Carlostadt ces lieux d'expiation au delà de cette vie, où elle peut encore pleurer et mériter ; et dans l'Institution de Calvin, la cloue au fatalisme comme le condamné au gibet ! Ainsi voilà les trois grandes vérités qu'elle vient d'apporter aux hommes : l'esclavage du moi intérieur, l'inutilité de la prière, et la marque de la damnation sur le front du nouveau né.

Il paraît que Calvin avait élevé jusqu'au système ses idées sur la prédestination, et qu'il s'effrayait de ses doctrines : car, à cette époque on le voit travaillé de remords qui troublent son repos intérieur. La peur est dans ses lettres 1). Il écrit à l'un de ses amis, François Daniel : « Je ne vois autour de moi aucun asyle assuré, bien que mes amis m'en offrent de tous côtés. Le père de Coiffart a sa maison toute prête pour me recevoir. » C'est en vertu même de la

---

1) Quoties enim vel in me descendebam, vel animum ad te attol-

mission de son évêque qu'il prêche aux ouailles catholiques ses dogmes désolants. Il fait l'office de papiste, bien qu'il ait renoncé au papisme. « Si estoy-je alors, raconte-t-il, toutes fois bien esloigné de la certaine tranquillité de ma conscience. Car toutes fois et quantes que je descendoy en moy ou que j'eslevoy le cœur à toy (Dieu), une si extrême horreur me surprenoit qu'il n'y avoit purifications ni satisfactions qui m'en peussent aucunement guérir. Eh, tant plus je me consideroy de près, tant plus rudes aiguillons pressoient ma conscience, tellement qu'il ne me demeuroit autres soulas ni comfort, sinon de me tromper moy-mesme en m'oubliant 1). »

Puis tout à coup cette lutte intérieure cesse ; le soulas et le comfort s'établissent dans son ame : c'est qu'il n'appartient plus au catholicisme. « Dieu, s'il faut l'en croire, par une conversion subite, a dompté et rangé son cœur à docilité, lequel eu égard à l'aage estoit par trop endurci en telles choses 2). » Calvin ne nous a pas dit quel est ce coup de la providence qui l'arracha subitement aux ténèbres du papisme. On ne s'explique pas comment ce Dieu qui l'illumine ne le pousse point à renvoyer à son évêque ses lettres cléricales, à renoncer aux bénéfices de sa cure, à cesser

---

lebam, extremus horror me incessebat, cui nulla piacula, nullæ satisfactiones mederi possent. Præfat. ad psalm.;

1) Opus fr., p. 191. Genève 1611.
2) Præf. ad Psalm. Deus tamen arcano Providentiæ suæ freno cursum meum alio tandem reflexit : ac primo, cum superstitionibus Papatus magis pertinaciter addictus essem quam ut facile esset e tam profundo luto me extrahi, animum meum subita conversione ad docilitatem subegit.

de vivre d'un pain préparé par des mains hérétiques ? car il le mange encore ce pain de Pont-l'Evêque, et s'en nourrit chaque jour. Sans ce pain de la charité épiscopale, il ne serait pas à cette heure à Paris, il ne prêcherait pas ses doctrines dans les villages voisins ; sans ce pain, il travaillerait peut-être au métier de serrurier, comme son frère; ou à Noyon, il continuerait l'œuvre de scribe de son père. Car sa mère est morte; et pour se soutenir dans ce monde, il n'a plus que les libéralités de la famille Mommor, qui les retirerait peut-être si elle savait l'usage qu'en fait Calvin; ou les profits de sa modeste cure dont son évêque lui ferait l'aumône, même quand il saurait dans quelle voie nouvelle Jean marche en ce moment, pour ne pas le laisser mourir de faim et de désespoir. Ses panégyristes sont tous fiers quand ils peuvent nous dire : mais voyez donc ! Calvin n'a jamais reçu les ordres, il n'appartenait pas au sacerdoce catholique, il n'a pas imité Luther. Nous leur répondrons : Luther en affichant ses thèses à l'Eglise de Wittenberg, faisait preuve d'un courage qui a manqué à l'écolier de Noyon. Calvin se cache, il renie sa foi, mais dans le silence et en s'enveloppant de ténèbres; il fait comme ces électeurs de la Saxe, qui s'enivraient dans les verres qu'ils avaient volés aux couvents, tout en prêchant contre l'intempérance monacale. Si c'est un coup du ciel qui l'a frappé sur la route de Damas, qu'il cesse donc de penser au lendemain : Dieu saura bien y pourvoir. Quand à cette époque, Ignace de Loyola vient frapper à la porte d'un couvent pour aller prêcher aux infidèles : il ne dit pas :— Donnez-moi du pain, mais un bâton de pélerin, et il *se* met en route, nourri dans son chemin par le Dieu qui donne leur pâture aux oiseaux du ciel. On ne comprend pas cette défiance envers la providence quand on se fait, comme Calvin, un autre David « que l'on contemple ainsi que dans un miroir 1)» et qu'on appose sur ses lettres un beau cachet, où la main de l'adolescent présente à Dieu son cœur entouré des lettres J.-C. 2). C'était manquer de confiance en Dieu. Nature timide, esprit mou et pusillanime 3), c'est Calvin qui se rend ce témoignage, que le temps a mené et qui n'aurait jamais su commander au temps ! La main de Dieu le poussait, le faisait tournoyer et s'en servait comme d'un instrument docile pour les grandes leçons qu'il voulait donner au monde.

Calvin avait abandonné l'université de Bourges (1532) et était retourné à Paris, pour travailler à l'œuvre de la réforme, cherchant des ames qui lui ressemblassent, faciles aux séductions, amoureuses de changement et qu'il enivrait bien vite de ce vin des nouveautés, si doux aux lèvres, si funeste au cerveau. Elles venaient se prendre une à une à ses filets, à sa parole de syrène, qui avait le don d'endormir ceux dont elle ne troublait pas la raison. Il prêchait aux jeunes gens le mépris de la confession, l'inutilité des œuvres, le danger des pélerinages. Il livrait à ses moqueries, les moines, les couvents, les prêtres ca-

---

1) Préface des Psaumes.
2) Voyez p. 24 de l'Avertissement des lettres à Bourgogne sur le cachet de Calvin.
3) Ego qui natura timido, molli et pusillo animo me esse fateor. Præf. ad Psal.

tholiques. Il déclamait contre le luxe des évêques, les richesses des églises, l'ignorance du sacerdoce. Il prêchait contre le faste des successeurs de Léon X, les profusions des indulgences, les redevances de la cour de France envers la papauté. Il annonçait une parole qui devait changer le monde, moraliser la société, détruire la superstition et faire luire la lumière. Il montrait une nouvelle étoile qui avait paru d'abord à Wittenberg et qui venait de briller à l'horizon de la France. On l'écoutait et ses succès étaient plus grands qu'il ne l'avait espéré. Il écrivait : « J'estois tout esbahi que devant que l'an passât tous ceulx qui avoient quelque désir de la pure doctrine se rangeoyent à moy pour apprendre, combien que je ne fisse quasi que commencer moy-mesme. De mon côté d'autant qu'estant d'un naturel un peu sauvage et honteux, j'ai toujours aimé requoi et tranquillité, je commençoi à chercher quelque cachette et moyen de me retirer des gens; mais tant s'en faut que j'en veinsse à bout de mon desir, qu'au contraire toutes retraites et lieux à l'écart m'estoient comme escholes publiques. Brief, cependant que j'avoye tousjours à but de vivre en privé, sans être cognu, Dieu m'a tellement proumené et fait tournoyer par divers changements que toutes fois il ne m'a jamais laissé de repos en lieu quelconque, jusques à ce que maugré mon naturel il m'a produit en lumière et fait venir en jeu, comme on dit 1). »

---

1) Préf. des Ps. Ego qui natura subrusticus umbram et otium amavi, tunc latebras captare, quæ adeo concessæ non sunt, ut mihi secessus omnes instar publicæ scholæ essent.

A Paris, Calvin avait fait connaissance d'un marchand nommé Etienne de la Forge 1), luthérien ardent, dont la boutique servait le soir de rendez-vous aux religionnaires, et où Jean prêchait ordinairement. Ses discours pleins d'emportement contre le catholicisme se terminaient toujours par la même formule : Si Dieu est avec nous, qui sera contre nous? Luther disait : Si notre œuvre vient des hommes elle mourra, si c'est de Dieu, elle ne saurait périr. C'est la même pensée exprimée entre d'autres termes et dont Adolphe Menzel a contesté la vérité : comme si, dit-il dans la préface de son histoire de la réforme en Allemagne, un fait à sa plus haute puissance pouvait jamais constituer un droit!

Alors advenait ce qui était déjà arrivé en Allemagne : de ces prédications clandestines sortaient des néophytes tout brûlants d'un feu qu'ils nommaient divin. Prophètes impromptus qui se croyaient appelés à régénérer l'œuvre de quinze siècles, docteurs sans étude qui prétendaient convaincre de mensonge nos interprètes sacrés ; lévites qu'un souffle de Calvin transformait en apôtres, sorbonistes sans soutane qui demandaient à disputer avec le maître et la servante, ouvriers le matin, disciples au milieu du jour et le soir prédicants, et ressemblant à ce bouffon que Walter Scott nous peint : archer par la tête, majordome par la ceinture, et coureur par les pieds. On nommait alors ces hommes nouveaux des luthériens,

---

1) Feu Etienne de la Forge dont la mémoire doit être bénite entre les fidèles comme d'un saint martyr de Christ. —Contre les Libertins. Ch. 4.

car le vocable de huguenot n'était pas encore trouvé. Il y avait de ces luthériens dans un grand nombre de villes de France; à Meaux surtout où ils avaient excité du trouble : l'autorité avait été obligée plus d'une fois de réprimer leur zèle fanatique et leur parole insolente. Devant le magistrat, ils étaient pleins de fierté, en prison remplis d'une sérénité radieuse ; ils se croyaient appelés de Dieu et inspirés de son verbe. Calvin, à Paris, avait fondé une petite église où il prêchait la nuit et à huis clos, attaquait la tradition dans ses organes catholiques, la foi dans ses mystérieux refuges, la magistrature dans ses représentants, l'église dans la papauté, la société dans sa forme religieuse; s'élevant ainsi contre la constitution du pays, contre son culte et contre ses lois. Pasquier nous le montre «au milieu de ses livres et de son étude, d'une nature remuante le plus possible pour l'advancement de sa secte. Nous vismes quelquefois, dit-il, nos prisons regorger de pauvres gens abusés lesquels sans entre cesse, il exhortoit, consoloit, confirmoit par lettres, et ne manquoit de messagers auxquels les portes étoient ouvertes, nonobstant quelques diligences que les geoliers apportassent au contraire. Voilà les procédures qu'il vint au commencement par lesquelles il gaigna pied à pied une partie de notre France. Tellement qu'après longue traicte de temps, voyant les cœurs disposés à sa suite, il voulut franchir le pas, et nous envoya des ministres, qui furent par nous appelés prédicants, pour exercer sa religion en cachette, voire dans nostre ville de Paris où les feuz estoient allumez contre eux. »

---

1) Pasquier. Recherches sur la France, lib. 8, p. 769.

Le pouvoir avait eu recours d'abord aux menaces ; les menaces avaient été inutiles. Il employa la prison, la prison ne convertit personne. Les luthériens vouaient dans des pamphlets répandus nuitamment, les magistrats à l'indignation des hommes, leurs juges à l'exécration de la postérité, le prince à l'ire du Seigneur, les papistes aux flammes éternelles. Les bannissait-on ? ils rentraient bientôt en France avec une ardeur de prosélytisme accru de toutes les souffrances qu'ils avaient endurées dans l'exil. Leur lisait-on la bible où l'apôtre recommande l'obéissance aux puissances de la terre ? ils montraient leur père en Christ, à la diète de Worms, jetant son défi à l'empereur et aux ordres, et préférant obéir à Dieu plutôt qu'aux hommes. Luther était à leurs yeux un nouveau Paul, dont la parole devait délivrer le monde des ténèbres de la superstition. Si on leur disait que Luther avait été condamné par le saint siége ; ils répondaient en citant des vers latins qui avaient traversé le Rhin : — Si Luther est coupable d'hérésie, le Christ doit être mis en jugement 1). Le magistrat, la plupart du temps, ignorait ce qui se passait sur la terre qu'avait travaillée l'hérésie, car, autrement il aurait pu montrer à cette heure même le pauvre Carlostadt fuyant la colère de Luther et obligé de quitter la Saxe et d'aller mendier ailleurs son pain, parce qu'il avait cru à la parole du moine et essayé d'introduire un verbe nouveau dans le monde réformé.

---

1) Hæresibus si dignus erit Lutherus in ullis,
   Et Christus dignus criminis hujus erit.
   Sagt man, daß Lutherus sey schuldig einiger Ketzereyen;
   Ey so muß dann Christus selbst dieses Lasters schuldig seyn.

On eut recours à la violence : on dressa des bûchers où montèrent quelques fanatiques dont le trépas fut transformé en martyre ! ames crédules, et plus dignes de pitié que de colère, qui croyaient gagner le ciel par l'apostasie, et qui mouraient joyeuses pour la glorification d'une lettre qu'elles ne comprenaient pas, et au service de laquelle pas un des successeurs de Calvin ne voudrait verser aujourd'hui une goutte d'encre seulement ! car le Christ, fait à l'image de Calvin, ne ressemble plus aujourd'hui au Christ de quelques ministres de Genève. Le Christ de Jean de Noyon avait une double hypostase; il était Dieu et homme ; et le Christ des successeurs du réformateur, monade qui a dépouillé son auréole divine, n'est plus qu'un fils d'Adam formé du limon de la terre, seulement un peu plus grand que Mahomet ou Alexandre.

CHAPITRE IV.

LE TRAITÉ DE LA CLÉMENCE.

Examen de l'ouvrage. — Peines et tourments de l'auteur. — Lettres diverses. — Calvin vend sa cure et la part de son héritage.

La voix de Luther, quand on tuait l'un des siens, était magnifique : elle criait aux rois, aux empereurs, aux ducs : c'est le sang du juste que vous avez versé. Alors, le saxon improvisait un hymne en l'honneur du martyr, qu'on chantait à la face des puissances :

> « A Bruxelles dans les Pays-Bas
> Le Seigneur vient de faire éclater sa grandeur
> Par la mort de deux enfants
> Qu'il avait ornés de dons si magnifiques 1) ».

Calvin n'eût osé imiter Luther. Il nous a déjà dit

---

1) Zu Brüssel in dem Niederland
Wohl durch zween junge Knaben
Hat Gott sein Wunder macht bekannt,
Die er mit seinen Gaben
So reichlich hat gezieret.

qu'il manquait de courage. Il répète encore : — que plébéien, petit de toute manière comme homme, comme savant, il n'a rien en lui qui puisse atteindre à la célébrité 1). Il essaya pourtant une timide protestation en faveur de quelques huguenots qu'on avait brûlés en place publique : œuvre d'une ame double, dit Papyre Masson, catholique dans ses écrits et luthérien au logis 2).

C'est son premier livre. Il a pour titre : De Clementia, paraphrase d'un écrivain latin de la décadence. Du reste, c'est la première fois qu'un commentateur ignore la vie de celui dont il met l'œuvre en lumière. Calvin a confondu les deux Sénèques, le père et le fils, le rhéteur et le philosophe dont il ne fait qu'un être littéraire, vivant toute une vie de patriarche, plus de 115 ans.

Il faut pardonner à Varillas 3) d'avoir relevé assez aigrement cette erreur du biographe de Sénèque le philosophe, et ne pas s'irriter, comme font les historiens de la réforme, contre la parole superbe de l'historien français. Quel est le protestant qui n'eût fait comme Varillas, si la faute avait été commise par un catholique?

L'œuvre littéraire cousue par Calvin, en guise de commentaire au traité de Sénèque, n'est point in-

---

1) Unus de plebe homuncio, mediocri, seu potius modica eruditione præditus, nihil in me habeam, quod spem aliquam celebritatis excitare possit.

2) Ediderat Calvinus Commentarios illos de Clementia, aliud agens, aliud simulans.

3) Varillas, Histoire de l'Hérésie, etc., liv. x. Bayle. Art. Calvin.

digne d'un lettré de la renaissance : c'est une amplification monacale qu'on dirait écrite dans la cellulle d'un bénédictin, tant les citations s'y pressent, tant l'érudition y marche entourée de noms grecs et latins, de poètes, d'historiens, de moralistes, de rhéteurs, de philosophes, de philologues. Calvin est un écolier coquet qui aime à faire parade de ses lectures et de sa mémoire. Son livre[1] est une galerie ouverte à toutes les gloires littéraires des temps anciens et modernes que le commentateur appelle à son aide, souvent pour élucider un texte douteux. Le jeune rhéteur aime son pays; et quand, sur son chemin, il rencontre un nom historique qui pourra faire comprendre sa pensée, il se hâte de le proclamer avec tous ses titres à l'admiration. Il y salue Budée en termes magnifiques : « Budée la colonne et la gloire des lettres humaines, grace à qui la France peut revendiquer aujourd'hui la palme de l'érudition [2] ». Le portrait qu'il trace de Sénèque est d'une plume exercée. « Sénèque, dont la parole pure et polie, sent en quelque sorte son siècle; à la diction élégante et fleurie, au style sans gêne ni travail et qui coule sans souci ni tourment » [3]. On voit que l'écolier a eu l'honneur d'étudier sous Ma-

---

1) Joannis Calvini in L. Annæi Senecæ, Romani senatoris ac philosophi clarissimi, libros duos de Clementia ad Neronem cæsarem, Commentarii, Genevæ.

2) Rei literariæ decus ac columen, cujus beneficio palmam eruditionis hodie sibi vendicat nostra Gallia.

3) Sermo purus ac nitidus, suum scilicet sæculum redolens; genus dicendi elegans ac floridum, stylus illaboratus ac sine anxietate fluens.

thurin Cordier et de recevoir des leçons d'Alciati. Mais, à tout prendre, son livre est une allégorie manquée ; car quel lecteur aurait pu deviner que l'écrivain avait voulu représenter François Ier sous le nom de Néron auquel le Cordouan s'adresse ? Le traité ne pouvait faire aucune sensation, et comme l'œuvre de Sénèque, il devait s'abimer dans cette mer de passions soulevées aux deux époques autour des deux écrivains 1).

Calvin avait eu beaucoup de peine à faire imprimer ce commentaire latin : les fonds lui manquaient, les revenus de sa cure de Pont-l'Evêque n'étaient pas suffisants pour payer le typographe. Comment s'adresser à la famille Mommor ? Il craignait aussi que ce livre ne tombât dans l'oubli, et ne fît tort à sa réputation naissante. Toutes ces alarmes d'un écolier se révèlent dans diverses lettres qu'il écrit à ce sujet à ses amis de cœur.

« Voilà mes livres de Sénèque sur la Clémence, imprimés à mes dépens et par mes soins ! 2) il faut les vendre maintenant et rattraper l'argent qu'ils m'ont coûté. Tâchons aussi que ma réputation n'en souffre pas. Vous me direz donc tout d'abord comment le monde les a accueillis ; s'il les a reçus avec faveur ou

---

1) .... Und wurden in diesem tobenden Meere von Leidenschaften überhört und nicht beachtet. Paul Henry, p. 55.

2) Libri Senecæ de Clementia tandem excussi sunt meis sumtibus et mea opera; nunc curandum ut undique colligatur pecunia quæ in sumtus impensa est; dein ut salva sit mea existimatio: primum velim mihi ut rescribas quo favore vel frigore excepti fuerint. MSS. Arch., Eccl. Bernensis. — Le 1er livre de la Clémence contient 26 ch., le 2e 7.

indifférence ? » Tout le souci du pauvre auteur est de ne rien perdre dans cette entreprise : sa bourse est vide, besoin est de la remplir ; et il s'adresse aux professeurs pour répandre ce traité, à un de ses amis de Bourges, membre de l'université pour qu'il en fasse lecture en pleine chaire ; à Daniel auquel il voudrait bien en expédier cent exemplaires 1). Papyre Masson s'est trompé : le commentaire sur la clémence ne parut pas, comme il le pense, sous le titre de Lucius Calvinus, civis romanus 2), mais sous celui de Calvinus que porta désormais le réformateur 3).

Ce traité fit connaître Calvin du monde savant. Bucer, Capito, OEcolampade, félicitèrent l'écrivain. Calvin en avait adressé de Noyon, en septembre 1532, un exemplaire à Bucer, alors à Strasbourg. Celui qui était chargé de l'offrir au savant était un pauvre jeune homme soupçonné d'anabaptisme et qui fuyait la France. La lettre de recommandation de Calvin est pleine d'une douce compassion pour les misères du pécheur. « Mon cher Bucer, lui dit-il, tu ne seras pas sourd à mes prières, tu regarderas à mes lettres; je t'en prie, viens au secours du proscrit, sers de père à l'orphelin 4) ».

C'était adresser le malade à un triste médecin ! Bucer tour à tour catholique, luthérien, anabaptiste,

---

1) Tandem jacta est alea. Exierunt commentarii mei in libros Senecæ de Clementia, sed meis sumptibus, quæ plus pecuniæ exhauserunt quam tibi persuaderi possit, etc. MSS. Arch. Eccl. Bernensis.
2) Papyrius Masso, vita Calvini.
3) Maimbourg, Histoire du Calvinisme, p. 57.
4) Paul Henry, p. 55.

zwinglien ! D'ailleurs, pourquoi ce prosélytisme de guérison morale? l'exilé était anabaptiste au même titre que Calvin était prédestinatien : en vertu de ce texte sacré : « Allez, quiconque croira et sera baptisé, sera sauvé ». L'anabaptiste croyait à l'inefficacité du baptême, sans la foi manifestée par un acte extérieur. Mais Calvin, à cette heure, n'était-il pas aussi à plaindre que l'anabaptiste ? lui aussi doutait, interrogeait la Bible, et croyait avoir surpris le sens d'une lettre que nulle intelligence, avant lui, n'avait pu saisir. Quelle était donc cette vérité, dont la conquête lui faisait tellement peur, qu'avant de la répandre, il vendait sa cure de Pont-l'Evêque, et jusqu'à l'héritage paternel ?

En 1531, Jean Calvin se présentait devant Simon Legendre et Pierre le Roy, notaires royaux au Châtelet de Paris, pour donner procuration à ses frères, afin de vendre ce qui lui revenait de son père et de sa mère.

« A tous ceux qui ces présentes lettres verront : Jean de la Barre, chevalier comte d'Estampes et gouverneur de Paris, et garde de la prévosté dudit lieu, salut: savoir faisons que pardevant Simon Legendre et Pierre Leroy, notaires du roy, nostre sire au Chastelet de Paris, furent présents en leur personne maistre Jean Cauvin, licencié ès-loix, et Antoine Cauvin son frère, clerc, demeurant à Paris, fils de feu Gérard Cauvin, en son vivant scribe de monsieur l'évêque de Noyon et de Jeanne Le Franc sa femme ; lesquels conjointement et divisément firent, nommèrent, ordonnèrent, constatèrent et establirent leur procureur général et certain messager spécial, maîstre Charles Cauvin leur frère, auquel portant ces présentes ils donnèrent et par ces présentes donnent pouvoir et puissance de vendre, céder, transporter à telle personne ou personnes, les deux tierces parties par indivis aux susdits constituants appartenants, de leur propre à eux venu et escheu par la succession et trépas de ladite feue Jeanne Le Franc leur mère, en la quarte partie aussi par indivis d'une pièce de pré contenant quatre stiers et demy ou environ assis au terroir de Noyon, tenant d'une part au bois Chastelain; d'autre part aux religieuses, abbesse et convent de la France, Abbaye-au-Bois; d'autre part aux maistres frères et sœurs de l'Hostel-Dieu Saint-Jean de Noyon et au chapitre de l'église Notre-Dame dudit lieu; aboutissans au chemin par lequel on va de Noyon à Genury, de faire lesdites vente, cession et transport à telles charges, pour tel prix, et ainsi que ledit maistre Charles Cauvin leur frère et procureur verra bon être; de recevoir les deniers, promettre garantie, sous obligation de tous leurs biens à venir. Fait et passé l'an 1531, le mercredy 14 jour de febvrier ».

Et quelque temps après Calvin résignait sa chapelle de la Gésine à Antoine de la Marlière, mediante pretio conventionis, dit l'acte de cession, et sa cure de Pont-l'Evêque à Caïm [1]).

---

[1] Tout ce que dessus avéré par l'information de feu M. Antoine de Mesle, docteur ès droicts, trésorier et chanoine de l'église de Noyon, juge ordinaire en l'audience épiscopale du lieu, et par le témoignage de Papire Masson : Duo illa beneficia vendidit Antonio Marliero unum, alterum Gulielmo Bosio presbyteri noviomensis ecclesiæ. Papirius a pris Bosius (du Bois) pour Caïm.—Le Vasseur.

CHAPITRE V.

CALVIN A LA COUR DE MARGUERITE. LA PSYCHOPANNY-CHIE. 1534 — 1535.

Cop et Calvin s'enfuient de Paris. — La cour de Nérac. — Calvin à Claix. — Du Tillet. — A Orléans. — La réforme en France. — Servet. — Exil de Calvin. — Strasbourg. — Basle. — La Psychopannychie. — Examen de l'ouvrage. — Jugement de Calvin.

L'orage s'apprêtait, Calvin voulait exposer une autre tête que la sienne et il avait choisi celle de Nicolas Cop, recteur de la Sorbonne, à Paris. Cop était un allemand de Bâle, qui s'était épris du jeune étudiant, de sa parole facile, de ses airs de vertu, de sa science des écritures, puis de ses railleries contre les moines, et de ses moqueries contre l'université. Du reste esprit lourd et épais, qui n'entendait rien aux matières théologiques, et aurait été beaucoup mieux placé dans un réfectoire que dans un corps savant, et à table qu'en chaire. Cop devait prononcer le jour de la Toussaint son discours ordinaire, en présence de la Sorbonne et de l'université. Il se recommanda à

Calvin qui se mit à l'œuvre, et lui « bastit, dit Bèze, une oraison tout autre que la coustume n'estoit 1). » La Sorbonne et l'université n'assistèrent pas au discours, mais seulement quelques cordeliers dont l'oreille s'émut à l'ouïe de propositions mal sonnantes sur la justification par la seule foi au Christ : vieille erreur qui traînait depuis plusieurs siècles dans tous les cahiers des hérétiques; vingt fois morte et ressuscitée, et que Calvin, dans le discours de Cop, para d'oripeaux pour en faire quelque chose de neuf et de frais. Mais nos cordeliers avaient la vue aussi bonne que l'ouïe; ils reconnurent aisément l'hérésie et dénoncèrent au parlement quelques propositions qu'ils avaient eu soin de mettre par écrit. Cop se trouva fort embarrassé de sa gloire nouvelle : il ne s'attendait pas à tant de bruit. Il tint bon pourtant et convoqua l'université aux Mathurins. L'université vint en corps pour juger la cause. Alors le recteur commence un discours que Calvin avait rédigé, et où il nie formellement avoir prêché les propositions déférées, à l'exception d'une seule, juste la plus mauvaise, celle sur la justification. Qu'on juge du tumulte qu'excita l'orateur! A peine s'il pouvait se faire entendre et demander merci. Les vieux sorbonistes bouillaient sur leur banc. On eût appréhendé le malheureux Cop s'il ne se fût évadé pour ne plus reparaître 2).

---

1) Bèze, Hist. Eccles. t. 1, p. 14.
2) Revera Copus suspectæ cœpit esse fidei, et quia pater ejus Guillelmus, regis medicus, parum sane sapere credebatur, et quia cum haeriticis familiariter conversari compertus est. Unde postquam rescitum est eum fugisse, Johannes Morinus Ballivus Calvinum qui tunc in collegio Fortetico morabatur, aliosque ejus fa-

L'écolier se tenait enfermé au collège du Fortet qu'entouraient déjà les archers conduits par Jean Morin. Calvin avait été averti de leur approche. «Il s'échappa par la fenêtre, se sauva dans le faubourg Saint-Victor au logis d'un vigneron et changea là dedans ses habits; puis se revêtant de la jupe du vigneron, et mettant une besace de toile blanche et une herse sur les épaules, il prit le chemin de Noyon 1). » Un chanoine de cette ville qui se rendait à Paris reconnut le curé de Pont-l'Evêque. — Où allez-vous donc maître Jean, lui demanda-t-il, avec ce bel accoutrement? où Dieu voudra, répondit Calvin, qui se mit à expliquer les motifs de son déguisement; — Et ne feriez-vous pas mieux de retourner à Noyon, dit le chanoine, et à Dieu, ajouta-t-il en le regardant tristement. Calvin se tut un moment, puis prenant la main du prêtre : — merci, dit-il, mais il est trop tard.

Pendant ce colloque, le lieutenant fouillait les papiers de Calvin et emportaient ceux qui pouvaient compromettre ses amis.

Calvin trouva un réfuge chez la reine de Navarre, qui fut assez heureuse pour réconcilier son protégé avec la cour et l'université. Le négociateur dont elle avait fait choix, était un homme habile qui parvint à tromper le pouvoir. Calvin représentait une opinion que le roi avait intérêt à ménager. François 1er

---

miliares inquisivit ad prehendendum, sed illi similiter fuga sibi consuluerunt. Hist. universitatis Parisiensis auctore Bulæo, t. VI, p. 239, in-fol. Paris, 1673.

1) Desmay. — Drelincourt, p. 175. Papyrius Masso. Beza... quo domi non reperto.

fondait sa gloire à venir sur la protection qu'il accordait aux arts. Il avait besoin de se faire pardonner de graves fautes politiques, et il croyait avec raison, que les humanistes le réhabiliteraient aux yeux de son peuple. Il était à la fois le protecteur et l'esclave des savants et des hommes de lettres.

La petite cour de Nérac était alors l'asile d'écrivains qui, comme Desperriers, y préparaient leur cymbalum mundi; de femmes galantes qui faisaient des contes érotiques dont souvent elles étaient les héroïnes; de poètes qui improvisaient des odes à la façon de Bèze; de théologiens qui médisaient de la vierge et des saints; d'évêques qui entretenaient des meutes de chiens de chasse et de courtisanes; d'histrions venus d'Italie, et qui jouaient sur le théâtre de la reine des comédies tirées du Nouveau-Testament, où Jésus disait un mal horrible des moines et des religieuses; ou de princes imbéciles, comme le mari de la reine, qui savaient à peine lire et parlaient de dogmes et de discipline 1). C'est contre Roussel, le confesseur de Marguerite, que Calvin écrivit plus tard son « Adversus Nicodemitas. » Calvin trouva à Nérac le Fèvre d'Etaples, qui fuyait la colère de la Sorbonne, et vit « de bon œil le jeune homme comme présageant que ce devoit estre l'autheur de la restauration de l'église en France 2); » ainsi que ce prêtre, dont parle Mathésius, et qui avait dit à Luther malade: — mon enfant, tu ne mourras pas, Dieu a de

---

1) Florimond de Raemond, p. 889.
2) Bèze, Vie de Calvin.

grands desseins sur toi 1). Pauvre et honnête homme du reste, que ce le Fèvre d'Etaples, qui répétait souvent ces deux vers qu'on plaça sur sa tombe à Nérac :

> Corpus humo, mentemque Deo, bona cuncta relinquo,
> Pauperibus : Faber hæc dùm moreretur ait.

Il mourut catholique et vraisemblablement sans avoir jamais prophétisé dans les termes de Bèze.

Il ne paraît pas que Marguerite ait fait une loi du silence à son hôte de Noyon, car nous le trouvons qui répand ses erreurs en Saintonge, où beaucoup d'ames viennent à lui et quittent le catholicisme pour embrasser la réforme. C'est dans une de ses courses que le missionnaire fit la rencontre de Louis du Tillet, chanoine ou curé de Claix, frère de Jean du Tillet 2), greffier au parlement de Paris, et de du Tillet évêque de Meaux. Louis avait à Claix une jolie habitation, retirée du monde, espèce de Thébaïde où Calvin commença son livre le plus sérieux : l'*Institution chrétienne*. Il employait le temps qu'il ne consacrait pas à cette œuvre à prêcher dans les villes voisines, à Angoulême surtout. On montre encore une vigne où il aimait à rêver et qu'on appela longtemps la vigne de Calvin 3). Calvin vivait des derniers bienfaits d'une église qu'il avait reniée et qu'il nommait « une marâtre et une prostituée » et des secours d'une reine galante dont il vantait les mœurs et la

---

1) Als er krank lag, weissagte ihm ein alter Priester, er werde nicht sterben, sondern noch ein grosser Mann werden. Mathesius, p. 2.
2) Dictionnaire de Bayle.
3) Das Leben Johann Calvin's von P. Henry, t. I., p. 50.

piété, continuant d'assister aux offices catholiques, et rédigeant les oraisons latines qu'on prononçait lors de l'assemblée du synode au temple de saint Pierre 1).

Il quitta Marguerite et reparut à Orléans.

La réforme en France comme en Allemagne, jetait partout où elle se montrait le désordre et le trouble. Au lieu d'une symbolique uniforme, elle apportait des confessions contradictoires qui donnaient lieu à d'interminables disputes. En Allemagne, la parole luthérienne avait fait naître des milliers de sectes qui voulaient chacune se constituer en république chrétienne sur les ruines du catholicisme. Carlstadt, Schwenkfeld, OEcolampade, Zwingli, Münzer, Bockold, engendrés de Luther, avaient renié leur père et enseigné des dogmes hétérogènes dont chacun passait pour procéder du Saint-Esprit. Luther, qui ne se cachait plus dans la robe du moine, mais qui empruntait l'épée ducale, chassait devant lui tous ces anges rebelles et mettait à la porte de son Wittenberg un bourreau pour en défendre l'entrée. Refoulés dans les autres provinces, les dissidents en appelaient à la force ouverte. L'Allemagne, en ce moment, était inondée du sang de nobles intelligences nées pour sa gloire : Münzer mourait sur l'échafaud; les anabaptistes marchaient au supplice en reniant et en maudissant Luther qui violentait leur foi; tout périssait, peinture, sculpture, poésie, lettres humaines : la réforme imitait Néron et chantait son triomphe sur des ruines et du sang.

---

1) Florimond de Raemond.

En France elle devait bientôt exciter de semblables tempêtes. Déjà elle avait troublé l'église. Elle ne se cachait plus, comme autrefois, dans le silence des nuits, pour répandre ses doctrines : elle élevait à côté de la chaire catholique une autre chaire où ses disciples venaient défendre ses dogmes. Elle avait des partisans à la cour, dans le clergé, dans les universités et dans les parlements. On lui faisait fête, parce que ordinairement sa parole était fleurie, que ses maîtres en général aimaient et cultivaient les lettres. Le livre sur la Clémence avait valu à Calvin un grand nombre de prosélytes. Ses disciples avaient l'air austère, l'œil baissé, la figure pâle, les joues creuses, tous les signes de la souffrance et du travail. Ils allaient peu dans le monde, évitaient la conversation des femmes, la cour, les spectacles. La Bible était leur livre de prédilection. Ils parlaient, à l'instar du Christ, en apologues. On les nommait les chrétiens de la primitive église. Il ne leur manquait pour leur ressembler que l'unité de foi : il suffisait de les écouter parler pour se convaincre que leur symbolique était diverse, comme leur figure. Les uns enseignaient le sommeil des âmes après cette vie jusqu'au jour du jugement dernier ; les autres, la nécessité d'un second baptême. Il y avait dans ce troupeau, des Luthériens qui croyaient à la présence réelle, et des Zwingliens qui la rejetaient ; des apôtres du libre arbitre et des défenseurs du fatalisme ; des Mélanchtoniens qui admettaient une hiérarchie ecclésiastique ; des Carlostadiens qui soutenaient que tout chrétien est prêtre, des réalistes enchaînés au mot ; des idéalistes qui ployaient la vocable à la pensée ;

des rationalistes qui rejetaient tout mystère ; des mystiques qui se perdaient dans les nuages et des antitrinitaires, qui comme Servet, n'admettaient que deux personnes en Dieu. Ces docteurs portaient tous avec eux le même livre : la Bible.

Servet ou Servede, médecin espagnol, avait quitté son pays, et s'était établi, en 1531, à Haguenau, où il avait publié divers traités contre la Trinité. Il avait disputé avec OEcolampade à Basle quelque temps avant que ce rénégat de la foi luthérienne eût été, si l'on s'en rapporte au récit du docteur Martin, étranglé par le diable : Servet se vantait d'avoir triomphé du théologien. Après avoir quitté Basle, en 1532, et traversé le Rhin, il venait de défier solennellement Calvin. Le gant avait été relevé par le curé de Pont-l'Evêque, le lieu du rendez-vous indiqué, et le jour pris pour le tournoi. Mais l'heure venue, le cœur avait défailli « à ce malheureux monstre, dit Bèze, lequel ayant accordé de disputer, n'y osa toutes fois comparoir. » Calvin, de son côté, se vante dans sa réfutation des erreurs de Servet, publiée en 1554, d'avoir vainement offert au médecin espagnol, des remèdes propres à le guérir de sa maladie 1). Servet prétend que son adversaire lui tendait un piège où il eut le bonheur de ne pas se laisser prendre. Il oublia plus tard son rôle, et vint se jeter dans les embûches de son

---

1) Admonui Servetum me jam ante annos sexdecim non sine præsenti vitæ discrimine, obtulisse meam operam ad eum sanandum, nec per me stetisse quo minus recipiscenti manum pii omnes porrigerent. — Joh. Calvini refutatio errorum Serveti. Amst. t. 8, p, 511. Cette réfutation porte la date de 1554. C'est en 1538 que Calvin aurait défié Servet. La scène se passe ici en 1533 : la date indiquée par Calvin est donc fausse.

ennemi 1). Les parlements redoublaient de sévérité, Calvin était surveillé, sa liberté pouvait être compromise et sa vie en danger. Il résolut de quitter la France par crainte ou par dépit, s'il faut en croire un historien ecclésiastique, ne pouvant pardonner à François 1er, le choix que ce prince avait fait d'un parent du connétable, d'une « médiocre suffisance » pour lui conférer un bénéfice que sollicitait l'auteur des Commentaires sur Sénèque. Le témoignage de l'historien est grave. Soulier n'a ni haine, ni passion, ni colère; il cherche la vérité et il croit l'avoir trouvée dans le récit qu'on va lire 2) :

« Nous soussignés Louïs Charreton, conseiller du Roy en ses conseils, doyen des présidens au parlement de Paris, fils de feu messire André Charreton, vivant premier baron de Champagne et conseiller en la grand'chambre du parlement de Paris : dame Anthoinette Charreton, veuve de Noel Renouard, vivant maistre en la chambre des comptes de Paris, fille de feu Hugues Charreton, vivant seigneur de Montauzon, et Jean Charreton sieur de la Terrière; tous trois cousins germains et petit-fils de Hugues Charreton : certifions avoir entendu dire plusieurs fois à nos pères, que ledit sieur Hugues Charreton, seigneur de la Terrière et de la Douze, leur avait dit plusieurs fois, que sous le règne de François Ier, la cour estant à Fontaine-Bleau, Calvin, bénéficier à Noyon, y arriva et logea dans la même maison où logeait ledit sieur

---

1) Voyez dans le deuxième volume le chapitre qui a pour titre Michel Servet.
2) Soulier, Histoire du Calvinisme. Paris, 1686, in-4°, p. 6-8.

de Charreton, lequel ayant appris que Calvin étoit homme de lettres et de grande érudition : comme il aimoit les sçavants, lui fit témoigner qu'il seroit bien aise d'avoir quelques entretiens avec luy : à quoy Calvin consentit d'autant plus volontiers qu'il crut bien que ledit sieur de Charreton pouvoit le servir au dessein qui l'avoit appelé à Fontaine-Bleau; qu'après quelques entretiens, ledit sieur de Charreton lui demanda le sujet de son voyage : à quoy Calvin répondit que c'estoit pour demander un prieuré au Roy, auquel il n'avoit qu'un concurrent, qui étoit parent du connétable, que ledit sieur de Charreton lui répondit : s'il croyoit que ce ne fust rien ? Il dit qu'il sçavoit la considération à laquelle était M. le connétable; mais qu'il sçavoit aussi que le roy faisoit choix des personnes les plus habiles pour disposer des bénéfices, et que le parent de M. le connétable était d'une très petite suffisance : que ledit sieur de Charreton luy répondit qu'il ne s'arrestât pas là et qu'il ne falloit pas grande capacité pour tenir un bénéfice simple. Que là dessus Calvin s'écria et dit que si on lui faisoit ce tort, il trouveroit moyen de faire parler de luy pendant plus de 500 ans; sur quoy ledit Charreton l'ayant fort pressé de lui dire ce qu'il feroit pour cela, il le mena dans sa chambre où il luy fit voir le commencement de son Institution; et après en avoir lu une partie, Calvin luy en ayant demandé son sentiment : il luy dit que c'estoit un poison envelloppé d'un beau sucre et qu'il feroit bien de ne pas continuer un travail qui ne contenoit qu'une fausse interprétation de la Sainte-Ecriture, et de tout ce qu'avoient écrit les Saints Pères; et comme il vit qu'il demeuroit ferme dans son mauvais dessein, il en avertit le connétable qui luy dit que Calvin estoit un fou et qu'on le mettroit bien à la raison. Mais deux jours après, le bénéfice ayant été donné à un parent du connétable, Calvin se retira et commença à établir sa secte, laquelle estant fort commode, la plus part des gens, les uns par libertinage, les autres par foiblesse d'esprit, l'embrassèrent. Que quelques temps après, le connétable s'en allant en son gouvernement de Languedoc et passant à Lion, ledit sieur de Charreton l'estant allé visiter, il lui demanda s'il n'estoit point de la secte de Calvin avec lequel il avoit demeuré : il lui fit réponse qu'il seroit bien malheureux s'il se mettoit d'une religion de laquelle il avoit vu naître le père. En foi de quoy nous avons signé, à Paris, ce 20 septembre 1682. Signé Charreton, président, A. Charreton, veuve Renouard et Charreton de la Terrière. —»

Calvin partit après avoir fait paraître à Orléans sa « Psychopannychie (1534). » Il avait envie de visiter Bâle, alors l'Athènes de la Suisse, ville de bruit qu'avait si longtemps habitée Erasme ; séjour des lettrés, des imprimeurs célèbres, des théologiens ; où Froben achevait sa belle édition des œuvres de St.-Jérôme, où Holbein peignait son Christ au linceul, où Capito enseignait l'hebreu, et où OEcolampade commençait ses psaumes.

Il partit d'Orléans emmenant avec lui son ami du Tillet. Près de Metz, leur domestique les dévalisa et s'enfuit avec leur sacoche et leurs montures, et ils furent obligés de gagner à pied Strasbourg, presque sans vêtement, n'ayant plus que dix écus pour tout bien. Calvin y passa quelque temps à étudier les diverses transformations qu'y subissait depuis quinze ans la parole réformée. Il se lia étroitement avec quelques uns des plus célèbres représentants du protestantisme. Tout autre qui serait venu sans préventions contre le catholicisme, aurait trouvé un salutaire enseignement dans le mouvement incessant de cette ville qui ne sait où s'appuyer pour vivre dans le repos, et qui depuis 1521 s'est faite luthérienne, anabaptiste, zwinglienne et rêve à cette heure une transfiguration nouvelle qu'elle doit accomplir à l'aide de Bucer, un de ses hôtes les plus nouveaux.

A Bâle, Calvin trouva Simon Grynæus et Erasme. Calvin ne pouvait oublier le philologue Batave, dont le nom était européen; après quelque moment d'entretien on se sépara. Bucer qui assistait à ce colloque, voulut connaître l'opinion du malin vieillard. — Maître, dit-il, que vous semble du nouveau venu ?—Erasme sourit sans répondre;— Bucer insista : — Je vois une grande peste, dit l'auteur « de libero arbitrio » qui va naître dans l'église contre l'église 1).

Le lendemain, du Tillet, le greffier du parlement de Paris, arrivait à Bâle, et à force de larmes, de prières, emmenait son frère Louis, qui se repentit, abjura et bientôt fut élu archidiacre; dignité que lui disputait la Renaudie, dont la réforme devait se servir pour l'exécution du complot d'Amboise 2).

---

1) Video magnam pestem oriri in ecclesia contra ecclesiam.
Barckhusen, dans sa notice historique sur Calvin, Historische Nachricht über Calvin, p. 24, élève des doutes sur le propos d'Erasme et sur quelques circonstances du colloque rapporté par Florimond de Raemond.

2) Florimond de Raemond, pag. 889.

La Psychopannychie 1) le premier ouvrage de polémique de Calvin, est un pamphlet dirigé contre la secte des anabaptistes, que la sanglante journée de Franckhausen avait vaincue, mais n'avait pu dompter. L'esprit de Münzer revivait dans ses disciples, qui promenaient en Hollande, en Flandre et en France, leurs mystiques rêveries. Luther avait bien essayé de se prendre à Münzer, s'imaginant qu'à l'aide de sa parole colorée, de sa colère pindarique, de ses flammes et de ses tonnerres, il viendrait à bout du chef des mineurs, comme il l'avait fait de tous ces nains en théologie, qui n'avaient pu soutenir sa face. Du haut de la montagne il était apparu à Münzer au milieu des éclairs, mais ces éclairs n'avaient point effrayé son adversaire qui avait osé le regarder fixément. Münzer aussi avait une parole ardente dont il s'était servi admirablement pour soulever les paysans : cette fois, la victoire était demeurée à l'homme du marteau. Et Luther qui en voulait finir à tout prix, avait été réduit, comme on sait, à se servir de l'épée de l'un de ses princes. Les débris échappés aux funérailles de la Thuringe s'étaient réfugiés sur une terre nouvelle. La France avait reçu et écouté les prophètes de l'anabaptisme.

Ces anabaptistes avaient des doctrines séduisantes. Ils rêvaient une espèce de Jérusalem bien différente

---

1) Son ouvrage a pour titre : « Traité par lequel est prouvé que les ames veillent et vivent après qu'elles sont sorties du corps : contre l'erreur de quelques ignorants qui pensent qu'elles dorment jusqu'au jugement dernier. — Préface de Jean Calvin adressée à un de ses amis d'Orléans, 1534. En latin. — Psychopannychia quo refellitur eorum error qui animas post mortem usque ad ultimum judicium dormire putant. Paris, 1534.

de la Jérusalem judaïque : Jérusalem toute spirituelle, sans glaive, sans soldats, sans magistrature civile : cité véritable d'élus. Leur parole était empestée de pélagianisme et d'arianisme : sur divers points dogmatiques ils s'accordaient avec les catholiques : sur la prédestination, par l'exemple et sur le mérite des œuvres. Quelques-uns d'eux enseignaient le sommeil de l'ame jusqu'au jour du jugement. C'est contre ces « dormeurs » que Calvin allait se mesurer.

Le commentaire sur Sénèque est une œuvre philologique, un livre de la renaissance, une déclamation de rhéteur où Calvin a cherché évidemment à prendre place parmi les humanistes et à faire sa cour en beau latin à tous les cicéroniens du siècle ; c'était se produire adroitement. La langue latine était l'idiome de l'église, des couvents, des colléges, des universités et du parlement. La Psychopannychie est un pamphlet religieux où Calvin devait avoir pour rival le premier libelliste de l'Allemagne : Luther lui-même. Il est certain que Calvin connaissait les écrits du moine saxon contre Eck, Tetzel, Priérias, Latomus et les sorbonistes. Il faut le louer de ne point avoir songé à entrer en lice avec un esprit de la trempe de son rival. S'il eût voulu faire à la mode de Luther de la caricature, il serait nécessairement tombé dans la charge. Les saillies, les jeux de mots, les concetti ne convenaient pas à un esprit comme le sien dont le fonds était la finesse. Sobre de sa nature, il ne pouvait, à la façon du moine saxon, féconder son cerveau dans d'énormes pots de bière : la bière, du reste, n'était pas encore en usage en France. Il n'avait pas non plus à son service, ces tabagies allemandes, où le soir, parmi des compagnons de gai savoir, sa verve fatiguée aurait pu se raviver. Les moines, en France, n'allaient pas non plus au cabaret. Calvin fut donc tout ce qu'il devait être : polémiste adroit, retors, méchant, mais sans chaleur ni enthousiasme. Il aime à se rendre le témoignage qu'il « n'a jeté sa colère contre eux sinon modestement, qu'il s'est de faict toujours desporté de paroles outrageuses et picquantes ; qu'il a presque toujours attrempé son style, qu'il a été plus propre à enseigner qu'à tirer par force, tel toutes fois qu'il peut attirer ceux qui ne voudraient être menés. » Vous voyez qu'avec ces qualités d'humeur et de style, Calvin fut mort oublié, dans une petite cure de la Souabe, et qu'il n'était pas formé pour exciter des orages, mais bien pour s'en servir.

Le grand agitateur de la France à cette époque, c'était d'abord la société elle-même, puis Luther, ce pamphlétaire «dont les livres sont tous pleins de démons 1) », qui poussait l'humanité dans les voies de la révolte dont tous les éléments étaient préparés depuis de longues années. Luther avait semé le vent, Calvin venait recueillir les tempêtes. Ce n'est pas qu'il ne se hausse jusqu'à la colère, mais c'est une colère qui sent le travail et qu'il poursuit comme un rimeur ferait d'une épithète rebelle. Encore a-t-il la bonhomie de se repentir, comme si cette colère brûlait la face sur laquelle elle se répand : « J'ai aperçu, murmure-t-il, aucunes choses un peu aigrement,

---

1) Lutheri scripta plena sunt daemoniis. — Theol. Tigurini in confess. germ. Tigurini. 1544.

mesme asprement dites, lesquelles, par adventure, pourroyent fascher les oreilles délicates d'aucuns. Or, pour ce que je say qu'il y a aucuns bons persoñages qui ont laissé couler quelque chose de ce dormir des ames dedans leurs cœurs, je ne voudroy qu'ils fussent offensez contre moi. » Avec Calvin, il ne fait pas bon se laisser aller trop vite à l'admiration : notons bien qu'il s'agit d'un anabaptiste, c'est à dire d'un ame qui a secoué le papisme. Mais vienne un catholique, ne fut-ce qu'un prêtre sans nom, qui, benoit éditeur, aura réimprimé une nouvelle édition des assertions de Henri VIII, « assertio septem sacramentorum », Gabriel de Sacconay par exemple, précenteur de Lyon — vous verrez Calvin jeter à la face du catholique, sous la forme de dithyrambe, d'épître congratulatoire et sans souci des oreilles délicates, des ordures qu'on dirait amassées dans quelque lupanar génevois 1).

Calvin a du reste fort bien jugé la valeur de sa Psychopannychie et de son traité contre les anabaptistes, qu'un de ses historiens voudrait réimprimer aujourd'hui, en l'expurgeant de toutes ses souillures 2). Il a raison de dire : « J'ai repris la curiosité folle de ceux qui débattoyent ces questions lesquelles de faict ne sont autres que torments d'esprit. »

Un jour cette question du dormir des ames, déjà

---

1) Congratulation à venerable prestre etc. Op. de Calvin. 1566.— Voy. dans le tome II le chapitre qui a pourtitre LE CLERGÉ LYONNAIS.

2) Es könnte dies kleine Werk im Auszuge in einer Uebersetzung heut wohl seinen Nutzen haben, wenn man einige Härten, manch polemisches Wort wegließe.... Paul Henry.

examinée du reste dans l'ancienne église, par Melito, se présenta à Luther : il passa outre en quelques mots et il eut raison : ce sont « noisettes creuses », comme parlait Calvin.

Dans une épître aux lecteurs, qui sert de préface à une édition nouvelle de la Psychopannychie, publiée à Bâle, en 1536, Calvin a pris courage. Il n'a plus peur du lieutenant Morin, et insulte grossièrement à la papauté. A l'entendre, la France marche dans de doubles ténèbres: il calomnie l'intelligence et la foi de son pays. Voyons donc s'il est vrai que Dieu ait retiré son esprit et son Christ aux compatriotes de Calvin.

CHAPITRE VI.

FRANÇOIS Ier.

La réforme était commencée en France quand parut Calvin. — Influence de François Ier sur les lettres. — Les évêques, — Porcher, — Pelissier, — Du Bellay. — Les Lettrés, — Budée, — Vatable, — Danès, — Postel. — Le collége Trilingue, — Marot, — La Sorbonne. — Le poète est protégé par le prince. — Mouvement littéraire.

En 1802, l'Institut de France mit au concours cette question : Quelle a été l'influence de la réformation de Luther sur la situation politique des différents Etats de l'Europe, et sur le progrès des lumières? Un écrivain, dont nous ne contestons pas le talent, Charles Villers, obtint le prix 1). Il chanta beaucoup mieux qu'il ne jugea la réforme, dont il fit une autre

---

1) Essai sur l'esprit et l'influence de la réformation de Luther, par Charles Villers, 1 vol. in-8°. — M. de Laverne a contesté les conclusions de l'ouvrage couronné, dans sa « Lettre à M. Charles Villers »; in-8°, Paris, 1804. — Il existe une admirable réfutation du livre de Villers, par M. Robelot, ancien chanoine de l'église cathédrale de Dijon, sous ce titre : — De l'influence de la réformation de Luther sur la croyance religieuse et politique, et sur le progrès des lumières; in-8º, Lyon, 1822. La question allemande est traitée dans le livre de M. Jacob Marx : Die Ursachen der schnellen Verbreitung der Reformation zunächst in Deutschland, in-12, Mayence, 1834.

muse répandant sur tout ce qu'elle touchait la vie et la couleur. Son ouvrage fut imprimé. Le monde philosophique admira l'œuvre de Villers en haine de la vieille foi que le pouvoir cherchait à ressusciter. Il fut décidé à cette époque que la réforme avait été une idée de progrès dont il fallait bénir la providence, et que sans Luther, l'Europe aurait continué de marcher dans les ténèbres : quelques voix courageuses protestèrent contre le livre du lauréat, on ne les écouta pas. Le moment n'était pas encore venu où la raison éclairée devait faire justice de ce manifeste insolent contre notre culte national.

Toutefois, des hommes graves qui n'ont point adopté les préjugés de l'école protestante, continuent de faire honneur à la réforme du mouvement intellectuel qui se manifesta en Saxe à l'apparition de Luther. Ils ne veulent pas comprendre que ce mouvement parti de l'Italie, et surtout de la Rome de Léon X, traversa les Alpes, pour se partager au pied des montagnes, en deux courants, dont l'un gagna l'Allemagne, et l'autre la France. Sans Luther, la réforme sociale, religieuse, intellectuelle, se serait accomplie : elle était commencée en Allemagne quand il prêcha contre les indulgences ; en France, quand se fit entendre la voix de Calvin. Nous pensons qu'à moins de fermer les yeux à la vérité, on ne saurait nier que Léon X n'ait été l'instrument dont Dieu se servit pour la résurrection des lettres. C'est de l'Italie que sortit l'étincelle qui devait illuminer le monde. Luther, Mélanchthon, Érasme, Reuchlin, ont marché à cette lumière, l'ont dirigée, agrandie quelquefois, mais ne l'ont pas créée.

Calvin a dit de lui, tout comme Luther : — Qu'il avait été envoyé de Dieu pour délivrer l'humanité des langes du papisme, pour faire rayonner la raison, pour moraliser la société. Aujourd'hui, ce que l'œil de l'étranger qui entre à Genève aperçoit tout d'abord, c'est cette magnifique devise : Post tenebras lux, enfermée dans les serres d'un aigle : apothéose païenne, boutade de vanité lapidaire qui fait sourire le voyageur catholique.

On dit que Cagliostro possédait le don d'évoquer les morts : l'historien doit l'avoir aussi. Nous allons convoquer quelques unes de ces ombres qui illustrèrent le siècle de François Ier; on verra où en était l'esprit humain quand parut Calvin. C'est un homme couché dans la tombe qui appellera toutes ces gloires devant le tribunal du lecteur, comme il l'avait déjà fait, dans son oraison funèbre de François Ier : Galland, un des professeurs du collége royal, qui « n'ouvre pas la bouche sans laisser tomber du miel sur les lèvres de ses auditeurs, »

> Qui quoties avidas reficit sermonibus aures,
> Motis blanda putes spargere mella labris.

François Ier était un élève du collége de Navarre, aimé de ses condisciples, estimé de ses rivaux, et qui à quatorze ans reçut de l'un d'eux, comme gage de fraternité scholaire, la dédicace d'une grammaire hébraïque; le premier rudiment en cette langue que la France connût encore. L'auteur, François Tissot, était un professeur de l'université. Ainsi, quand il n'a pas atteint l'âge de la majorité, qu'il n'a de couronne sur la tête que celle que ses maîtres ont aimé à y déposer, les muses lui font la cour. Castiglione, l'auteur du livre d'or : « Il Corteggiano », veut que le duc de Valois en entende la lecture, et quitte la capitale emportant des corrections que lui a indiquées le prince ; admirables scholies qu'il montre à tous ses amis et dont il se fait un titre de gloire.

Le duc de Valois est roi : ne craignez pas qu'il oublie les leçons de ses maîtres. Vous allez voir sur qui vont tomber les faveurs du monarque.

Porcher, l'évêque de Paris a résisté à toutes les colères de Louis XII, et seul a eu le courage de s'opposer à la ligue de Cambray : ame poétique qu'Erasme regarde comme un ange descendu du ciel pour ranimer le culte des lettres.

— A Porcher, un archevêché et la mission d'attirer en France les humanistes. Le roi n'attend pas longtemps. Voici l'évêque de Nébio, Justiniani, qui vient enseigner à Paris le grec, l'hébreu et l'arabe.

Petit, confesseur de Louis XII, est un prêtre qui ne connaît même pas ses parents et qui a pour enfants tous les pauvres de Paris 1). — A Petit les évêchés de Troyes et de Senlis.

Guillaume Pelissier, évêque de Maguelonne, dont l'érudition est passée en proverbe, a voué à l'antiquité un de ces cultes qui ne laissent à l'ame possédée ni paix ni sommeil.

— A Pelissier l'ambassade de Venise, cette cité où abordent les Grecs fugitifs, et d'où il va rapporter toutes sortes de manuscrits grecs, hébreux, syriaques : beaux ornements de la bibliothèque royale.

Les noms des prélats ne sont point épuisés :

---

1) Eustathe de Knobelsdorf.

—A Jacques Colin, la place d'aumônier et de lecteur du roi : Colin qui improvise en latin et en français et que Marot a chanté :

> Aussi l'abbé de St.-Ambroys, Colin
> Qui a tant beu au ruisseau cristallin
> Que l'on ne sait s'il est poète né
> Plus qu'orateur à bien dire ordonné.

Colin a deviné Amyot dont il veut faire la fortune : c'est le plus beau diamant de sa couronne.

—A Jean du Bellay Langeai, des ambassades brillantes ; à Rome, du Bellay a pour confidents Bembo, Bibbiena, Sadolet, Ascolti, toute l'ancienne cour de Léon X, qui l'écoute parler dans le ravissement.

— A René du Bellay, l'évêché de Meaux et une pension sur la cassette particulière du prince, car l'évêque cons cre ses revenus au soulagement des pauvres et à l'érection d'un cabinet de physique, le premier dont la province ait été dotée.

Maintenant, que Calvin médise à son aise de l'ignorance du haut clergé en France ! Nous connaissons quelques uns des prélats qui occupaient les grands sièges de l'épiscopat : croyez-vous que ces prêtres étaient des obscurants comme il les appelle ? Ne pouvaient-ils, aussi bien que Jean de Noyon, se glorifier de dons célestes ?

Il ne faudrait pas croire, à la vue de toutes ces robes violettes et rouges, que François Ier n'a cherché des lumières que dans le sanctuaire : on se tromperait. A cette époque, l'épiscopat français a senti le besoin de se mettre à la tête du mouvement qui pousse les esprits dans des voies nouvelles. C'est la cour de Léon X qui lui a donné l'exemple de la passion des lettres ; le pape est poète, peintre, musicien, linguiste : nos évêques, par une louable ambition, s'ils ne peuvent ni chanter, ni peindre, ni sculpter, étudieront les sciences humaines, apprendront les vieux idiomes grec, hébreu, syriaque, qu'on a cessé de parler ; élèveront des collèges comme le cardinal de Tournon ; instruiront la jeunesse comme René du Bellay ; appelleront à eux les lettrés comme Briçonnet de Meaux ; relèveront le culte de la pensée comme Sadolet, l'évêque de Carpentras ; ressusciteront de la tombe les vieilles pierres romaines, comme l'archevêque de Vienne, et sauront guider, éclairer le prince qui les aura revêtus de la pourpre.

Mais voici un savant modeste « l'athénien de la France, au dire de Lascaris » 1), qui se cache loin de la cour, dans une retraite obscure où il cultive les muses. Erasme en connaît le nom, et il ne le dit à personne, non point par jalousie : mais c'est un trésor d'érudition, de philologie, de linguistique, d'arcanes antiques, dont il veut seul profiter. Malheureusement pour le philosophe batave, un jour à l'un de ces repas où François Ier aime à s'entourer de toutes les gloires de son siècle et à disputer au besoin avec elles 2), le nom de ce pauvre provincial perdu dans ses livres, et qui du monde extérieur ne connait que le chemin de sa chapelle où il prie si dévotement, est tout à coup prononcé :

C'est Guillaume Budée.

L'adolescent, mandé à Paris, est obligé de quitter

---

1) Atticorum facundiam adaequavit.
2) Nulla illi unquam cæna, nullum prandium, nulla statio aut

sa retraite, mais non pas ses livres qu'il emporte avec lui, sur un grand char où il couche la nuit et fait ses repas pendant le jour pour ne pas s'en séparer. Le voilà donc à la cour, après un long voyage où il a eu pour compagnons et commensaux : Horace, Homère, Virgile et Démosthène. Le même jour il est nommé maître des requêtes, prévot des marchands et intendant de la librairie royale 1).

Or, en s'acheminant vers la capitale, Budée faisait de beaux rêves. S'il savait sa Rome souterraine par cœur, il connaissait, par les récits des voyageurs, la Rome moderne de Léon X, habitée, à défaut de dieux, par Michel-Ange, Raphaël, Bembo et Sannazar. On lui avait dit que Médicis avait élevé une magnifique habitation ou plutôt un palais pour y loger le collége des jeunes grecs et il se disait : — Si je vois le roi, je lui dirai : Sire c'est par l'étude des langues antiques que nous ressusciterons les lettres ; bâtissez un collége, comme a fait Léon X, comme a fait à Louvain Jérôme Busleiden, simple chanoine, où on enseignera l'hébreu, le grec et le latin. Puis, quand il sera achevé, appellez-y Erasme que toutes les nations se disputent, auquel Ingolstadt offre la direction générale des études, Louvain sa chaire principale, l'Espagne un évêché, Rome la pourpre, l'électeur de Saxe son université. Il vous faut à toute force Erasme; je vous le demande au nom des trois

---

ambulatio sine colloquiis et disputationibus litterariis peracta est, ut quicunque mensam ejus frequentarent... doctissimi et diligentissimi philosophi, scholam frequentare arbitrarentur. Pet. Gal. orat. funeb.

1) Gaillard, Hist. de François Ier, t. 7, p. 250.

Guillaumes; de Guillaume Petit votre évêque, de Guillaume Cop votre grand médecin, de Guillaume Budée votre écolier. — Erasme fut tenté un moment de céder aux prières du roi, non pas pour jouir des grandes dignités qui lui étaient promises, mais pour boire à Paris du vin de Bourgogne qui aurait eu le pouvoir de rétablir sa santé délabrée 1).

Malheureusement François Ier avait un rival, Charles V, qui le vainquit dans le champ clos des lettres, comme il avait fait à Pavie. — Erasme nous fut enlevé.

Mais le collége Trilingue n'en est pas moins voté. Ce sera une royale habitation qui s'élèvera sur le terrain de l'hôtel de Nesle. Il y aura de beaux logis pour les professeurs, de vastes salles pour les élèves. Cinquante mille écus sont assignés pour l'entretien de cette institution 2). On y fondera une chapelle, sur les dessins d'un architecte romain qu'on demandera à Léon X, et qui sera desservie par quatre chanoines et quatre chapelains. Audebert Catin tiendra les comptes et fera les paiements; Nicolas de Neuville-Villeroy, secrétaire des finances, et Jean Grollier, trésorier de France, arrêteront le devis; Pierre des Hôtels contrôlera les dépenses 3).

La mort vint surprendre François Ier au moment où le collége allait s'élever.

Mais les professeurs étaient nommés et dotés : deux

---

1) De Burigny, Vie d'Erasme, p. 406 et suiv.

2) Belleforêt, Hist., liv. 6, ch. 65. — Louis Vrevin, Code des privilégiés, p. 630.

3) Hist. de la ville de Paris, t. 2, p. 940. Preuves, t. 2, p. 578. — Galland.

pour l'hébreu, deux pour le grec, dont les leçons devaient être gratuites. Ce collége s'appelle le collége Royal : chaque professeur reçoit annuellement 450 livres et une bonne abbaye qui fut retirée plus tard à leurs successeurs « par je ne sais quel écornifleur », dit Ramus dans un livre dédié à Catherine de Médicis 1).

Or, savez-vous maintenant qui va nommer aux chaires nouvelles ? Ce n'est pas le roi, bon juge pourtant, mais la voix publique qui a fait ses choix d'avance, dit avec raison l'historien de ce monarque.

Pour professeur d'hébreu, il a fallu jeter les yeux sur un italien ; c'est un vénitien, Paul Paradis 2), qui s'est converti au catholicisme; israélite, qui sait par cœur le Talmud. Paul Paradis mourut en 1555, pleuré de Paris et reçu dans l'autre vie au milieu des hymnes de l'olympe :

> Splendor
> Musarum charitumque, qui peristi
> Tota flente Lutetia, ast olympo
> Applaudente 3).

C'est l'évêque d'Apt, Jean Nicolaï, qui nous amène l'autre professeur d'hébreu, ce Guidacerio que Léon X combla de ses bienfaits, et qui trouva, comme il le raconte, à Paris, un destin plus heureux que celui que les Médicis et tous les papes auraient pu lui faire à Rome.

Mais inclinons-nous ! voici un nom qui efface tous

---

1) Gaillard, Hist. de François Ier.
2) Id. id.
3) Leger du Chesne.

les autres: pauvre curé de village de Brametz, en Valois, qui lors de l'émigration des Grecs arrêta sur la route un Hellène fugitif, partagea avec lui le pain de ses paroissiens et reçut en échange l'initiation aux langues grecque et hébraïque : c'est Vatable, si connu des savants, et qui attirait à ses leçons jusqu'aux israélites qui sortaient tout émerveillés de tant de science, et regrettaient que Dieu n'eût pas accordé la grace au professeur de le faire naître dans le mosaïsme.

Vatable, dont on a voulu suspecter les opinions religieuses, était un bon catholique qui s'était attaché de prédilection à Ignace de Loyola. L'écolier empêchait quelquefois ses camarades d'assister aux répétitions, pour aller prier à l'église. Govea voulait un exemple. Il s'agissait d'appliquer l'aula au trop pieux élève : l'aula, c'est à dire quelques coups de corde sur le dos nu du coupable, administrés par le principal et le maître. Vatable plaida la cause d'Ignace, et Govea se laissa fléchir 1).

Vatable a trouvé un rival dans Pierre Danès, professeur de grec 2), et un rival heureux, car le poète

---

1) Mos est Parisiis in scholasticos improbos ac seditiosos ad sanciendam academiae disciplinam ad hunc fere modum animadvertere: Dissimulato consilio ad condictam diem in aulam collegii primarius, magistrique nodo consessu nudatum certo plagarum numero singuli afficiunt : id supplicium de ipsius nomine aula vulgo appellatur. Bulaeus, Hist. Univer. Paris, t. 6, p. 945.

Ignace fut une autre fois reprimandé comme hérétique, parce qu'on avait saisi dans son logis le manuscrit des exercices spirituels; cette ferveur dans un élève étonnait les maîtres, qui croyaient y voir une tendance au luthéranisme. Bulaeus, ib.

2) Ravisius Textor.

dit : — Budée fut grand, Danès plus grand encore ; si Budée connaissait les Grecs, Danès connaissait tous les autres :

> Magnus Budæus, major Danesius ; ille
> Argivos norat, iste etiam reliquos.

« Grand orateur, suivant Génébrard, son disciple, grand philosophe, grand mathématicien, bien versé en médecine et en théologie », et si dédaigneux de la gloire humaine, qu'il publia sous le nom de son domestique une édition de Pline, que les savants ont en haute estime. Jamais existence littéraire ne fut plus occupée. Son biographe dit : « il travailla quatre heures seulement, le jour de son mariage. 1). Vous le trouvez au collége royal, commentant un historien ou un poète grec ; à Venise, à la piste des manuscrits ; dans l'atelier de Trincavel, revisant les épreuves des Questions d'Aphrodisie que cet imprimeur lui a dédiées; à Paris, lisant à François Ier les premières pages de son docte traité de l'ambassadeur ; se jetant entre Govea et Ramus comme arbitre de leur dispute sur Aristote ; au concile de Trente ; à la cour de France où Henri II le nomme précepteur du dauphin ; puis à Lavaur, où il oublie à la fois les lettres, ses manuscrits, ses scholies chéries, les écrivains antiques, pour ne penser désormais qu'aux pauvres de son diocèse qu'il se met à aimer à la folie. Les guerres civiles ne l'effrayent pas. Il visitait les montagnes pour porter des secours aux pauvres catholiques dont les reli-

---

1) Die nuptiarum quatuor tantum horas studiis impendit...

gionnaires avaient brûlé l'habitation quand il tomba dans une embuscade : — Comment te nommes-tu, dit le soldat huguenot au prêtre catholique? — Je me nomme Danès, répond le prélat. — Que Dieu te protége, dit le soldat, va-t'en, je te connais, ce n'est pas moi qui tuerai le père des pauvres!

— Salut, s'écrie ici Galland, salut Postel, dont je ne pourrais célébrer les vertus et les mérites quand j'aurais cent langues et cent bouches, comme disait de toi un de tes collègues, Maurice Bressieu :

> Postelli virtutes et litteras
> Non mihi si centum linguae sint, oraque centum
> Ferrea vox....
> Enumerare queam...

« Homme de toutes les langues, homme de tous les arts, promptuaire de toutes les sciences 1)».

La vie de Postel est tout un roman :

A huit ans Dieu le fait orphelin, son père et sa mère sont morts de la peste. Il mendie sur le grand chemin. A quatorze il enseigne à lire à Say, près de Pontoise. L'ambition le prend : il part pour Paris afin de faire fortune, se lie en route avec des Bohémiens qui le volent, le frappent et le dépouillent, et entre dans le premier hôpital qu'il rencontre, où il passe deux ans de sa vie. Il en sort guéri, sans une obole dans sa poche et pressé par la faim : alors il se rappelle son ancien métier et se remet à mendier. Les voyageurs étaient rares : il allait mourir de faim, quand il aperçoit un champ de blé qu'on venait de couper: il glane et va vendre pour quelques liards son tra-

---

1) Bressieu : de senat. Reg. profess. et math. ergà se Benef.

vail de toute une journée. Le maître du champ a pitié de l'enfant qu'il garde à son service. Par une fraîche matinée, Postel prend la clef des champs et vole à Paris, et se loue à un régent de l'université. Il balaie la classe, met de l'encre dans l'écritoire, serre les livres du maître, allume le poêle en hiver et va quérir au marché les vivres du collége. Un jour le frère servant est devenu maître : il en apprendrait à cette heure à tous les régents de Paris ! Il ne craint plus désormais la pauvreté, ni la faim, ni la soif : il a dans son cerveau un trésor de prince. Ce trésor, à son gré, n'est point encore assez grand : il est de nouvelles richesses littéraires que les voyages lui procureront. Mais voyez le malheur ! la science a troublé sa raison. Postel s'est fait rabbin, il a des visions, un ange, l'ange Raziel lui révèle les secrets du ciel. Il rêve une religion universelle dont il sera le grand pontife et il fait imprimer sa Concorde du monde, où il salue François Ier du titre de monarque universel. Au prophète nouveau il fallait une terre nouvelle. Postel est à Rome où il prend l'habit de jésuite, « à cause, a-t-il dit, que la manière de procéder des disciples de Loyola est la plus parfaite après les apôtres qui oncq fust au monde ».

Il quitte Rome pour Venise : c'est là qu'une petite femme de cinquante ans vient le trouver 1), l'illumine et l'inspire. Postel écrit sous sa dictée son livre de Vinculo mundi, son Traité de la mère Jeanne ou des très merveilleuses victoires des femmes, « le

---

1) Rétractation de Guillaume Postel, manuscrits de la bibliothèque du roi. — Mém. de l'acad. des inscriptions et belles-lettres, t. 15.

Prime nove del altro mondo », où l'écrivain, dépouillé de son enveloppe terrestre et revêtu d'un corps d'ange, ne vit plus que d'air 1), et annonce au monde l'apparition d'une vierge vénitienne, semblable à cette femme que trois siècles plus tard les Saint-Simoniens iront chercher en Orient. La jeune fille inspirée de Dieu, prophétise des temps où le souverain pontife prendra pour ministre de son royaume nouveau le roi très chrétien, et où les Turcs croiront et seront baptisés. Postel, « père spirituel de la Vierge », dans ce livre prodigieux, semble avoir deviné Mesmer : il enseigne positivement que l'œil humain peut voir localement à travers les corps 2).

Postel avait des moments lucides. C'est dans un de ces intervalles remplis par toutes sortes de merveilles intellectuelles, que François Ier lui confia les chaires de mathématiques et de langues orientales, et le monde savant n'eut qu'à s'applaudir de la perspicacité du prince.

---

1) Io son in tal disposizione che ne satieta, ne bisogno del mangiare o bere, non fan nulla in me, imperoche quasi tutta la natura del cibo se ne va in aria et si disfa tal che a pena la centesima parte se ne va per la via naturale.

2) Come sia possibile che siano talmente aperti li occhi di una personna che lei possi vedere localmente a traverso i corpi scuri, over quello che nissuno altro vede.

La bibliothèque royale possède un exemplaire de ce livre apocalyptique. En voici le titre :

Le prime nove del altro mondo, cioe l'admirabile historia e non meno necessaria et utile da esser letta et intesa da ogni che stupenda intitulata la vergine venetiana.

Parte vista, parte provata e fidelissimamente scritta per Gulielmo Postello, primogenito della restitutione et spirituale Padre di essa Vergine. 1555.

Ce mouvement d'érudition classique ne fut pas le seul que favorisa l'instinct du monarque.

Les couvents avaient fait désormais leur temps : la science tendait à se séculariser et à sortir des cloîtres où si longtemps elle avait été nourrie et fêtée. Le droit était destiné à améliorer la société. Le monde avait besoin de se réfugier vers des études juridiques, comme pour protester contre le despotisme féodal qui si longtemps avait pesé sur ses destinées, il lui fallait d'autres foyers de lumière et d'activité. François Ier eut l'honneur de fonder en France ces chaires de droit romain dont Bologne avait donné le modèle. Il appela le jurisconsulte Alciati qui, le 29 avril 1529, ouvrit à Bourges cette école qui devait exercer sur la civilisation une influence si puissante. Grace à ce prince, la France allait prendre l'initiative d'autres idées qui devaient à leur tour dominer l'avenir. C'est un beau spectacle que la couronne nous offre quand elle vient s'asseoir sur les bancs de l'université de Bourges pour assister aux leçons d'Alciati et qu'elle protége son poète Marot contre la colère de la Sorbonne.

Cette colère était juste. Marot avait quitté la France, chantant toutes les cours qui s'empressaient de lui donner asyle. Frondeur, épigrammatique, « plaisant en ses rondeaux, balades, virelais, et coqs-à-l'âne », il singeait le luthérien pour ne pas ressembler à ses confrères en Apollon qui allaient à la messe et faisaient maigre les vendredis et samedis, et au fond se roidissait contre le soupçon d'hérésie dont on voulait flétrir sa muse :

> De Lutheriste ils m'ont donné le nom
> Que droit ce soit : je respond que non.

La Duchesse d'Etampes qui s'en amusait comme d'un joyau, voulut revoir son poète qui s'ennuyait dans l'exil et brûlait du désir de revenir à Paris.—La duchesse avait montré à son royal amant une pièce de vers où Marot disait, en parlant de François Ier : il me rappellerait

> S'il savoit bien comment
> Depuis un peu je parle sobrement :
> Car ces Lombards avec qui je chemine
> M'ont fort appris à faire bonne mine.

Marot fut rappelé, et par malheur tomba dans les serres d'un savant tout enfariné d'hébreu et qui ne voulut plus le lâcher jusqu'à ce que le poète eût promis de renoncer aux muses païennes pour chanter comme le roi David. Marot promit, tint paroles, et sans savoir un mot de la langue des prophètes, se mit à rimer leurs hymnes magnifiques. Figurez-vous le soleil dardant ses rayons à travers un buisson. La Sorbonne, qui ne se piquait pas de poésie, mais de théologie, trouva que les vers de Marot outrageaient la foi et condamna les trente psaumes du valet de chambre. Le poète avait heureusement un manteau royal pour le mettre à l'abri de l'indignation du corps savant : il s'y réfugia et se prit à chanter tout aussitôt :

> Puisque vous voulez que je poursuive, ô Sire,
> L'œuvre royal du Psautier commencé
> Et que tout cœur aimant Dieu le désire;
> D'y besongner ne tiens pour dispensé.
> S'en sente donc qui voudra offensé,
> Car ceux à qui un tel bien ne peut plaire
> Doivent penser si ja ne l'ont pensé
> Qu'en vous plaisant me plait de leur déplaire.

Le parlement prit le parti de la Sorbonne, insista, et force fut bien au roi d'écouter ses conseillers : mais le poète était bien dédommagé ! ses psaumes faisaient les délices de la cour ; Henri II chantait « a i n s i q u' o n v o i t u n c e r f b r a i r e » sur un air de chasse. — Madame de Valentinois avait mis en volte « d u f o n d d e m a p e n s é e » la reine, le roi de Navarre, dansaient une branle de Poitou en fredonnant « r e v a n g e m o i , p r e n d s t a q u e r e l l e 1).

Maintenant qu'on cesse de nous dire que les réformés ont été les précepteurs de la France. Est-ce que l'arbre de la science n'y fleurissait pas déjà quand Calvin étudiait sous Mathurin Cordier ? Calvin, a dit M. Nisard, s'était formé par la méthode de Mélanchthon 2) , mais cette méthode n'avait pas encore paru en France, au moment où Cordier publiait ses Dialogues ; Ravisius Textor , ses O f f i c i n a c o r n u c o p i a e et son S p e c i m e n E p i t h e t o r u m; Aleandro son L e x i c o n ; Sadolet son de L i t t e r i s r e c t e i n s t i t u e n d i s ; Budée son traité de S t u d i o l i t t e r a r u m r e c t e i n s t i t u e n d o ; Tissot sa Grammaire hébraïque , Fichet sa rhétorique, Martin Delphe son traité de l'art oratoire. Que peut donc citer la réforme à cette époque de rénovation ? tout au plus la Psychopannychie de Calvin et l'ode de Bèze in Audebertum. Et en vérité, il n'y a pas là beaucoup à se glorifier ; nous ne parlons pas ici de l'Italie qui avait des historiens quand la France s'essayait à la grammaire latine. Quelle œuvre d'art la réforme a-t-elle produite ? au-

---

1) Florimond de Raemond.
2) Revue des deux Mondes, octobre 1839.

cune. Ce n'est pas elle qui inspire maître Roux, architecte, poète, musicien, chanoine de la sainte chapelle de Paris, quand il construit la grande galerie de Fontainebleau, ni Léonard de Vinci qui meurt entre les bras de François, son noble ami, ni Jules Romain que ce prince attire en France à force de bienfaits, ni le peintre de la Madonna del Sacco, André del Sarto, ni Benvenuto Cellini, le ciseleur si poétique, ni le Primatice qui fait de Fontainebleau un Vatican, ni Vecelli, le grand coloriste de Venise : peintres, statuaires, humanistes, savants, vous appartenez aux catholicisme ! nous vous revendiquons comme sa gloire. Le doute, a dit un grand critique, M. Planche, est une méthode d'investigation et non d'enseignement ou d'étude 1), il faut que celui qui apprend croie déjà : or, Calvin ne croyait pas, il n'en était qu'au doute. Laissons-le donc s'épanouir dans son orgueil, se comparer au soleil, s'applaudir d'avoir apporté la lumière et la vérité à son pays 2). Nous croyons que Budée, Danès, Jean du Bellay, Vatable et tous ces flots de Grecs et d'Italiens qui viennent se mêler à la population parisienne, à la voix du grand roi, sont de glorieux représentants des lettres humaines ; que Sadolet, Nicolaï, Jérôme Porcher, Petit, Guillaume Pelissier, Briçonnet, l'honneur de l'épiscopat français, ont enseigné et pratiqué l'évangile ; que la réforme, dans la personne de Calvin, n'a pas plus trouvé la lumière que la vérité, l'une et l'autre patrimoines de

---

1) L'Artiste, novembre 1839.
2) Superbiam illam detegunt loci mille in quibus soli se comparans pro tenebris lucem, pro falso verum attulisse in patriam gloriatur. Papyrius Masso, vita Calvini, p. 25.

la France, quand il rêva de refaire Luther et de convertir François Ier, en lui dédiant son livre de l'Institution.

Il nous faut maintenant étudier les efforts du protestantisme pour changer la face religieuse du pays, et substituer à la symbolique catholique qui était hier ce qu'elle sera demain, les mille confessions de ses docteurs. Nous verrons si, comme le dit Bèze: « les péchés de la France et de son roi attirèrent sur nos ancêtres la colère du ciel, et s'il est vrai que les novateurs aient plus de science que les Pères des temps primitifs 1). »

---

1) Dicere nec immerito quidem ut opinor consuevi dum illa tempora apostolis etiam proxima cum nostris comparo scientiae minus illos habuisse. Beza, ep. 1, Th.

CHAPITRE VII.

LES FEMMES.

Intrigues des dames de la cour pour introduire la réforme en France. — La duchesse d'Etampes. — Mesdames de Pisseleu et Cani. — La Messe à sept points. — Colporteurs réformés. — Le Coq, curé de Saint-Eustache, prêche devant François Ier. — On veut attirer Mélanchthon en France. — Lettre de ce savant au roi. — Le cardinal de Tournon fait échouer la conjuration des Dames. — Les Placards.

Qui croirait aujourd'hui qu'une intrigue de femmes faillit ravir à la France son vieux credo d'Athanase? Cette conspiration avait pour chef l'auteur prétendu ou réel de l'Heptaméron, et pour auxiliaires la duchesse d'Etampes, qui vendait à François Ier ses faveurs au prix d'un tableau de Raphaël; sa sœur madame de Pisseleu, et madame de Cani qui les donnaient aux muguets de la cour. Marguerite avait à Pau un beau château où naquit depuis Henri IV, vraie demeure féodale toute hérissée de ponts levis et imprenable à l'œil humain, eût-il été aussi perçant que celui du lieutenant Morin. C'est dans ce vieux manoir que la cour de la reine s'assemblait le soir pour imiter les chrétiens de la primitive église et où on lisait en français quelque prière arrangée à la luthérienne. En l'absence de Roussel, un carme fugitif, nommé Solon, y tenait la parole. Ce moine ne se faisait pas faute d'injures contre la gent papiste. On les accueillait ordinairement par de gros rires, comme on l'eût fait à la veillée en écoutant un récit amoureux de Desperriers. On s'y moquait beaucoup de la messe catholique qu'on voulait remplacer par la messe à sept points 1).

Or, voici ce qu'était cette messe à sept points :

La messe avec communion publique, premier point;

La messe sans élévation de l'hostie, deuxième point;

La messe sans adoration des espèces, troisième point;

La messe avec oblation du pain et du vin, quatrième point;

La messe sans commémoration de la Vierge et des Saints, cinquième point;

La messe avec rupture du pain à l'autel, d'abord pour le prêtre, ensuite pour les fidèles, sixième point;

La messe célébrée par un prêtre marié, septième point.

Messe catholique, luthérienne et calviniste.

Les dames d'Étampes, de Cani, de Pisseleu, raffolaient de la messe à sept points : si on la leur avait accordée, peut être en ajoutant l'abolition de la confession, elles n'auraient pas tenu rigueur aux autres dogmes de l'église catholique: elles acceptaient la

---

1) Florimond de Raemond, p. 698.

primauté du pape, le purgatoire, le culte de la Vierge et des saints, la plupart des sacrements et jusqu'à l'enfer. Seulement il leur fallait un livre de prières en français, on le trouva. Marguerite venait de faire traduire le livre d'heures, par l'évêque de Senlis, confesseur du roi, dont l'orthodoxie n'était pas douteuse.

Or, ce fut une grande nouveauté que ce livre de messe tout français tombant au milieu de la petite cour de Nérac, qui se mit à le lire dévotement, puis à le commenter, à l'expliquer, c'est à dire à le torturer, si bien qu'elle finit par ne plus l'entendre. Tout le monde en voulut quand il fut devenu incompréhensible. On l'imprima secrètement, avec des notules, des gloses et des scholies, et on appela des colporteurs chargés de le distribuer dans les provinces voisines. Ces ames simples, qui n'entendaient rien au royaume de Dieu, croyaient leur métier béni du ciel parce qu'il était heureux. Un historien de la renaissance a peint avec une verve toute joyeuse ce prosélytisme mercantile :

« Plusieurs compagnons des imprimeurs de France et d'Allemagne, au bruit du profit qu'on leur présentoit, accouroient, lesquels après s'escartoient partout pour débiter bibles, catéchismes, boucliers, marmites, anatomies et aultres tels livres, surtout les petits psalmes quandils furent rimez, dorez, lavez et reglez. Leur seule joliveté convioit les dames à la lecture, et comme les avares marchands au seul flairer du gain ne craignent de seillonner les mers et prendre le hasard de mille et mille fortunes et tempestes : en cette mesme sorte ces compagnons d'imprimerie à l'appetit du gain qui leur avoit donné le premier goust et pour avoir plus facile accez és villes et sur les champs, dans les maisons de la noblesse, aucuns d'entr'eux se faisoient contreporteurs de petits affiquets pour les dames, cachant au fond de leurs balles les petits livrets dont ils faisoient présent aux filles ; mais c'estoit à la dérobée comme d'une chose qu'ils tenoient bien rare pour en donner le goust meilleur. Ces postillons et courratiers de si mauvaise marchandise devinrent bien souvent la proye et la part des flammes ausquelles on les jettoit surprins sur le fait et débit de ce que par les loix leur estoit deffendu. Ceux qui ont ramassé leur histoire sont plaisants quand ils représentent ces contreporteurs dans le parlement haraguant comme les docteurs instruits. Jean Chapot, disent-ils, vendeur de livres qu'il avoit portez de Genève cuida esbranler tout le parlement de Paris, par une très docte remonstrance et très saincte qu'il fit aux conseillers, luy estant permis de disputer teste-à-teste avec trois docteurs de la Sorbonne qui ne voulurent jamais entrer en matière. »

Cependant tout ce bruit de femmes, de prédicants, de colporteurs, arrivait jusqu'à Paris. La Sorbonne se fâchait et menaçait d'y mettre fin par un décret. Le roi, qui voulait ménager l'honneur de Marguerite, sa mignonne, la mande à Paris. La reine arrive, accompagnée du seigneur de Buri, gouverneur de la Guyenne, et de Roussel, son aumônier. L'entrevue a lieu : elle est orageuse, Marguerite se lamente, pleure, prie, elle veut qu'on entende Roussel, Coraud et Berthaud qui enseignent la véritable doctrine. Le roi s'attendrit et consent à ouïr les prédicants.

Roussel, Berthaud, Coraud, prêchent tour à tour devant le roi et la Sorbonne : Berthaud et Coraud à la sortie de l'église sont arrêtés et mis en prison. Berthaud s'échappe, et dans sa fuite trouve une église où il entre, pleure, et se repent. Coraud va d'un trait jusqu'en Suisse où il rencontre Farel, débauche une jeune fille et devient ministre. Roussel se sauve à Nérac, parce que le lieutenant Morin a reçu l'ordre de le laisser échapper. Roussel remmenait avec lui son vicaire général, un religieux de l'ordre de saint Benoît, Aimerici, qui, après la mort de son évêque jeta le froc et eut le malheur d'épouser une vieille femme qui le fit mourir d'ennui.

On avait affaire à des femmes et à de grandes dames qui tenaient à convertir François Ier. L'intrigue fut renouée.

Parmi les orateurs du siècle, on aimait surtout Le Coq, curé de Saint-Eustache, espèce de missionnaire de village qui ne craignait pas de dire la vérité aux courtisans, et qui au lieu d'encens leur jetait à la figure sa parole toute trempée de colère biblique: prédicateur populaire, dont les lettrés s'amusaient, parce qu'il ne traitait pas mieux la langue française que les grands seigneurs. On ne sait au juste pourquoi il s'était épris des nouveautés luthériennes. Ceux qui les annonçaient avaient en général la figure pâle, les traits défaits, une peau couleur de sépulcre, tandis que les moines portaient un visage rubicond; or, Le Coq, très pâle lui même, en voulait aux teints vermillonnés.

La duchesse d'Etampes et la reine Marguerite persuadèrent au roi d'entendre l'orateur de St.-Eustache. Le discours avait été fait d'avance. Le Coq s'emporta selon sa coutume, frappa la chaire à coups de poing et cria à tue-tête, qu'il ne fallait pas s'arrêter aux espèces et contempler ce qui était sur l'autel, mais se laisser aller sur les ailes de la foi jusqu'au ciel : sursum corda, répétait-il, sursum corda 1). Les grandes dames qui assistaient au sermon murmuraient sursum corda ; mais le cardinal du Bellay sortit scandalisé; il manda le prêtre à la cour. Le Coq voulait disputer : la duchesse d'Etampes était de son avis : la dispute eut lieu. Le cardinal vint aisément à bout de la faconde du missionnaire. Le Coq perdit ce jour toute sa gloire : la duchesse d'Etampes cessa de le voir et lui ferma la porte de son hôtel.

Elle avait un commensal qui passait pour un grand théologien : c'était Landri, un autre curé qui ne demandait pas mieux que de criailler. Landri eut d'abord une audience du roi que la duchesse avait ménagée : mais le pauvre homme dit de si pitoyables choses sur le purgatoire et le culte des saints, qu'on l'éconduisit poliment, en le renvoyant à ses paroissiens. Landri se convertit de dépit au catholicisme.

Cette manie exotique de dispute fanatisait les ames, divisait les familles, allumait des haines et remplissait la France de troubles et d'émotions. Il arrivait toujours que chaque argumentateur s'octroyait la victoire et s'enorgueillissait de sa gloire. Qui cherchait la vérité était sûr de la trouver dans deux sanctuaires ennemis. On eut dû cependant se demander, comment, si elle est une, la vérité pouvait

---

1) Histoire de François Ier, par Gaillard, in-8°, t. 4, 268. — Maimbourg, histoire du Calvinisme, liv. 1.

être l'héritage de Zwingli et de Luther, de Bucer et de Farel, d'Œcolampade et de Carlostadt, qui ne s'entendaient pas, et se damnaient sans miséricorde les uns les autres ?

On voulait troubler la conscience du roi, l'amener doucement au doute; alors on l'aurait laissé en repos et en paix jusqu'à ce que le doute l'eût jeté dans l'hérésie : cette manœuvre était habile.

Mélanchthon était alors en grand honneur en Allemagne comme en France. On savait qu'il avait rompu avec les puritains de son parti, et qu'il cherchait à réconcilier Luther et le pape. La duchesse d'Etampes et la reine Marguerite conçurent le projet d'appeler en France l'humaniste saxon. François Ier consentit donc après de grandes difficulés à faire venir Mélancthon qui devait disputer avec le théologien le plus renommé de la capitale. Le billet du roi au professeur de Wittemberg est un modèle de courtoisie :

« J'avois entendu il y a quelque temps, par Guillaume du Bellay, sieur de Langey, gentil homme de notre chambre et conseiller de nostre conseil privé, le singulier désir que tu as d'apporter la paix et appaiser les troubles et divisions survenues en l'église. Depuis par les lettres que tu lui as escrit, et par le rapport que m'a fait à son retour Barnabas Voceus, j'ay sceu que tu veux prendre volontiers la peine de venir vers moy, afin de conférer avec nos docteurs et théologiens, sur la réunion de l'église et restablissement de l'ancienne police ecclésiastique : chose que je desire embrasser avec tout le soin et sollicitude qu'il me sera possible : soit que tu viennes comme privé ou comme ayant charge des tiens, tu seras le bien venu et me trouveras par effet très desireux du repos de la paix et de l'honneur et dignité de la Germanie ».

Mélanchthon se hâta de répondre aux nobles avances du prince, par de nobles paroles :

« Combien que ce très beau royaume de France, roy très chrétien et très puissant, excelle par tous les autres royaumes de la terre en plusieurs autres choses qui luy servent d'honneur et d'embellissement : si est-ce qu'entre les principales loüanges, celle-cy doit tenir le premier rang qu'il a tousiours surmonté les autres nations en la doctrine et a tousiours esté comme en sentinelle pour la deffense de la religion chrestienne. A raison de quoy, à bon droit, il porte ce tiltre de Très Chrestien, qui est une loüange des plus grandes et des plus augustes qu'il se puisse dire en toute la terre, et partant c'est une chose loüable à vostre majesté de ce que mesme en ce temps elle prend le soin de conserver son église non par des remèdes violents, mais avec la raison vraye et digne d'un roy très bon et très chrestien et de ce que parmi ces dissensions elle s'estudie et s'affectionne de composer et modérer tellement les efforts et véhémence de l'un et l'autre party que la doctrine chrestienne estant expliquée et repurgée, il soit diligemment pourveu et advisé à la gloire du Christ, à la dignité de l'ordre ecclésiastique et repos public. Certainement il n'y a rien qui mérite tant de gloire et de loüange que ce desir. Rien ne se peut penser plus digne d'un roy. Parquoy je supplie vostre majesté royale qu'elle ne delaisse et ne cesse de s'employer de tout son pouvoir à ce soin et à cette pensée : car encore que la dissention pu-

blique aye baillé place en certains lieux, à quelques
dereglez et mauvais docteurs, toutes fois il y a plusieurs choses ouvertes et revelées par des gens de
bien lesquelles il importe et sert de beaucoup qu'elles
soient montrées et demeurent en l'église. Et encore
que la petulance des mauvais soit reprimée : toutes
fois je supplie vostre royale majesté qu'elle ne se
laisse tellement mener par les plus sévères opinions
des escrits de quelques uns, qu'elle souffre les choses
qui sont bonnes et utiles à l'église, estre deslaissez.
Quant à moy aucunes opinions dereglées comme sont
celles qui ont gasté et corrompu ce très beau et très
sainct ordre de l'église, ne m'ont pleu, comme aussi, il
n'y a rien qui doive être plus cher et plus recommandable à tout cela. Et parce que je sçay que vous
affectionnez tous les gens de bien qui sont versez en
ce même genre de doctrine que moy, sitost que
j'ai veu les lettres de vostre royale majesté, j'en
prends Dieu à tesmoin, ie me suis efforcé de tout mon
pouvoir de faire, qu'incontinent ie m'en peusse
aller vers vostre majesté : car il n'y a chose en ce
monde que ie souhaitte tant que de pouvoir apporter
à l'église quelques secours, et tant que ma petite
capacité se peut estendre. Et suis entré en quelque
bonne espérance, après avoir cognu que la piété et
prudence de vostre royale Majesté ne désiroit rien
tant que d'aviser et pourvoir au commun bien de la
gloire de Christ. Mais vostre Majesté entendra par
Voceus, combien de difficultez me retiennent encore
pour un petit, lesquelles, quoyqu'elles aient apporté
du retardement à ce mien voyage, toutes fois n'ont
iamais destourné mon esprit ny de sa profession,

ny des conseils ou de l'affection et desir que i'ay d'appaiser les différents de la chrestienté. Voceus vous déclarera plus amplement toutes ces choses ; pour la fin ie me recommande a vostre majesté et vous promets que ie assembleray et rapporteray tousiours mon iugement à l'opinion des bons et doctes hommes qui sont en l'église. Christ vueille garder vostre royale majesté florissante et entière et la vueille gouverner pour le salut commun de tout le monde et pour l'illustration de la gloire de Dieu. Donné en Saxe, le 5 devant les calendes de septembre 1535. »

A cette longue épitre, Mélanchthon avait joint un traité latin, sous le titre de : de moderandis controversiis religionis ad Gallos, où il reconnaissait franchement la suprématie du pape et la nécessité d'une autorité spirituelle toujours vivante pour le gouvernement et la discipline de l'église.

Il semblait, après un tel aveu, que la paix allait être rendue au monde catholique. Les grandes dames se réjouissaient dans l'attente de Mélanchthon, qui devait confondre la science de tous nos évêques. Leur poète favori avait deviné pourtant que Mélanchthon n'arriverait pas : il avait dit :

> Je ne dis pas que Melanchthon
> Ne déclare au Roy son advis :
> Mais de disputer vis à vis
> Nos maistres n'y veulent entendre.

On avait pris cette prévision pour une boutade poétique et renvoyé Marot à ses muses. Il avait raison. Une robe rouge vint rompre tout à coup des négociations si avancées.

Un jour le cardinal de Tournon, archevêque de

Lyon, entre chez le roi, un livre sous le bras : — Vous avez un beau livre monseigneur, dit le prince, en jetant les yeux sur les plats de l'ouvrage qui étaient tout dorés : — Sire, vous l'avez bien nommé, répondit l'archevêque, c'est un de vos premiers évêques en l'église de Lyon : par fortune, je me suis rencontré sur ce passage qui est au troisième livre. Irénée raconte qu'il avait ouï dire à St-Polycarpe, que l'apostre saint Jean son maistre, entrant dans les bains et y voyant l'hérétique Cérinthus, soudain retira le pied ; — Fuyons, dit-il, de peur que l'eau où se baigne cet ennemi de la vérité, ne nous souille et salisse » 1).

L'archevêque n'eut pas de peine à faire comprendre au prince qu'un colloque entre les catholiques et les protestants serait tout aussi malheureux que ceux dont l'Allemagne donnait depuis vingt ans le spectacle ; que Miltitz, Caietano, Veh, Aleandro, missionnaires du saint siège avaient conféré avec Luther, et avaient échoué. François Ier fit retirer le passeport que le chancelier allait expédier à Mélanchthon.

Les esprits s'irritaient. La réforme enhardie par la protection déclarée de la reine Marguerite, les louanges de quelques lettrés, les menées de la duchesse d'Etampes, la ligue menaçante de Smalcade, et tous les embarras intérieurs et extérieurs où le royaume était jeté, ne se cachait plus comme autrefois. Elle était devenue disputeuse, railleuse, insolente : au lieu de lever les mains pour prier elle les levait pour frapper ou pour maudire. Elle affi-

---

1) Florimond de Raemond.

chait ses croyances, et allait dans les ateliers pour convertir les ouvriers. Elle dénigrait nos gloires, calomniait nos évêques, insultait nos prêtres. Elle créait des mots pour nous désigner au mépris et nous appelait Papolatres et Théophages. Le soir, quand la nuit était venue, elle courait les rues et affichait aux portes du Louvre, des couvents et des églises, des placards insultants, que ses disciples le lendemain décollaient et s'amusaient à lire à haute voix. Alors, supposez un pauvre moine qui vient à passer seul ; il est honni et couvert de boue et poursuivi de huées. Le lieutenant Morin luttait en vain, la réforme avait gagné jusqu'au valet de chambre du roi, qui avait soin de placer sur la table de travail de son maître quelques uns de ces pamphlets clandestins que Farel expédiait de Suisse à Paris 1). En 1535, le nombre en fut si grand que l'année reçut le nom d'année des placards.

La réforme vint poser sur le palais de la Sorbonne ce manifeste insolent, œuvre d'un énergumène dont on nous vante le courage.

ARTICLES VÉRITABLES SUR HORRIBLES, GRANDS ET IMPORTABLES ABUS DE LA MESSE PAPALE.

« Invoque le ciel et la terre en témoignage de vérité contre cette pompeuse et orgueilleuse messe, par laquelle, le monde, si Dieu n'y remédie, sera bientôt désolé et ruiné, et abysmé, quand en icelle N. S. est si outrageusement blasphêmé et le peuple séduit

---

1) Man kann nach dem Berichte Crespin's annehmen, daß Farel diese Manifeste drucken ließ, die zu Paris Placards genannt wurden. Paul Henry, p. 74, note.

et aveuglé, ce que plus on ne doit souffrir ni endurer.

« Premièrement à tout fidèle chrétien est et doit estre très certain que nostre Seigneur et seul sauveur J.-C. comme grand évesque et pasteur éternellement ordonné de Dieu a baillé son corps, sa vie et son sang, pour nostre sanctification, en sacrifice très parfait, lequel sacrifice ne peut et ne doist jamais estre réitéré par aucun sacrifice visible, qui ne veut renoncer à icelui, comme s'il estoit sans efficace, insuffisant, imparfait, et que J.-C. n'eût pas satisfait à la justice de Dieu, son père, pour nous, et qu'il ne fust le vrai Christ, sauveur, prestre, évesque, médiateur, laquelle chose non-seulement dire, mais penser est un horrible et exécrable blasphème. Et, toutefois la terre a esté et est encore de présentement en plusieurs lieux chargée de misérables sacrificateurs ; lesquels comme s'ils estoient nos rédempteurs se mettent au lieu de J.-C. ou se font compagnons d'icelui : disant qu'ils offrent à Dieu sacrifice plaisant et agréable, comme celui d'Abraham, d'Isaac et de Jacob, pour le salut tant des vivants que pour les trépassez, ce qu'ils font apertement contre toute la vérité de la Sainte Ecriture, faisans menteurs tous les apostres et évangélistes

« Or, ne peuvent-ils faire entendre à nul de sain entendement que J.-C., les apostres et les prophètes soient menteurs, mais faut maugé leurs dents que le pape et toute sa vermine de cardinaux, d'évesques, de prestres, de moines et autres caphars, diseurs de messe, et de tous ceux qui y consentent soyent tels : assavoir faux prophètes, damnables, trompeurs, apostats, loups, faux pasteurs, idolâtres, séducteurs, menteurs, blasphémateurs exécrables, meurtriers des ames, renonceurs de J.-C., larrons et ravisseurs de l'honneur de Dieu et plus détestables que les diables. Car par le grand et admirable sacrifice de J.-C., tout sacrifice extérieur et visible est aboli et évacué...

Où ont-ils inventé le gros mot de transsubstantiation ? Les apostres et les pères n'en ont point ainsi parlé : ils ont ouvertement nommé le pain le pain, et le vin le vin. Saint Paul ne dit point : mange le corps de Jésus-Christ qui est enclos ou qui est sous la semblance de pain, mais ils ont dit apertement : mange de ce pain. Or, il est certain que l'Ecriture n'a point de déception, et qu'en icelle il n'y a point de feintise, dont il s'en suit bien que c'est pain ; qui pourra donc plus soutenir tels antechrists? car n'ayant eu nulle honte de vouloir enclorre le corps de Jésus en leur oublie, ils n'ont eu aucune vergogne de dire qu'il se laisse manger aux rats, araignes et vermine, comme il est escrit de lettres rouges en leur messel, en la vingt-deux cautèle qui se commence ainsi : Si le corps du Seigneur estant consumé par les souris et araignes est devenu à rien ou soit fort rongé ; si le ver est trouvé tout entier dedans, qu'il soit bruslé et mis au reliquaire. O terre ! comment ne t'ouvres-tu pour engloutir ces horribles blasphémateurs ? ô vilains et détestables ! ce corps est-il du Seigneur Jésus vrai fils de Dieu, se laisse-t-il manger aux souris et araignes, lui qui est le pain des anges et de tous les enfants de Dieu, nous est-il donné pour en faire la viande aux bestes ? lui qui est incorruptible à la dextre de Dieu, le ferez-vous jeter aux vers et à pourriture contre ce que David a escrit, prophétisant de la résurrection d'icelui. Allumez donc vos fagots pour vous brusler et rostir vous-mesmes et non pas nous, pour ce que nous ne voulons pas croire à vos idoles, à vos dieux nouveaux, à vos nouveaux Christs qui se laissent manger aux bestes, et à vous pareillement qui estes pires que bestes, en vos badinages lesquels vous faites à l'entour de votre Dieu de paste duquel vous vous jouez, comme un chat d'une souris, faisant des marmiteux et frappant contre votre poitrine, après l'avoir mis en trois quartiers, comme étant bien marris, l'appelant agneau de Dieu 1) ».

Bèze confesse lui-même la violence de ses coréligionnaires. « Il y a grande apparence, écrit-il, que peu à peu le Roy mesme eût commencé de gouster quelque chose de la vérité, ayant été gaigné jusqu'à ce point tant par la royne de Navarre, sa sœur, que par deux frères de la maison du Bellay, qu'il delibera de faire venir en France et d'ouir en présence de ce grand et renommé personnage, Philippe Mélanchthon; mais l'an 1534, environ le mois de novembre, tout cela fut rompu par le zèle indiscret de quelques uns, lesquels avoient fait imprimer certains articles d'un style fort aigre 2). »

Ce n'était pas seulement contre la parole dogmatique de notre église que s'exerçaient ces violences. La réforme enhardie s'était prise à nos temples mêmes qu'elle dépouillait de ses ornements, à nos

---

1) Si qua unquam fuit putrida et insulsa farrago vanitatis atque falsitatis, si qua impura sentina fabularum atque ἀνιστορησίας illam perfecto est altissima voce profitemur. Resp. pro Balduino ad Calvinum et Bezam, fol. 98.

2) Bèze, Hist. Eccl., p. 15.

reliquaires qu'elle brisait, à nos statues qu'elle mutilait, à nos tableaux qu'elle déchirait, à nos vieux livres de couvents qu'elle jetait au feu, enveloppant dans sa haine tous les trésors de l'art, les richesses du culte et les dépouilles des morts. Si on l'eût laissé faire paisiblement en France, il ne fût pas resté pierre sur pierre de nos sacrés édifices. Et quand on pense que ces profanations sacrilèges n'ont arraché ni larmes ni soupirs aux réformateurs, on se demande si dans l'intérêt de l'art matériel, il ne fallait pas arrêter cette horde d'iconoclastes qui auraient imité le connétable de Bourbon et changé nos églises en écuries.

Le pouvoir, averti par les murmures du peuple, s'émut enfin. Le peuple voulait vivre et mourir catholique. On crut qu'une procession solennelle devait d'abord expier de nombreuses profanations. Le roi assistait à cette procession, la tête nue, une torche à la main, et suivi de toute sa cour, des ambassadeurs étrangers et de flots de peuples. L'évêque de Paris, Jean du Bellay, marchait le saint sacrement en main, sous un dais porté par monseigneur le Dauphin, les ducs d'Orléans et d'Angoulême, et par le duc de Vendôme, premier prince du sang. Le Roi entra dans la grande salle de l'évêché et harangua le parlement en robes rouges, le clergé et la noblesse :

« Si le propos que j'ai à vous tenir, Messieurs les assistants, n'est conduit et entretenu de tel ordre qu'il convient garder en harangue, ne vous esmerveillez : Pour autant que le zèle de celuy de qui je veux parler, Dieu tout puissant, m'a causé telle et si grande affection que ne sçaurois en mes paroles garder ny tenir ordre requis et nécessaire, voyant l'offence faite au roy des roys, pour lequel régnons et auquel ie suis lieutenant en mon royaume, pour faire accomplir sa sainte volonté ; et considerant la meschanceté et acerbe peste de ceux qui veulent molester et destruire la monarchie françoise, laquelle par l'espace de tant d'années a esté par iceluy souverain roy maintenue, ne puis m'en taire, posé ores, qu'ainsi soit que par aucun temps elle en soit esté ci-devant affligée : toutefois les roys, mes predecesseurs, sont tousiours demeurés permanents en la religion chrestienne et catholique, dont encore nous en portons et porterons, aidant Dieu, le nom de très chrestien. Et bien que cette nostre bonne ville de Paris ait esté de tout temps chef et exemplaire de tous bons chrestiens, si est-ce que depuis peu de temps aucuns innovateurs, gens delaissés de la bonne doctrine, offusqués en ténèbres, se sont efforcés d'entre-prendre tout contre les saincts, nos intercesseurs, qu'aussi contre Dieu Jésus-Christ sans lequel ne pouvons agir et ni prosperer en aucun bien fait, qui seroit à nous chose très absurde, si ne confondions en tant qu'en nous est et extirpions ces meschants, foibles d'esprit. A cette cause i'ai voulu vous convoquer et vous prier mettre hors vos cœurs et pensées toutes ces opinions, qui pourront vous séduire et vous affoler les uns les autres, et que vous veuillez comme vous en prie, instruire vos enfants, familiers et domestiques à la chrestienne obéissance de la foy catholique et icelle tellement suivre et garder, que si cognoissez aucun contagieux et perclus de cette perverse secte, veillez iceluy tant soit-il vostre parent, votre frère, cousin, ou afin reveler. Car en taisant son malefice seriez adhérents à la faction tant infecte. Et quant à moy, qui suis vostre roy, si ie sçavois l'un de mes membres maculé ou infecté de ce détestable erreur, non seulement vous le baillerois à couper, mais davantage si i'appercevois aucun de mes enfants entachés, je le voudrois moy mesme sacrifier. »

Ce jour même, où peut être le lendemain, on dressa dans Paris des bûchers où montaient en chantant Barthélemy Milo, cordonnier, Nicolas Valeton, Jehan du Bourg, revendeur, Henri Poille, maçon, Etienne de la Forge, marchand. Si l'on eût arrêté ces pauvres ames sur le chemin de l'éternité pour leur demander de réciter leur crédo, pas une ne l'aurait dit de même. Ce n'étaient ni des zuingliens, ni des calvinistes, ni des luthériens, mais des fanatiques exaltés par la lecture des libelles de Farel ou les prédications occultes de quelque renégat, et qui ne savaient pas même ce qu'était une confession de foi. Crespin leur ouvre à tous la porte du ciel et les inscrit dans son livre des martyrs [1]; tandis que Westphal, un autre réformé, arrache cette couronne tressée par la main du calviniste, pour n'en décorer que le front de l'ame qui mourut dans la foi de Luther [2].

Plaignons les malheureuses victimes qu'on poussait au supplice, comme à un martyre qu'elles acceptaient sur la foi de quelque apostat qui la veille

---

[1] Crespin. Histoire des Martyrs.
[2] Westphal, contra Lascium.

avait renoncé à ses vœux de continence, et chantait le bûcher, mais n'aurait pas voulu y monter, comme disait alors le poète :

> O ame peu hardie
> Qui ressembles à celuy qui fait la tragédie
> Lequel sans la ioüer demeure tout craintif
> Et en donne la charge au nouveau apprentif
> Pour n'estre point moqué, ni sifflé, si l'issue
> Ne réussit à gré du peuple bien receue.

Voici de belles paroles échappées à un catholique à la vue de ces sacrifices humains auxquels le pouvoir avait recours, moins peut être pour le salut de la foi nationale, que pour les intérêts d'une couronne mondaine menacée par la réforme :

« Les feux cependant estoient allumés partout, et comme d'un costé la justice et severité des lois contenoit le peuple en son devoir, aussi de l'autre l'opiniastre resolution de ceux qu'on trainoit au gibet auxquels on voyoit plustot emporter la vie que le courage, en estonnoit plusieurs. Car comme ils voyoient les simples femmelettes chercher les tourments pour faire preuve de leur foy et allant à la mort ne crier que le Christ, le Sauveur, et chanter quelque psaume ; les jeunes vierges marcher plus gayement au supplice qu'elles n'eussent fait au lit nuptial ; les hommes s'éiouir voyant les terribles et effroyables apprets et outils de la mort qu'on leur avoit préparez, et my brûlés et rotis, contempler du haut des bûchers d'un courage invaincu, les coups des tenailles receus, porter un visage et maintien ioyeux, entre les crochets des bourreaux, estre comme des rochers contre les ondes de la douleur: bref, mourir en riant comme ceux qui ont mangé l'herbe sardinienne : ces tristes et constants spectacles excitoient quelque trouble non seulement en l'ame des simples, mais des plus grands qui les couvroient de leur manteau, ne se pouvant la plupart persuader que ces gens n'eussent la raison de leur costé, puisqu'aux prix de leur vie ils la maintenoient avec tant de fermeté et resolution. Autres en avoient compassion : marris de les voir ainsi persécutés, et contemplant dans les places publiques ces noires carcasses suspendues en l'air avec des chaines vilaines, reste des supplices, ils ne pouvoient contenir leurs larmes : les cœurs mesmes pleuroient avec les yeux ».

Cette belle page est de Florimond de Raemond, qui l'écrivait peu de temps après le supplice de Servet.

CHAPITRE VIII.

L'INSTITUTION CHRETIENNE 1).

Accueil que la Réforme fait à ce livre. — C'est un manifeste contre le protestantisme. — Antagonisme de Calvin et des réformateurs allemands. — Quelques doctrines de l'Institution. — Variations de la Symbolique de Calvin. — Servet. — Idée de la polémique de l'Institution. — Appel de Calvin à l'autorité catholique. — La Préface de l'Institution. — Style de l'œuvre.

En 1536, au mois de mars, Thomas Platter et Balthasar Lasius terminaient à Bâle l'impression de

---

1) Christianae religionis institutio, totam fere pietatis summam et quicquid est in doctrina salutis cognitu necessarium, complectens: omnibus pietatis studiosis lectu dignissimum opus, ac latine recens editum. — Præfatio ad christianissimum regem Franciae qua hic ei liber confessione fidei offertur.
IOANNE CALVINO
Nouiodunensi autore,
BASILEAE.
MD XXXVI.
On lit à la fin de l'ouvrage : —Basileae, per Thomam Platterum et Balthasarem Lasium, mense Martio anno 1536. Petit in-8° de 514 pages et de 6 pages d'index: après l'index on voit la figure de Minerve avec l'inscription : — tu nihil invita facies dicesve Minerva. L'épée enflammée n'est pas sur le titre du livre.

« l'Institution chrétienne », le plus beau livre assurément qui soit sorti de la main de Calvin. Un poète

---

Page 2. Capita argumentorum quae in hoc libro tractantur.
1. De lege quod Decalogi explicationem continet (p. 42).
2. De fide ubi et symbolum (quod apostolicum vocant), explicatur (p. 102).
3. De oratione ubi et oratio dominica enarratur (p. 157).
4. De sacramentis ubi de baptismo et cœna Domini (p. 200).
5. Quo sacramenta non esse quinque reliqua, quæ pro sacramentis hactenus vulgo habita sunt, declaratur: tum qualia sint ostenditur (p. 205).
De libertate christiana, potestate ecclesiastica et politica administratione (p. 400 à la fin).

Suivant Bèze, la première édition de l'Institution Chrétienne doit avoir paru en 1535, à Bâle, où résidait Calvin. Gerdes, scrinium antiquarium sive miscellanea Grœningana, t. 2, p. 453, parle aussi d'une édition de 1535, dont on n'a pu trouver un exemplaire. Il remarque que les imprimeurs avaient la coutume d'antidater le titre de leurs livres. On prétend que l'édition de 1536 n'est pas la première, car Calvin s'y nomme sur le titre, au commencement de la préface et en tête du premier chapitre. Or, nous savons que l'ouvrage ne parut pas sous le nom de Calvin, d'après le témoignage même du réformateur. — L'édition de 1536 se trouve à la bibliothèque de Brunswich, et à Genève. M. Turretin dit dans une lettre de 1700 : « la plus vieille édition que l'on ait à Genève est un in-8o de 514 pages, imprimé à Bâle, per Thomam Platterum et Balthasarem Latium, m. martio, ann. 1536. A la fin du livre est la figure de Minerve avec ces mots : tu nihil invita faciesve dicesve Minerva. Le commencement y manque jusqu'à la page 42. » Sponde admet une édition française de Bâle, août 1535 : Bayle, art. Calvin.

M. Paul Henry pense qu'il doit y avoir une édition française de 1535, celle qui parut sous le pseudonyme d'Alcuin et une édition latine de 1536, qui porte le nom de Calvin. Dans l'édition française des Institutions en 1566, la préface est datée de Bâle, le 1er août 1535. Reste à expliquer comment aucun exemplaire de l'édition originale n'est parvenu jusqu'à nous.

A la bibliothèque royale de Paris, il existe une édition fort rare de ce livre, (1565) dont voici le titre :
Institution de la religion chrestienne nouvellement mise en quatre

de cette époque le place immédiatement après les écrits apostoliques.

> Præter apostolicas post Christi tempora chartas
> Huic pepere libro sæcula nulla parem 1).

C'est l'œuvre dont l'écolier de Noyon commençait à rassembler les matériaux à Bourges et à Orléans, et qu'il poursuivait dans ses courses à travers la France. La réforme en attendait l'apparition avec impatience. Quelques fragments que l'auteur avait lus à ses amis,

---

livres ; augmentée aussi de tel accroissement qu'on la peut presque estimer un livre nouveau ; par Jean Calvin.
A LION
Par Jean Martin.

Sur le verso du frontispice est le pourtrait de la vraye religion avec ces vers :

> Mais qui es tu (di moy) qui vas si mal vêtue,
> N'ayant pour tout habit qu'une robbe rompue?
> Je suis religion (et n'en sois plus en peine),
> Du père souverain la fille souveraine.
> Pourquoy t'habilles-tu de si poure vesture ?
> Je méprise les biens et la riche parure.
> Quel est ce livre là que tu tiens en la main ?
> La souveraine loy du père souverain.
> Pourquoy aucunement n'es couverte au dehors
> La poitrine aussi bien que le reste du corps ?
> Cela me sied fort bien à moy qui ay le cœur
> Ennemi de finesse et amy de rondeur.
> Sur le bout d'une croix pourquoy t'appuyes-tu ?
> C'est la croix qui me donne et repos et vertu.
> Pour quelle cause as-tu deux ailes au costé ?
> Je fay voler les gens jusques au ciel vouté.
> Pourquoy tant de rayons environnent ta face ?
> Hors de l'esprit humain les ténèbres je chasse.
> Que veut dire ce frain ? que j'enseigne à domter
> Les passions du cœur, et à se surmonter.
> Pourquoy dessous tes pieds foulles-tu la mort blesme ?
> Pour autant que je suis la mort de la mort mesme.

1) Paulus Thurius.

avaient été retenus, transcrits et répandus à la cour de Marguerite. Desperriers, Marot, Roussel, tous les commensaux de la reine annonçaient que l'Institution devait changer la face du monde catholique. On savait que Calvin avait entrepris ce travail pour prouver que la réforme avait trouvé un théologien et un écrivain. Le livre parut d'abord en latin. En tête de l'ouvrage Calvin avait placé une dédicace à François Ier, qu'il traduisit, ainsi que le livre même, en français quelques années plus tard. La dédicace est un des premiers monuments de la langue française : elle est hardie et éloquente, pleine de beaux mouvements oratoires. Quand elle parut les lettrés déclarèrent que « c'estait un discours digne d'un grand roi, un portail digne d'un superbe édifice et une pièce digne de plus d'une lecture et qu'on pouvait placer à côté de l'introduction de de Thou sur son Histoire universelle et de Casaubon sur Polybe 1) ».

Nous ne connaissons pas dans les écrivains protestants un manifeste plus éloquent contre le principe de la réformation, que l'Institution chrétienne. Bossuet, avec tout son génie, n'eût pas fait aussi bien que Calvin. Voici un livre d'étude patiente destiné à tuer le catholicisme, à changer en France la religion

---

1) Man hat in der gelehrten Welt gesagt, daß es nur drei trefflihe Vorreden gäbe: die des Präsidenten Thuanus vor seiner Geschichte, die des Casaubonus ab Polybium, die dritte Calvin's. Morus panégyrique, p. 101, Inst. Ed. Jcard, et Mélange critique de feu M. Ancillon, Basle 1698, p. 65. — Tanequil Lefèvre in Scaligerana, p. 40. — Bayle ajoute aux trois belles préfaces, celle de M. Pelisson sur les œuvres de M. Sarazin, p. 715.

de l'état, à convertir François Ier. On espère qu'il ruinera cette vieille foi de nos pères, qui résista à tant de sophismes, qui lassa le fer de tant de bourreaux, qui surmonta les mauvais instincts de tant de novateurs ; et il se trouve que cet ouvrage, dans les desseins de la providence, est l'arme la plus terrible que la réforme ait pu forger contre elle-même. Si Calvin en cette exomologèse a dit la vérité, il faut brûler les livres des autres réformateurs; s'il est ici l'apôtre envoyé de Dieu, les protestants allemands ne sont plus que des docteurs de mensonge; si l'Institution a été écrite sous l'inspiration de la sagesse éternelle, la Captivité de Babylone de Luther, la Confession de foi d'Augsbourg de Mélanchthon, le De vera et falsa religione de Zwingli, le De Cœna d'OEcolampade, sont des livres à jeter au feu. Car les doctrines que Calvin apporte dans son Institution ne sont pas celles des novateurs allemands : le verbe de l'un ne ressemble pas plus à la parole des autres que l'ombre au soleil : si Dieu couvrait de sa nuée l'Israélite de Noyon, il a dû laisser dans les ténèbres les docteurs de la Germanie : que la réforme prononce donc elle-même.

Nous disons, c'est Calvin qui parle, que l'Eglise romaine n'est pas la fille du Christ, que ses papes l'ont profanée par leurs impiétés, l'ont empoisonnée et mise à mort 1).

— Et moi, dit Luther, je réponds que l'Église est chez les papistes, parce qu'ils ont le baptême, l'absolution et l'Evangile 2).

---

1) Instit. chrét. p. 774.
2) Etsi fatemur apud eos esse ecclesiam quia habent baptismum, absolutionem, textum evangelii. Luth. in cap. 28, Genes, fol. 696.

L'université d'Helmstadt, consultée au 18ᵉ siècle sur le mariage d'Elisabeth de Brunswich-Wolfenbuttel avec l'archiduc d'Autriche, ajoute — que les catholiques ont le fond et le principe de la foi, que l'église romaine est véritable église, qui écoute la parole de Dieu et reçoit les sacrements institués par Jésus-Christ 1).

Calvin poursuit : — Je soutiens que le pape de Rome est le chef et le prince du royaume maudit de l'antechrist.

Et les Pères d'Augsbourg se lèvent pour défendre l'antechrist, et disent :

— Tel est le sommaire de notre doctrine, dans laquelle on peut voir qu'il n'y a rien de contraire à l'église catholique et à l'église romaine.

Ainsi donc, lorsque Calvin insulte si grossièrement au siége de Rome, voici que l'église allemande, sa glorieuse communion de lettrés, son cénacle de docteurs, viennent le défendre hautement contre l'écolier de Noyon.

— Je soutiens, dit Calvin, que toutes les fois qu'on représente Dieu dans des images, sa gloire est flétrie et ravalée par l'impiété du mensonge 2); que toutes les statues qu'on lui taille, que toutes les images qu'on lui peint lui déplaisent infiniment, comme autant d'outrages et d'opprobres 3).

Wir bekennen, dit ailleurs Luther, daß im Papstthum die rechte heilige Schrift seye.

1) Mémoires pour servir à l'Histoire Ecclésiastique pendant le 18ᵉ siècle, t. 1.
2) Inst. Chrét., p. 51.
3) Ib.

— C'était le langage que Carlstadt tenait à Wittenberg à tous les briseurs d'images, quand Luther monte en chaire, si vous vous le rappelez, venge le catholicisme des folles rêveries de l'archidiacre, et fait relever les statues des saints, aux applaudissements de toute l'Allemagne savante. Calvin n'a rien inventé : il a pris tous ses arguments contre le culte des images dans ces livres de Carlstadt que le moine saxon a livrés à ses brûlantes moqueries.

Calvin continue : — Chrétien, quand on te présente le pain en signe du corps de Jésus-Christ, fais-toi cette comparaison : comme le pain soutient notre vie matérielle du corps, ainsi le corps du Christ doit être la nourriture de notre vie spirituelle. Quand on apporte le vin, symbole du sang, pense que le sang du Christ doit te raviver spirituellement, comme le vin ton corps matériel 1). Ignares qui ajoutèrent au texte leurs propres conceptions, et pour montrer leur finesse d'esprit, imaginèrent ne sais quelle réalité et quelle substantialité, et cette prodigieuse transsubstantiation, folie de cerveau s'il en fût jamais 2).

L'église de Wittenberg crie au blasphème : la voix de son apôtre est pleine de colère :

— Imbécille, à ton tour, qui n'as jamais rien entendu aux écritures : si tu comprenais le grec, le texte t'aveuglerait, te sauterait aux yeux ; lis donc, niais, en vertu de mon titre de docteur je te dis que tu n'es qu'un âne 3)...

---

1) Christianae religionis institutio, p. 238.
2) Ib., 240.
3) Luthers Tisch-Reden.

Vous a ve vu Luther à Marburg au colloque imaginé par Philippe de Hesse, refuser de donner le baiser de paix aux sacramentaires que représente Calvin, et les vouer, en partant pour Wittenberg, à la colère de Dieu et des hommes.

Que le poète hongrois chante donc cette Institution comme le plus beau présent que le ciel ait fait au monde chrétien depuis les temps apostoliques !

Luther ne vient-il pas de déchirer la page où Calvin représente le pain et le vin de l'Eucharistie sous la forme d'emblèmes, comme inspirée du mauvais esprit !

Que Samarthanus le professeur envie donc à Bâle ce trésor chrétien que la France n'égalera jamais 1).

Est-ce que ce christianisme n'est pas convaincu, par Mélanchthon, par Luther, par Osiander, de nouveauté et de folie ?

Si François Ier embrasse la symbolique de Calvin, Luther le menace de réprobation ;

S'il écoute Luther, Calvin le damne irrémissiblement pour s'être laissé séduire par « la détestable erreur de la présence réelle. » Prêtres du Seigneur, entendez vous donc ! Vous me dites l'un et l'autre, prends et lis, voici le livre de vie, le pain de vérité, la manne du désert. Je vous écoute et votre verbe jette mon âme dans un abyme de doute. Qui fera donc luire

---

1) Hoc doleo tantum quod abreptus nobis sis, quodque alter loquens Calvinus, nempe Institutio christiana ad nos non perveniat. Invideo Germaniae, quia quod illa assequi non possumus. Manuscrits de Gotha.

« ceste estoile première du jour, » comme Calvin appelle son évangile 1).

— Moi, dit Osiander, mais accepte ma justice essentielle ;

Moi, dit Calvin, mais repousse la justice d'Osiander l'hérétique et crois à ma justice gratuite.

— Moi, dit Mélanchthon, reste dans la papauté, car il faut à l'église un chef visible ;

Moi, dit Calvin, mais rejette le pape, le prince des ténèbres, l'antechrist en chair et os.

— Moi, dit Luther, mais crois que tes lèvres reçoivent le corps et le sang du Christ ;

Moi, dit Calvin, mais crois que ta bouche ne touche qu'à des symboles de chair et de sang, que la foi seule a le don de transformer en réalité.

Où donc s'est arrêtée cette étoile première du jour que nous annonce Jean de Noyon ?

A Zurich, dit Zwingli.

— A Basle, dit OEcolampade.

A Strasbourg, dit Bucer.

— A Wittenberg, dit Luther.

A Neuchâtel, dit Farel.

— Mais dans quelle bible lirai-je la parole de Dieu ?

— Dans la bible de Luther, dit Hans Lufft, son imprimeur ;

Dans la bible de Lefèvre d'Etaples, disent Calvin et Théodore de Bèze ;

— Dans la bible de Zurich, dit Léo Juda ;

Dans la bible de Basle, dit OEcolampade.

---

1) Aux fidèles de Genève durant la dissipation de l'église.

— En vérité, dit Bèze, la traduction de Basle est pitoyable, et dans beaucoup d'endroits offensante envers l'esprit saint 1).

Maudite soit la traduction de Genève, dit le colloque de Hamptoncourt, c'est la plus mauvaise qui existe 2).

— Garde-toi, dit Calvin, de la bible de Zwingli, c'est du poison : car Zwingli a écrit « que saint Paul n'a pas reconnu ses épîtres pour écritures saintes et infaillibles, et qu'incontinent après qu'il les eut escrites, elles n'avoient point d'authorité parmi les apôtres 3).

Que fera François Ier? S'il accepte l'Institution chrétienne comme un livre de vérité, voici ce qu'il doit croire désormais, lui, sa cour, ses fils et son royaume très chrétien, pour obtenir la vie éternelle :

« Qu'ainsi que la volonté de Dieu est la seule raison

---

1) ... Daß sie in vielen Sachen gottlos, und der Meinung des heiligen Geistes gänzlich zuwider seye. R. P. Dez. S. J. in reunione protest. p. 480.

2) Daß unter allen Dollmetschungen, die bis zu der Zeit heraus gekommen, die Genfsische die allerschlimmste und untreueste wäre. R. P. Dez loc. cit.

3) Ignorantia vestra est quod putatis cùm Paulus hæc scriberet, evangelistarum commentarios, et epistolas apostolorum jam in manibus apostolorum atque authoritate fuisse, quasi vero Paulus epistolis suis et jam tunc tribuerit ut quidquid in eis contineretur sancto sanctum esse. Zwingl., t. 2, op. contrà Catabapt., fol. 10.

Quelques réformés doutent du salut de Zwingli : ipsum in peccatis mortuum et proinde gehennæ filium esse pronunciare non verentur. Gualt. in Apol. pro Zwinglio et operibus ejus, initio primi tomi, op. Zwingl., fol. 18.

de l'élection des hommes, aussi la même volonté est la cause de leur réprobation 1);

« Que la cheute des enfants d'Adam vient de Dieu : décret horrible ! mais nul ne peut révoquer en doute que Dieu n'eust préveu et sceu de toute éternité par avance quelle fin l'homme devoit avoir 2).

« Que pour certaines raisons qui nous sont inconnues Dieu veut que l'homme tombe.

« Que l'inceste par lequel Absalon souilla la couche de son père est l'œuvre de Dieu 3).

« Que Dieu envoie le diable avec mandement d'être esprit menteur dans la bouche des prophètes 4).

Désolantes doctrines que la réforme n'a pas entièrement abandonnées 5), et qui ôteraient à l'homme sa liberté, l'enchaîneraient irrémissiblement au mal, et feraient remonter jusqu'au créateur les crimes de la créature ! Quel juge, l'évangile de Calvin à la main, pourrait condamner le coupable qui lui dirait : — Il est écrit en ces lignes par notre apôtre que l'inceste

---

1) Instit., liv. 3, ch. 22, § 11.

2) Ib. § 7.

3) Absalon incesto coitu patris thorum polluens detestabile scelus perpetrat; Deus tamen hoc opus suum esse pronuntiat. Inst. Chr., 18, § 1.

4) Inst. Chr., chap. 13, § 1.

5) Il est clair, dit Jurieu, que Dieu est le premier auteur de tous les maux, et si l'on veut parler sincèrement, on avouera que l'on ne saurait rien répondre pour Dieu, qui puisse imposer silence à l'esprit humain. Examen de la théologie de M. Jurieu, par Elie Saurin, pasteur de l'église Wallonne d'Utrecht. 2 vol., la Haye; 1694, in-8°.

d'Absalon est l'œuvre de Dieu. Je n'ai pas souillé son image, c'est lui qui l'a profanée ; je suis innocent !

Maintenant laissons Bèze poser cette œuvre sur le front de la réforme comme une couronne de gloire, et s'écrier : —C'est à toy spécialement à la doctrine et zèle duquel la France et l'Ecosse se rendent redevables du rétablissement de Christ au milieu d'elles ; les autres églises esparses en nombre infini par tout le monde, confessent t'estre grandement obligées pour ce regard. De cela soyent témoins premièrement tes livres qui vivront à jamais, entre autres la présente Institution chrétienne, et que tous les hommes doctes et craignant Dieu reconnoissent estre dressée avec tel jugement, de si solide érudition et d'un stile si beau, que l'on ne sauroit trouver homme, qui jusques à présent ait exposé plus dextrement l'Escriture Sainte : et pour l'autre bande de témoins, voici les furieux mataeologiens ennemis jurés de la vérité de Dieu qui ont escumé toute leur rage contre toy devant et après ta mort. — Mais cependant j'oui auprès de J.-C. ton maistre, des loyers dont il récompense ton fidèle service. Et vous églises du fils de Dieu, continuez d'apprendre des livres de ce grand docteur qui ayant la bouche close ne laisse toutes fois maugré l'envie de nous enseigner encore aujourd'huy » 1).

Si la cour eût embrassé les doctrines de l'Institution, l'église de Notre-Dame, changée en temple protestant, ne serait pas assez grande pour contenir une seule espèce de chaque variété de sectes écloses

---

1) Bèze, en tête de l'édition des Opuscules de Calvin.

au soleil de cette parole nouvelle. Bossuet, s'il fût né, n'aurait jamais osé entreprendre son admirable histoire des Variations.

Servet avait lu, dans l'Institution, l'explication par Calvin du dogme trinitaire, et il en avait été fort peu satisfait, puisqu'il avait continué d'écrire sur ce mystère. Ses yeux étaient tombés sur les lignes où Calvin enseigne que l'ame chrétienne, s'il lui est défendu par l'église de vivre dans l'intimité des pécheurs, doit essayer, pour les ramener de l'erreur, l'exhortation, la douceur, les prières, les larmes, même quand ce seraient des Turcs ou des Sarrasins, et Servet avait été doucement ému, et il avait béni l'écrivain 1). Plus tard, enfermé dans les prisons de Genève, couché sur la paille, rongé par la vermine, il s'était rappelé ces belles paroles de l'Institution, et il avait espéré que les lèvres qui les avaient laissé tomber ne prononceraient pas, contre un chrétien, une sentence de mort.... Malheureux qui ne connaissait pas le cœur de son juge! L'Espagnol mourut, et l'édition, qui suivit le supplice de l'hérétique, parut revue, corrigée et expurgée de tous ces passages qui se seraient dressés comme une sentence contre le rapporteur, le juge et le bourreau 2).

---

1) ....Familiarius versari aut interiorem consuetudinem habere non liceat; debemus tamen contendere sive exhortatione, sive doctrina, sive clementia ac mansuetudine, sive nostris ad Deum precibus, ut ad meliorem frugem conversi in societatem ac unitatem ecclesiae se recipiant. Neque ii modo sic tractandi sunt, sed Turcae quoque, ac Sarraceni, caeterique religionis hostes, p. 147.

2) Caeterum editio haec... notatu digna est quod loca plurima, quae de ferendis haereticis agant, in quibusque Calvinus mitius senserat complectitur : quae quidem loca in posterioribus iisque

L'Institution chrétienne eut le sort de la Confession d'Augsbourg. Toutes deux, on sait, furent regardées à leur apparition comme une inspiration du Saint-Esprit. A chaque édition l'esprit saint corrigeait, revoyait, remaniait son thême avec la docilité d'un écolier ; écoutait les critiques sottes ou sages du monde savant, et de son aile effaçait tantôt un passage qui avait déplu à quelque coréligionaire, tantôt une phrase ou un chapitre qui manquait de lumières ; substituait un texte mal compris à un autre qu'il avait eu le temps d'étudier ; enlevait adroitement un chapitre ; rayait quelques sillons de colère, et pour ne laisser aucun doute sur son passage, laissant en paix toutes les injures qu'il avait soufflées au copiste sur le pape et la papauté. Les catholiques se sont égayés aux dépens de ces évolutions de doctrine, par exemple sur le sacrement de l'Eucharistie, sur la grace et le libre arbitre. Mais les disciples ont ri des critiques et ont continué d'affirmer, avec une candeur virginale, que leur père n'a rien changé à la doctrine qu'il avait apportée 1). Calvin est plus croyable, il a reconnu lui-même le travail de lime et de style. — Pour ce qu'en la première édition de ce livre je n'attendoye pas qu'il deust estre si bien reçu comme Dieu l'a voulu par sa bonté inestimable : je m'en estoye acquitté plus légèrement, m'estudiant à brieveté. Mais ayant cognu avec le temps qu'il a esté

---

imprimis, quae post supplicium Serveti exierant, editionibus, quod supprimenda ea Calvinus putavit, frustra investigaris. Liebe, Pseudonymia Calvini, p. 27.

1) In doctrina quam initio tradidit ad extremum constans nihil prorsus immutavit, quod paucis nostra memoria theologis contigit. Beza.

receuilli de telle faveur que je n'eusse pas osé désirer (tant s'en faut que j'espérasse), je me suis senti d'autant plus obligé de m'acquitter mieux et plus pleinement envers ceux qui recevoyent ma doctrine de si bonne affection, pour ce que c'eust été ingratitude de moy, de ne point satisfaire à leur désir selon que ma petitesse le portoit. Parquoy j'ai tasché d'en faire mon devoir non seulement quand ledit livre a été imprimé pour la seconde fois, mais toutes fois et quantes qu'on l'a réimprimé, il a été aucunement augmenté et enrichi. Or, combien que je n'eusse point occasion de me desplaire au travail que j'y avoye pris, toutesfois je confesse que jamais je ne me suis contenté moy-mesmes jusqu'à ce que je l'ay eu digéré en l'ordre que vous y verrez maintenant, lequel vous approuverez comme j'espère. Et de fait je puis alléguer pour bonne approbation que je ne me suis point espargné de servir l'église de Dieu en cet endroit le plus affectueusement qu'il m'a esté possible : en ce que l'hyver prochain estant menacé par la fièvre quarte de partir de ce monde, d'autant plus que la maladie me pressoit, je me suis d'autant moins espargné jusqu'à que j'eusse parfait le livre, lequel survivant après ma mort monstrast combien je desyroye satisfaire à ceux qui desia y avoyent profité. Je l'eusse bien voulu faire plustôt : mais ce sera assez tôt si assez bien : or, le diable et toute sa bande se trompe fort s'il cuide m'abattre ou descourager en me chargeant de mensonges si frivoles. »

Le diable et sa bande n'étaient autres que les écrivains catholiques qui avaient relevé un peu trop a grément les variations de Calvin, et osé mettre en doute la valeur théologique du livre de l'Institution. La polémique réformée, en traversant le Rhin pour venir de Wittenberg à Paris, n'a pas changé ses formes de langage. A Noyon comme à Erfurth il est bien décidé que le démon a revêtu la thiare dans la personne de Léon X ou d'Adrien VI, et que leurs suppôts ont pris la robe violette ou rouge en s'incarnant dans Sadolet, l'évêque de Carpentras, dans Petit, l'évêque de Paris, et dans Briçonnet, l'évêque de Meaux.

Il n'y a pas longtems, qu'en disputant contre les anabaptistes, Calvin disait : « Et de fait je me suis tousjours desporté de paroles outrageuses et picquantes. » Les catholiques sont moins heureux : il les compare à des singes, et leur messe à l'Hélène des Grecs.

« Les cérémonies papistes sont correspondantes à la chose. Notre seigneur, envoyant ses apôtres à la prédication de l'Evangile, souffla sur eux. Par lequel signe il représenta la vertu du Saint-Esprit, laquelle il mettoit en eux. Ces bons prudhommes ont retenu le soufflement, et comme s'ils vomissoyent le Saint-Esprit de leur gosier, ils murmurent sur leurs prestres qu'ils ordonnent disant, recevez le Saint-Esprit. Tellement ils sont adonnez à ne rien laisser qu'ils ne contrefassent perversement : je ne dis pas comme des basteleurs et farceurs qui ont quelque art et manière en leurs maintiens, mais comme singes, qui sont frétillans à contrefaire toute chose sans propos et discrétion. Aussi gardons, disent-ils, l'exemple de nostre Seigneur ; mais nostre Seigneur a fait plusieurs choses qu'il n'a pas voulu estre ensuivies. Il a dit à ses disciples : Recevez le Saint-Esprit. Il a dit aussi d'autre part à Lazare : Lazare sort de dehors. Il a dit au paralytique : Leve-toi et chemine ; que ne disent-ils de mesme à tous les morts et paralytiques » 1) ?

« Certes, Satan ne dressa jamais une plus forte machine pour combattre et abattre le règne de Jésus-Chr. Ceste messe est comme une Heleine pour laquelle les ennemis de la vérité aujourd'hui bataillent en si grande crudelité, en si grande fureur, en si grande rage. Et vrayement c'est une Heleine avec laquelle ils paillardent ainsi par spirituelle fornication qui est sur toutes la plus exécrable. Je ne touche point icy seulement du petit doigt les lours et gros abus par lesquels ils pourroyent alléguer la pureté de leur sacrée messe avoir esté profanée et corrompue : c'est assavoir combien ils exercent de vilaines foires et marchez, quels et combien illicites et déshonnêtes sont les gains que font tels sacrificateurs par leurs missations ; par combien grande pillerie ils remplissent leur avarice » 2).

L'Institution chrétienne est aujourd'hui définitivement jugée au tribunal de la critique. C'est un factum de quelques milliers de pages, où l'auteur a voulu donner un corps et une ame à ce qu'on appelait alors la réforme. Pour montrer que le verbe protestant n'est pas né d'hier, l'écrivain a recours d'abord à la bible qu'il ploie à ses caprices, puis à

---

1) P. 1221, édit. de Lyon, 1565. — « En ce qu'ils nous demandent miracles ils sont desraisonnables. Car nous ne forgeons point nouvel évangile, mais nous retenons celuy pour la vertu duquel confirmer servent tous les miracles que jamais et J.-C. et ses apôtres ont faits. » Dédicace à François Ier.

2) Inst., p. 1196.

l'autorité des Pères catholiques : en sorte, que si vous l'écoutez, sa parole ne serait autre que l'écho de celle des Irénée, des Pothin, des Augustin, des Cyprien, et même de Jérôme, dont l'ame était si peu prisée par Luther, comme vous le savez, qu'il n'en aurait pas voulu donner dix mille gouldes. N'est-il pas étrange de voir Calvin soutenir sérieusement que nos pères de la primitive église professaient les mêmes opinions que lui sur la présence symbolique ; tandis que Luther se sert des mêmes docteurs pour prouver contre les sacramentaires que le dogme de la présence réelle a toujours été enseigné dans l'Eglise ? Qu'est-ce que donc qu'une lettre humaine qu'on invoque ainsi en faveur de deux témoignages contradictoires ? Calvin prétend aussi que ses idées sur la prédestination, sur les œuvres, sur la grace, sur la justification sont celles de nos grands écrivains catholiques. Mais alors pourquoi ne venge-t-il pas leur mémoire outragée par Luther ? Pourquoi ne leur ouvre-t-il pas les portes du ciel, et les laisse-t-il dans ces demeures de feu où les coucha l'apôtre de la Germanie, son père en Jésus-Christ, comme il l'appelle ? La face de cette église catholique n'était donc pas aussi misérable qu'il le dit, puisqu'on y enseignait des dogmes qu'il ressuscite pour les reproduire au bruit de sa parole ? Merci donc Calvin ! grace à ton livre, nous pouvons avouer toutes les gloires de notre culte, livrées aux rires des buveurs de bierre de Thorgau. Cyprien, Augustin, Lactance, et vous surtout Jérôme, jouissez de la vue de Dieu ! C'est Calvin même qui vous honore du nom de saints.

Il n'y a rien de neuf dans ce livre si vanté de l'Institution. Toutes les disputes agitées par Eck, Prierias, Miltitz, Cajétano, sont ici réagitées, mais sans vie, sans mouvement, sans éclat. Calvin reprend la discussion sur la primauté du pape, au point où l'a laissée Luther dans son duel avec Eck, et sans la rajeunir par l'éclat de sa parole. On voit qu'il ne l'a étudiée que sous une de ses faces, dans les termes mêmes posés par Luther, sans s'inquiéter de la logique de son adversaire. Ce n'est point ainsi qu'il devait procéder : le monde savant attendait autre chose de l'élève d'Alciati. Quelquefois il excite la curiosité du lecteur en posant en termes magnifiques une objection qu'il va résoudre et pulvériser. Par exemple, quand il s'agit du phénomène de la double volonté en Dieu, « l'une en vertu de laquelle il ordonne, par un conseil secret, ce que par la loy publique il a ouvertement défendu » 1). Le lecteur s'éveille et s'émeut; puis tout à coup ce maître des doctrines chrétiennes laisse tomber des paroles d'impuissance, et confesse ingénument qu'on ne saurait concevoir cette dualité phénoménale 2).

Toutefois, l'Institution chrétienne, comme œuvre littéraire, mérite de grandes louanges. Si le théologien s'y perd dans l'obscurité de son argumentation, l'écrivain y jette de belles lueurs. Il faut remonter jusqu'à Calvin pour connaître l'origine et les transformations de notre idiome. La république des lettres ne ressemble pas à l'Eglise catholique; on peut y faire son salut, à quelque secte qu'on appartienne,

---

1). Inst., lib. 1, cap. 18, § 3.
2) Le card. de Richelieu. Méthode, p. 311.

et l'hétérodoxie de Calvin ne doit pas nous empêcher de louer en lui le maître habile de la parole. On est véritablement émerveillé en lisant la dédicace à François Ier et quelques uns des chapitres de ce traité, de voir avec quelle docilité le signe matériel obéit aux caprices de l'écrivain. Jamais le mot propre ne lui fait défaut. Il l'appelle et il vient. C'est le cheval de Job, qui court et s'arrête au moindre mouvement du cavalier; seulement la monture de l'écolier ne bondit ni ne jette des flammes. L'antiquité se réflète dans l'Institution. A Sénèque Calvin a dérobé une période nombreuse et fluente; à Tacite des brusqueries de style; à Virgile un miel tout poétique. L'étude du droit romain lui a livré des formes de langage sévères et rigides, une expression claire et précise, mais malheureusement trop souvent sèche et aride. C'est un défaut qu'il avoue avec candeur, en parlant de saint Augustin, dont la prolixité lui déplaisait et obscurcissait les jets de lumière que le docteur répand sur ses écrits [1].

Plus tard, nous aurons occasion d'apprécier l'auteur de l'Institution comme écrivain.

---

[1] Scis quam reverenter de Augustino sentiam. Quin tamen ejus prolixitas mihi displiceat, non dissimulo. Interea forte brevitas mea nimis concisa est; sed ego in praesentia non disputo quid sit optimum. Nam ideo fidem ipse mihi non habeo, quod dum naturam meam sequor mihi veniam dari malo quam alios improbare. Tantum vereor ne et stylus aliquantum perplexus et longior tractatio obscurent ea lumina quae ego illic conspicio. Ep., MSS. Gén., Calv. sept., 1549. Farello.

CHAPITRE IX.

CALVIN A FERRARE. — 1536.

L'Italie fidèle au culte de la forme. — Calvin à Ferrare. — L'Arioste.— Calcagnini. — Marot. — La duchesse de Ferrare. — Calvin est obligé de quitter Ferrare. — Commerce épistolaire avec la duchesse.

La réforme a toujours méconnu le génie des peuples. Quand Luther entra pour la première fois dans Rome, son ame tout allemande ne vit dans le spectacle merveilleux de ses fêtes, de ses églises, de ses musées, qu'une résurrection des folies du paganisme. Il se crut transporté dans la Rome des Césars. Enfant du Nord, il opposa, dans sa pensée, aux splendeurs du culte italien les cérémonies de son église de Tous les Saints, et il crut que la vérité devait avoir pour vêtement une robe de bure et non point une robe éblouissante de rubis. Il n'était pas assez avancé dans les voies de l'esthétique, et ne comprenait pas les mystérieuses harmonies de la liturgie latine, avec le ciel même qui servait de pavillon à Rome. A une terre qui a des soleils si chauds, des aurores si brillantes, des perspectives d'azur, des atmosphères si lumineuses, il faut des temples de marbre, des autels de porphyre, des calices d'or, des ornements sacerdotaux où ruissèlent les pierreries. Jamais un peuple, qui marche sur la voie Adrienne, au milieu de mausolées, de temples, de naumachies, de bains, d'aqueducs, ouvrages du ciseau grec ou romain, ne consentira à loger son Dieu sous un toit de chaume. Pour le contraindre à renoncer au culte de la forme, il faudrait deux choses, lui faire une autre nature et un autre ciel. La toute-puissance de la parole saxonne eût échoué devant ce double miracle. Plus tard, Luther put enfin comprendre que la vérité ne pouvait exiger le sacrifice des penchants matériels d'une nation, et il plaida fort éloquemment la cause des images devant Carlstadt, ce soldat indiscipliné de la réforme, qui voulait les bannir du temple chrétien. Il est vrai que la voix d'Erasme, tout émue de colère, avait dénoncé à l'Allemagne cet attentat contre la matière idéalisée par la main des hommes 1).

Calvin ne l'avait point entendue lorsqu'il composa son Institution, où il dénonce l'image à l'indignation de l'ame chrétienne. Il était sous l'empire des idées carlstadiennes, quand il partit de Bâle pour Ferrare, vers la fin de mars 1536 2).

Ferrare était une ville de moines et de lettrés, au

---

1) Erasmi epistolae, passim.
2) Paul Henry, t. 1, p. 153.

milieu de laquelle s'élevait un palais de marbre qu'on avait surnommé le palais de diamants. Elle était enveloppée d'une ceinture de jardins embellis ou créés par Hercule d'Est. C'était le séjour des muses, l'asile des savants, le rendez-vous des artistes que la renommée de l'Arioste y appelait de toutes parts. Terre heureuse que le chantre de Roland ne pouvait se résoudre à quitter.

« Courre le monde qui voudra, disait-il; allez en France, en Hongrie, en Angleterre, en Espagne: moi j'ai vu la Toscane, la Lombardie et la Romagne; j'ai vu les Apennins et les Alpes, et les deux mers : n'est-ce pas assez? Je reste à Ferrare 1). »

> Chi vuol andare a torno, a torno vada,
> Vegga Inghilterra, Ungheria, Francia e Spagna.
> A me piacer habitar la mia contrada....

La demeure de l'Arioste était petite, proprette, reluisante. Le poète l'avait achetée des libéralités de ses protecteurs. On l'apercevait de loin, juchée sur un côteau, d'où l'œil planait sur la ville enroulée dans les vastes plis de ses monastères et de ses églises. On lisait sur la porte ces deux vers latins improvisés par l'Arioste :

> Parva sed apta mihi, sed nulli obnoxia, sed non
> Sordida, parta meo, parta sed aere domus.

Presqu'à côté s'élevait l'habitation de Calcagnini, dont le prince payait le loyer, et où le locataire, poète, théologien, numismate et archéologue, passait son temps à déchiffrer des hiéroglyphes, à faire des vers latins et des dissertations sur la Bible.

---

1) Arioste, satire 4.

Près de l'église des bénédictins était la demeure de ce peintre si amoureux de la forme, qu'il avait figuré le diable avec un visage d'Antinoüs, des yeux d'archange et des cheveux de jeune fille :

> ..... Gia un pittor, non mi ricordo il nome,
> Che dipingere il diavolo solea
> Con bel viso, begli occhi e belle chiome,
> Ar. Sat. 5.

Mais le plus bel ornement de Ferrare à cette époque, c'était la duchesse, fille de Louis XII, encore jeune, et qui savait l'histoire, les langues, les mathématiques, l'astrologie, et assez de théologie pour disputer avec un licencié. Comme Marguerite de Navarre, elle penchait pour les doctrines nouvelles, moins par entraînement de cœur que par haine pour la tiare, « se ressentant, dit Brantosme, des torts que les papes Jules II et Léon X avaient faits au roi son père, en tant de sortes, et dont elle renia la puissance, et oublia l'obéissance, ne pouvant faire pis, étant femme. 1)

Or, c'était pour voir la duchesse, et non pour réchauffer son génie au soleil d'Italie, que Calvin entreprenait seul, et une partie de la route à pied, ce long pélerinage. Il ne nous a rien laissé de son voyage ; nous ne savons pas s'il demeura froid, comme Luther, à la vue de cette ville embellie par les arts. Il y venait pour répandre sa doctrine, sous le nom de Charles d'Espeville, oubliant que le moine saxon n'avait pas changé de nom quand il partait de Wittenberg pour Worms. A la cour de

---

1) Moréri, article Renée de France.

Ferrare, Calvin trouva madame de Soubise, sa fille Anne de Parthenay, et son fils Jean, qui, plus tard, devint un des chefs du parti protestant 1).

Là vivait Marot, secrétaire de la duchesse, qui voulait à toute force se mêler de théologie. Il s'occupait alors de la traduction des Psaumes en vers français, n'entendant rien à la langue des écrivains sacrés, que, dans sa vanité gasconne, il croyait faire oublier.

En dépit de son humeur contre la papauté, la duchesse venait au commencement de cette année de faire sa paix avec la cour de Rome. Il y avait eu promesse de bonne amitié entre le pape, l'empereur et la duchesse de Ferrare. Un des articles du traité portait que les Français, dont on redoutait l'humeur turbulente, seraient bannis des états de Ferrare. Marot se retira donc à Venise, dans une petite habitation près du Lido, où il oubliait les querelles de ce monde, à la vue du soleil d'Orient, qui chaque matin venait illuminer sa hutte poétique. Calvin fut obligé de s'éloigner. Il emportait avec lui le souvenir de l'accueil que lui avait fait la duchesse et l'espoir d'un meilleur avenir pour l'Italie, qui n'avait pas voulu embrasser ses doctrines. Ferrare était resté fidèle à son ciel, à ses muses, à son culte. Rome venait tout récemment de lui faire don de quelques beaux tableaux peints par Raphaël, André del Sarto et Vecelli. Pendant que Calvin déclarait la guerre aux images, partout le sol de l'Italie s'ouvrait pour

---

1) Thomas Maccrie: Histoire des progrès de la réforme en Italie, au 16ᵉ siècle, p. 77.

rendre à la lumière les statues des dieux qui y dormaient depuis tant de siècles. La muse catholique assistait à ce réveil de la matière et le chantait dans tous les idiômes : heureuse que la réforme triomphante n'eût pas été là pour refermer la tombe et la sceller à jamais !

Nous avons sous les yeux une vie de Calvin par un ministre de l'église évangélique de Berlin. Nous sommes justement à la page où l'auteur de l'Institution quitte l'Italie pour retourner à Noyon, dont le cimetière renferme les tombes de tout ce qu'il dut aimer dans ce monde. Car, son père n'est plus, sa mère est morte aussi, et la cendre de ce bon abbé de Hangest est froide depuis longtemps. Nous attendions Calvin à cette heure où il va toucher la terre chérie qui fait battre tout cœur d'exilé. Nous nous rappelions cet humble cimetière où Luther, la veille de son entrée à Worms, va s'agenouiller sur la pierre qui recouvre le corps d'un pauvre frère qu'il avait tendrement aimé. Le moine oublie alors pape et empereurs, et ne pense plus qu'à pleurer son ami. A Noyon reposaient des restes autrement précieux pour Calvin. Deux croix de bois s'élevaient, l'une où se lisait le nom de son père, l'autre le nom de sa mère : il n'a pas visité ce saint lieu. Il n'en dit rien du moins dans la lettre adressée à l'un de ses amis. Il n'a donc pas pleuré? ou s'il a pleuré, il a caché ses larmes comme on ferait d'une mauvaise action. Il avait raison peut-être aux yeux de la réforme; car, dans son Institution chrétienne il condamne le culte des morts, la fête où l'église chante leurs glorieux combats sur cette terre, le signe matériel de la croix, le purgatoire et jusqu'à la prière que l'âme adresse aux trépassés. Il a plus fait encore, n'a-t-il pas damné irrémissiblement tous ceux qui se sont endormis dans ce catholicisme? Vous savez qu'il représente le pape sous les traits de l'antechrist; et qu'il fait de notre église, une prostituée et une fille impure de Babylone. Or, la mère qui l'allaita, le père qui le nourrit, l'abbé de Hangest qui l'éleva, ont persévéré dans la foi, et un prêtre catholique leur a fermé les yeux. Calvin ne devait donc ni prier ni pleurer.

Pendant son séjour à Noyon où il ne pouvait rester inconnu, malgré toutes les précautions, nous ne voyons pas que le pouvoir ait songé à le tourmenter. On le laisse tranquillement mettre ordre à ses affaires, vendre tout ce qui lui restait et arranger, avec son frère Antoine et sa sœur Marie, des préparatifs de départ pour la Suisse. Les historiens avouent que sa parole ne fut pas stérile à Noyon, qu'il parvint à séduire un sieur de Normandie, juge en cette ville, et sa famille et quelques autres encore qui consentirent à s'exiler avec lui, et à fuir à l'étranger 1). L'apathie de ce pouvoir que la réforme nous a représenté si cruel, a lieu de nous étonner. Que faisait donc à Paris le lieutenant Morin?

L'itinéraire de la petite colonie avait été tracé par Calvin, elle devait passer par Strasbourg et par Bâle, pour gagner Genève; mais, pendant que François Ier se jetait à travers les Alpes pour aller conquérir le Milanais, Charles V envahissait nos provinces, la Lorraine était pleine de soldats. Calvin crut devoir

---

1) Drelincourt, p. 47.

changer de direction 1). Il prit le chemin de la Savoie 2).

Muratori s'est trompé, comme le remarque Senebier 3), en faisant traverser Aoste à Calvin, après le départ de Noyon. Il avait visité cette ville en sortant de Ferrare et séjourné dans les environs, pour y répandre la semence de la parole nouvelle. Il paraît même que quelques ames se laissèrent séduire. On montre dans Aoste une colonne de pierre sur laquelle on lit cette inscription latine : « Hanc Calvini fuga erexit anno 1541, religionis constantia reparavit anno 1741 ». Calvin était surveillé «et le loup fut obligé de quitter la vallée et de s'enfuir à Genève 4).» On aurait pu lui appliquer la peine du fouet ou des galères, d'après les lois du pays.

Désormais, l'exil, au lieu de rompre, resserra les liens qui unissaient Calvin à la duchesse de Ferrare. Dès ce moment, il y eut un commerce de lettres entre le princesse et le réformateur. La fille de Louis XII avait été obligée de chercher un réfuge en France. Elle était venue habiter le château de Montargis, dont les ruines, de nos jours encore, émeuvent si puissamment l'ame de l'artiste, et qui par sa masse puissante, rap-

---

1) Paul Henry, t. 1., p. 156.
2) Ex Italia in Galliam regressus, rebus suis omnibus ibi compositis, abductoque quem unicum superstitem habebat Ant. Calvino fratre, Basileam, vel Argentinam reverti cogitantem, interclusis aliis itineribus per Allobrogum fines, iter institutum prosequi bella coegerunt. Ita factum est ut Genevam veniret. — Beza vita Calvini, p. 368.
3) Hist., litt. de Genève, t. 1, p. 82.
4) Ma nel presente anno veggendo si scoperto questo lupo, se ne fuggi a Ginevra.

pelait à la duchesse le palais de diamants de Ferrare. Par intervalles, les portes de ce donjon s'ouvraient pour laisser entrer un courrier qui apportait à l'exilée des nouvelles de Calvin. Toute l'étude du théologien tendait à conserver à la réforme cette royale conquête. Il cherchait à affermir la princesse contre les assauts de son mari et de l'inquisiteur Oritz. Un moment Genève put croire que le cœur de la noble dame avait failli, et qu'elle était retournée au catholicisme. Calvin, dans un petit billet, laissait tomber des paroles de tristesse et de crainte. « On m'apprend une bien triste nouvelle : on dit que la duchesse de Ferrare a cédé aux menaces et aux reproches ; que la constance est chose rare parmi les grands 1) ! » Calvin se trompait ; la duchesse, dans cette autre Pathmos, continuait l'œuvre de Calvin, lisait sa bible en français, maudissait l'antechrist et favorisait ouvertement le parti de la réforme.

Un jour, le duc de Guise, qui avait épousé Anne d'Est, la fille de Renée, fit signifier à la belle mère que si elle continuait ses menées contre le repos de l'état, il viendrait en personne l'assiéger dans le château de Montargis. La duchesse se ressouvint alors qu'elle était fille de Louis XII et elle répondit à l'envoyé du duc :

« Avisez bien à ce que vous ferez et que si vous venez là, je me mettrai la première à la brèche, où j'essayerai si vous avez l'audace de tuer la fille d'un

---

1) De Ducissa Ferrariensi tristis nuncius ac certior quam vellem, minis ac probris victam cecidisse. Quid dicam, nisi rarum in proceribus esse constantiae exemplum. — Mss. Goth. Farello, nov., 1554.

roi, dont le ciel et la terre seroient obligés de venger la mort sur vous et toute votre lignée jusques aux enfans au berceau 1).

Renée eût fait ce qu'elle disait : « car encore qu'elle apparut n'avoir pas l'apparence extérieure tant grande à cause de la gâture de son corps, si est-ce qu'elle en avait beaucoup en sa majesté. » 2) Le duc de Guise la laissa tranquille dans son château où la mort vint bientôt la délivrer d'un ennemi plus intraitable : son mari.

Renée ne voulut pas mourir dans la foi du paladin Roger qu'avait chanté l'Arioste, et dont la maison d'Est se prétendait issue ; elle vécut, elle finit demi-luthérienne, demi-calviniste, mais toujours attachée au culte des saints.

Calvin lui écrivait de Genève :

« Je sçay, madame, comment Dieu vous a fortifiée durant les plus rudes assauts ; combien par sa grace, vous avez vertueusement résisté à toutes tentations, n'ayant point honte de porter l'opprobre de Jésus-Christ ; cependant que l'orgueil de ses ennemis s'eslevoit par dessus les mers : davantage que vous avez été une mère nourricière des povres fidelles dechasses qui ne sçavoient où se retirer. Je sçai bien qu'une princesse ne regardant que le monde auroit honte et prendroit quasi injure qu'on appelât son château un Hostel-Dieu ; mais je ne vous sçaurois faire plus grand honneur que de parler ainsy pour eslever et recongnoistre l'humanité de laquelle vous avez usé envers les enfans de Dieu qui ont eu leur

---

1) Bayle, article Ferrare.
2) Brantôme.

refuge à vous. Jay pensé souventes fois, madame, que Dieu vous avoit réservé telles espreuves sur votre viellesse pour se paier des arréraiges que vous lui debviez à caulse de votre timidité du temps passé. Je parle à la façon commune des hommes ; car quant vous en eussiez faict cent fois plus et mille fois, ce ne seroit pas pour vous acquicter envers luy de ce que vous luy devez de jour en jour pour les biens infinis qu'il continue à vous faire. Mais j'entens qu'il vous a faict un honneur singulier, vous employant à un tel debvoir et vous faisant porter son enseigne pour estre glorifié en vous, pour loger sa parole qui est le trésor inestimable de salut, et estre le refuge des membres de son fils. Tant plus grand soing debvez-vous avoir, madame, de conserver pour l'advenir votre maison pure et entière afin qu'elle luy soit dédiée 1). »

Avant d'assister aux développemens de la vie nouvelle de Calvin, il nous faut considérer : — l'état de la Suisse au 16ᵉ siècle, — la domination de l'épiscopat à Genève, — la physionomie religieuse et politique de cette cité au moment de l'apparition de l'exilé de Noyon.

---

1) Manuscrits fr. de Genève. 10 mai 1563.

CHAPITRE X.

LA RÉFORME EN SUISSE.

Commencement de la réforme en Suisse. — Ulrich Zwingli. — Causes des succès de la Réforme. — Les nobles. — Le peuple. — Les conseils. — Le sénat. — Violences contre le catholicisme. — Portrait de Farel. — Ses thèses. — Genève avant la réforme. — Etat politique. — La maison de Savoie. — Les Eidgenoss. — Monuments religieux de Genève.

En 1516, un franciscain nommé Bernardin Samson, vint prêcher à Zurich les indulgences 1). Parmi les auditeurs était un jeune prêtre du Toggenburg, nommé Zwingli, qui trouva la parole du missionnaire inconvenante. Né dans un canton qui n'avait pour richesses que des montagnes de neige, des glaciers, des précipices, Zwingli ne pouvait pardonner à Samson 2) d'enlever aux Suisses les faibles revenus

---

1) D. Franz Volkmar Reinhard's sämmtliche Reformationspredigten. t. I, p. 144.
2) Schröckh's Refor.-Gesch. t. II. J. L. Hess, vie de Zwingli. — Tout en blamant le zèle peut être inconsidéré de Bernadin Samson, il faut bien se garder de croire à toutes les fables débitées sur le

qu'ils tiraient de la culture des champs. Quand, pour justifier le zèle du frère quêteur, on disait à Zwingli que ces aumônes volontaires étaient destinées à l'achèvement de la basilique à laquelle travaillait le Bramante, Zwingli hochait la tête, et montrait les cîmes de l'Albis, radieuses de soleil, et formant mille caprices d'artiste plus beaux que tout ce que l'imagination humaine aurait pu concevoir ou créer. Le nom de Bramante n'éveillait en lui aucune émotion ; il ressemblait par ses instincts aux vulgaires réformateurs de la Saxe, à Carlstadt surtout. Seulement son ame froide n'aurait jamais consenti à l'emploi de la force brutale pour ruiner le culte des images. Homme de réflexion, il avait fait une étude attentive des livres bibliques, cherchant dans ce commerce avec la parole inspirée une nourriture toute spirituelle. Du monde créé il ne connaissait que les horizons de son canton, et il croyait que le catholicisme, avec ses images, ne convenait point à l'ame contemplative qui, pour méditer l'œuvre de Dieu, a bien assez des merveilles naturelles du monde physique. Il avait blâmé les pélerinages aux saints lieux, où la Suisse, à cette époque, avait coutume d'aller prier ; il trouvait que l'homme, qui voulait voyager en esprit, devait descendre dans son cœur, pour s'y étudier d'abord, et s'élever de cette contemplation à l'adoration de la divinité : c'é-

---

compte du Franciscain. Un écrivain moderne, l'auteur de : Calvin and the swiss reformation, John Scott (London, 1838), nous représente (p. 25), Samson à Baden, après l'office des morts, criant aux assistants : Ecce volant! vieille légende huguenote qu'il a trouvée dans Myconius et qu'il faut reléguer parmi ces contes absurdes débités si gravement sur Tetzel.

tait le plus beau sanctuaire, les autres n'étaient que l'œuvre de la main des hommes. Une fois entré dans cette voie mystique, il se fit bien vite un monde où Dieu devait être adoré en esprit et en vérité, dont il fallait bannir tout emblème, où la voix du prêtre n'aurait d'autorité qu'autant qu'elle s'appuierait sur la parole divine, c'est à dire sur le texte nu de la lettre.

La pente était dangereuse, elle menait droit à des abîmes. Qu'aurait-il dit au voyageur, qui, pour visiter les montagnes de l'Albis, se serait contenté de lire la description latine de quelque vieil écrivain, et aurait refusé l'assistance d'un guide ?

A la première lecture des livres saints, Zwingli avait banni de sa symbolique les pélerinages, les indulgences, les images, le purgatoire et le célibat. De ruines en ruines, il en vint à nier l'efficacité de la plupart des sacremens et la présence réelle. Cet homme de raison, éclairé par un songe et par je ne sais quelle apparition d'un être sans couleur, avait abandonné l'enseignement millénaire de son église, pour une fantasque interpétation qui tuait cette lettre même dont il était venu pour rétablir la toute-puissance. L'autorité universelle était méconnue par lui et sacrifiée à un individualisme étroit et grossier. En place de ce beau ciel catholique tout peuplé de nos martyrs, de nos acètes, de nos docteurs, de nos pères, de nos vierges, il rêvait un Olympe où il fait reposer dans la même gloire Samuel, Elie, Moïse, Paul, Socrate, Aristide, Hercule et Thésée 1), et jusqu'à

---

1) **Exposition de la foi chrétienne,** dédiée à François 1er.

Caton qui se déchira les entrailles. Vous voyez si Luther a eu raison de damner Zwingli 1).

La réforme a des fiertés bien étranges. A l'entendre, l'Exposition de la foi de Zwingli est le chant d'un cygne mélodieux : c'est Bullinger qui l'affirme. Parce qu'une population montagnarde se laisse emporter presque sans résistance à la voix de son prêtre, elle triomphe et crie au miracle; elle croit voir le rayon lumineux du désert envelopper la chaire où prêchait Zwingli, et les langues de feu de Jérusalem descendre sur les lèvres de l'orateur.

Celui qui connaît la société helvétique au moyen-âge, n'a pas grande peine à répondre à Bullinger. A cette époque, la Suisse féodale a pour maîtres à la fois les évêques et les barons. Aux uns, elle paie des dîmes, aux autres des redevances annuelles; son blé, ses fruits, ne lui appartiennent pas : elle ne peut en disposer que sous le bon plaisir des seigneurs et du clergé. Quand elle quitte ses champs, elle doit sa lance et son épée à ses suzerains. Elle a conquis au prix de son sang ses libertés, mais pour retomber sous le joug de souverains plus intraitables que l'Autrichien. Ces gantelets de fer se vengent en pressurant la population montagnarde des prétendues exactions de la chancellerie romaine. Délivrés par le bras de

---

1) Ich will diß Gezeugnuß und diesen Ruhm mit mir für meines lieben Herrn und Heylands Jesu Christi Richterstuhl bringen, daß ich die Schwärmer und Sacraments-Feinde Carlstadt und Zwingli, 2c. von ganzem Herzen verdammt und gemiden habe... Op, Luth. t. 8. Jen. fol. 192. b. 198. a. voir : Johann Eisenius : de Fugiendo Zwinglio—Calvinismo, t. I, p. 123, 124 et alias.— Philippus Nicolai in seinem kurzen Bericht von der Calvinisten Gott. p. 99.

leurs vassaux du despotisme étranger, ils voudraient bien qu'on les arrachât au joug de la cour de Rome. Qui les affranchira? Ce ne sera pas le peuple qui a tant à se plaindre de ses maîtres nouveaux? L'épée ne leur saurait être d'aucune utilité, quand même on consentirait à la tirer de nouveau. La parole doit donc être le nouvel Arminius qu'attend le seigneur dans son château.

Que cette parole retentisse donc, et vous le verrez accourir pour défendre celui qui l'annoncera, mais dans des intérêts tout mondains. Luther nous dit que les soleils d'or du tabernacle avaient opéré plus d'une conversion 1). Or, les églises de Suisse avaient des soleils, des calices, des soutanes, des reliquaires, des chappes, des dalmatiques toutes d'or et d'argent. Nulle part, dans la chrétienté, ne s'élevaient de plus belles abbayes. Autour de ces couvents s'étendaient des pâturages où les seigneurs auraient bien voulu laisser paître leurs chevaux. Donc, l'effet immédiat d'une réforme devait être de séculariser les monastères et de livrer aux convoitises des grands les richesses des églises. Le protestantisme n'avait pas autrement procédé dans la Saxe : bien différent des princes de ce monde qui brisent l'instrument après s'en être servi, il s'était montré généreux, et n'avait pas même oublié les celliers de ses protecteurs qu'il avait emplis de vins dérobés aux moines. En Suisse, l'exemple ne pouvait être perdu. Que le peuple ait consenti, après tous ses mécomptes dans la guerre

---

1) Viele find noch gut evangelisch, weil es noch katholische Monstranzen und Klostergüter gibt. XII. Pred., p. 137.

d'indépendance contre la maison d'Autriche, à prêter la lance plébéienne qui reposait dans l'arsenal, à son seigneur, il ne faut pas s'en étonner ; le peuple était encore une fois la dupe des promesses de ses maîtres ; il comptait, l'heure venue, prendre sa part au butin des monastères assez riches pour assouvir les appétits des nobles et des vilains ; mais cette fois il était bien décidé, après la victoire, à stipuler pour lui une place plus large dans l'administration du pays.

Les conseils étaient en général remplis de nobles ou de leurs créatures, et en quelques cantons les pouvoirs du sénat étaient vraiment exorbitants. Il dominait la magistrature et le clergé. Au besoin, il pouvait refuser aux théologiens récalcitrants de moudre au moulin de la ville leurs blés, de s'approvisionner aux marchés ; il avait la famine à son service : le prêtre ne pouvait user que de l'excommunication qui tue l'ame mais laisse vivre le corps. Les armes n'étaient pas égales.

A cet ordre du sénat de Basle. — Faisons savoir aux curés, aux théologiens, aux écoliers, qu'ils aient à se trouver à la dispute instituée par maître Farel, faute de quoi ils n'auront pas la permission de moudre leurs grains au moulin, de cuire leur pain au four, et d'acheter leur viande et leur herbage au marché de la ville 1) ; qu'avait à répondre le clergé ? Il fallait obéir, car le palais de l'Evêque n'était pas approvisionné. Au jour donc fixé par le sénat, toutes

---

1) *Secus facturis*, usu Molendinorum, Furnorum et Mercatus interdicit... **Melch.** Adam in vitis theol. extern., p. 114.

les rues de Basle étaient encombrées de prêtres de toutes les dignités, évêques, grands vicaires, curés, chapelains, desservants ; de moines de tous ordres, franciscains, bénédictins, dominicains ; de clercs, de tonsurés, de nobles et de grands : comtes, barons qui savaient à peine lire ; de professeurs d'universités, de maîtres de colléges, d'écoliers, de marchands, de peuple, qui venaient assister à ce tournoi. Les juges naturels du camp étaient sans doute les théologiens des deux cultes ; mais le sénat le plus souvent était maître souverain. Si cédant à des influences de parti, dominé par des idées de localité, par des haines domestiques, poursuivi par le bruit des gantelets ferrés, des criailleries des écoliers, il décidait que la parole nouvelle avait triomphé du verbe séculaire—alors la question était jugée, et aussitôt la main de quelque maçon attachait une corde au cou d'une statue, et la faisait tomber de son piédestal, aux acclamations d'une foule rieuse. Et le soir on annonçait publiquement que l'image avait été vaincue, que Moïse avait eu raison de défendre le culte des idoles que la papauté avait introduit contre le texte du Décalogue. Que si tout frais échappé des bancs de l'école, un séminariste s'avisait de distinguer l'image de l'idole, on lui montrait la gloire qui couvrait de son auréole d'or massif la tête du saint, et l'argument était sans réplique. A Liestal, le peuple excité par ses magistrats criait aux moines : des discours et non des messes. Les moines résistaient : « on leur coupa les vivres. » 1)

---

1) Hottinger, p. 191.— Ruchat, Histoire de la réformation de la Suisse, t. 1, p. 230.

L'historien n'a pas même un souvenir de pitié pour ces pauvres religieux qui cependant avaient défriché tout le pays du Hauenstein.

Plus d'une fois l'épiscopat voulut essayer de défendre ces luttes passionnées de paroles humaines où la foi catholique n'avait pour récompenses que des bénédictions; tandis que l'erreur, si elle triomphait, s'en allait les mains pleines d'or. On ne l'écoutait même pas. Si les prélats insistaient, s'ils en appelaient à leurs armes ordinaires, l'anathème, on les chassait de leur siège. Alors Capito (Kœpflein) et OEcolampade (Hauschein) les remplaçaient et faisaient l'office de juge, de théologien, de prêtre et d'évêque. Zwingli, qui devinait les hostilités du pouvoir spirituel, avait organisé un culte où le sacerdoce s'infusait dans l'intelligence de tout chrétien selon l'évangile 1); en sorte que ces sénateurs qui hier faisaient métiers de théologien, le lendemain se réveillaient prêtres selon l'ordre de Melchisédech.

La forme religieuse du pays fut en Suisse bientôt changée. Basle, Neuchâtel, Zürich, Coire, embrassèrent la réforme. Mais l'œuvre de Luther avait été gâtée; il ne la reconnaissait plus, tant la transformation était profonde! A chaque théorème d'un nouvel évangéliste, le moine saxon se réveillait pour damner l'ame indocile. Quand OEcolampade mourut, il fit intervenir le diable pour expliquer le trépas subit du théologien. Lorsque Zwingli succombait à Cappel dans sa

---

1) Zwingli war entschieden republikanisch, wie Calvin; darum wollten beide die apostolische Gleichheit unter allen Geistlichen ohne Aufseher. Paul Henry, t. I, p. 138.

lutte avec les petits cantons, le docteur rendait graces à Dieu d'avoir ôté de cette terre l'ennemi du saint nom de Jésus; tandis que Bèze chantait :

> Zuigle, homme de bien, sentant son ame esprise
> De l'amour du grand Dieu, de l'amour du pays,
> A Dieu premièrement voua sa vie, et puis
> De mourir pour Zurich en son cœur fit emprise,
> Qu'il s'en acquitta bien, tué, réduit en cendre,
> Il voulut le pays et vérité défendre.

C'est qu'OEcolampade et Zwingli, ayant abandonné les doctrines du réformateur saxon, avaient voulu se constituer un apostolat distinct. En effet, OEcolampade ne croyait pas au serf arbitre de Luther, et Zwingli repoussait l'impanation wittembergeoise. Tous deux devaient donc s'attendre, s'ils mouraient impénitents, à tomber dans la main du Dieu de Luther, et à souffrir dans ces lacs de feu où il avait déjà jeté Prierias, Eck, Miltitz, Léon X. S'il eût connu les thèses que Farel venait d'afficher aux portes de la cathédrale de Basle, il l'aurait banni de son paradis.

Elles étaient au nombre de treize; la dixième, toute révolutionnaire, était ainsi conçue :

« Les gens qui se portent bien et qui ne sont pas entièrement occupés à prêcher la parole de Dieu, sont obligés de travailler de leurs mains 2). »

---

1) On peut consulter Pistorius, im zweyten bösen Geist Luther's Azoará VI, pag. 163 et seq. où se trouvent un grand nombre de passages extraits des œuvres de Luther contre Zwingli et les Suisses.—Lavather, in hist. Sacram, p. 32.—Surius in comm. ad annum 1543, fol. 380.—Ulenberg, in vitâ Lutheri, cap. XXXII, n. 1.

2) Hist. de la réformation de la Suisse, par Ruchat, t. 1, p. 234. Un historien moderne trouve extraordinaire que le clergé catholique ait usé de son influence pour faire chasser Farel de Bâle, et

Or, à Bâle, les gens qui n'étaient pas occupés a prêcher la parole de Dieu, c'étaient les moines en partie, l'évêque, les prébendiers, les grands, les riches, les magistrats. Jugez si une semblable Position n'était pas faite pour mettre en feu la ville entière, et si Schnaw, le vicaire épiscopal, avait raison de s'opposer à ce que cette thèse fût soutenue en plein collége ?

La réforme ne cite pas d'ame plus ardente que celle de Farel. Sous les rois de Juda, Farel aurait joué le rôle de prophète; en Franconie, celui de Münzer ou de Bochold ; en Angleterre, au besoin, il aurait remplacé Cromwell ou Knox.

Il était né pour le drame populaire, avec son œil de feu, son teint brûlé par le soleil, sa barbe rousse et mal peignée. Si vous hissez sur une borne ce demi-nain, caché dans une touffe épaisse de cheveux, il entraînera le peuple qui passera dans la rue. Descendez-le dans les mines de Mansfeld, et les ouvriers quitteront leurs enclumes pour l'écouter et le suivre. Si vous le transportez dans une chaire entourée d'images, il ne parlera pas deux heures sans que l'auditoire se lève et brise de ses mains toutes ces représentations matérielles. Homme de parole et d'action, il prendra un marteau pour renverser l'idole. Un jour, une procession passait dans les rues de la petite ville d'Aigle : le prêtre portait le Saint-Sacrement : Farel

---

il dit naïvement : Leaving Strasburg, he visited Basle : but, as the hostility of the Roman catholic Clergy did not permit him to continue in that city, he removed, by the recommandation of OEcolampadius and other friends to the neighbouring principality of Montbelliard. John Scott's Calvin and the swiss Reformation p. 184.

perce la foule, marche au dais, prend le soleil d'or, le jette à terre et s'enfuit. Mensonge, violence, séditions, tout lui paraît bon pour renverser le papisme 1). Il croyait entendre une voix du ciel qui lui criait : marche! et il marchait comme la mort de Saurin, sans s'inquiéter des robes rouges ou bleues, des manteaux d'hermine ou de soie, des couronnes de ducs ou de rois, des vases sacrés, des tableaux, des statues, qu'il regardait comme de la poussière. D'esthétique, d'histoire, d'art chrétien, de traditions, de formes, il se moquait insolemment. Si Froment, Saunier, ou toute autre ame n'eût tempéré les ardeurs de cette tête méridionale, de nos saints édifices il ne resterait pas pierre sur pierre. Dieu, pour châtier le monde, n'aurait besoin, dans sa colère, que de deux ou trois anges déchus, pétris du limon de Farel, et la société retomberait dans les ténèbres.

Il était en Suisse, lorsque Calvin essayait en vain d'appeler l'Italie à la réforme. Montbéliard, l'Aigle et Bienne, remués par sa parole, avaient chassé leurs moines et institué un culte nouveau. Il ne passait pas dans une ville sans que les habitants en vinssent aux mains. Le ciel souffre violence, disait-il ordinairement; et il accomplissait sans remords sa mission de bruit et de ruines. Les magistrats eux-mêmes, effrayés des tentatives de l'étranger, n'osaient le garder qu'un moment : la révolte faite, ils lui ouvraient les portes de la ville, et Farel, content, prenait son bâton de pèlerin et s'en allait à pied

---

1) Erasmi epistolae, Ep. XXX, lib. 18, p. 798.

à travers les montagnes, chercher une autre cité où sa voix pût éveiller quelque nouvelle tempête. Le cheval d'Attila coupait l'herbe sous ses pieds : le bâton de Farel abattait, sur le grand chemin, les croix du Christ et les images de la Vierge.

En 1536, il était à Genève, où il avait profité, en ouvrier habile, des divisions intestines qui agitaient cette ville pour répandre son évangile, qui ne ressemblait pas, du reste, à celui de Luther.

Pour comprendre le succès de la parole du missionnaire, il ne faut pas, à la manière des historiens réformés, faire intervenir la divinité; il suffit de jeter un coup d'œil sur l'état social de la cité et sur la lutte incessante des partis qui la tourmente depuis si longtemps; on reste alors convaincu que des chances de succès attendaient l'homme d'une trempe d'ame assez forte pour dominer de sa voix les bruits, les haines, les colères, auxquels la ville était en proie.

Sur les bords du lac Léman, que Voltaire préférait à tous les autres lacs de la Suisse, assis au milieu d'une corbeille de verdure, illuminé des rayons de lumière qui se projettent des montagnes voisines, et de ce Mont-Blanc couvert de glaces qui le domine dans le lointain, s'élève Genève, ville celtique, ainsi que l'indique le nom qu'elle porte [1]), et qu'elle échangea au 9e siècle contre celui de Gebennum. C'est la capitale des Allobroges, que César salue du nom de ville forte [2]). Elle conserve son organisation répu-

---

[1]) Genève, Sortie de la rivière. Quelques noms de montagnes, de rivières et de villages semblent avoir une origine celtique.

[2]) Extremum oppidum Allobrogum est, proximumque Hel-

blicaine sous les Romains qui la traversent incessamment en descendant les Alpes et y laissent des traces de leur passage. Sous Marc-Aurèle, elle périt dans les flammes. Aurélien la rebâtit et y fonde les foires qui, plus tard, deviennent pour la nation une source abondante de richesses; et, par reconnaissance, elle prend le nom de cet empereur. Au 4ᵉ siècle, c'est une cité chrétienne qui a des saints, des docteurs et des évêques. Le républicanisme y favorisa l'établissement du christianisme. Denis, chassé de Vienne, vint y prêcher l'Evangile. Quand les Burgs Hunds, cette peuplade germaine, s'organisent en monarchie, Genève devient la capitale du nouvel état. Gontram, en 585, y jette les premiers fondements d'un temple catholique, dont Othon presse les travaux, et que Chlodwig achève et dédie au prince des apôtres 1). C'est l'église de Saint-Pierre que la réforme devait profaner et dépouiller.

C'est Gondebaud qui fit rédiger la loi Gombette, vieux code où l'on voit se refléter les mœurs et les usages du peuple germain et du peuple allobroge romain. Gondebaud fait de vains efforts pour introduire l'arianisme à Genève; le catholicisme d'Occident devait l'emporter : Clovis, le roi des Francs, venait de l'embrasser. Le royaume bourguignon, morcelé, déchiré, dissous, ne tarda pas à passer sous la domination des Francs, mais en conservant ses lois et ses franchises. Charlemagne concéda à la cité bour-

---

vetiorum finibus Geneva: Caesar de Bello Gallico, lib. 1, cap. 6 et 7.

1) Spon, t. 1, p. 28

guignone, qui l'avait reçu avec une vive sympathie, lorsqu'il portait la guerre en Lombardie, des franchises nouvelles. La charge de comte de Genevois doit être une institution de ce prince. Il paraît, du reste, qu'elle était limitée au territoire qu'enclavait la ville. Genève, sous les Francs, n'eut ni seigneur ni prince [1]. A cette époque, la forme du gouvernement était toute républicaine : c'était le peuple qui nommait ses évêques, que le pape confirmait. A la mort de Charlemagne, les destinées de Genève changent; il fait partie un moment du royaume de Lorraine, puis du royaume d'Arles; puis de la Bourgogne transjurane, pendant plus d'un demi-siècle; époque de gloire, où l'historien aime à citer les généreux efforts de Rodolphe et de Conrad, ses princes, pour embellir la cité. A Rodolphe III finit cette belle lignée de rois de la petite Bourgogne, dont le nom est resté populaire.

C'est à la mort de Rodolphe, dernier roi de Bourgogne, en 1032, que Genève échut à l'empire et devint la capitale du Genevois; un gouverneur authocthone y administrait la justice au nom de l'empereur; l'évêque, comme le gouverneur, relevait de la maison d'Autriche. Vinrent les guerres du sacerdoce contre l'empire : l'Allemagne et l'Italie étaient les deux champs de bataille où la thiare disputait à l'aigle germanique le sceptre du monde : l'aigle triomphant eût étouffé dans ses serres la civilisation chrétienne. Pendant ces tristes débats, les deux pouvoirs alors

---

[1] Fazy, Essai d'un précis de l'Histoire de la République de Genève, tome Ier.

distincts à Genève, l'un représenté par le gouverneur, l'autre par l'évêque, songeaient à secouer le joug de l'empire. Le moment parut propice. Le concile de Latran venait d'excommunier Henri V. Alors, dit Chorier, les prélats, et à leur exemple, les comtes et seigneurs, cessèrent de rendre au monarque Teuton les devoirs dus au souverain, et se déclarèrent indépendants : la révolte devint un acte religieux 1).

En ce moment on voit naître, grâce à cette émancipation usurpée, une foule de comtes, de barons, de grands et de nobles, possesseurs de quelques acres de terre qu'ils érigent en principauté. L'historien de ces temps reculés heurte à chaque pas qu'il fait dans cette enclave de quelques lieues, un homme bardé de fer qui se dit prince et pose sur son écusson les armes du Genevois. Ces hauts barons sont en guerre avec la Savoie, qui leur dispute le coin de terre qu'ils se sont approprié; avec l'empire germanique, qui veut reprendre un titre qu'ils ont usurpé; avec la bourgeoisie, qui réclame ses franchises; avec l'évêque, qui veut être prince temporel, et porter la mitre et l'épée. La lutte est longue. Elle se termine au commencement du 15e siècle, par un traité où Villars, comte de Genève, cède ses droits à Amédée, duc de Savoie : telle est l'origine des prétentions des ducs sur la principauté de Genève.

La commune, au milieu de toutes ces luttes, n'était pas restée oisive; elle travaillait à son émancipa-

---

1) Histoire du Dauphiné, t. 2, l. 1, ch. 21, 22. — Spon, t. 1, p. 57. — Chron. manusc., citée par Ruchat, p. 427.

tion, s'organisait, et « conquestoit » chaque jour de nouvelles libertés : la bourgeoisie se formait.

Bientôt Genève eut un pouvoir tricéphale : tête d'évêque, tête de duc, tête de bourgeois : être bizarre, dont les actes sont aussi difficiles à suivre que les droits à constater ; élémens multiples formés d'une même pensée, le besoin d'indépendance.

Un vieil historien, dont l'œuvre n'a jamais été publiée, a jeté de vives lumières sur la constitution politique du pays ; c'est un travail dont s'est servi Ruchat, et que nous reproduirons en l'abrégeant.

L'évêque de Genève était à la fois prince spirituel et temporel, en droit de régale. Il était postulé par le peuple et élu par les chanoines. Le prince temporel avait des assesseurs laïques, premièrement un comte « qui n'estoit pas comme l'on cuide sus l'évêque, mais dessoubs, comme son officier », pour exécuter ce qui avait été résolu par les conseillers séculiers touchant les affaires temporelles. — Le peuple, assavoir les chefs de famille, s'assemblaient deux fois l'an, le dimanche après la saint Martin, pour régler la vente et le prix du vin ; le dimanche après la Purification, pour élire les syndics et le conseil. — Les membres du conseil étaient quatre syndics, dont les pouvoirs duraient une année : un trésorier et vingt conseillers, qui avaient l'administration de la police municipale.—L'évêque, le comte, son lieutenant, qu'on appelait Vidomne (vice domini), juraient, en entrant en charge, de maintenir les libertés et franchises de la commune. Le conseil faisait faire le guet de nuit et de jour, avait les clefs des portes de la ville qu'il ouvrait et fermait à son gré, et comme bon lui semblait : si l'on trouvait de nuit un malfaiteur, on l'appréhendait au corps, et le lendemain matin on le déposait dans les prisons de l'évêque 1).

Les conseillers instruisaient le procès, et jugeaient de tout crime : la sentence rendue, le comte ou le vidomne était chargé de l'exécuter. L'évêque avait le droit de grace. On ne recevait dans le conseil que des gentilshommes ou des gradués en quelque science,» ou des marchands grossiers, qui ne vendoient rien par le menu. »

Il y avait un autre conseil de cinquante membres, élus par le peuple, qu'on appelait, quand survenait quelque affaire importante, et des maîtres jurés de métiers pour toute la durée des foires; — enfin le grand conseil ou conseil général où les chanoines représentaient le clergé, et dont l'évêque était obligé de confirmer les statuts et règlements. — Toute ordonnance nouvelle se faisait au son de la trompe, par les rues et carrefours, en ces termes :

— On vous fait à savoir de la part de très reverend et notre très redouté seigneur, monseigneur l'évêque et prince de Genève, de son vidomne et des syndiques, conseil et prudhommes de la ville....

Voici quelles étaient les prééminences du duc de Savoie, à Genève : — Il avait un office, appelé le vidomnat, qu'exerçait un lieutenant nommé le Vidomne : ce vidomne qui avait un lieutenant nommé Chatelain, jurait fidélité à l'évêque et aux syndics

---

1) François Bonnivard, prieur de Saint-Victor de Genève ; chronique manuscrite.

et promettait de garder les libertés et franchises de la ville. Les causes d'appel n'allaient pas du vidomne au duc, mais au conseil épiscopal, et de l'évêque à ses supérieurs spirituels en matières ecclésiastiques, à savoir à l'archevêque de Vienne et au pape.

A un quart de lieue de Genève, au midi, les ducs de Savoie possédaient une petite place forte, nommé Gaillard, où la justice ducale exécutait les malfaiteurs condamnés par les syndics à une peine corporelle. — Les syndics envoyaient la sentence au vidomne, en ces termes : A vous, monsieur le vidomne, mandons et commandons de faire mettre notre sentence à exécution. — Le vidomne faisait conduire le patient jusqu'à la porte de l'Isle où s'élevait un château qui en avait retenu le nom, et là, un archer criait par trois fois : « y a-t-il ici personne pour Monsieur de Savoye, seigneur du chastel Gaillard ? — A la troisième fois, le chatelain de Gaillard s'avançait, et alors le vidomne lisait la sentence rendue contre le malfaiteur et commandait au chatelain de l'exécuter. — Le chatelain appelait le bourreau, et la sentence était exécutée, non pas sur les terres du duc, mais au lieu du Champel, qui était de la juridiction de l'évêque.

Le duc de Savoie tenait à Genève le château de l'Isle, dont le vidomne avait le gouvernement, c'était là qu'étaient les prisons.

« Or, les ducs, ajoute Bonnivard, ne tenoient ni ce château ni les autres prééminences sinon de gage de certaine somme de deniers, qu'ils avoient obtenu de l'évêque et de la ville pour payer les secours qu'ils avoient apportés en guerre auxdits évêques. — On voulut bien souventes fois leur rendre leur argent, mais les ducs refusèrent pour ne pas se dessaisir du gage. Si bien que l'argent fut un beau jour expédié à Rome entre les mains de la justice, et une excommunication fut fulminée contre ceux qui tiendroient le château de l'Isle. Pour le duc de Savoie, quand cela a été fait, dit Bonnivard, et par quels comtes ou quels évêques, je n'ay trouvé, à cause que plusieurs droits des églises et de la ville sont perdus. Mais je l'ay ouï dire à gens dignes de foy qui avoient vu le procès à Rome. »

Le récit du prieur est assez vraisemblable : aussi quand la procession passait devant le château, le clergé cessait de chanter, et l'on tournait la croix à rebours pour marquer que ce château était sous l'interdit. — On n'y aurait jamais administré le sacrement à un homme qui y serait tombé malade 1).

« Les prééminences dessus nommées tenoit encore Charles III de ce nom, duc de Savoie, qui vit aujourd'hui et cela sans aucune contredicte; se fut voulu contenter de raison et d'avoir de Genève plus qu'on y devoit; car il se servoit mieux luy, et s'étoient servis ses prédécesseurs, de Genève à luy non sujette, que de ville qui fut en deçà les monts à la subjection, fut en cas d'honneur et de magnificence, fut en cas de profit. Car quand un duc ou une duchesse faisoit son entrée en la ville, Dieu sait quel festin, quel triomphe, quand venoit à loger sa cour; il n'y avoit bourgeois ni habitant à Genève qui ne s'employât mieux par courtoisie, que ses sujets par astreinte. S'il étoit

---

1) Bonnivard, Chronique MSS. — Fazy.

question de guerre, les compagnons étoient prompts à le servir de leurs personnes ; le magistrat à fournir argent, voire à fortifier leur ville, pour lui aider contre ceux desquels leur a fallu avoir aide contre lui. Bref, il ny avoit différence entre luy et ceux du faire, mais du dire tant seulement, car il vouloit qu'ils fussent ses sujets, à quoi ils ne s'opposoient pas de fait mais dedit tant seulement, car ils luy faisoient autant de services, de bon vouloir que ses sujets par astriction ; mais il le leur vouloit faire dire et eux ne le vouloient pas : voulant prendre à Genève plus que ses prédécesseurs ny tenoient, combien qu'ils le tinsent à tort, il perdit ce qu'il y tenoit et encore du sien propre. »

Pendant un espace de vingt-cinq ans, de 1510 à 1535, on assiste à une lutte ardente entre la maison de Savoie et les patriotes de Genève. Le duc n'osant employer la force ouverte, eut recours à la ruse et fit offrir à la bourgeoisie un tribut annuel, sous condition qu'on laisserait aux savoyards la garde des portes de la ville au moins pendant le temps des foires. La bourgeoisie refusa. Vers ce temps, Jean élu évêque par Léon X, crut que l'exil, la confiscation et quelquefois le sang ébranleraient le courage des Genevois. Il se trompait. Genève avait envoyé à Fribourg [1] de nobles enfants, pauvres en général, mais d'un patriotisme éprouvé, et qui, à la vue des bannières conquises au champ de Morat, s'agenouillèrent dévotement et en baisèrent les franges tachées du sang bourguignon. On les fêta, on leur donna le droit de bourgeoisie. De retour dans leur patrie, les

---

[1] Chronique Roset, 97, 98, 99. Spon.

envoyés furent salués d'acclamations. Ils apportaient un traité que les partisans du duc ne voulurent pas accepter. Alors Genève se trouva partagé en deux factions qui avaient leurs couleurs et leurs noms. On appelait Eidgenoss, ceux qui avait reçu et sollicité l'alliance de Fribourg, c'est à dire confédérés : beau nom qui rappelait tout de suite le drame du Grütli.

Les Eidgenoss, pour se venger, désignèrent leurs adversaires sous le nom de Mammelus ou esclaves. C'était une injure et un mensonge ; car les Mammelus aimaient aussi Genève comme de bons fils. Seulement catholiques zélés, ils prévoyaient que l'alliance de Berne que sollicitaient les Eidgenoss serait funeste au culte national, et que pour sauver l'indépendance de la commune, leurs adversaires sacrifieraient la foi d'Ardutius : les Mammelus lisaient dans l'avenir.

Ils furent chassés de la ville comme partisans du duc. Les Eidgenoss craignirent de n'être pas assez forts pour résister aux attaques de la maison de Savoie et s'allièrent avec Berne, depuis longtemps réformé. La noblesse ducale se constitua alors en confrérie, sous le titre de Confrérie de la cuiller. Berne crut le moment propice : il vint au secours de son allié avec une armée puissante, traînant vingt canons pour réduire les ducaux, et Guillaume Farel pour convertir les catholiques. Berne, pour montrer qu'il avait embrassé l'évangile, brisait sur son passage nos saintes images et faisait boire ses chevaux dans le bénitier de nos églises.

Sans doute, Genève ne saurait oublier les noms de Besançon Hugues, de Jean Baud, d'Ami Girard, de Jean Philippe, des Lullin, des Vandel, qui contribuèrent à l'affranchissement de leur patrie, et qui, presque tous faisaient partie de la société des Eidgenoss.

Mais l'historien, tout en s'associant aux hommages rendus à ces ames patriotes, ne doit pas dissimuler qu'elles adoptèrent la réformation non point par conviction, mais par politique et pour sauver la seule chose qu'elles préférassent à leur foi, la liberté. Les champs de Morat n'étaient pas loin de Fribourg : les Eidgenoss, en les traversant, auraient pu y voir épars quelques ossements de ces nobles confédérés qui étaient morts pour leur Dieu et pour leur pays. A Fribourg, le tilleul planté, moins d'un siècle auparavant, en commémoration de la victoire des Suisses catholiques, protégeait peut être encore de son ombre quelque fils de soldat blessé à cette autre Marathon : c'était une grande leçon, mais qui fut perdue pour les confédérés.

Au moment où Berne venait avec des flots de missionnaires et de soldats au secours des Eidgenoss, Genève était tout catholique par ses monuments et ses mœurs : ville d'art et de charité, ouverte aux pauvres et aux lettrés. Trois peuples y passaient incessamment, qui y laissaient quelques germes de leur caractère, le Savoyard sa probité, l'Italien son amour pour la forme, le Français son insouciante gaité.

Ses évêques avaient souvent recueilli dans leur palais les peintres d'Allemagne, qui, au moyen-âge, allaient en pélerinage à Rome, ou les artistes italiens qui traversaient la Suisse pour venir visiter la France. Les uns et les autres payaient l'hospitalité épiscopale, en laissant à leur hôte quelque Christ d'ivoire, quelque statuette en bois de chêne, quelque madone peinte sur toile, que le prélat se hâtait de donner à une église ou à un couvent, sous la seule condition de prier pour le voyageur. Ces prières étaient encore récitées quand la réforme vint chasser les évêques et brûler les statues et les tableaux, se montrant ainsi cruelle, sacrilège et ignorante. Genève avait alors un beau musée, non point emprisonné entre quatre murailles de gypse, mais en plein air, et au soleil des Alpes, ou dans la vaste nef d'une basilique. Il citait avec orgueil à l'étranger les six statues de saints qui ornaient le portail des cordeliers; les deux anges dont les ailes déployées abritaient le cimetière de la Magdeleine; la verrière de saint Antoine aux couleurs si fraîches, et belle comme celle de Cologne; les arabesques de pierre du couvent des Jacobins, le crucifix de la cathédrale, œuvre d'un maître inconnu, et bien d'autres merveilles que la fureur des réformés brisa et mit en pièces, pour prouver sans doute cette prophétie d'Erasme : Partout où règnera le luthérisme, s'éteindra le culte des arts [1]).

La ville avait sept paroisses ainsi dénommées: la première, la cathédrale de Saint-Pierre [2]), sous

---

[1]) Ubicunque regnat Lutheranismus, ibi literarum interitus. Ep. Erasm., p. 636, 637.

[2]) L'église de Saint-Pierre fut réservée à Genève. On voit encore des marques de l'ancienne église en dedans, leurs verrières historiées et configurées de saincts : et ceux qui n'ont pas voulu pardonner à l'image de J.-C., ont fait grace à celui d'un de leurs évesques qui s'y voit au derrière de la chaire de Calvin attaché à un pillier. Il y a des sièges au haut desquels sont encore restez six images des apostres relevez en bosse, avec leurs noms gravez sur des rolleaux. On voit les sépulchres des catholiques avec la

le titre de Sainte-Croix; la deuxième, Notre-Dame-la-Neuve, tout près de Saint-Pierre; la troisième, la Magdeleine; la quatrième, Saint-Germain; la cinquième, Saint-Gervais; la sixième, Saint-Légier; la septième, Saint-Victor.

Dans l'intérieur de la ville, on comptait trois monastères : les cordeliers au couvent de la Rive; les religieuses à Sainte-Claire et les jacobins rue de la Corrareterie, au palais où était l'horloge du Pont-du-Rhône, incendié en 1670.

Au dehors de la ville, le monastère de Saint-Victor, de l'ordre de Clugny, avec un prieur et neuf moines; le couvent des Augustins, près du pont de l'Arve, et nommé Notre-Dame-de-Grace, et un autre à Saint-Jean-des-Grottes, vis-à-vis de la Batie.

Genève avait sept hôpitaux qui s'entretenaient à l'aide de leurs revenus ou de la charité des fidèles. Il y en avait un spécialement destiné au pauvre voyageur qui tombait malade en route. On le soignait jusqu'à ce qu'il pût se remettre en chemin; et dès qu'il se levait et marchait, un frère venait l'avertir de céder son lit à un autre pèlerin. Et, le voyageur partait après avoir reçu un pain et une gourde de vin, et obligé de réciter pendant trois jours un Ave Maria pour la maison hospitalière.

Après la réforme, toutes ces maisons de prière et de charité tombèrent : il n'en resta plus que deux 1).

---

prière des morts sur les tombeaux et le requiescant in pace. Fl. de Raemond.

1) Spon., t. 2, p. 212.

CHAPITRE XI.

LES ÉVÊQUES ET LES PATRIOTES.

Tableau des services rendus par l'épiscopat aux intérêts matériels et religieux de Genève. — Ardutius. — Adhémar Fabri. — Jean de Compois. — Lutte des patriotes et de l'épiscopat. — Berthelier. — Besançon Hugues. — Pecolat. — Bonnivard. — Supplice de Berthelier, de Levrier. — L'Evêque de la Baume est obligé de quitter Genève. — Son caractère. — Berne profite des divisions intestines de Genève pour répandre la réforme.

Il est une figure, dans l'histoire de la commune genevoise, qui domine toutes les autres : c'est celle de l'évêque, l'apôtre des intérêts matériels, des franchises et de l'indépendance nationales. Dans cette suite de prélats qui ont occupé le siège de Genève depuis la fin du 4e siècle jusqu'à l'époque de la réforme, vous n'en trouverez aucun qui n'ait des droits à la reconnaissance du monde chrétien. Lorsque Guy fit la faute de céder à son frère Aimon plusieurs terres seigneuriales qui appartenaient à l'Eglise, Humbert de Grammont refusa hautement de reconnaître l'aliénation, et, soutenu du conseil, en appela pour juger le différend, à l'archevêque de Vienne. Le traité signé à Seyssel en 1124, établit l'indépendance de l'évêque, qui ne relève que du pape et de l'empereur 1). Pour comprendre l'importance d'un acte semblable, il faut se rappeler que les droits de l'Eglise étaient confondus dans les droits de l'état. Aimon le comte meurt ; son fils refuse de reconnaître le traité de Seyssel. Le successeur de Humbert de Grammont, Ardutius, dénonce cette infraction à l'empereur Frédéric Barberousse, qui maintient les priviléges de l'épiscopat, par un rescrit daté de Spire, le 15 janvier 1153. Le comte voulut employer la force ; l'évêque s'adressa au pape, et Adrien IV lui promit sa protection. Ce triomphe ne dura qu'un moment. Amédée eut recours au frère de Bercthold, le fondateur de Berne ; c'était un des membres de cette famille du Zaehringen, héritière contestée des rois de la petite Bourgogne, dont Genève faisait partie. Le duc était de bonne foi. Il réclama comme sa propriété la souveraineté de la ville. Barberousse la lui accorde, et Bercthold l'aliène aussitôt. Les libertés genevoises étaient en danger. Ardutius court à Saint-Jean-de-Losne plaider la cause du peuple en face de l'empereur, qui dépouille le duc de Zaehringen du droit que lui avait reconnu et confirmé la bulle de Spire.

La lutte continua. Bernard Chabert comprit que, pour brider l'insolence des comtes, il fallait d'autres armes que la bulle d'un pape ou le décret d'un empereur : il fortifia le château de l'Isle. Sous son administration, on vit s'accroître les revenus de l'état

---

1) James Fazy. Essai d'un précis de l'histoire de la République de Genève, t. 1. Genève, 1838, p. 17
— Picot. Histoire de Genève, t. 1.

et la fortune des citoyens. Le pont du Rhône fut restauré, des routes tracées, le marchand étranger qui venait aux foires de la cité, protégé plus efficacement, des fabriques fondées, de nouvelles industries appelées d'Italie. Ce fut un règne de paix et de prospérité. Ami de Grandson, Henri de Bottis, le chartreux; Aimé de Menthonay, pendant le cours de leur épiscopat, travaillèrent heureusement à maintenir les priviléges de Genève.

Voici un pauvre moine qui appartient à l'ordre des jacobins dont Luther s'est si grossièrement moqué, Adhémar Fabri, et qui le premier eut l'idée de rassembler les coutumes, les priviléges, les lois, ordonnances et usages de la cité dans un code qu'il publia en 1387 1), monument législatif dont M. James

---

1) Le livre de Fabri est un monument curieux de la législation pénale à cette époque. Tout citoyen qui en bat un autre, mais sans effusion de sang, est condamné à trois sous d'amende ; si le sang a coulé, à soixante sous.

Les franchises sont écrites en latin, et méritent d'être étudiées comme travail linguistique : M. Picot a donné quelques échantillons de cette langue romaine que parlait alors le législateur, et que nous reproduisons ici :

Art. 15. Fiat unus quateronus de cupro ad cujus mensuram mensuretur bladum (le blé).

— 17. Venda bladorum et vini.

— Chemicia les chemises, — denariatæ les denrées, — quarreriæ publicæ les rues publiques, — mugnerii les meuniers, — fundere suppum, fondre du suif.

On lit dans les registres des Archives de la ville, 1473-1488.

Tam in torchiis et socro quam in uno barrali malvasiae. Tant en torches et sucre qu'en un baril de Malvoisie.

Unum bonum personagium.

Duae ulnae veluti, deux aulnes de velours.

Barras ferri portis cum loqueto, des barres de fer aux portes avec un loquet.

Fasy a relevé toute l'importance dans son ouvrage sur l'histoire de la république genévoise.

Toutes les figures épiscopales que M. Fazy a dessinées dans son livre, sont magnifiques; mais la plus belle sans contredit est celle d'Amé VIII, qui, après avoir ceint le casque, la mître et la tiare, va s'ensevelir dans le couvent de Ripaille, sans avoir jamais permis à son fils Louis d'entrer à Genève comme duc de Savoie, par obéissance pour une charte qu'il eût pu facilement abroger, lui pape et évêque.

Arrivé au milieu du 16e siècle, il est impossible de ne pas admirer les vertus dont les évêques genévois ont brillé pendant leur long apostolat. Tous se sont montrés sages, tolérants, éclairés, dévoués au pays et à ses institutions. Quand une franchise est menacée, c'est un évêque qui accourt pour la défendre : l'évêque est citoyen avant tout. Il n'a peur ni des rois, ni des empereurs : il défend son peuple, et s'il meurt en faisant son devoir, comme Allamand, il bénit Dieu et expire content. Tous les pouvoirs viennent se personnifier dans l'évêque, qui est édile, juge, prince séculier et prêtre. Edile, il a soin de la cité dont les étrangers admirent la propreté; juge, il rend la justice sans acception de personnes; prince

---

Neque deguisatus, nec gerat visagerias, nec falsos nasos : qu'on n'aille pas déguisé et qu'on ne porte pas de faux nez.

Trottani validi des vagabonds valides, — michas panis des miches, — bastardus Burgundiae le bâtard de Bourgogne, — balae salpetri des balles de salpêtres, — misterium un métier.

A l'aide de ces documents latins, il serait aisé de remonter à l'origine d'une foule d'expressions que le peuple de Lyon et de Genève a conservés dans son langage.

séculier, il dote la ville d'établissements publics, d'hôpitaux, de maisons de charité, de ponts, de voies de communications; prêtre, il visite les malades, ouvre son palais aux indigents, sa bourse aux pauvres voyageurs, prend soin de l'orphelin et de la veuve; magistrat, il fait exécuter les lois et punit ceux qui les transgressent. C'est l'homme de tous; la crosse qu'il porte à l'église lui a été remise par le peuple; et peut-être fut-ce un tort à Martin V d'avoir changé ce mode d'élection: l'alliance de l'Eglise et de l'Etat avait été si heureuse jusqu'alors! Cette atteinte à la constitution du pays fut un des griefs dont les patriotes se servirent pour briser l'unité catholique. Mais le mal n'était pas irréparable, et les patriotes furent eux-mêmes obligés de regretter plus tard ce joug sacerdotal si doux, quand on le compare au despotisme de Calvin.

Le chapitre qui voulait faire revivre l'ancienne discipline, élut, le siége vacant, Urbain de Chivron pour évêque; mais Sixte IV, refusa la bulle d'institution et nomma au siége de Genève le cardinal de la Rovère. Le choix était heureux. De la Rovère est un de ces humanistes qui au 16ᵉ siècle ont travaillé à ressusciter les lettres, c'était l'ami d'Erasme. La Rovère refusa et Jean de Compois fut nommé par le pape.

Jean de Compois, qui avait effrayé l'opinion, sut bientôt se gagner les cœurs 1), en maintenant les franchises de la commune. La maison de Savoie qui comptait sur une ame docile s'était trompée. Elle réussit à éloigner le prélat. François de Savoie lui

---

1) James Fazy, p. 63.

succéda, et Genève n'eut qu'à se louer de l'administration de cet évêque. A sa mort la ville fut en proie à de nouvelles intrigues. Le chapitre, soutenu de la population, élut Charles de Seyssel que Rome refusa de reconnaître. Le pape nomma Champion, chancelier de Savoie, pour gouverner l'église de Genève. Champion sut triompher des préventions populaires. Les libertés genévoises trouvèrent dans ce prélat un défenseur courageux. Mais l'opinion devenait chaque jour plus hostile à la papauté dont elle calomniait la pensée. Le prêtre choisi par la cour de Rome était obligé de lutter contre d'ardents préjugés. La protection dont le couvrait la maison ducale, était aux yeux du peuple un titre de réprobation. Genève s'accoutumait à ne voir dans ses évêques que des créatures vendues à la Savoie. Les ducs, courroucés, ne cachaient plus leurs desseins et marchaient ouvertement à la conquête du canton. Leur faste irritait la populace. « Quand ils alloient l'esté à la maison, dit Bonnivard dans sa chronique, ils faisoient ouvrir toutes les fenêtres pour gaudir du frais, puis se faisoient apporter leurs rentes, qu'estoit à chacun un sold et un voire de Malvoisie, puis se retiroient. » 1) Singuliers tyrans auxquels un patriote comme Bonnivard reproche sérieusement d'ouvrir les fenêtres en été pour respirer la fraîcheur des montagnes! Lorsque Calvin fera couler le sang dans Genève, Bonnivard, lui aussi, ira chercher la fraîcheur à la campagne, mais il ne dira pas un mot dans sa chronique en faveur des victimes du théocrate.

---

1) Ruchat. Histoire de la Réformation en Suisse.

L'opinion républicaine était représentée par des hommes de cœur qui depuis long-temps méditaient une scission avec Rome. C'étaient Berthelier, Besançon Hugues, Bonnivard, les deux Levrier. Berthelier était un véritable chevalier teuton, prêt à mourir pour toute idée folle ou généreuse qui lui passait par le cerveau ; froid dans le danger, et le péril passé, donnant tête baissée, comme un jeune écervelé, dans les plaisirs, où il ne ménageait pas plus sa vie que sur un champ de bataille.

Bonnivard le peint admirablement : « Berthelier aimoit la liberté, avoit le sens pour la cognoistre et la hardiesse reglée pour l'entretenir et la maintenir, s'il eut eu la suite de mesme, ce qu'il taschoit toutes fois à avoir ; et pour ce qu'il voyoit les sages moins ardents à ce faire, estoit contrainct souventes fois se accompaigner des fols, et pour les entretenir de s'accommoder à eux à plusieurs affaires. De quoy il estoit un peu blasmé de gens qui ne cognoissoient ou sçavoient son intention, comme de se trouver en banquets, mommeries, jeux, danses et semblables, et mesmement en certaines irrisions qui se faisoient contre les gros ennemis de la chose publique. Et aussi souvent soutenoit les faultes des jeunes gens contre la justice qui les vouloit punir. »

Berthelier s'était tracé d'avance son rôle. Ce rôle devait se jouer sur la place publique, dans les tavernes, au besoin à l'avant-garde des combattants et finir sur l'échafaud : il disait à Bonnivard : — Mon compère, touchez là : pour amour de la liberté de Genève, vous perdrez vostre bénéfice et moi la teste.

Ce compère était prieur de saint Victor, ame tenant de Rabelais, tempérament caustique, écrivain mordant, causeur enjoué.

Besançon Hugues avait fait fortune dans le commerce : sa parole était colorée, son langage entraînant, le collége en eût fait un orateur. Les deux Levrier passaient pour d'habiles jurisconsultes. Ces noms et quelques autres encore, Pécolat, Ami Perrin, Jean de Soex, Jean Louis Versonnex, étaient connus du peuple. On leur prêtait de nobles idées. Le duc les redoutait, l'évêque en avait peur. Pour résister au danger qui les menaçait, ils avaient formé une association dont la devise était : qui touche l'un touche l'autre 1). Cette association grandit, se recruta de tous les mécontents et se changea en faction, qui, pour quelques beaux caractères qu'elle cite avec orgueil, comptait une foule de membres hardis à tout oser, jusqu'au crime, afin de triompher.

Un jour Jean Pécolat dinait chez l'évêque de Maurienne, Louis de Genrenod, qui avait à se plaindre de monseigneur de Genève. — Ne vous en inquiétez, se prit à dire Pécolat, non videbit dies Petri : on rit beaucoup de la prophétie. Quelques jours après, plusieurs domestiques du prélat mouraient dans d'horribles convulsions pour avoir goûté aux pâtés servis sur la table de leur maître, qui n'avait pas voulu en manger. Le poison avait été préparé par quelque main italienne : il tuait comme celui de Locuste.

Le propos de Pécolat courut bientôt les tavernes

---

1) James Fazy, p. 100.

et parvint aux oreilles de l'évêque. Pécolat fut arrêté, mis à la torture, et confessa le crime. La procédure avait l'air d'une vengeance occulte. L'évêque fit une faute : il fallait poursuivre les coupables, le front levé, sur les terres mêmes de Genève, et non dans un château hors de la ville. Berthelier, accusé de complicité dans l'empoisonnement de l'évêque, avait quitté Genève pour implorer la protection de Fribourg. Fribourg intervint, et Pécolat fut transporté au château de l'Ile. Amené devant ses juges, il rétracta ses premiers aveux. Transporté à la prison de l'évêque, il allait être mis à la torture, lorsqu'il saisit un couteau et se coupa la langue. Juges et bourreaux n'avaient plus rien à faire.

Bonnivard conçut alors un hardi projet, c'était d'arracher Pécolat à la justice genévoise, en évoquant l'affaire devant le tribunal métropolitain de Vienne. L'archevêque ému de pitié à la vue des deux frères de Pécolat, qui baisaient sa robe, leur permet de citer en la cour de Vienne l'évêque de Genève. Mais qui remettra l'assignation ? Bonnivard trouve un clerc, qui moyennant deux écus se charge de cette mission, le lendemain à saint Pierre, où le duc et l'évêque doivent entendre la messe; mais le moment venu, le clerc tremble et cherche à se sauver, lorsque Bonnivard tire de sa robe un poignard qu'il lui passe devant les yeux pendant que de la main gauche il le pousse devant l'évêque, lui criant: clerc, fais ton office. Et le clerc, baisant la copie, la présente au prélat, en murmurant : inhibitur vobis prout in copia. Nous nous attendions à un autre dénouement. L'évêque avait le droit de faire arrêter Bonnivard qui regagna tranquillement son abbaye de Saint-Victor. Jules II l'aurait fait pendre.

Jean de Savoie, sommé à diverses reprises de se rendre à Vienne, avait refusé d'obéir : il fut excommunié. Ce fut pour le catholicisme un grave sujet de douleur que la condamnation d'un évêque auquel les patriotes ne reprochaient qu'un attachement aveugle aux intérêts de la maison de Savoie.

Les événements se pressent. Un matin, des citoyens en se levant virent attachés sur des poteaux, en face du pont de l'Arve, deux corps d'homme coupés en quartier et suspendus sur des tonneaux qui devaient les remporter quand l'exposition aurait duré le temps accoutumé. C'étaient les restes de deux jeunes gens, Navis et Blanchet, appartenant l'un et l'autre au parti de Pécolat. Surpris en route pour le Piémont, ils avaient confessé avoir formé le projet de se défaire du duc, de poignarder l'évêque et de le remplacer par le prieur de Saint-Victor. Berthelier était accusé de complicité. La sentence de mort fut rendue par un tribunal ducal. Les coupables n'étaient justiciables que de l'évêque. L'exécution eut lieu sur une terre étrangère : autant d'attentats qui soulevèrent les ames. Le chemin du sang était ouvert. A l'aide de la terreur, les princes de Savoie parvinrent à lever une armée puissante et à s'emparer de Genève. La ville s'était défendue mollement. Sans les Fribourgeois, Genève perdait sa nationalité : ainsi, encore une fois, le catholicisme devait sauver les libertés helvétiques : M. Spazier n'a pas craint de proclamer cette vérité. « C'est des cantons catholiques qu'est sortie l'indépendance du pays, tandis que l'oligarchie la plus despotique est établie dans les cantons calvinistes 1). »

C'était Berthelier qui avait appelé les Fribourgeois au secours de sa patrie. Le duc l'épiait pour s'en défaire. Il tomba dans les mains savoyardes, et fut conduit en prison. Berthelier savait le jeu qu'il jouait. Il avait écrit sur les murs de son cachot cette sentence biblique : Non omnis moriar, sed vivam et narrabo opera Domini. La mort l'attendait en effet. On lui avait offert sa grace s'il voulait la demander au duc : il la refusa. Il fut condamné, et Desbois, son juge, lui lut la sentence de mort :

« Puisque Philibert Berthelier, en cette occasion, comme en plusieurs autres, tu as été rebelle à mon très redouté prince et seigneur et le tien, t'étant rendu coupable du crime de lèze-majesté et de plusieurs autres qui méritent la mort, comme il est contenu en ton procès ; nous te condamnons à avoir la tête tranchée, ton corps à être pendu au gibet de Champel, ta tête à être clouée à un poteau près de la rivière d'Arve, et tes biens confisqués. »

Il fut décapité devant le château de l'Isle, en présence de quelques soldats, sans que le peuple essayât de le sauver. Ses restes furent promenés dans une charrette à travers la ville ; le bourreau tenait la tête à la main et criait en la montrant : « Ceci est la tête de Berthelier le traître ! »

Ce sang fécondé fit éclore d'autres Bertheliers, tout prêts à venger la mort de celui qu'ils regardaient

---

1) Tableau de l'Allemagne actuelle. Revue du Nord, p. 436.

comme un martyr. En révolution, le couteau ennoblit. L'évêque ne pouvait plus vivre désormais dans un foyer semblable de haines. Il pouvait craindre le poison de quelque fanatique que son parti aurait désavoué. Il résigna son évêché à Pierre de la Baume, commendataire des abbayes de Suse et de Saint-Claude. Pierre de la Baume fit son entrée à Genève le 11 avril 1523, monté sur une mule magnifiquement harnachée. Les syndics, les conseils, l'attendaient au pont de l'Arve, où les clefs de la ville lui furent remises. Il entra marchant sous un dais orné de pierreries. Après avoir juré les franchises à l'église de Saint-Pierre, il reçut en présent six assiettes et six écuelles d'argent 1). Mais le duc Charles III avait trop de courage pour s'arrêter en chemin. Les patriotes terrassés, il voulut se prendre aux franchises genévoises. Alors la cendre éteinte des Eidgenossse ralluma, et Amé Levrier, fils de l'ancien syndic, se présenta pour dénier au duc le titre de juge en dernier ressort des causes civiles, qu'il voulait s'arroger. Levrier, le lendemain, fut saisi au moment où il sortait de l'église Saint-Pierre, garotté, conduit à Bonne sur une terre de Savoie et décapité. Il chantait en marchant au supplice :

> Quid mihi mors nocuit! virtus post fata virescit!
> Nec cruci, nec saevi gladio perit illa tyranni.

Le parti des Eidgenoss reverdissait dans le sang. Deux cantons venaient de lui offrir leur alliance : Fribourg, en bon catholique et sans arrière-pensée;

---

1) Histoire de Genève par Picot, t. 1, p. 234.

Berne qui s'était laissé gagner à la réforme, avec des intentions de propagande religieuse.

Le 12 mars 1526, l'alliance des trois cantons fut jurée solennellement aux pieds des autels, dans l'église de Saint-Pierre, et en ces termes : « Nous promettons de maintenir l'alliance que nous avons contractée ; que Dieu nous soit en aide et la vierge Marie et tous les saints du paradis. »

La cause des ducs était perdue.

De la Baume s'associa noblement au mouvement populaire ; et pour donner des gages de patriotisme, il conféra aux syndics et aux conseils le droit de connaître des causes civiles, lequel avait jusque-là appartenu à l'évêque : noble désintéressement dont l'historien protestant n'a pas tenu compte à ce prélat. Il avait demandé et il reçut en échange des lettres de bourgeoisie, comme un simple particulier.

« C'estoit, dit Bonnivard, un grand dissipateur de biens en toutes choses superflues, estimant que c'estoit une souveraine vertu en un prélat de tenir gros plat et viandes à table avec toutes sortes de vins excellents ; et quand il y estoit il s'en donnoit jusqu'à passer trente-et-un. »

Le trait serait plus spirituel si Bonnivard n'avait pas souvent pris place à cette table et bu en véritable prieur de Saint-Victor. L'évêque, en rendant au moine le prieuré dont on l'avait dépouillé en 1519, pensait probablement que la charité était une vertu du cloître : Bonnivard le détrompa. Vous le voyez, le prieur n'a pu reprocher à Pierre de la Baume, qu'une table trop splendide : mais il a bien soin de cacher que les miettes qui tombaient de cette table, appartenaient aux pauvres, comme le pain ou le feu de la cuisine à tous ceux qui avaient froid ou faim. Il ne nous a pas dit que le prélat visitait plusieurs fois par mois les prisons, les hôpitaux, les infirmeries; qu'il aimait les lettres humaines, et ceux qui les cultivaient; qu'il était doux de cœur et prompt à oublier les offenses. Quand il revint à Genève, toute foi n'était pas éteinte dans son troupeau : il aurait su défendre ses droits de prince, mais le sang aurait coulé, et Pierre de la Baume aima mieux céder; avant tout il était l'apôtre et le père de Genève. Il aurait pu combattre cependant; la constitution lui en donnait le droit, et ce droit, l'église réformée, qui l'aurait dénié alors, l'a reconnu depuis.

« Toute église qui veut se perpétuer, a dit Fetzler, a besoin d'unité : cette unité ne peut exister qu'à condition du concours du pouvoir civil. Les deux églises luthérienne et calviniste ont été obligées de confesser que le prince a le droit de souveraineté, même sur le régime épiscopal 1). » Or, Pierre de la Baume, il ne faut pas l'oublier, était à la fois évêque et prince de Genève.

L'évêque se consola dans l'exil en chantant avec Boèce, son poète favori :

« Si le monde dans ses métamorphoses incessantes change si souvent, bien fou qui croit à la stabilité de la fortune, à la perpétuité du bonheur! ».

> Rara si constat sua forma mundo,
> Si tantas variat vices,

---

1) Fetzler cité par Hœninghaus. Voyez encore à ce sujet Hengstenberg (Dr. W.) in der Berlin. evang. Kirchen-Zeit. Nro. 18, 19.

Crede fortunis hominum caducis,
   Bonis crede fugacibus 1).

Berne profitait de ces divisions intestines pour introduire la réforme. Le canon, en Suisse, brûlait les villes que les missionnaires ne pouvaient convertir. Berne avait à son arrière-garde des apôtres qui avaient trouvé le Saint-Esprit dans un cabaret, leurs titres de vocation au fond d'un verre, et qu'il lâchait dans la ville conquise, pour gagner les ames. Guillaume Farel et Antoine Saunier passèrent à Berne. Le sénat les manda, et sans s'enquérir de leur mission, leur donna des lettres de créance pour Genève. Farel et Saunier auraient pu s'en passer, car ils se disaient envoyés de Dieu même. Ils prirent les lettres et commencèrent à prêcher à Genève. C'était le désordre qu'ils apportaient à cette cité, déjà travaillée par l'esprit de trouble. Farel et Saunier furent obligés de s'enfuir : le peuple voulait les jeter au Rhône. A peine s'étaient-ils éloignés qu'on vit affiché au coin des rues et sur les murs des églises une pancarte ainsi conçu :

« Il est venu un homme en cette ville qui veut enseigner à lire et à écrire en françois dans un mois à tous ceux et celles qui voudront venir, petits et grands, hommes et femmes, mesme à ceux qui ne furent jamais ès-escholes. Et si dans ledit mois ne savent lire et écrire, ne demande rien pour sa peine. Lequel trouveront en la grande salle de Boitet, près du Molard, à l'enseigne de la Croix-d'Or, et s'y guérit beaucoup de mal pour néant. »   FROMENT.

---

1) Boetii de Consolatione Philosophiæ.

Cette annonce qu'on dirait copiée dans un journal de Paris, né de notre temps, était véritablement séduisante. Les malades et les ignorants accouraient en foule : mais au lieu de remèdes et d'instruction, Froment distribuait à ses visiteurs de longues tirades contre la cour de Rome, qui figurait la prostituée de Babylone; contre le pape qui représentait l'antechrist; contre les cardinaux qui servaient de portequeue à Satan ; contre les prêtres et les moines en qui s'incarnaient les sept péchés capitaux. C'était tout ce qu'il savait de théologie, encore l'avait-il dérobé à un mauvais pamphlet venu d'Allemagne et traduit en français. La ville, grace à ces prédicants fut bientôt transformée en une véritable école où qui savait lire se croyait en droit de disputer comme s'il eût reçu ses grades. Froment avait imaginé un expédient pour donner du cœur aux ignorants : il enseignait que quiconque lisait l'écriture pour y chercher la vérité était sûr d'être illuminé du Saint-Esprit; c'était une autre annonce qui devait lui amener beaucoup de chalands. Il disait à ses auditeurs. — Prouvez-moi par l'écriture que je me trompe et je confesserai humblement mon erreur ! Chose étonnante, trois siècles après, un protestant, Pape, répondait en vers au maître d'école : « A ton tour prouve-moi par l'Ecriture que ce que j'enseigne est faux, parce que je ne pense pas comme toi » 1).

---

1) Stellt aus der Schrift mir dar die Falschheit meiner
Behauptung,
Und ich nehme zurück, was nicht die Prüfung besteht! "
Also sprachst du und siegtest dadurch, hochherziger Luther!
Dir nur folgen wir nach, hoffend den nämlichen Sieg.

On chassa ce missionnaire qu'on menaça de trois traits de corde s'il reparaissait ; mais la ville était perdue : les théologastres de Luther venaient de s'y abattre.

L'évêque crut que sa présence à Genève apaiserait des disputes qui menaçaient de troubler le repos de l'Eglise; mais la réforme avait déjà fait de grands progrès. Les Eidgenoss les plus influents, Ami Perrin, Malbuisson, les deux Vandel, Claude Roger, Domaine d'Arlod, s'étaient réunis à la doctrine nouvelle, dont ils attendaient leur émancipation politique. La réforme semblait aux patriotes une voie ouverte par la Providence pour briser le joug de la domination ducale. Ils se pressaient aux prêches de Farel, cherchant dans la parole du missionnaire, au lieu d'arguments contre la vieille foi de Genève, des textes contre la maison de Savoie. La révolte grandissait, et cette fois elle cherchait dans l'évêque un nouvel ennemi qu'elle voulait chasser, comme elle avait fait des ducs de Savoie.

Monseigneur de la Baume quitta la ville. L'Evangile ne lui faisait pas un devoir d'attendre le martyre. A trois siècles de distance il est aisé d'accuser un évêque de lâcheté. Mais qui ne sait qu'en révolution l'ame n'est pas souvent plus maîtresse de ses volontés, que le corps de ses mouvements qui appartiennent les

---

Stellt aus der Schrift uns dar die Falschheit deff', was wir anders
Lehren, als Luther, weil wir anders es sehen, als er!

Pape, Distichen, in der a. K. 3. Nro. 171.

unes comme les autres au parti dont elle est l'esclave? Jean de Savoie, son prédécesseur, avait appris que pour quelques esprits exaltés le poison est une ressource providentielle. Pierre de la Baume, sans manquer de courage, pouvait fuir le danger. Avec lui s'éteignit le dernier espoir du catholicisme genévois.

Genève aurait dû se montrer plus reconnaissant envers l'épiscopat catholique.

Encore un mot sur l'une de ses gloires.

Un jour un pauvre clerc entre dans la boutique d'un cordonnier et demande une paire de souliers; mais quand il faut la payer, le clerc se fouille vainement, il venait de donner sa bourse à un mendiant qu'il avait rencontré sur le pont de l'Arve. —Frère, ne vous inquiétez pas, dit le marchand, vous me la payerez quand vous serez cardinal. Le clerc devint cardinal et évêque de Genève. C'était de Brogny qui n'oublia pas le cordonnier dont il fit son maître d'hôtel, et auquel il donna une chapelle qui porta le nom de « Chapelle des Cordonniers ». La réforme abattit la statue du prélat. Elle aurait dû se rappeler que le saint évêque avait été l'ami des pauvres qu'il allait chercher jusque dans les greniers; qu'à quatre-vingts ans il n'avait encore bu que de l'eau; qu'il voulut jeûner la veille de sa mort; qu'il avait rassemblé dans son logis, car ce n'était point un palais, une bibliothèque de sept cents volumes écrits dans toutes les langues; et que le premier il avait conçu l'idée de fonder une académie où les étudiants seraient élevés aux frais de l'état.

A l'époque de la réforme, l'église de Genève était

l'orgueil de la chrétienté. La papauté l'aimait comme sa fille chérie. Quand la ville fut désolée par l'incendie de 1430, le peuple et l'évêque tournèrent leurs regards vers Rome, et le pape Félix V lui accorda, dit Mr Picot, le revenu de la première année de tous les bénéfices qui viendraient à vaquer pendant vingt ans dans le diocèse 1).

Et maintenant suivez-nous : vous allez voir ces patriotes que nous nous étions surpris à admirer dans leur lutte contre la maison ducale, oublieux de la foi de leurs ancêtres, démolir pierre à pierre l'édifice catholique où si souvent ils allaient chercher un réfuge contre l'oppression, déchirer les bannières où les mains de leurs filles avaient gravé le nom du Christ, et qu'ils portaient dans leurs combats contre les ennemis de Genève; chasser ces prêtres, ces moines, ces religieuses, dont l'or avait servi à bâtir ou à défendre les murailles de la cité. Mais Dieu aura son tour, et il leur enverra un homme qui les opprimera, qui foulera aux pieds leur liberté, qui fera verser leur sang, et qui se rira de leurs cris comme de leurs larmes.

Despotisme, désordres et malheurs, dit un protestant, que la réforme devait nécessairement produire 2) !

---

1) Histoire de Genève, t. 1, p. 126.
2) Die Periode der Reformation war gewiß nicht eine Zeit des Friedens und des Glücks. Lord Fitz-William, Briefe des Atticus. In's Deutsche übersetzt von Philipp Müller. 1834, p. 33.

CHAPITRE XII.

LA SOEUR JEANNE DE JUSSIE. 153 — 1536.

Le livre de la sœur. — Récit. — Pillage de Morges par les réformés.—Les Bernois à Genève. — Dévastation de l'église de Saint-Pierre; — De l'Oratoire; — De Saint-Victor; — De Saint-Laurent. — Combat dans les rues de Genève. — Assassinat de Pierre Werli. — Supplice de Malbosson. — Farel. — Les syndics veulent contraindre les sœurs de Ste-Claire d'assister à une dispute théologique. — Les sœurs refusent et sont chassées.

Or, dans un des couvents de Genève vivait une sainte fille, dont la mission ne devait pas se borner à prier Dieu, à consoler les malheureux, à vêtir les prisonniers, le Seigneur lui réservait un autre rôle. La sœur Jeanne de Jussie allait être l'historien de la réforme à Genève ; historien naïf, fidèle, et poétique surtout. Car sous cette robe de bure, la providence avait placé un cœur d'artiste, que le spectacle des profanations bernoises contre les représentations matérielles de l'art émut jusqu'aux larmes, et qui, douée d'une imagination de femme, sut faire passer dans l'ame du lecteur toutes les souffrances qu'elle eut à endurer. Que Genève fouille dans sa bibliothèque, il ne pourra jamais y rencontrer des pages plus attendrissantes que celles qu'écrivait la plume de la religieuse de Sainte-Claire : il n'a pas un livre de poésie intime qu'il pourrait opposer au récit de la sœur 1). Pour nous, quand notre œil tomba pour la première fois sur ces feuilles si pleines de grace et de fraîcheur, nous fûmes ravi, comme à l'un de ces doux concerts où l'Arioste tient sous le charme l'ame du batelier de l'Arno, et nous pensâmes que nous devions les reproduire dans toute leur pureté, sans en changer une syllabe, sans mêler

---

1) Le LEVAIN DU CALVINISME ou commencement de l'hérésie de Genève; faict par Reuerende sœur Jeanne de Jussie, alors religieuse à Saincte-Claire de Geneue, et, après sa sortie, abbesse du conuent d'Anyssi. A Chambéry, par les frères Dv FovR. 1611.

En tête est une dédicace au prince Victor Amé, prince de Savoye et de Piedmont, signée V. E. I. H. D. F. et où on lit :

« C'est une histoire tragique non encore tant abysmée dans le ventre de l'ancienneté, que les picqueures de ces viceraux ennemis de la Croix Blanche ne soient encore ouvertes à jour, et que le ciel n'en demande le poil du dogue et l'escrasement du scorpion pour nostre guarison. »

Quand la critique historique n'existait point encore, on regardait la sœur de Jussie comme une visionnaire : mais depuis que Plank, dans son bel ouvrage, Geschichte des protestantischen Lehrbegriffs, Adolf Menzel, dans sa neuere Geschichte der Deutschen, Galiffe, dans ses Notices généalogiques, ont dépouillé l'esprit de parti pour chercher la vérité; le récit de la sœur a nécessairement acquis une grande valeur.

Le livre de la sœur de Jussie a été réimprimé plusieurs fois, mais horriblement défiguré ou enjolivé selon les éditeurs.

rien de profane à cette parole du vieux temps, et faire comme l'oiseau, nous taire et écouter :

> La novita dal loco e stanta tanta
> Che ho fatto come augel che mutta gabbia,
> Che molti giorni resta che non canta.
>
> ARIOSTO.

.... Et le jour de Monsieur saint François, 1530, un mardy, à dix heures du matin, arrivèrent à Morges les fourriers des Suisses pour prendre logis pour l'armée, et quand ils furent descendus subitement, se retirèrent devers le lac et tirèrent à eux une grande nef qui estoit chargée à bien mille escus d'or vaillant des biens de la ville qu'ils vouloient retirer de l'autre costé du lac par devers Thonon, mais par lesdicts Suisses fut prinse et emmenée à Lausanne à leur sauuegarde.

Le mercredy, jeudy et vendredy, arriuèrent les deux cantons de Berne et de Fribourg audict Morges, et firent de grands maux, car au partir de leur païs, entrèrent sur le païs de monseigneur et commencèrent à piller, desrober, à fourager les pauures gens, et ne laissoient bleds, vin, chair ni meubles, par les maisons et châteaux des nobles et puis bruslèrent tout, qui ne fut pas petite perte. Quand ceux de Berne furent arrivez audict Morges, une partie se logèrent au convent des frères mineurs et y firent plusieurs graves et indicibles maux et tourments....

Cette nuit, les Bernois, comme mauuais hérétiques trouuèrent moyen d'ouurir le chœur de l'église et entrèrent dedans, et au milieu de la nef firent un grand feu, puis, comme des loyaux chiens enragez et hors du sens, vont prendre le ciboire auquel reposoit le très digne sacrement du précieux corps de

Jésus-Christ notre rédempteur, et vont tout mettre en ce grand feu, et ainsi conculquerent vilainement le prix de notre rédemption. En outre, rompirent le tableau du grand autel moult riche, et bruslèrent toutes les images de bois et rompirent la grande verrière derrière le grand autel qui estoit belle et riche, et par toutes les chapelles où il y avoit des images en taille des glorieux saints et saintes, rompirent et gâtèrent tout.

Non contents encore, ces hérétiques rompirent la sacristie et toutes les armoires freschement faites qui estoient moult bien composées pour l'ornement de telle maison dediée à Dieu, leuèrent toutes les serrures et ferrement, et prindrent tous les ornements qu'ils trouuèrent et emportèrent tout avec l'horloge du convent, toutes les couuertes et linge des frères, tellement qu'il n'y demeura chose aucune sinon l'édifice tout vuide.

Et tous les prestres qu'il trouuoit portant longue robe, la leur ostoit, les dépouilloient et battoient : à toutes les images qu'ils trouuoient tant en platte peinture qu'esleuées en bosse et tableaux qu'ils ne pouuoient avoir pour les brusler, ils leur creuoient les yeux avec la pointe de leurs piques et espées, et crachoient contre pour les effacer et défigurer, et estoit chose estrange de voir; ils bruslèrent tous les livres de parchemin tant de la chanterie qu'autres.....

Le lundy, environ midy, l'armée entra dedans Genève; ils menoient dix neuf grosses pièces d'artillerie qu'ils arrestèrent une partie à Sainct-Gervais, l'autre partie en plant Palais, près d'une petite église appelée l'Oratoire. Le canton de Berne fust logé en la Riviere et en la Corraterie jusques près du pont d'Arue ; au convent de Sainct-Dominique furent logés six enseignes, tous luthériens, et furent contraints les religieux abandonner le convent; au convent de Saincte-Claire furent logés trente six cheuaux et firent grosse despence.

Les sœurs estant adverties qu'elles estoient en grand danger, trouuèrent moyen de faire monter leurs hôtes à la Treille, puis toutes assistantes avec abondance de larmes, et en profonde humilité leur demandèrent miséricorde, se recommandant à eux... Adonc se mirent tous à pleurer, disant : belles dames Dieu vous veille réconforter et consoler comme ses ancelles, car nous ne pourrons vous garder s'ils vous veulent nuire. Lors les pauvres sœurs estoient demy mortes d'angoisse et de peur.

Quand les hérétiques furent dans la cité, tous les prestres tant séculiers que réguliers posèrent leurs robes et s'accoustrèrent comme les gens laiz, tellement qu'on ne les connaissoit point entre les mariez, et portoient tous la devise de guerre qui estoit une croix blanche qu'ils portoient deuant l'estomach et une derrière les épaules.

Le mardy suivant, environ les huict heures du matin, les luthériens se firent ouvrir l'église cathédrale Saint-Pierre ; et eux estant dedans, commencèrent à sonner la cloche épiscopale à branle pour le sermon, car ils menoient leur maudit prédicant, nommé maistre Guillaume Faret (Farel), lequel se mit en chaire et preschoit en langue allemande. Ses auditeurs saultoient par dessus les autels comme cheures et bestes brutes, en grande dérision de l'image de nostre Rédemption, de la vierge Marie et de tous les saints.

Ces chiens qui, de nuit, faisoient le guet, abattirent l'autel de l'Oratoire, et mirent en pièces la verrière où estoit en peinture l'image de monsieur saint Anthoine, abbé, et de monsieur saint Sébastien. Ils rompirent aussi une belle croix de pierre et des billons d'icelles faisoient selle pour se seoir autour du feu. Et au convent des Augustins rompirent plusieurs belles images, et au convent des Jacobins en rompirent de belles de pierre...

Ils venoient souuent espier à l'entour du convent de Saincte-Claire ; mais Nostre-Seigneur leur donnoit frayeur. Les posvres religieuses estoient toutes les nuicts en vigile, priant Dieu pour la sainte foy et pour le monde, et toutes prenoient la discipline après matines, demandant à Dieu miséricorde ; et puis, avec cierges allumés, disoient une partie des beaux Benedicatur, droictes, en s'inclinant jusqu'à terre, au nom de Jésus-Christ, les autres le A v e b e n i g n e J e s u, à genoux, et les autres saluoient les playes de Nostre-Seigneur et les larmes de la vierge Marie, et autres belles oraisons exaudiables. Et tous les jours faisoient la procession par le jardin, et souuent deux fois le jour, avec la saincte litanie, et pieds nuds, par dessus la blanche gelée, pour impétrer miséricorde au pauure monde.

Au mois d'avril 1532, après en l'octave de l'Assomption Nostre-Dame, les hérétiques firent descendre les cloches du prieuré de Saint-Victor, et puis desrocher et abattre jusques au fondement tout le monastère. — En ce mesme mois, le jour de la décollation de sainct Jean-Baptiste, abattirent une petite et fort jolie église de Sainct-Laurent, et fut aussi abattue l'église de madame saincte Marguerite.

Au mois d'octobre, M. le vicaire-général, nommé Amédée de Gingin, abbé de Bonmont, adverti que le prédicant maistre Guillaume preschoit en son logis, manda à lui tous messieurs les chanoines pour conférer contre les hérétiques, lesquels advisèrent de mander quérir ledit prédicant. — Et estant devant l'official, nommé maistre de Vegi, fut interrogé qui l'avoit envoyé et pour quelle cause et de quelle autorité. Le pauure chétif répondit qu'il estoit envoyé de Dieu, et qu'il venoit annoncer sa parole. Monsieur l'official luy dit : Et comment ? tu ne monstres aucun signe évident que tu sois envoyé de Dieu, comme fit Moyse au roi Pharaon; et quant à nous prescher, tu n'apportes aucune licence de nostre révérendissime prélat l'euesque de Genève; et aussi tu ne portes point habit tel que font ceux qui ont accoutumé de nous annoncer la parole de Dieu, et toy tu portes l'habillement de gendarme et de brigant ?..

L'année 1533, le 20 jour de mars, qui estoit vendredi de la Passion, fut un merveilleux tumulte à Genève, à cause des hérétiques, et en ce jour, toute la matinée, se faisoit amas et assemblée des gens de cette secte. Sur ce, les bons chrétiens s'assemblèrent d'autre costé en grande compagnie à l'église de Sainct-Pierre, avec messieurs les chanoines, et tindrent conseil pour sçavoir ce qu'il seroit bon de faire. Le peuple, tout d'un accord, respondit : Nous voulons aller sur ces luthériens qui se sont assemblez en la rue des Allemands, et ne sçauons pourquoy ils nous tiennent toujours en crainte; mais nous voulons voir la fin, et ne voulons plus souffrir telle infection en la cité, car ils sont pis que les Turcs.

Et en disant ces paroles, deux mauvais garniments vindrent là pour espier les chrétiens, et se tenoient sur les degrés du portail, et un d'eux ne se peut tenir qu'il ne dit quelque parole vilaine, dont tantost plusieurs tirèrent leur espée pour le frapper; mais il fut défendu par les syndiques; néantmoins fut jeté à terre et foulé aux pieds et reçut un coup de glaive dont il fut nauré griefvement iusque à grosse effusion de sang. Le compagnon de celuy, le voyant gesir à terre, print la fuite et raconta le tout. Mais les bons chrétiens furent plus animés que deuant. Aucuns catholiques, pour mieux animer les autres, vont sonner à grand effroy la grosse cloche, dont à ce son toute la cité fut en armes. Les uns alloient à Sainct-Pierre, les autres à la grande place du Molard. Les syndiques voyant qu'ils ne pouuoient garder le peuple de sortir, firent fermer toutes les portes de l'église, et puis se firent porter un gros fagot de bois de laurier et en firent donner une branchette à chacun des catholiques, afin qu'ils se puissent cognoistre entre les méchans : les uns les attachoient sur leurs têtes, les autres le tenoient en leur main. Quand tous eurent cette devise de laurier, messieurs de l'église se vont tous ieter deuant le grand autel à genoux, en grande deuotion, et toute la compagnie aussi en soy recommandant à Dieu en grande abondance de larmes vont chanter : Vexilla regis prodeunt. — Le peuple, mis en ordre pour batailler, messieurs de l'église firent leur bende et capitaine; les portes furent ouvertes par les syndics, et la compagnie descendit par la rüe du Perrou et vindrent en la grande place du Molard. Là estoit deia grosse compagnie d'hommes et de femmes bien embastonnez et délibérez comme les autres ; en somme, s'y trouvèrent bien deux mille et cinq cents hommes sans les femmes.

Messieurs les prestres se vouloient mettre des premiers pour défendre leur épouse la saincte église. Ils estoient bien sept ou huict vingts ; mais messieurs les syndics, voyant telle esmotion, estoient bien esbahis ; et craignant respandre le sang humain, aduisèrent de tenter quelque bon appointement ; et pour ce faire, deux d'entre eux allèrent deuers les hérétiques qui auoient de grosses pièces d'artillerie, lesquels leur dirent qu'ils ne vouloient laisser espancher le sang humain, ny se meurtrir l'un l'autre, frères, enfans de la ville et uoisins ; car ce serait infamie trop vitupérable.

Les hérétiques, sentant bien qu'ils n'estoient pas puissans pour résister contre les bons chrestiens, se resiouirent et prindrent trefues pour un autre coup.

Le jeudy sainct, même année, ces juifs s'assemblèrent bien quatre-vingts avec plusieurs femmes en un jardin pour faire leur cène et pour manger l'agneau pascal. Un méchant homicide et meurtrier pour représenter Jésus-Christ laue les pieds des autres, et puis, en signe de paix et union, mordoient tous l'un après l'autre en un morceau de pain et de fromage ; les chrestiens en rioient.

Le quatrième du mois de mai, qui estoit le dimanche de jubilate, les hérétiques s'assemblèrent en la grande place du Molard.. — Par quoy les chrestiens s'assemblèrent de l'autre costé vers les halles, et déployèrent leurs enseignes, criant : Vrais bons chrestiens assemblez-vous ici et ayez bon courage à maintenir la saincte foy. Messieurs les chanoines et autres gens d'églises furent des premiers à l'enseigne.

Un des chanoines, bon champion de la foy, messire Pierre Verli (Werli), moult expert, s'arma, et n'ayant patience, ne put attendre les autres sieurs d'église, mais sortit le premier d'un courage ardent, et s'en courut en la place du Molard, criant en sa ferveur : Courage, bons chrestiens; n'espargnons point ces canailles. Mais, hélas ! il fut déçu et se trouva entre ses ennemis,.. qui, pour le mieux trahir, le tirèrent à part dans une petite rue, puis le chargèrent... Un méchant traître luy mist son espée par le fondement outre le corps ; de sorte qu'il tomba mort : benoist martyr sacrifié à Dieu.

Les femmes s'assemblèrent de leur costé, disant s'il advient que nos maris se combattent contre ces infidelles, allons aussi faire la guerre et tuer leurs femmes hérétiques. En cette assemblée, l'y avait bien sept cents enfans de douze à quinze ans. Les femmes portoient des pierres à leur giron, et la pluspart de ces enfans de petites rapières, les autres d'achons, autres des pierres en leur sein, chapeau et bonnet.

Et fut le corps de messire Pierre, porté en sépulture à l'église cathédrale, à cinq heures du soir, accoustré de son habit de chanoine. Quand on le sortit d'icelle maison, le peuple ieta un grand cry, soupirant et pleurant la mort de l'innocent. Il fut porté par les prestres, accompagné fort honorablement de

M. le vicaire-général, de tous messieurs les chanoines, de tous les colléges, de tous les gens d'église, avec les croix des sept paroisses; et après l'office faict, fut mis en terre devant l'image du crucifix, pour l'honneur duquel il avoit reçu la mort.

Et l'an 1534, le premier jour de mars, les luthériens s'assemblent au conuent de Rive, et vont se pendre à la cloche et sonnent environ une heure; et puis, veulent ou non les chrestiens, prindrent la possession de prescher; et depuis n'y faillirent nuls jours et toutes les festes et dimanches deux fois, dont les chrestiens estoient bien marris; mais ils commençoient desia à estre lâches de courage, et de iour en iour s'en peruertissoit de nouveaux, et nul chrestien n'osoit plus dire mot qu'il ne fût mis à mort.

Le dixième de mars, fut exécuté un grand ieune larron et brigant de la secte luthérienne, lequel estoit admonesté des cordeliers pour le réduire, afin qu'il mourust repentant vers la foy; mais il leur fust osté sur le chemin d'entre leurs mains et fust donné à Faret et à son compagnon pour le prescher et mourut en cette hérésie.

Le vendredy, ce maudit Faret commença à baptiser un enfant à leur maudite manière, et y assista un grand nombre de gens, et mesme des bons chrétiens pour voir leur façon.

Le dimanche de Quasimodo, ce chétif Faret commença à espouser hommes et femmes ensemble, selon leur forme et tradition, et n'y font aucune solennité ni dévotion, mais seulement leur commandent de soy conjoindre et de multiplier le monde, et dit quelques dissoluües paroles que je ne sçais point : car un cœur chaste a horreur de les penser.

Le jour de la Sainte-Croix, qui estoit un dimanche, un religieux de saint François, ayant demeuré six ans en la religion, posa l'habit deuant tout le monde après le sermon, et despiteusement le foula aux pieds, chose qui resiouit grandement les hérétiques.

La veille de Pentecoste, à dix heures de nuict, les hérétiques coupèrent les testes à six images deuant la porte des Cordeliers, puis les ietèrent devant le puits de Saincte-Claire.

Cette nuit arrachèrent deux beaux anges du cymetiere de la Magdeleine et les iettèrent dans le puits de Saincte-Claire.

Le jour de la Fête-Dieu, les chrestiens prindrent courage de faire la procession ordinaire par la ville. Plusieurs femmes luthériennes portant le chaperon de velours se mirent aux fenestres, afin que chacun leur vist filer leur quenouille et travailler de l'esguille.... On dit que le lendemain de Pasques, plusieurs lauerent et firent leur buée, et quelques bons personnages y allèrent et mirent leur beau linge par le Rosne courant.

Ainsi que la procession passoit, quelqu'un alla tirer la quenouille du costé d'une grosse lutherienne, et lui en donna un grand coup de la teste, puis la jetta dans la fange.

Après le iour de Sainte-Anne qui estoit le dimanche, il fut deffendu de ne sonner la messe, afin de n'empescher le predicant misérable. Et après ce maudit presche ils brisèrent plusieurs belles images et abattirent entièrement l'autel de la chapelle de la

Royne de Cypre et brisèrent l'image de Notre-Dame qui estoit grande et excellement belle et riche et entaillée en pierre d'albâtre.

La première semaine du mois d'aoust suyvant, le monastère de Saint-Victor fut tout pillé, et furent donnés cinquante florins aux pauvres gaigne deniers qui s'aidèrent à découvrir l'église pour l'abattre entièrement avec tout le prioré. — « Je ne sçay bonnement où il fut dict que quand on passoit par là on entendoit les pauures trespassez se plaindre et lamenter manifestement jour et nuict, car maintes personnes y estoient ensevelies.

Le 17 juillet 1535, fut décapité au Molard dedans la ville sire Jacques Malbosson, grand homme de bien et vray bon catholique... Quant il fut au lieu de son martyre, il demanda licence de parler et va dire : Messieurs, voici donc que je m'en vais mourir purement pour l'amour de mon Dieu, car je n'offençay onques pour mort desservir, et si j'eusse voulu estre évangéliste, je ne mourusse point encore, mais je proteste que je meurs en la foy de mes bons prédécesseurs... Je confesse que j'ai faict mon pouuoir de mettre dedans la ville monsieur de Genève mon prince, afin que par son moyen les hérésies fussent chassées de la ville... Je prie mes frères chrétiens d'auoir pour recommandée ma femme et luy dire que je lui recommande mes enfants, et qu'elle donne un teston à mon confesseur, qu'elle contente mes serviteurs et tous ceux à qui je dois. Alors un grand hérétique se va aduancer et dit : Tu me dois une telle somme. Il respondit je ne me recorde point que je vous doive un sol ; mais, afin que mon ame ne soit chargée de rien, je recommande que laditte somme vous soit donnée; et puis, recommandant son ame à Dieu, il fut décapité.

Après un petit laps de temps fut veu sur le chef qui estoit élevé au Molard une fort belle colombe blanche comme neige descendue subitement du ciel à la belle aube, et faisoit procession, volant à l'entour de la teste, puis se posant dessus, battant des ailes en manière de joye, et puis retournoit au ciel subitement...

Le jour de Saint-Denys fut descouverte l'église parochiale de Saint-Légier hors la ville et puis entièrement rasée et abattue, et tous les autels rompus et mis en pièces; aucuns en achetèrent pour faire des lauoirs dans leurs maisons.

Le jour de Noël, les luthériens ne firent aucune solennité et s'habillèrent de leurs plus pauvres habillements comme les jours ouvriers, et ne firent point cuire de pain blanc, pour ce que les chrétiens le faisoient et disoient par mocquerie : les papistes font leur fête : ils mangeront tant de pain blanc qu'ils en cresueront.

Le mois d'avril 1535, le chétif prédicant Guillaume Faret et Pierre Veret d'Orbe prindrent possession et résidence au conuent de Saint-François; et pour ce qu'ils estoient près du conuent des pauvres sœurs de Sainte-Claire, ils leur faisoient faire de grands ennuis par ses adhérens, les recommandant en chaire à ses auditeurs, disant qu'elles estoient pauvres aveugles errantes en la foy, et que pour leur sauuemnt l'on deuoit mettre dehors de prison, et que chacun les devoit lapider; car ce n'estoit que toute paillardise et hypocrisie, car elles font accroire qu'elles gardent virginité, que Dieu n'a point commandée, pour ce qu'il n'estoit pas possible de la garder, et elles nourrissent ces caffards Cordeliers à bonnes perdrix et gros chapons pour coucher de nuict avec elles.

Le vendredi, à l'octave de la Feste-Dieu, à cinq heures de nuict, les sœurs estant congrégées au réfectoire pour faire collation vindrent au tournoir les syndiques disant à la mère-portière qu'ils venoient pour annoncer aux dames que le dimanche prochain eussent à se trouver toutes à la dispute sur divers articles, que le gardien des Cordeliers Pierre-Jacques Bernard vouloit maintenir sur sa vie. La mère abbesse et vicaire vindrent aussitôt, lesquelles répondirent aux syndiques : messieurs, vous nous auez à pardonner, car à ceci nous ne pouuons obeyr, ayant voué saincte clausure perpétuelle et la voulons obseruer.

Respondirent les syndiques : Nous n'auons que faire de vos ceremonies, il faut obeyr aux commandemens de Messieurs; toutes fois gens de bien sont convoquez à cette dispute, pour cognoitre et prouuer la vérité de l'Euangile, car il faut venir à union de foi.

— Et comment dirent la mère abbesse et vicaire, ce n'est pas la matière des femmes de disputer, car cela n'est pas ordonné pour les femmes, et jamais femme ne fut appelée en dispute ny en tesmoignage; pour ce nous ne voulons commencer.

Alors les syndiques leur répondirent — toutes ces

raisons ne nous seruent de rien, vous y viendrez auec vos pères, veuillez ou non.

La mère vicaire leur dit : Messieurs, nous vous prions, au nom de Dieu, deportez vous de nous vouloir contraindre à telle chose... Nous ne croyons point que vous soyez messieurs les syndiques.

Le syndique dit à la dame vicaire : Ne vous cuidez pas iouer de nous, ouurez vos portes, nous entrerons ceans, et puis vous verrez qui nous sommes...

A la bonne heure, dit la mère vicaire, mais pour cette heure ne pouvez pas entrer ceans parce que nos sœurs sont à complies au divin service, et aussi y voulons aller, vous donnant le bonsoir.

Les syndiques respondirent à la dame vicaire : Ces sœurs ne sont pas toutes de votre cœur, car il y en a que vous entretenez ceans par force, et qui se rendront tantost à la vérité de l'Evangile.

Messieurs, dirent les sœurs, nous sommes venues ici non par contraincte, ains pour faire penitence et prier pour le monde, et ne sommes point hypocrites, comme vous dites, mais pures vierges.

Alors un des syndiques dit : Vous estes bien descheues de vérité, car Dieu n'a point commandé tant de reigles que les hommes ont controué pour decevoir le monde, et souls tiltre de religion sont ministres du grand diable.

Comment, dit la mère vicaire, vous qui vous dites évangélistes, trouvez-vous en l'Evangile que vous deuiez maldire d'autruy ?

Le syndique dit, je suis esté un larron, brigand et grand luxurieux, ignorant la vérité de l'Evangile, jusques à présent. Respondit la mère vicaire : toutes ces œuvres sont mauvaises et contre le divin commandement ; c'est très bien fait de vous amender.— Dame vicaire, dit le syndique, vous estes bien arrogante, mais si nous faites mettre en nostre cholère, vous en ferons repentir. — Messieurs, dict la mère vicaire, vous ne pouvez que mettre mon corps en peine : c'est ce que ie plus desire pour l'amour de mon Dieu.....

Le dimanche dans les octaves de la visitation vindrent les syndiques avec le chétif prédicant qui a nom Farel et Pierre Viret et un frère cordelier, qui ressembloit mieux un diable qu'un homme, à dix heures du matin, que les pauvres sœurs vouloient disner, disant qu'ils estoient nos pères et bons amis.

Le syndique dit, nous sommes les seigneurs de justice, nous voulons entrer. — La mère vicaire respondit : messieurs, le cœur me dit que vous menez vos predicans diaboliques que nous ne voulons ouyr aucunement.

Le syndique dict : nous sommes gens de bien et n'allons point par tricherie et venons pour votre consolation et pour ce ouvrez les portes.

Messieurs, dit la mère vicaire : or, dites s'il vous plaît la cause qui vous meut d'entrer ceans.

Le syndique respondit : par le Seigneur nous entrerons et si vous n'ouurez, nous romprons vos portes.

Ce voyant, la mère abesse et autres sœurs dirent : il est mieux que leur ouvrons les portes de peur qu'ils ne nous fassent autres niches.

Puis entrèrent tout droit au chapitre et le syndique dit : mère abbesse, faites venir icy toutes vos sœurs ensemble. — Toutes les sœurs estant assemblées, les jeunes furent mises devant ce maudit Farel. Silence fut ordonné et Farel prit son désir : — Maria abiit in montana, disant que la vierge Marie n'auoit point tenu vie solitaire, mais estoit diligente à secourir et faire service à sa cousine, et sur ce passage dégradoit la sainte clausure et religion, l'estat de sainteté, chasteté et virginité vituperablement qui transperçoit le cœur des pauvres sœurs. Adonc la mère vicaire voyant que les séducteurs parlementoient et flattoient les jeunes sœurs, se lève droicte d'entre les anciens, disant : Monsieur le syndique, puisque vos gens ne gardent le silence, je ne le garderay non plus, mais je scauray ce qu'ils disent là à mes sœurs, et s'alla mettre entre les jeunes devant ces gallands; sur tout cela furent indignés, disant, quel diable de femme est cecy ; dame vicaire avez-vous le diable, ou estes-vous enragée ? Retournez à votre place. — Non feray, dit-elle, que ces gens ne soyent ostez d'auprès de mes sœurs.

Les syndiques estant troublez commandèrent furieusement que la dame vicaire fust mise dehors. — Alors un prédicant reprint sa parole dissimulative du lien de mariage et liberté, et quand il parloit de corruption éternelle, les sœurs commençoient à crier : c'est menterie, crachant par despit contre luy. — La mère abbesse qui estoit dehors ne put se contenir, vint devant le prédicant, frappant de ses deux poings contre la paroy de grande force, criant : chétif et maudit homme, tu pers bien tes feintes paroles, tu n'y gaigneras rien.

Or, voyant ces hérétiques qu'ils ne profitoient n'y

gaignoient que de grandes injures, se retirèrent, et en descendant les degrés, le maudit cordelier, tout chargé de rongne estoit hydeux à voir, ne pouvoit desvaler et demeura derrière ; et une sœur allant après le frappoit de ses deux poings sur les espaules, disant : chétif apostat, hâte-toi et t'oste de devant moy....

Le jour de monsieur Sainct-Bartholomy, apostre, vindrent grandes compaignyes tous en armes et bien embastonnez de toutes sortes d'armes, et tout paisiblement ils vindrent heurter à la grande porte du conuent de Sainte-Claire.—Le pauvre frère Conuers, en bonne intention, ouvrit la porte... Alors le lieutenant va dire : Or ça, belles dames, vous estes bien aveugles qui ne cognoissez la vérité de l'Euangile et estes obstinez en votre erreur, mais je vous enjoin de par messieurs de la ville que plus ne dites aucun office, haut ny bas, et ne vous attendez jamais de ouïr la messe.

Mère vicaire, inspirée de notre Seigneur, va respondre : Messieurs, je suis d'advis que nous demandions congé et sauf-conduyt à messieurs le syndiques et que sortions de la ville.

Or donc, belles dames, dit le syndique, aduisez le iour que vous voulez partir et dites comment vous pensez de faire. — Certes, dit mère vicaire, que ce soit demain à la pointe du iour, et vous plaise seulement nous octroyer nos cottes et manteaux pour nous garder du froid, et à chascune un couure pour nous reblanchir.—Nous le voulons, dit le syndique.

Après minuit s'assemblèrent toutes les sœurs à l'infirmerie vers la mère abbesse qui estoit bien foible, malade et ancienne, qui les bénit toutes en dévotion avec larmes, disant : mes enfans soyez de ferme courage et obéissez à ma mère vicaire, laquelle j'ai priée et suppliée de prendre la conduite. — La mère vicaire les confortoit, disant : mes chères mères et sœurs, ayons bon espoir en Dieu, et ne pensons que de sauver nos ames. Mettez vous toutes en belle ordonnance et dévotion, prêtes à partir quand ces gens viendront, et vous mettez deux à deux par la main fermement, tout près l'une de l'autre, que nul ne vous puisse séparer.

Voici les autres qui arrivent : ce voyant mère vicaire se ua mettre à genoux devant le syndique, disant : Messieurs, nous avons délibéré de sortir en silence, sans mot dire à personne, plaise vous faire estroit commandement à toutes personnes que nul ne soit si osé de nous parler, toucher, ni approcher, de quelque qualité ou condition qu'ils soient.

Certes, dame vicaire, dit le syndique, nous donnez très bon conseil et se fera ainsi, car nous vous conduirons avec la garde de la ville qui estoient environ 300 hommes bien armez et moy mesme vay faire la défense. Il alla commander sur peine d'avoir la teste tranchée tout à l'heure et sans mercy, que nul ne dict mot à l'issue des pauures religieuses de Ste-Claire pour bien ny pour mal, de quoy les bonnes créatures cuydoient defaillir de pitié et douleur.

Quand la porte du conuent fut ouverte, plusieurs sœurs cuydèrent pasmer de peur ; mais mère vicaire prit courage et dit : sus mes sœurs, faictes le signe de la croix et ayez nostre Seigneur en vos cœurs, et vous, syndique, tenez bonne foi et loyauté...

Voyant le syndique plusieurs ne pouvaient aller, les fit mener par hommes puissans pour les ayder et soustenir. Et puis au deuant et à coté estoient bien trois cents archiers bien embastonnez pour la garde de syndiques, que bien en print; car, quand les mauvais enfans de la ville qui desia avoient ordonné de piller et violler les sœurs, la nuict ensuyvant, entendirent leur sortie, ils s'allèrent assembler hastivement bien cinq cents en nombre et se vont mettre en la rue Sainct-Antoine par où les sœurs passoient, et l'un d'eux se tire près d'une pauvre simple (que la mère vicaire avoit remis à sa partie pour garder qu'elle ne s'esquartat d'une part ny d'autre), lui disant à l'oreille : Sœur Jacquemine, venez ça avecque moy, je vous ferai comment à ma sœur. Mère vicaire respondit : Ha, mauvais garçon, vous avez menti, criant à monsieur le syndique : advisez comment vous estes mal obey; faictes retirer ce garçon arrière de la voye. A cette parole s'arresta ferme, et le syndique voyant cette bande de marmaille, par le divin vouloir fut ému grandement, et d'une voix furieuse et horrible jura le sang des siens, disant : s'il y a homme qui bouge il aura tout à l'heure la teste tranchée sur la mesme place, disant aux archers : gentils compagnons soyez hardis et bien faites votre office, s'il est de besoing; dont par le divin vouloir, furent épouvantez et rechignant les dents reculèrent.

Et ils arrivèrent au pont, et toute la compagnye prit congé des sœurs, disant : or, adieu belles dames. Et quand toutes furent sur le pont, le syndique frappa des mains, disant : il est tout conclu : or, il n'y a plus de remède, il n'en faut plus parler.

CHAPITRE XIII.

CALVIN A GENÈVE. FAREL — VIRET. 1536.

Arrivée de Calvin à Genève. — Il est découvert par Viret. — Adjuration de Farel. — Calvin consent à rester. — L'Ours de Berne. — Caractère des trois reformateurs, Farel, Viret et Calvin. — Préparatifs du colloque de Lausanne. — Ruses de la réforme. — Le pape antechrist.

C'est au milieu de ces discordes civiles, qu'une voiture de mince apparence, s'arrêta au mois d'août 1536, devant une auberge de Genève, et qu'on en vit descendre un jeune homme de vingt-sept ans environ, vêtu simplement, la figure pâle, la barbe coupée à la François Ier, l'œil noir et brillant 1) : c'était Calvin qui ne comptait passer qu'une nuit dans la ville. L'étranger devait le lendemain se lever de bonne heure et prendre la route de Bâle 2) ; mais il

---

1) Vie de Calvin, à l'usage des écoles protestantes, par E. Haag. in-18, 1840, p. 80.
2) Hac celeriter transire statueram, ut non longior quam unius noctis mora in urbe mihi foret. Praefat ad Psal.

était découvert, Viret l'avait vu et Farel était venu le trouver à l'hôtel.

Farel avait par ses emportements indisposé la population. Au moindre bruit, on le voyait apparaître et se jeter au milieu de la dispute, saisir le moine qui passait comme si c'était sa proie, et commencer, en plein soleil, une polémique toute de colère et d'injures. La foule s'amassait, se mettait à frapper le religieux, à déchirer ses vêtements, le poursuivant jusque dans une taverne voisine où le malheureux croyait trouver un refuge contre la fureur populaire. Mais Farel accourait, le relançant comme une bête fauve, jusqu'à ce que les syndics intervinssent pour apaiser la multitude et protéger le prisonnier.

L'autorité que Farel exerçait sur le peuple à l'aide de la parole, inquiétait le pouvoir. On commençait à s'apercevoir que Genève s'était donné un maître plus intolérant même que les comtes et les vidomnes, et qui n'avait arraché à l'évêque sa crosse, et aux chanoines leur épée, que pour ceindre le baudrier, et frapper à son tour d'estoc et de taille sur toute espèce de dos, catholique ou réformé.

Farel avait, sous prétexte de publier un formulaire religieux, dressé une confession de foi, où il avait élevé jusqu'à la puissance du dogme, l'excommunication dont Luther avait ri de si bon cœur.

« Nous tenons, disait-il, la discipline d'excommunication estre une chose sainte et salutaire entre les fidèles, comme de notre Seigneur elle a esté instituée pour bonne raison. C'est afin que les meschants, par leur conversation damnable, ne corrompent les bons et ne déshonorent nostre Seigneur, et aussy que ayant honte, ils se retournent à pénitence : et pourtant nous entendons qu'il est expédient que selon ordonnance de Dieu, que tous manifestes idolâtres, blasphémateurs, meurtriers, larrons, paillars, faulx témoins, séditieux, noiseuls, détraicteurs, bateurs, yvrognes, dissipateurs de biens, après avoir esté deuement admonestés, s'ils ne viennent à amendement, soyent séparés de la communion des fidèles jusqu'à ce qu'on y aura cogneu repentance. »

L'église romaine n'était pas si sévère. Dans sa sainte justice elle ne confondait pas « l'yvrogne et le meurtrier, le noiseul et le larron. »

En ce moment, Luther avait quitté Wittemberg. Qu'il vienne à Genève en chantant son quatrain allemand que fredonnent les écoliers de Heidelberg :

« L'aurore aux doigts de rose ne paraît pas ; la grasse servante n'est pas enceinte : à défaut de pluie, voilà du vent ; si la servante n'est pas grasse, elle a un enfant 1) ; »

Et le guet qui fait faction à la porte du château de l'Isle l'arrêtera et demain Farel le fera chasser, comme ivrogne ou paillard du territoire de Genève. C'est Farel qui murmurait entre ses lèvres : il vaut mieux obéir à Dieu qu'aux hommes, quand la lance d'un soldat catholique le menaçait de le punir de son

---

1) Morgenröth leugt nicht
Dicke Magd treugt nicht,
Ists nicht Regen, so ists Wind,
Ist die Magd nicht fett, so ists ein Kind.

Luther, sur le XVIe Ch., v. 2 de Saint-Matthieu. A Heidelberg, les écoliers changent quelquefois Kind en Rind, le beefsteak allemand.

attentat, dans les rues de l'Aigle, contre l'image du Saint-Sacrement, et qui répandait des larmes sur le sort de toutes ces pauvres ames que le pouvoir bannissait de Paris, parce qu'elles insultaient tout à la fois aux lois divines et humaines qui régissaient le pays.

Ce formulaire n'était point, du reste, le seul des outrages de Farel aux libertés de la cité.

Farel avait organisé une bande d'iconoclastes, qui, tous pleins de son esprit, faisaient la guerre aux chapelets, aux médailles, aux crucifix, aux images. Ne dites pas à ces vandales que ce crucifix est un héritage de famille, que cette médaille est un chef d'œuvre, que la main patiente d'un moine a travaillé une année à rehausser d'azur, d'or et de porphyre ; n'invoquez pas pour garder cette statuette de la vierge le nom de l'artiste florentin qui en a fait une œuvre merveilleuse de grace ; n'en appelez pas à Erasme, qui a plaidé avec tant d'éloquence la cause de la matière élevée jusqu'au souffle de vie par le génie du statuaire ; ne répétez pas, si vous les savez, les paroles de Luther dans la chaire de Wittemberg : Farel n'entend rien à l'esthétique, et ne comprend pas l'art comme élément de civilisation. De sa barbe mal peignée, il ne donnerait pas un poil 1) pour une vierge de Cimabue ; d'Erasme, il n'admire que le rire satanique contre les moines, et de Luther, son père, il ne veut imiter que l'intolé-

---

1) Petit, de pauvre apparence, le teint pâle et brûlé par le soleil, au menton deux ou trois touffes d'une barbe rousse et mal peignée : tel était l'homme qui venait prendre possession des rues et des places de Neufchâtel. Le Chroniqueur, n° 9, p. 79.

rance contre l'intelligence dissidente. En entrant à Genève il a lu la devise : Post tenebras spero lucem 1), qu'il a retrouvée sur les sceaux, sur la monnaie de la ville, et il en a effacé l'espoir, et a écrit Post tenebras lucem. La lumière, c'est celle qu'il a apportée, qui le suit et le précède, qui repose sur ses lèvres, inonde son cœur et ses vêtements, et enveloppe ses trois touffes de barbe rousse.

C'est celle qui l'inspire en ce moment même, si vous en croyez les historiens de la réforme, dans son entretien avec Calvin.

Calvin n'avait pas, dit-on, l'intention de camper à Genève : il ne voulait se lier à aucune église, mais les visiter les unes après les autres, et missionnaire nomade de la parole nouvelle, la porter partout où l'exigerait l'état des ames. Farel n'avait pu vaincre l'obstination de son compatriote. Ses prières et ses exhortations avaient été vaines : Calvin résistait. C'est alors que Farel se passionne, s'irrite et s'écrie, dans la langue du prophète : — Si tu ne cèdes je te dénonce au

---

1) « La devise de la république de Genève : Post tenebras spero lucem se trouve avant la réforme : la lettre écrite à Calvin pour le faire revenir, le 22 octobre 1540 ; des monnaies frappées en 1561 le montrent encore ; de sorte que la devise moderne : Post tenebras lux, a été admise après ce temps. Sénebier. Catal. rais. des MSS, p. 289. — Picot n'est pas de cette opinion. « La devise, Post tenebras lux, appartenait, dit-il, déjà à la ville du temps des évêques, comme on peut s'en assurer par l'examen des diverses monnaies, sceaux, etc., fort antérieurs à la réforme; ce qui contredit l'opinion de quelques auteurs qui pensent qu'elle avait été adoptée à cause de la réformation, et qu'auparavant on mettait « Post tenebras spero lucem, ou Post tenebras lucem, par une espèce de pressentiment ou de désir de réforme. » Hist. de Genève, t. 3, p. 415.

tout puissant; que Dieu fasse retomber sa malédiction sur ta tête 1). M. Paul Henry compare ici la voix de Farel à celle qui sort des nuages sur la route de Damas et terrasse Saul le pécheur 2).

Calvin crut entendre la voix de Dieu, ainsi qu'il le remarque dans sa préface sur les Psaumes. « Maistre Guillaume Farel me reteint à Genève, non pas tant par conseil et exhortation que par une adjuration espouvantable, comme si Dieu eust d'en haut estendu sa main sur moy pour m'arrester. Quand il voit qu'il ne gaignoit rien par prières, il vinct jusqu'à une imprécation: qu'il pleust à Dieu de maudire mon repos et la tranquillité d'estudes que je cherchoy, si en une si grande nécessité je me retiroye et refusoye de donner secours et aide. Lequel mot m'espouvanta et esbranla tellement que je me desistoi du voyage que j'avois entrepris, en sorte toutes fois que sentant ma honte et ma timidité, je ne voulus point m'obliger à exercer quelque certaine charge 3). »

Calvin n'avait peut être pas deviné Farel.

Le lundi après la saint George, en l'an 1527, Zwingli écrivait à Fr. Kolb de Berne:

« Mon cher, va doucettement en besogne et sans trop de précipitation. D'abord jette à l'ours une seule poire âpre parmi les poires douces, puis deux, puis trois; s'il les mange, jette-lui-en à pleines mains;

---

1) Studia tua praetextenti denuntio omnipotentis Dei nomine futurum, ut nisi in opus istud Dei incumbas nobiscum, tibi non tam Christum quam te ipsum quaerenti Dominus maledicat. Beza.

2) Wie die Stimmen vor Damascus die Seele Pauli durchdonnerte, so trafen diese Worte Calvins Gewissen. — Paul Henry, p. 162, t. 1.

3) Préf. des Psaumes.

âpres et douces. Cela fait, vide ton sac et répand poires dures, poires niolles, poires saines, poires gâtées. Tu le verras les manger et les avaler 1).

Or, Farel avait jeté à l'ours de Genève trop de poires âpres; l'ours s'en était aperçu et il grognait, quand heureusement Calvin parut pour en jeter d'âpres et de douces.

La poire et l'ours jouent un grand rôle dans l'histoire de la réforme. L'œil de l'historien passionné a mieux aimé regarder le ciel que de descendre dans la fosse, pour expliquer des événements mondains, des évolutions de doctrines, des transformations de symbolique où Satan joue un rôle plus important que Jésus.

Si Farel fût resté seul à Genève, bientôt les citoyens se seraient lassés du despotisme fantasque de leur apôtre, de sa fiévreuse intolérance, de ses caprices furibonds. Calvin lui vint en aide. Peut être l'écolier de Noyon sut-il habilement dissimuler le désir qu'il avait de rester à Genève, dit un historien réformé 2); alors l'adjuration ne serait plus qu'une comédie.

Il faut bien comprendre ces deux organisations nées au soleil de France, et pourtant si diverses : Farel le méridional, ardent, irascible, exalté, mais dont un seul sommeil calme les colères; qui ne garde rien sur le cœur, mais oublieux comme les tempéraments violents :—Calvin, enfant du nord, qui s'émeut rarement, étudie ses haines, calcule ses em-

---

1) Tschudi MSS., cité par M. Roisselet de Sauclières : Histoire du Protestantisme en France.
2) Gregorio Leti : Historia Ginevrina, t. 3, p. 40.

portements; impénétrable à tout autre œil qu'à celui de Dieu, et qui, après avoir dit au Seigneur dans sa prière du soir : Pardonnez-nous nos offenses, comme nous les pardonnons, se met à écrire tanquillement quelques pages de son pamphlet de p u n i e n- d i s h æ r e t i c i s : — Farel qui, dans les rues ou sur la place publique, est sûr de régner sans rival avec sa voix ressemblant au tonnerre, avec ses gestes épileptiques, et sa mimique de trépied : —Calvin, jamais si puissant que lorsqu'il s'enferme dans son cabinet pour y formuler des sentences qui « par leur brièveté se gravent tout aussitôt dans l'esprit du lecteur »: — Farel, capable, d'un mot ou d'un geste, d'opérer une révolte ; mais les esprits une fois emportés, inhabile à les mener :—Calvin qui n'a pas reçu du ciel le don de remuer les masses, mais de les façonner à l'obéissance et de les mener en laisse : — Farel bon à pétrir l'argile : — Calvin à l'animer et à lui donner le souffle de vie 1).

---

1) Gallica mirata est Calvinum Ecclesia nuper
   Quo nemo docuit doctius.
Et quoque te nuper mirata Farelle tonantem
   Quo nemo tonuit fortius.
Et miratur adhuc fundentem mellea Viretum
   Quo nemo fatur dulcius.
Scilicet aut tribus his servabere testibus olim
   Aut interibis Gallia.
                                    BEZA, ICON.
Excellebat quadam animi magnitudine Farellus, cujus vel audire absque tremore tonitrua vel ardentissimas preces percipere nemo posset quin in ipsum paene coelum subveheretur. Viretus facundiae suavitate sic excellebat ut auditores ab ipsius ore necessario penderent. Beza, vita Calvini. An. 1541. — Ancillon, mélanges crit., t. 1, p. 404.

Viret ne ressemblait ni à l'un ni à l'autre. Orateur aux paroles de miel, il charme sans jamais remuer, et laisse tomber de ses lèvres une rosée de doux mots qui enivrent l'auditoire. Quand Farel, l'œil enflammé, regarde le ciel en répandant des imprécations contre Rome et ses prêtres, le peuple, transporté de colère, est prêt, au sortir du temple, à s'armer et à marcher contre la moderne Babylone. Mais dès que Viret monte en chaire, tous ces grands orages soulevés à la voix de celui qu'on appelle le St.-Bernard de la réforme s'apaisent, et les ames qu'il tient sous le charme de ses regards ne pensent plus à ce monde, mais appartiennent à une autre terre. Les triomphes de ces deux orateurs auraient été passagers, sans Calvin. Sur la route de Rome où Farel aurait marché, les modernes Croisés se seraient bientôt arrêtés ; car leur guide n'aurait pas dépassé la première église, sans y entrer pour en briser le tabernacle. Viret, du peuple qu'il endoctrine aurait fait un peuple de mystiques qui eût fini par s'abymer dans des extases. Pour seconder et faire germer leurs paroles, il fallait Calvin qui prenait à Farel ses tonnerres, à Viret tous ses parfums, afin d'en former une nourriture forte et substantielle, et qui semblait faite de la moelle même des Ecritures.

Comme toute révolution ne peut vivre et se perpétuer qu'à la condition d'une grande idée, Farel pouvait bien représenter, à Genève, Münzer, et, comme le mineur, susciter à sa voix des ouvriers armés de marteaux et de torches ; mais jamais fonder par la discussion une doctrine ; encore moins élever cette doctrine jusqu'à l'état de dogme. Farel sentait toujours la fièvre, et la fièvre est un état anormal. Viret, avec sa tempérance de pensée, ne pouvait recueillir ce que le souffle ardent de Farel semait sur le chemin de l'évangile. Il fallait à tous deux un logicien : Calvin était le serpent raisonneur qui enveloppe son ennemi, de ses plis, et l'inonde de son venin quand il ne peut l'étouffer.

Farel et Viret avaient donc senti toute l'importance d'un semblable auxiliaire, et il n'avait fallu à l'écolier de Noyon qu'un coup d'œil sur Genève pour comprendre que l'œuvre de la réforme y courait de grands dangers, si elle n'avait pour vivre que de semblables ouvriers.

Calvin consentit donc à renoncer à ses courses vagabondes et à demeurer à Genève. Dès ce jour, il appartint à l'église allobroge en qualité de prédicateur, et à la commune en qualité de lecteur en théologie. Il recevait six écus au soleil d'or pour remplir cette place 1). Son nom se trouve pour la première fois dans les Archives de la République, le 5 septembre 1536, ainsi désigné — Calvin ou Cauvin le Français, iste Gallus 2).

Dès ce moment, une inaltérable amitié lia Farel, Calvin et Viret. Calvin ne pouvait oublier que Farel, qui aurait su quelque temps encore jouer le premier rôle à Genève, lui avait cédé la place; c'était un noble dévouement. Aussi, pour l'en récompenser, Calvin dédia-t-il au Dauphinois son Commentaire sur l'épî-

---

1) Régistres, du 13 février 1537.
2) Sénebier. — Vie de Calvin, par Haag.

tre à Tite, qu'il fit précéder de quelques paroles louangeuses. — Je ne pense pas qu'il y ait jamais eu un couple d'amis qui ait vescu ensemble en si grande amitié, en la conversation commune de ce monde 1) que nous avons fait en notre ministère. J'ai fait ici office de pasteur avec vous deux, tant s'en faut qu'il y eut aucune apparence d'envie, qu'il me sembloit que vous et moi n'étions qu'un. Nous avons été puis après séparés de lieux. Et quant à vous, M. Guillaume Farel, l'église de Neufchâtel, laquelle vous avez délivrée de la tyrannie de la papauté et conquestée à Christ, vous a appelé ; et quant à vous, M. Pierre Viret, l'église de Lausanne vous tient à de semblables conditions. Mais cependant chacun de vous garde si bien la place qui lui est commise, que, par nostre union, les enfants de Dieu s'assemblent au troupeau de Jésus-Christ, voire mesme sont unis en son corps. »

Farel avait deviné que Genève ne pouvait avoir deux maîtres ; qu'à la moindre dispute de chair ou d'esprit, Calvin l'aurait brisé, comme Luther avait fait de Carlstadt, et qu'il ne fallait pas jouer avec un théologien qui n'avait ni larme dans l'œil, ni pitié dans le cœur, et qui passerait devant son ennemi blessé mortellement, sans verser un peu d'huile sur les plaies du mourant. Calvin, en revanche, pardonna à Maître Guillaume les écrits où la résurrection des corps est mise en doute 1).

---

1) On a de Farel : 1° Thèses publiées à Bâle ; 2° Sommaire de la religion chrétienne ; 3° De oratione dominica ; 4° Conférence avec Guy Furbity ; 5° Epitre au duc de Lorraine ; 6° Réponse à Caroli ; 7° Traité du Purgatoire ; 8° Le glaive ; 9° Traité de la Cène ; 10° Le vrai usage de la croix.

Une dispute théologique se préparait à Lausanne, et Farel, comme autrefois Carlstadt à Leipzig, voulait qu'un juge de camp d'une haute valeur assistât à la conférence. Le clergé de Lausanne s'était opposé à ce tournoi religieux qui, semblable à tous ceux qu'on avait célébrés en Allemagne, n'avancerait guère le règne de la vérité, suivant l'opinion de Mélanchthon. Philippe croyait qu'on ne devait chercher Dieu que dans de doux et pacifiques silences. Ce n'est pas que le catholicisme craignît le champ-clos et le soleil : sa parole avait été assez haute à Leipzig ; mais il avait appris à connaître ses adversaires. Que vouliez-vous qu'il fît avec un ennemi qui n'avait étudié sur les bancs de l'école que pour prendre aux étudiants leurs vocables colériques ? A chaque dispute, la réforme ouvrait les écritures, et se servait du livre inspiré comme d'un trépied pour débiter ses injures contre la grande prostituée de Babylone. Elle refaisait pierre à pierre la ville impudique pour montrer assis au milieu de flammes d'or, l'antechrist prédit par les prophètes. Si vous la convainquiez de mensonge, et lui prouviez qu'elle n'avait pas la compréhension des saintes lettres ; elle s'irritait et appelait à son aide tous les saints du paradis catholique ; en sorte que ce jour-là le monde apprenait, à son grand étonnement, que Cyprien, Lactance, Bernard, Jérome, Augustin, étaient luthériens, zwingliens,

---

Viret est connu par son commentaire sur l'Evangile de N. S., selon saint Jehan, fol. Gen., 1553, publié sous le nom de Firm. Chlorus.—Seneb. Gen. lit., t. 1, p. 156.

On disait au 16ᵉ siècle : — savoir de Calvin, véhémence de Farel, éloquence de Viret.

bucériens, œcolampandiens, ou carlostadiens. Alors vous repreniez un à un les textes de nos écrivains, et vous démontriez que leur parole était tronquée, mutilée, faussée. Vous croyez que la réforme va fermer ses livres : point. Elle se met à proclamer le magnifique néant de l'autorité humaine, et rentre dans l'Ecriture. A quoi besoin alors d'ouvrir notre ciel et d'en faire descendre une à une nos gloires catholiques sous la tiare de pape, sous la robe de docteur, sous le pallium d'évêque ou la bure de moine? La pressez-vous dans son cercle de Popilius, elle sait en sortir et vous échapper. Au lieu du ciel, c'est l'enfer qu'elle ouvre pour y jeter pêle mêle, comme Luther, toutes ces grandes ombres qu'elle invoquait naguère, et faire brûler dans d'éternels supplices nos pères qui avaient eu le malheur de ne pas croire à ce qu'elle enseignait depuis hier. Notre évêque de Lausanne avait donc raison : le colloque annoncé ne devait servir tout au plus qu'à exposer la parole catholique et ses représentans, aux grossièretés de Farel.

La Réforme du 19ᵉ siècle n'a pas changé. En ce moment, quand on la mène trop vivement, elle répond comme M. Cuningham, esqu. de Lainslaw, par un volume où l'auteur démontre :

Que l'église de Rome est l'apostasie et le pape l'homme de péché et l'enfant de perdition dont parle saint Paul, dans ses prophéties, seconde épître, aux Thessaloniciens 1).

---

1) un vol in-12 de 141 pages, à Londres, chez Cadell, Hatchard et Nisbett, 1840.

— Quoi donc, a-t-on demandé à sir W. Cuningham, Grégoire XVI, l'antechrist prédit par saint Paul?

Et l'honorable esq. de Lainslaw a répondu :

— Oui, Grégoire XVI, l'antechrist de Daniel.

CHAPITRE XIV.

COLLOQUE DE LAUSANNE. 1536.

Moyens employés par la réforme pour convertir la Suisse catholique. — Pillage des églises. — Exil des prêtres. — Vente des biens des proscrits. — Conduite de Berne. — Dispute de Lausanne. — Thèses de Farel. — Les docteurs catholiques. — Invectives de Viret et de Farel contre la papauté. — Misère de nos prêtres. — Calvin prend la parole. — Idée de son argumentation.

A des populations qui, depuis des siècles, dormaient dans leur foi, la Réforme venait apporter une parole nouvelle, la seule vraie, la seule qu'on devait suivre, si on voulait être sauvé.

Cette parole était écrite dans une langue inintelligible pour le plus grand nombre des intelligences, et dont elle disait avoir seule l'entendement.

Elle ne voulait pas qu'on crût à un verbe expliqué par les mêmes signes visibles depuis des siècles.

Il fallait la croire, sous peine de mort, quoiqu'elle fût née d'hier.

En Allemagne, voici comment elle procédait pour convaincre l'ame incrédule.

Elle chassait des églises les ministres catholiques,

montait en chaire et enseignait le peuple au nom du père, du fils et saint-esprit ; puis elle s'installait dans le presbytère pour manger le pain du prêtre ; et, ivre de vins et de viandes, elle violait les portes du sanctuaire, et prenait les vases sacrés qu'elle vendait au plus offrant et dernier enchérisseur.

Cela fait, elle disait : Tel jour la justice divine a passé par tel village, et les cœurs se sont convertis au Seigneur : béni soit Dieu dans les siècles des siècles.

Les prédicants joignaient les mains et disaient : amen.

Les princes, qui avaient reçu en holocauste les dépouilles opimes du clergé, les vendaient pour en distribuer l'argent à leurs courtisanes, comme faisait le landgrave de Hesse.

Puis les jours, les siècles, s'écoulaient, et des historiens réformés venaient qui répétaient : Gloire à Dieu ! l'antechrist a été vaincu, et les nations ont vu la lumière.

Si l'évêque dépouillé, si le prêtre exilé, si le moine chassé, faisait retentir quelques plaintes, alors toutes les voix de ministres, de princes, de nobles, de courtisanes, s'élevaient à la fois pour crier : Maudit !

Nous adjurons ici tous les hommes de bonne foi ! qu'ils nous disent si la conversion de la Suisse s'est différemment opérée ?

Yverdun, sur le point d'être pris d'assaut, demande à capituler. Voici à quelles conditions la capitulation fut accordée :

« Que les soldats se rendraient à discrétion et que
» les étrangers seraient pillés et fouillés, de sorte

» qu'on leur ôterait même leurs culottes et leurs ca-
» misoles; que la ville serait dépouillée de ses droits
» et de ses titres, de son artillerie, de ses cuirasses et
» d'autres armes; que les habitants paieraient une
» forte rançon et remettraient aux Bernois leurs ar-
» mes et tous les effets qu'on y avait sauvés, de telle
» sorte que chacun ne garderait qu'un couteau à
» couper le pain 1). »

La ville prise, les seigneurs de Berne convoquent les curés, et les somment de renoncer à dire la messe, sous peine d'exil. Les curés refusent: toutes les images catholiques sont jetées au feu; et Jean le Comte, assisté de deux professeurs, Grossmann et Megander, va chercher dans les cabarets des moines paillards, leur impose les mains, et leur dit: Vous avez l'esprit saint, allez et enseignez les nations. Et ce jour-là, l'église nouvelle compte trois prêtres nouveaux 2).

Puis le saint synode s'assemble le 7 juin 1536, 3) et défend d'aller à la messe et à confesse, sous peine de dix florins d'argent pour l'homme et de cinq pour la femme : distinction que nous ne comprenons pas, à moins que l'ame de l'un n'ait pas été rachetée comme l'ame de l'autre au prix du sang de Jésus-Christ.

« Les confédérés, dit un écrivain contemporain 4), s'avançaient, pillant, saccageant et faisant la guerre

---

1) Chronique de Settler, p. 87.
2) Mémoires de Le Comte.
3) Ruchat, t. 6.
4) Le Chroniqueur, Journal de l'Helvétie romande, n° 2.

comme on la faisait alors. Les Bernois, qui depuis peu avaient changé la messe contre le sermon, insultèrent aux croix et aux images et portèrent le ravage dans les couvents. A Morges, ils se logèrent en grand nombre dans la maison des frères mineurs, et s'étant fait ouvrir l'église, ils y allumèrent un grand feu et y jetèrent le ciboire, les tableaux et les statues. Vint ensuite le tour des castels. Celui de M. de Vufflens, celui d'Allamand, celui de Perroy, celui de Begnins, une maison du châtelain de Nyon, tout fut brûlé; à Rolle, ils mirent aussi le feu au château, qui était d'une beauté remarquable. Arrivés à Genève, le 7 octobre, les Bernois allèrent partout brisant les croix, maltraitant les religieux et les prêtres, qui n'osaient plus aller à l'office qu'avec leur robe sous le bras. »

Quand la parole, l'épée ou le canon avaient été inutiles pour réduire aux abois la foi d'un canton, Zurich et Berne essayaient de l'affamer, en s'emparant des passages, en faisant rouler sur la grande route des blocs de pierre, en brûlant jusqu'à l'herbe qui nourrissait les bestiaux.

Les petits cantons ne prenant plus conseil que du désespoir, s'arment pour aller combattre leur ennemi après lui avoir jeté un magnifique défi 1) :

« Pource que long temps y a que tous et chacun de nous, sommes plus que suffisamment offerts à la la raison et equité : Et vous contre les alliances et pacts confermez par vostre foy et serment, contre la paix publique, contre la discipline et concorde chrestienne, contre la foy, charité et amitié des confede-

---

1) Simon Fontaine, Histoire catholique.

rez, mesmes contre le droit naturel, et contre toute equité, nous rendez nos propres sujets rebelles : Tellement que desia ils nous faussent la foy, et nous sont parjures refusant nostre iurisdiction en la capitainerie de saint Gal, et en la preuosté de la vallée du Rhin, et autres plusieurs lieux, lesquels vous deffendez, et les faites discordants d'auec nous, par vos dols, et cautelles, afin que par ce danger vous nous deboutiez et chassiez de nostre ancienne et certaine foy Catholique, parce que vous dictes que nous ne voulons ouyr la parole de Dieu, ne permettre qu'en nos terres on lise le viel et nouueau Testament, et partant nous accusez comme gens sans religion, malins, traistres et perturbateurs. Pour ce que nous, ne voulans adherer, et joindre à vostre foy desguisee, et contrefaite, vous deniez viures, et les marchez publics, à ce que par ce moyen vous nous faciez mourir de faim, pour perdre et abolir non seulement nous, mais aussi les pauures enfants innocents, qui encores sont aux ventres de leurs meres. Pource finablement que tout est desnié, et ne sommes aidez de personne pour nous faire auoir de vous iustice, et raison, et qu'il y a ja si long temps que nous souffrons ceste angoisse violente, orgueil, et iniquité de vous, sans qu'il se monstre apparence de fin, nous sommes contraints de nous plaindre de vous à Dieu, à sa saincte mere, à toute la cour celeste, et à tous ceux qui ont droit et iustice en recommandation, ensemble deliberons, et voulons, s'il plaist à Dieu nous donner la grace, puissance et force, venger ce tort que vous nous faites par main forte et d'effet : Ce que nous faisons entendre par ces presentes à vous, vos aydes et adherants, voulans par ce moyen nostre honneur et celuy de nos adjoints estre garenty enuers vous, en foy et tesmoignage de quoy, nous avons fait attacher à ces présentes le scel de nos confederez, les Tiguriens, au nom de nous tous. Donné le mercredy quatriesme d'octobre 1531. »

En lisant l'histoire de l'établissement de la réforme en Suisse, on se croit transporté en Sicile, sous le proconsulat de Verrès. Soyez félon ou apostat, et vous obtiendrez, comme M. de Senarchans, pour 2,500 florins (1,100 fr.), le prieuré de Perroy — le prix des plombs seulement ;

Pour 6,500 livres de Berne, comme l'avoyer Jean de Watteville, les terres de Villars-le-Moine et Clavelayre — le prix des arbres ;

Pour 3,000 livres de Suisse (environ 4,500) comme Jean Tribolet de Berne, bailli de Grandson, le couvent de la Lance avec toutes ses dépendances — le prix des toitures 1).

Deux pauvres villages de la principauté de Neuchâtel, le Landeron et Cressier, montrent aux missionnaires qui sont venus pour tenter leur foi, le cimetière où dorment leurs pères, et protestent qu'au jour du jugement ils veulent ressusciter avec leurs ancêtres, en confessant le même Dieu : alors Jensch gouverneur du Haut Crêt, abat tous les signes visibles du culte catholique 2), et pour établir le règne de l'évangile dans ces montagnes rebelles, les sei-

---

1) Char. L. de Haller, Histoire de la réforme protestante dans la Suisse occidentale, 1839, in-12.
2) Ruchat, t. 6.

gneurs de Berne mandent au conseil qu'il ait à chasser le curé, ou au moins à le priver de son bénéfice, en d'autres termes à le faire mourir de faim.

Un jour, pendant le siège d'Yverdun, Viret vient à Lausanne et demande à prêcher la parole de Dieu. — On lui répond : — Voici le couvent des cordeliers et le couvent de Saint-François, choisissez. — Viret monte dans la chaire des cordeliers, et pendant deux heures déclame contre le clergé romain et les ordres monastiques. Les Pères s'adressent au conseil et se plaignent en ces termes : « Cette église est la nôtre, elle a été fondée du fruit des aumônes recueillies par nos frères dont les ossements reposent dans le cloître voisin; c'est de la libéralité des ames pieuses que nous avons édifié cette chaire : pourquoi donc avez-vous ouvert l'église et cette chaire au missionnaire réformé ? »

Ce conseil avait, cette année, proclamé la liberté de conscience 1), que pouvait-il répondre aux pères cordeliers? Les seigneurs de Berne protégeaient Viret : si on l'eût repoussé, ils se seraient vengés contre les franchises de Lausanne. En sorte que la bourgeoisie catholique de cette ville sacrifia ses croyances, croyant sauver ses libertés.

---

1) Conseil général de Lutry, du 9 avril, dimanche des Rameaux:
1° Que nul ne devait procurer de faire venir un ministre dans le lieu pour y prêcher, sous l'amende de dix livres.
2° Que s'il en venait quelqu'un par hasard, on ne l'irait point écouter et qu'on le laisserait passer sans lui faire aucun outrage.
3° Que nul ne devait procurer de gâter ni images, ni mutiler les images, ni dans l'Eglise, ni ailleurs, ni faire aucune violence à l'Eglise, sous la même amende.

MSS. de Lutry, fol. 37. B.

La réforme régnait à Genève, mais régnait sur des ruines ; maîtresse une fois de nos églises, dont elle avait chassé les prêtres, elle dit aux habitants, embrassez-vous, la paix de Dieu est venue vous visiter. Il restait encore des vestiges de catholicisme, mais dans les villages environnants. L'étranger les reconnaissait aisément à la croix qui s'élevait sur le clocher, où à la statuette en bois de la vierge Marie, placée au coin de quelque hallier. Les prêtres continuaient de servir la parole de Dieu à leurs ouailles et à quelques pauvres ames de Genève que Farel n'avait pu séduire. Le dimanche de bon matin ils quittaient leur demeure, regardant autour d'eux, comme le voleur de grand chemin, fermant à double tour la porte du logis, cachés dans de gros pourpoints, et murmurant quelques prières à leur ange gardien. L'autel du village était préparé ; il s'élevait orné de fleurs cueillies par des mains pieuses. Le prêtre commençait la messe. La messe dite, chacun regagnait son habitation.

Un jour une troupe d'archers, armés de lances, envahit les hameaux papistes, fait lever les curés et les desservants, et chasse devant lui tout ce troupeau d'enfants du Christ. Le conseil était assemblé, les ministres présents : Bonnivard, le moine défroqué, Farel le rénégat, et Coraud, le protégé de Marguerite de Navarre. On demande aux catholiques s'ils veulent renoncer au papisme, à leur messe idolatrique, à leur Dieu qu'on mange dans de la farine, et consentir à servir le Seigneur en esprit et en vérité, c'est à dire à la genevoise. Alors un vieux prêtre prend la parole.—Très honorés seigneurs, comment voulez-vous que nous abandonnions notre foi de quinze siècles? vous êtes maîtres, mais vous ne devez pas oublier que nous avons été rachetés au prix du sang de Jésus-Christ: vous étiez catholiques il n'y a pas dix ans encore, et vous n'avez pas passé à la réforme en un seul jour : laissez nous donc le temps de refléchir.

Le premier syndic les fit entrer dans une chambre voisine et le conseil se mit à délibérer. Bonnivard opina pour qu'on accordât quelques jours aux papistes, mais Farel criait : voulez-vous vous opposer à l'ouvrage de Dieu? On donna aux prêtres un mois de répit « et au bout de ce temps, dit l'historien, ces bons ecclésiastiques n'ayant rien à opposer aux arguments des docteurs réformés, se soumirent et cessèrent de dire la messe » 1).

Il se trompe. Des femmes pieuses vinrent apporter du pain à ces prêtres qui désespéraient de la Providence, et avaient peur de mourir de faim ; et presque tous recommencèrent à célébrer le Saint-Sacrifice.

Alors les archers reparaissent, le conseil se rassemble et les délinquants sont condamnés ou à la déportation ou à la prison. Le récit finit là. Peut-être que Dieu envoya son ange pour consoler ces ames fidèles dans les fers ou sur la terre d'exil.

Farel n'était pas satisfait.

Leurs prêtres bannis, leurs églises fermées, les paysans avaient élevé dans l'intérieur de leur ménage de petites chapelles où brillait l'image de Dieu,

---

1) Ruchat, t. 5, p. 605.—MMS. Chouet, p. 39.-40.—Spon, t. 2, p. 9.-10.

de la vierge ou du saint patron. Farel, l'iconoclaste, envoie des hommes d'armes qui se saisissent des coupables, les traînent au prétoire, où ils sont condamnés à la prison ou « seulement au bannissement, dit Ruchat, dans son style de réformé ».

Car, ajoute-t-il, « on faisait la guerre aux images; si les menaces, les exhortations étaient inutiles, on employait la prison ou l'exil, et jamais de châtiment plus rigoureux » 1). Nous vous disions bien que nous étions en Sicile, Verrès régnant. Farel n'osait plus se montrer dans les campagnes sans être accompagné de nombreux archers 2).

Berne aurait voulu que le catholicisme s'éteignît comme une lampe, sans bruit. Il comptait sur la parole de ses ministres qui s'étaient exercés à la dispute, et à chaque plainte que formulait une voix de prêtre, il répondait : disputons. Les prêtres disaient : Nous ne fuyons pas le combat : voyez si le catholicisme a craint de se mesurer à Leipzig, à Augsbourg, à Worms, avec vos plus rudes athlètes. Vos juges de camp eux-mêmes, témoin Mélanchthon, ont rendu un éclatant hommage aux lumières de nos docteurs. Le disciple de votre grand Luther a fait plus encore; il a modifié, après toutes ces luttes, son opinion sur divers points agités dans nos discussions. Aujourd'hui il penche à reconnaître l'autorité de nos évêques, que Viret traite de falsificateurs des écritures, et la primauté du pape, que vous continuez de nommer l'antechrist. Vous en avez appelé par la

---

1) Ruchat, t. 5, p. 603.
2) Id., p. 709.

voix de vos maîtres à un concile général, où vous seriez librement entendus; la papauté est toute prête, le concile va se rassembler, vos docteurs y parleront en pleine liberté. En attendant le vœu des populations est peu douteux. Lausanne s'est expliqué par deux fois dans sa résolution du 6 juin 1536, laquelle porte en termes formels : qu'on ne changera rien à la forme du culte; et la voix même de l'empereur s'est fait entendre dans sa lettre du 5 juillet 1536, adressée aux habitans du canton 1).

Mais ni la protestation des chanoines de Lausanne, ni le vœu formel des populations, ni l'ordre de l'empereur ne furent écoutés. Berne était pressé; il ne voulait pas que les emblèmes de la catholicité, élevés dans les villes de sa dépendance, lui reprochassent sa félonie. Il fallait que les pierres elles-mêmes cessassent de crier contre son apostasie.

Le 1ᵉʳ octobre 1536, la grosse cloche de la cathédrale annonça l'ouverture de la dispute 2). On avait dressé dans l'église des échafauds. La députation bernoise n'arrivait pas. Farel, impatient, voulut haranguer le peuple, et fit un discours pour préparer les assistants « à l'ouie du verbe divin ». Il était sous le regard de Calvin. Sa parole fut calme. Il demanda des prières pour les pauvres affligés. « Et vous mes frères, dit-il, visitez-les et les consolez, car il fault que vous fassiez vos pélérinaiges; ce sont des imaiges de Dieu qu'il fault visiter, portant pain et chandelle;

---

1) Caroli V, imperatoris, epistola ad Lausannenses ne disputationem de religione in sua urbe institutam, fieri sinant. — Voyez Pièces Justificatives, n° 3.

2) Charles de Haller. — Ruchat.

leur donnant pour les nourrir, allumer, et entretenir » 1).

Ces pauvres affligés, c'étaient les prêtres du genévois qu'il pourchassait, qu'il jetait dans les cachots, qu'il bannissait et faisait mourir de faim.

Le lendemain on vit arriver les députés de Berne. J.-J. de Watteville, ancien avoyer, Jost de Diesbach, Hans Schlufft, Georges Hubelmann, Sébastien Nægeli; puis les présidents de la dispute, Pierre Giron, secrétaire du conseil de Berne, Nicolas de Watteville, messire Pierre Fabri, docteur en droits, chanoine de la cathédrale de Lausanne, messire Girard Grand, docteur en droits et conseiller de la ville.

Berne avait eu soin de faire afficher à la porte de toutes les églises catholiques du canton l'ordre aux ecclésiastiques d'assister à la dispute, sous peine d'amende et d'interdiction 2).

Partout les églises du ressort de Berne se hâtaient de cacher leurs statues, de mettre en lieu de sûreté les calices, les vases sacrés et les ornemens du culte 3), tant on redoutait les offenses des réformés qui accouraient pour assister à cette conférence.

Farel avait composé dix thèses en latin et en français, qu'il se proposait de soutenir avec l'assistance de Viret, de Calvin et de Caroli, docteur en théologie et autrefois prieur de Sorbonne.

Les docteurs catholiques qui s'étaient volontairement chargés de répondre aux ministres, étaient des

---

1) Ruchat, t. 5.
2) Ruchat, t. 5.
3) MSS. de Lausanne, p. 515.

hommes de peu de valeur théologique; Michod, doyen de Vevey, Ferdinand Loys, capitaine de la jeunesse de Lausanne, Drogy, vicaire de Morges, Mimard, un scholastique exercé, et le médecin Blancherose qui supporta presque tout le poids de la dispute 1).

Les chanoines interpellés, ou se renfermaient dans le silence, ou en appelaient au concile.

— Nous croyons bien, s'écria Viret, que si on vous baillait dilation de recevoir argent et repaître votre ventre jusqu'à ce que le concile viendra, que vous ne vous en tiendriez guères contents.

On ne peut se figurer la vulgarité des arguments employés par la réforme : un écolier ne se fût pas baissé pour les ramasser.

Le docteur catholique défendait la primauté du pape : il avait prononcé le mot de Saint-Siège : c'est une bonne fortune pour Viret que cette expression consacrée même dans le monde.

« Le pape, s'écrie-t-il, ne peut avoir l'autorité ni la puissance de saint Pierre, qu'il ne fasse l'office qu'il a fait. Pour faire comme saint Pierre, il seroit nécessaire de courir deçà, delà, pour le salut des ames, pour prescher l'évangile, comme Jésus et ses apôtres l'ont fait. En ce sens, ils ne détruisoient point le siège apostolique, car ils ne furent jamais assis, et n'avoient point de siège quand ils vaguoient et courroient sans cesse d'un costé et d'aultre. »

Le cénacle réformé accueillit de murmures flatteurs cette pitoyable facétie.

---

1) Actes, p. 25.

Une autre fois Mimart opposait la réforme à elle-même, et mettait aux prises Luther et Farel, Viret et Erasme : Farel interrompt l'orateur :

« Quand nous avez-vous vu batailler pour Erasme ? ces boucliers ne portons contre tels adversaires : il nous en faut un plus certain et qui parle plus franchement sans varier. Avons-nous amené Luther pour notre défense ? Jésus-Christ est celui qui est notre maistre. Mais avez-vous lu le de Missa abroganda de Luther, et comment il traite le canon, et ce qu'il a dit depuis, montrant comment tous les prêtres font idolâtrer le peuple, faisant adorer le pain pour Dieu et pour le corps de Jésus-Christ ? »

Singulier ouvrage que Farel amène ici dans la discussion que ce livre de Abroganda missa, dont, au dire de Luther, toute l'argumentation appartient au diable ! Pas un de ces pauvres paysans groupés autour des orateurs dont ils ne pouvaient assurément comprendre la parole, ne se doutait qu'on voulait faire jouer au démon, en chair et en os, le rôle qu'il avait déjà joué en Saxe. Voilà que Farel à son tour, à la façon de Luther, affuble du bonnet de docteur en théologie le prince des ténèbres qu'il a si souvent logé depuis dans le corps des papes. Il n'y a pas à le nier non plus, c'est bien le prince du mensonge qui parle ici par la bouche de Farel : car jamais Luther n'a reproché aux papistes de faire adorer le pain pour Dieu, puisqu'il croyait à la présence réelle.

Ce jour là même les chanoines protestèrent de nouveau contre la violence qu'on exerçait contre eux en les forçant d'assister à la dispute, et Blancherose déclara « que les prêtres estoient bien six vingts, qu'il faudra, si la disputation continue, qu'ils vendent robes et chaperons pour payer leurs hôtes 1). »

Jusqu'alors Farel s'était servi de sa parole comme d'un bouclier, pour parer les coups de ses adversaires, soit qu'il craignît l'œil de Calvin qui se tenait constamment levé sur l'orateur, soit que la modération des théologiens catholiques réprimât en lui les tentations de la chair; mais la chair l'emporta.

On disputait sur l'eucharistie, et le tenant catholique montrait à l'auditoire cette chaîne d'or, de patriarches, de docteurs, de pères, d'évêques, de papes, dont le premier anneau était rivé à la chaire même de saint Pierre, et le dernier au siège de Paul III.

Farel s'emporte.—Qui êtes-vous donc, demande-t-il à l'orateur, et à ses splendides images, qui êtes vous? Ung adorant aultre que Dieu; pauvres idolâtres, vous inclinant devant des imaiges mortes, qui n'ont ne vie ne sentiment, et contenez la loy et ordonnance de la ribaude de Rome, du pape qui a séduit la terre et enyvré tous les princes du vin de sa paillardise!

« Vostre oublie pour laquelle tant criez, si elle n'est consacrée d'un prêtre en un lieu dédié, en un autel sacré, avec beguin et chemise sur la robe et une robe à deux bras, trouée et accoutrée, avec gobelet sacré, corporaux et autres choses requises, tout est perdu et gasté 2)!

Or, avant de monter en chaire, la veille même de

---

1) Ruchat, t. 6.
2) Ruchat, p. 70.

la dispute, Farel avait levé les yeux au ciel, et s'était écrié : Saint-Esprit, descends sur nos lèvres, et y mets des paroles de modération et sagesse.

Trouvez-vous que le Saint-Esprit ait quitté la demeure céleste ?

Nous ne le pensons pas; car il aurait dit à Farel de ne pas répéter ce sot argument contre l'adoration des images, dont Andreas Carlstadt qui vendait des petits pâtés en Allemagne, avait cessé de faire usage, depuis qu'on lui avait cité ces vers écrits avant la réforme, et où la doctrine du culte de la matière est si poétiquement enseigné :

> Effigiem Christi cum transis prorsus honora;
> Non tamen effigiem sed quem designat adora;
> Nec Deus est, nec homo, praesens quam cerno, figura
> Sed Deus est et homo quem sacra figurat imago [1]).

Les paroles insolentes et qui sentaient une odeur singulière de rue, le dédain de Farel pour les docteurs de notre église qu'il paraissait n'avoir point étudiés, émurent Calvin qui demanda à parler :

— Non, s'écria-t-il, je ne méprise pas les anciens; ceux qui font semblant de les respecter ne les ont pas en si grand honneur que nous, et ne daignent employer le temps à lire leurs escripts que nous y employons volontiers.

Et reprenant la question de la cène, il se mit à citer : — Tertullien qui ne donne qu'un corps imaginaire à Jésus-Christ;

---

[1] Iod. Coccii Thesaur. Catholic., t. 1, lib. 5, art. XV, fol. 564. — Gretserus, de Cruce.

— Saint Chrysostôme, dans son commentaire sur saint Mathieu, qui rejette la transsubstantiation;

— Saint Augustin en son épitre XXIII, et ses homélies sur saint Jean, et dans sa lettre à Dardanus, qui enseigne le dogme de l'apparence.

Etrange argument dans la bouche d'un homme qui ne procédait que du Saint-Esprit, et dont la doctrine eucharistique ne ressemblait ni à celle de Zwingli, ni à celle de Luther 1) !

Il parle d'une substance qui nous nourrit et nous vivifie; d'un mystère qui surmonte la hautesse de notre sens et tout ordre de nature. Personne ne le comprit. Un siècle plus tard un protestant avouait que Calvin dans la définition de la cène est inintelligible 2).

La parole décolorée de Calvin ne faisait aucune impression sur la multitude. Nul assistant ne se sentait ému. Viret reparut de nouveau et cette fois quitta le bonnet de docteur et se fit orateur de taverne. Le peuple qui l'écoutait rassemblé autour des piliers de l'église, portait encore sur sa face la trace du double fléau qui venait de désoler la Suisse : la peste et la famine. Les prêtres qui avaient aussi souffert de la faim, avaient été obligés de vendre leurs robes et chaperons pour payer leurs aubergistes. A Viret il fallait des images saisissantes, fussent-elles menteuses comme la doctrine qu'il annonçait. Il en était de ces images desordonnées, ardentes, qui traînaient dans tous les

---

1) Pélisson, traité de l'Eucharistie, in-12. Paris, chez Jean Anisson, 1694.

2) Confession de foi, art. 36. Journal des Savants, août 1694, p. 520; Rotterdam, 1698.

livres contre la papauté, livres de poètes et d'historiens. Il en prit à pleines mains qu'il jeta devant l'auditoire. Viret avait changé de nature. Ecoutez-le:

« Les prestres, au lieu d'enseigner à leurs peuples la parole de Dieu, mettent des prêcheurs de boys et de pierre, c'est assavoir des imaiges; cependant ils dorment, font grande chère et sont sans soucy, et les imaiges sont leurs vicaires et ouvriers qui font bien la besongne de leurs maîtres, et si ne coustent rien à nourrir, et le pauvre peuple est abesti et baise les boys et les pierres,... et les biens qui dussent être distribués aux povres, qui sont les vrais imaiges de Dieu, sont perdus et mauvaisement despendus à vestir les pierres et boys » 1).

Mais comment Calvin ne se leva-t-il pas pour imposer silence à Viret? Viret mentait en face de cet écolier de Noyon que les prêtres avaient nourri, élevé, entretenu et instruit dans les lettres. Peut-être même qu'en cherchant bien dans sa valise, Calvin aurait trouvé quelque beau pourpoint, dont le bon abbé de Hangest lui avait fait présent.

Farel ne pouvait laisser à Viret la palme du mensonge et de l'insulte. Viret avait attaqué le clergé; Farel n'attendait qu'une occasion propice pour blasphèmer contre la papauté. Images pour images, les siennes tombant sur une tête plus élevée, devaient faire encore plus d'effet. La question était sur le jeûne. « Et vous tous en pourrez estre tesmoins, si plus estes pressez d'incontinence après avoir mangé un peu de lard en la vigne, ou en la taverne des poissons bien

---

1) Ruchat, t. 6, p. 67.

épicez? Afin que je ne parle point de gros et gras ventres, et mentons à deux rebras, comment sont-ils continents quand ils sont bien farcis de poissons? A quoi il fault ajouter que cette loi a esté faite par les papes pour couvrir leur gourmandise; car la ville de Rome pleine de gourmandise, singulièrement cherche ses délices es poissons.

« Il ne suffit pas qu'un povre laboureur aye porté ses gelines à Saint-Loup, baillé les œufs à ses enfants, pour s'aller confesser, le fromage aux questans, linge et laine au Saint-Esprit, le jambon à Saint-Anthoine, comme les questeurs et porteurs de rogatons donnent à entendre: donne davantage, blé, vin et toutes choses à tous les mangeurs du pape qui t'ont rongé. Quand un peu de lait te sera demouré, la cruauté du pape et des siens qui tout t'a osté et prins, et rien ne t'a donné, ne permet pas que tu en mettes au pot avec des pois, que tu en cuises sans huile, mais faut que tu manges tes pois avec du sel et de l'eau sans autre chose 1). »

Alors le monde extérieur était chose tout à fait inconnue au pauvre laboureur, au vigneron du pays de Vaud auquel s'adressait Farel; si l'un d'eux eût connu les écrits récents de Luther, il serait monté en chaire, et s'adressant à l'orateur:

— Maître Guillaume, aurait-il dit, ne t'appitoyes donc pas tant sur le sort de malingres qui ne t'ont demandé pain ou geline; mais pleures plustôt sur ces rustres de la Thuringe touchant lesquels ton maître a écrit: au paysan de la paille, s'il murmure une

---

1) Ruchat, t. 6, p. 226. Actes de la dispute.

bonne houssine, s'il crie par trop fort fais siffler la balle : entends-tu, maître Guillaume 1) ?

N'est-il pas étonnant qu'après un appel semblable à la révolte, les paysans de Lausanne n'aient pas couru sur leurs prêtres et leurs seigneurs? Nous nous attendions à quelque scène sanglante. Voici la réponse des paysans aux provocations de la réforme :

Lutry, Villette, St-Saphorin, se liguent 2) pour conserver leur culte, leurs prêtres, leurs temples et leurs images. Alors le conseil de Berne avise au moyen d'en finir avec le papisme 3). Le bailli de Lausanne, suivi d'estaffiers et d'archers, parcourt les campagnes, rasant les chapelles, renversant les autels et abattant les croix. Le 2 novembre 1536 il entre à Lutry aux cris de : A bas les papistes ! Ses soldats avaient passé une corde au cou d'un Christ en bois, image vénérée depuis des siècles, quand le conseil de la commune pria le bailli d'épargner le signe de notre rédemption, que les habitants promirent d'enlever..., et le bailli, dit Ruchat, eut la bonté de leur accorder ce qu'ils demandaient » 4).

Nous nous trompions : nous croyions être en Sicile

---

1) An. Joh. Rühel : de Wette, pag. 669. Menzel, t. 1, p. 216 à 217.

2) MSS. de Lutry, p. 67.

3) Ruchat, t. 6, p. 334.

4) L'intolérance bernoise est avouée par tous les réformés de bonne foi. Si l'on ouvre, dit M. Druey, membre du canton de Vaud, les ordonnances ecclésiastiques de 1758, qui sont un recueil de tous les écrits rendus par le gouvernement de Berne, depuis 1536, sur les points relatifs à la religion ; on voit que tout ce qui tient à la religion a été statué, réglé, ordonné, par le gouvernement. — Compte rendu des débats du grand conseil en 1839, p. 7.

sous le proconsul Verrès, dans un pays païen, nous étions en France, en l'an de grace 1793, sous le règne de Chaumette ou d'Hébert.

Quand il ne resta plus dans tout le Lausannois un autel, un bénitier, une statue, une image de bois, de pierre ou d'airain, la réforme proclama que le pays s'était converti; il y avait bien encore quelque prêtre, quelque moine, quelque nonne, mais on avait pour les réduire : la faim, le fouet, la prison et la corde, et Farel pour espion.

Il écrivait à Nægeli, bailli de Thonon :

—Grace, et paix, et miséricorde de Dieu notre bon père. Si vous voulez éviter grosses fâcheries, il faut que vous regardiez sur les prêtres, car tout le mal vient d'eux. Il est nécessaire que les prêtres ne se meslent plus du peuple, ni d'enseigner, ni d'administrer les sacrements. Il faut les surveiller, et singulièrement les gros loups qui ont plus séduit le pauvre peuple 1).

Or, ces gros loups, dans le style du réformateur, c'étaient Ardutius, Adhémar Fabri, La Baume, qui donnaient du pain à ceux qui avaient faim, de l'eau à ceux qui avaient soif, un vêtement à ceux qui étaient nus; c'était l'abbé de Hangest qui réchauffait dans son foyer le serpent qui devait lui piquer le sein.

C'était une coutume de crier au moyen-âge haro contre tout malfaiteur mort ou vivant. Un jour un pauvre ouvrier vient sur la tombe de Guillaume-le-Conquérant; le prince, couché sur la terre, n'entendit pas la voix de l'ouvrier, mais son

---

1) Epist. Farelli ined., n° XXXIII.

fils l'ouït, qui fit rendre à Asselin quelques pieds d'arbres que lui avait dérobés le monarque. Voici ce qui arriva au descendant de ce médecin Blancherose qui avait soutenu, au colloque de Lausanne, la cause de son Dieu. Il était à Caen, vers la fin du 16° siècle, quand un livre de réformé lui tomba dans la main; il l'ouvrit et il lut : « Il n'y a pas un caractère de divinité dans l'Ecriture qui ne puisse être éludé par les prophanes; il n'y en a pas un qui puisse faire une preuve; et considérés tous ensemble, ils ne sauraient faire une démonstration » 1).

Il referma la page et il demanda — de qui est ce livre ?

— De Jurieu, ministre protestant, lui répondit une voix.

— Mon aieul avait donc raison, dit Blancherose, quand en 1536 il soutenait — qu'il est impossible aux simples de se convaincre de la divinité de l'Ecriture par l'Ecriture même, et que le principe de la foi repose sur l'évidence du témoignage.

---

1) Saurin, Examen de la Théologie de M. Jurieu. On consultera sur la dispute de Lausanne. —1° Ruchat, Histoire de la Réformation, in-12, t. 6 ; — 2° de Haller, Histoire de la Révolution religieuse dans la Suisse occidentale, in-12, 1839.

CHAPITRE XV.

LES ANABAPTISTES. 1537 — 1538.

Hermann et Benoit, anabaptistes, viennent à Genève pour disputer avec les ministres. — Colloques avec le syndic. — Dispute avec Calvin. — Les anabaptistes ne peuvent défendre leurs doctrines. — Ils sont chassés. — Persécutions contre les catholiques. — Catéchisme de Calvin. — Le peuple jure le nouveau Formulaire — Caroli attaque les ministres genevois. — Il est cité au synode de Berne. — Et condamné. — Violences de Calvin contre Caroli. — Luther outragé.

Pendant que Farel et Calvin, soutenus par le conseil de Berne, forçaient le clergé de Lausanne à prendre part à une dispute religieuse, deux hommes, chassés de l'Allemagne, cheminaient à pied, la bible sous le bras. C'étaient Hermann de Liège et André Benoît du pays de Flandre, qui avaient pris la route de Genève, afin de conférer avec les docteurs de la nouvelle église. Ils n'avaient jamais étudié la théologie, pas plus que Farel; mais ils avaient lu l'ancien et le nouveau Testament, dont au besoin ils auraient pu dire le nombre de lettres. Et un jour leur œil était tombé sur ce verset :

« Allez, quiconque croira et sera baptisé, sera

sauvé », et leurs yeux s'étaient ouverts, et l'esprit saint les avait illuminés, et ils avaient compris le sens de ce mandement divin, et ils s'étaient fait rebaptiser.

Nos deux anabaptistes saluèrent la cité genevoise, et sa devise sacrée post tenebras lux : c'était la lumière qu'ils apportaient à leurs hôtes nouveaux. Ils se rendirent, vêtus de noir, et la bible sous le bras, au conseil de la cité, demandant à parler au syndic. Le syndic vint, qui leur fit cette question : — Que voulez-vous ? — Frère, dit l'un d'eux, disputer avec vos ministres et les convertir, car ils enseignent l'erreur.

Le syndic leur répondit : — quelle doctrine nous apportez-vous, nous sommes les enfants de Dieu ; Dieu nous a éclairés, vous avez bien dû voir, en entrant dans Genève, que la ville avait brisé tous les signes du papisme ?

— C'est vrai, dit le frère Hermann, et nous avons remercié Dieu, mais le vieil homme subsiste encore en vous ; la tache originelle reste imprimée sur votre front ; il faut la laver dans un second baptême : le premier que vous avez reçu était inefficace, car vous ne croyiez pas au Christ mort et ressuscité pour nos péchés. Nous voulons argumenter avec vos maîtres.

— Mais, dit le syndic, maître Guillaume Farel et maître Jean Calvin sont à cette heure à Lausanne, où leur parole répand des fruits de vie ; à leur retour vous disputerez avec eux.

— Nous attendrons, dirent les anabaptistes, qui se préparèrent par la prière à combattre avec les docteurs genevois.

« Or, dit Michel Roset, la ville commençait à être

infectée d'anabaptisme; » quelques membres même du conseil penchaient pour la doctrine de Münzer, et pour l'erreur d'Arius 1).

Le colloque de Lausanne terminé, Farel et Calvin revinrent à Genève, et ils trouvèrent la ville tout émue de l'arrivée des nouveaux apôtres. Le conseil s'était assemblé et avait appelé les deux ministres pour leur faire part des propositions de Hermann et Benoît. Le conseil demanda l'avis des docteurs. Farel répondit, — nous disputerons.

On prit jour. Le couvent de Rive fut désigné pour le lieu du tournoi. Le duel dura presque une semaine tout entière. Que s'y passa-t-il ? C'est ce que nous ignorons, car le protestantisme n'a pas, comme à Lausanne, dressé les actes de la dispute ; seulement nous savons que le conseil manda Farel et Calvin, auxquels il enjoignit de renoncer désormais à toutes ces « contestations, plus propres à ébranler la foi qu'à l'affermir » 2). Ce n'était pas ce que Farel avait enseigné à Lausanne. Les ministres durent se soumettre.

A leur tour Hermann et Benoît furent appelés devant les magistrats qui leur ordonnèrent de se rétracter s'ils voulaient continuer de résider à Genève.

— Montrez-nous en quoi nous avons péché, dit Hermann au syndic ? Nous sommes venus de pays

---

1) Il ne faut pas asbahir, dit Jacques André, ministre et chancelier de l'université de Thuringe, si beaucoup de Calvinistes, en Pologne, Transylvanie et Hongrie sont devenus ariens et autres mahométistes, en suivant le chemin que leur ouvre la doctrine de leur maître Calvin. Hist. de Coena Aug., fol. 455. Fl. de R.

2) Spon, t. 1, p. 275.

lointains pour apporter la lumière à cette cité. On nous avait dit que vous nous entendriez, que vous nous traiteriez comme vous ont traités les papistes qui vous ont laissé parler à Lausanne, à Moudon, à Gruyère, à Berne.

— Mais, reprit le syndic, n'avez-vous pas disputé avec Farel et Calvin?

— Oui, frère, et nous les avons convaincus d'enseigner des doctrines de mensonge. — Quand nous leur citions l'évangile, Messire Guillaume et maître Jehan en appelaient à l'église. Ils faisaient comme OEcolampade, qui en plein sénat nous alléguait saint Cyprien en l'épître ad Fidum; Origène dans l'épître aux Romains; saint Augustin contra Donat. de baptismo [1]). Nous ne reconnaissons point d'autre autorité que celle de l'Ecriture : c'est notre roc, notre fort, d'où nous défions satan et tous ses fils. Or, vous savez que Luther a déclaré que l'Ecriture n'a point de texte pour nous convaincre d'erreur [2]). Ecoutez, quand il est temps encore, la voix de Dieu qui parle par notre bouche.

Ils allaient essayer une nouvelle discussion, quand le syndic tira d'un petit tiroir un papier scellé du sceau de la ville, et rédigé vraisemblablement par Farel et Calvin, et qui renfermait contre les anabaptistes un ordre de bannissement perpétuel, avec menace du dernier du supplice s'ils essayaient de rentrer dans les états de la république.

Les anabaptistes se soumirent à la force et quittè-

---

1) Gastius, lib. 1, f. 134.
2) Luth., Sermo contra anabapt.

rent Genève où leur doctrine avait déjà gagné beaucoup d'habitants. En passant devant l'hôtel-de-ville, l'un d'eux leva les yeux et lut sur la façade, cette insciption latine :

« En l'an 1535, la sainte et sacrée religion chrestienne ou assemblée des fidèles fut rétablie dans la ville de Genève en meilleur ordre qu'elle n'estoit auparavant ; ladite ville fut mise en la liberté de conscience dont elle jouit à présent et les ennemis en furent chassés par un insigne miracle de Dieu ; pour reconnaissance à la postérité d'un si grand bénéfice, le sénat et peuple de Genève ont fait graver la susdite inscription sur cette Maison de ville. »

Ainsi Farel et Calvin qui étaient venus pour faire triompher le libre examen, l'étouffaient à la première manifestation de dissidence.—Le peuple n'imitait pas l'intolérance de ses prêtres ; il n'insulta point en les voyant partir les anabaptistes. Quelques Eidgenoss rassemblés, selon la coutume, dans une taverne, au tour de canettes de bière strasbourgeoise, riaient tout haut du conseil qu'ils transformaient en concile et de la couardise de leurs deux papes, Farel et Calvin, qui étaient apparus pour ressusciter la lettre, et qui l'emprisonnaient après la lutte de Lausanne. Ces propos étaient rapportés à Calvin par quelques marchands de la cité dont le commerce avait souffert dans la guerre d'indépendance de Genève, et qui voulaient rétablir leurs affaires à tout prix, même aux dépens du principe que la réforme avait proclamé : ces marchands donnaient le nom de libertins aux Eidgenoss.

Calvin adopta dans sa correspondance avec ses amis, cette qualification injurieuse. Donc, à partir de ce jour, quiconque assis à la taverne, essaya de discuter quelque point de la dogmatique de Farel et de Calvin, ou de rire de ces docteurs, de leurs vêtements, de leur éloquence, de leur pantomime en chaire, fut traité de libertin ; injure qui devait bientôt grandir et dont on allait flétrir quiconque jouerait au dé, n'aurait point éteint sa lumière après le signal du couvre feu, boirait du temps des offices, danserait le dimanche, critiquerait les actes du saint synode, ou garderait une image sainte au logis.

La réforme de Genève voulait ressembler à celle de Wittemberg : n'étaient-elles pas nées du même souffle ?

Le conseil aurait été bien en peine de réciter son acte de foi. Il y avait dans son sein des catholiques, des anabaptistes, des Luthériens et des indifférents surtout qui ne tenaient à aucune confession, et tout prêts à adopter celle d'Augsbourg, l'œuvre de Mélanchthon, celle de Zurich, l'inspiration de Zwingli, celle de l'église helvétique, l'émanation de l'Esprit Saint ; symboles qui différaient entr'eux sur plusieurs points capitaux 1). — Calvin avait compris

---

1) La première confession suisse est de 1530, la seconde de 1532, la troisième de 1536, la quatrième fut arrêtée d'un commun accord entre les Suisses et les Genevois, la cinquième rédigée par Bullinger, en 1566, fut approuvée par les églises protestantes de Suisse, de France, d'Angleterre, d'Ecosse, de Hongrie et de Pologne. — On donne pour motif de cette exomologèse : « la nécessité d'enfermer en quelques pages la doctrine et l'éco-

l'importance de l'unité dans la foi et la nécessité d'une symbolique commune à tous ceux qui repoussaient le catholicisme. De concert avec Farel, il venait d'achever un Formulaire qu'il devait proposer à l'église de Genève et qui parut, en 1536, sous le titre de :

« La confession de foy, laquelle tous bourgeois et habitants de Genève et subjects doilvent jurer de garder et tenir. »

Cette exomologèse avait un grand mérite, la brièveté : elle ne contenait que vingt un articles qu'on pouvait apprendre par cœur en quelques heures.

Le dix-huitième article indiquait les signes auxquels on devait reconnaître l'église du Christ :

« Nous entendons que la droicte marque pour bien discerner l'église de Jésus-Christ, est quand son évangile y est purement et fidèlement présenté et gardé. »

Si M. Chenevière est chrétien, il faut déchirer le formulaire et rétablir sur la porte de la ville l'ancienne devise : post tenebras spero lucem; car Calvin n'a pas trouvé la lumière, il a laissé Genève dans ses anciennes ténèbres, avec son Christ, fils de Dieu vivant, « vocables orientaux comme on en trouve dans Homère » 1).

---

nomie de nos églises » : Brevi hac expositione conamur complecti.... doctrinam oeconomiamque ecclesiarum nostrarum. — Cependant les deux premières confessions, 1532, 1536, ont cinq pages d'impression, celle de 1554, cinq à six, celle de Bullinger, 1566 soixante au moins. — Dans la traduction que Berne en a publié, on a supprimé adroitement la préface de Bullinger. — De la religion du cœur, par M. l'abbé de Baudry, in-12, p. 30 et suiv.

1) M. Chenevière, un des hommes les plus doctes de Genève,

Le Formulaire de Calvin était un attentat à la liberté de conscience, aussi excita-t-il d'abord des plaintes amères. Genève était partagée alors en diverses fractions religieuses. Une partie du peuple, celle dont la sœur de Jussie a dit si admirablement la lutte passionnée, était encore catholique de cœur et d'âme. On lui avait ôté ses symboles, ses temples, ses autels, mais elle gardait au fond du cœur ses vieilles croyances devenues plus chères encore depuis les larmes et le sang qu'elles lui avaient coûtés. Dans le conseil, et parmi les nobles, l'anabaptisme comptait quelques disciples, que l'exil brutal de Hermann et de Benoit avait indisposés contre l'intolérance de Calvin. Les Eidgenoss, qui avaient si chèrement acheté l'affranchissement de leur pays, ne pouvaient comprendre qu'une ville qui avait chassé ses évêques et ses ducs, eût appelé des étrangers pour régler son culte et sa foi. Les catholiques, comme au temps des persécutions de la primitive église, se tenaient cachés dans leur logis, lisant dévotement leurs livres de prières qu'on n'avait pu leur arracher et priant Dieu d'éclairer le cœur de leurs magistrats. Les anabaptistes n'osaient confesser leur croyance, et pour se montrer réformés, déclamaient contre le papisme. Les Eidgenoss avaient seuls du courage : jeunes en partie, ils n'épargnaient dans leurs soupers à la taverne, ni la couardise des membres du conseil, ni l'intolé-

---

a publié, il y a quelques années, un libelle contre la divinité de Jésus-Christ, que l'un des chefs du méthodisme a glorieusement réfuté. M. Cheneviere est auteur de divers opuscules : Essais théologiques. — Causes qui retardent la théologie, etc., où le dogme de la trinité est hautement nié.

rance dogmatique de leurs ministres, ni les prédicants étrangers. Calvin avait besoin d'étouffer ces semences de troubles. Pour montrer son zèle il persécutait les catholiques et faisait chercher jusque dans le foyer domestique, quelques images innocentes, seul reste d'un culte de quinze siècles.

— Voilà, écrivait-il à Daniel son ami, les images renversées, les autels tombés, le reste s'en ira bientôt, et Dieu aidant, l'idole sera chassée de tous les cœurs. Si toutes ces ames engourdies et esclaves de leur ventre, qui, s'ébaudissent chez vous dans leurs ténèbres, avaient autant de cœur que de science, les ouvriers ne nous manqueraient pas. Nous avons besoin de ministres beaucoup plus que de temples 1).

Calvin, après avoir vaincu l'image, poursuivait les livres. On enlevait aux catholiques ces Heures à l'aide desquelles ils trompaient leurs persécuteurs et pouvaient assister au sacrifice de la messe, suivre le prêtre à l'autel et unir leurs adorations aux siennes; les cantiques rimés qu'ils chantaient le soir en se couchant; les oraisons gravées sur quelques feuillets où paraissait découpée, au milieu d'emblèmes pieux, la Vierge Marie. Il leur restait pour toute consolation et pour toute nourriture spirituelle, ce petit livre d'enfant, connu sous le nom de Catéchisme, résumé naïf, écrit en langue vulgaire, des croyances de l'Eglise depuis saint Pierre jusqu'à Paul III : on le leur arracha des mains, et Calvin essaya de le traduire en latin et de le corrompre pour y faire entrer sa doctrine. C'est une gloire que les admirateurs de

---

1) Oct. MSS. de Zürich.

Farel réclament pour le pasteur de Neufchâtel, et que les disciples de Calvin veulent que leur maître partage avec maître Guillaume, mais que Calvin ne veut donner à personne 1); qu'elle lui reste tout entière. Ce catéchisme parut à Bâle, en 1538 2).

On le trouve ordinairement imprimé à la suite de la confession de Farel, exscripta e catechismo; la forme littéraire en est toute changée : ce n'est plus ce petit livre que l'Eglise catholique met dans les mains de l'enfance, où le dogme est défini avec une admirable brièveté, une candeur de termes qui supposent dans celui qui le reçoit ou le récite la foi du centenier; mais une œuvre fastueuse de théologien, destinée à l'intelligence orgueilleuse, et extraite en partie de l'Institution chrétienne. Le ministre réformé ne pouvait plus dire, comme notre prêtre de village : Laissez venir à moi les petits enfans; car ils n'auraient rien compris au langage de Calvin.

Les catholiques obéissaient, livraient leurs livres, quittaient la ville, ou se rattachaient à la réforme, quand l'intérêt parlait en eux plus haut que la conscience. Calvin avait de plus redoutables ennemis dans les Eidgenoss : il les attaquait en chaire, les in-

---

1) On trouve dans les lettres de Calvin aux églises de Frise, en 1545. — Cum ante annos septem edita a me esset brevis religionis summa sub catechismi nomine.

2) Catechismus, sive christianae religionis institutio, communibus renatae nuper in evangelio Genevensis ecclesiae suffragiis recepta, et vulgari quidem prius idiomate nunc vero latine etiam, quo de fidei illius synceritate passim aliis etiam ecclesiis constet, in lucem edita. Joanne Calvino autore. — Basileae in officina Roberti Winter. an. 1538, mense martio.

sultait dans leur foi, dans leurs mœurs, dans leurs habitudes; les représentait comme des paillards, des ivrognes, des blasphémateurs du saint nom de Dieu, et des larrons qui voulaient la ruine de l'Evangile. Farel était encore plus violent : il les dénonçait à l'ire du Seigneur, jouait le rôle d'inspiré, et écrivait sur les murs du temple la sentence des libertins. Les Eidgenoss riaient de tout ce bruit; ils comptaient pour être défendus auprès du peuple sur les services qu'ils avaient rendus à la république, sur leur haine pour la maison de Savoie, sur le patriotisme dont ils avaient donné tant de preuves. — Quand on venait leur rapporter les injures que Calvin leur adressait en chaire, ils ôtaient leurs pourpoints ou retroussaient leurs vestes pour montrer les blessures qu'ils avaient reçues en défendant les libertés populaires, et ils disaient : —Va donc demander à messire Guillaume et à Maître Jean, ces beaux messieurs, qu'ils nous en donnent autant, et nous croirons en eux. Bien que l'heure indiquée par les règlements fût passée, ils ne quittaient pas le cabaret, mais continuaient de boire, et de rire, et de se moquer des ministres. Calvin avait des amis dévoués qui lui rapportaient ces propos. — Il fallait en finir, en faisant accepter au conseil comme une loi de l'état, la Confession de foi.

Le conseil hésita longtemps; mais il céda, après une lutte assez vive, à la voix du ministre : Calvin dut faire intervenir la divinité offensée par l'insolence des libertins, et par le spectacle de divisions intestines dans une république qui avait eu le bonheur de recevoir la lumière de l'Evangile. Le conseil accepta le Formulaire que le peuple jura l'année suivante, le

20 juillet 1), de tenir et de garder fidèlement. La théocratie était donc constituée à Genève ; non pas cette théocratie catholique, à robes rouges de cardinal, à tiare de pape ; mais une théocratie de collège, à bonnet de juriste, mesquine et intolérante 2). Les vaincus savaient désormais ce qu'ils devaient croire.

Alors Genève eut son inquisition comme Venise ; inquisition de bas étage formée de moines apostats, de religieux mariés, d'étrangers félons, qui, sous la triple inspiration de la faim, de l'envie ou de la méchanceté, faisaient métier de délation, s'en allaient dans les tavernes, l'asile des mécontens, et recueillaient, quand ils ne les inventaient pas, les propos séditieux. On appelait séditieux, les railleries contre la figure des deux ministres, les concetti sur leurs vêtements ou leur allure, les sarcasmes contre les grands gestes de Farel en la chaire, ou l'attitude de momie habituelle à Calvin. Les Eidgenoss, enfants pour la plupart de famille, s'attaquaient surtout à la forme, et se moquaient impitoyablement de la barbe mal peignée de messire Guillaume, et du pourpoint râpé de maître Jean de Noyon.

---

1) Sénebier, le 29.

2) Senatui nostro fuimus autores sacramenti istius exigendi. — Tanta igitur necessitate adacti ad senatum ea de re nostrum appellavimus, et oblata confessionis formula impense rogavimus, ut ne dare Domino gloriam in profitenda ejus veritate gravaretur. Acquum esse ut in actione tam sancta populo suo praeirent, cui se omnis virtutis exemplar esse oportere noverat. Quae erat postulati nostri aequitas, facile impetravimus, ut plebs decuriatim convocata in confessionem istam juraret. Cujus in praestando juramento non minor fuit alacritas quam in dicendo senatus diligentia. Praef. ad catech.

Les deux ministres intervinrent auprès du Deux Cents pour faire exécuter les règlements de police municipale, introduits dans la législation du pays depuis la réforme. Ils exigèrent qu'on fermât à la nuit tombante les cabarets, que les tavernes restassent closes pendant toute la durée du service divin ; que les jeux de dés et de cartes fussent défendus ; que la danse villageoise fût prohibée ; qu'on réprimât par l'amende ou la prison toute espèce de blasphème, de jurement, ou de propos grossiers. Certes, nous applaudirions à cette rigidité de mœurs, dont la réforme voudrait faire honneur à ses apôtres, si Calvin, dans ses disputes avec les catholiques, en ce moment même, n'eût montré l'exemple d'une intempérance de style, dont notre langue ne saurait donner qu'une image affaiblie.

Caroli, ce ministre que nous avons trouvé à la dispute de Lausanne, — émerveillé, comme il le raconte lui-même, du danger dont l'Evangile était menacé, avait dénoncé aux églises de la Suisse le venin d'arianisme caché dans les doctrines de l'Institution. Calvin s'était ému, et en avait appelé au synode de Berne, où tous deux avaient comparu et disputé. Caroli refusait de reconnaître Calvin pour chrétien, parce que son adversaire ne portait pas sur le front le signe visible de la Trinité. Calvin fut obligé de confesser sa foi en un Dieu père, fils et St-Esprit, mais non pas tel qu'il est défini dans le symbole d'Athanase, « que l'Eglise de Dieu, disait-il, n'avait jamais reçu. » 1) Caroli pressait son adversaire

---

1) Nos, in unius fidem jurasse non Athanasii, cujus symbolum, nulla unquam legitima ecclesia approbasset.

et lui demandait quelle était l'église de Dieu, qui n'avait pas reçu le symbole athanasien, et l'arche où pendant tant de siècles la formule de Calvin avait été conservée. L'argument était pressant, et on ne nous dit pas que le doigt de Calvin ait montré à Caroli une communion légitime qui eut repoussé le Credo d'Athanase. Mais la dispute finie, Calvin, qui en rapporte infidèlement les textes, se contente de dire que « l'insolente brute faisait de grands gestes, enflait la voix, et criait comme un bœuf. » 1)

Calvin, dans la crainte que ses juges, dont la symbolique ne ressemblait pas entièrement à celle du Formulaire génevois, n'inclinassent pour Caroli, avait été obligé de reconnaître comme chrétienne la confession helvétique de 1536, « car, dit-il, ce n'est pas nous qui jamais enseignerons de tenir pour hérétique quiconque ne pensera pas comme nous 2). » Berne, attaché à quelques unes des cérémonies de l'ancien culte qu'il avait conservées, fut ravi de la concession de l'église de Genève. Le synode était nombreux. On y comptait cent ministres de Berne, vingt de Neuchâtel et trois de Genève, presque tous prêtres apostats, moines défroqués ou religieux conjoints à quelque nonne incestueuse : sacerdoce recruté dans des cabarets, sur la place publique ou dans des dortoirs de couvent. A l'exception des ministres génévois, on eut à peine cité dans ce concile

---

1) Hier erkenne die Wuth dieses Thiers. cité par Paul Henry, et extrait des Mss. de Genève. — Lettre de Calvin à Bullinger.

2) Tantum nolebamus hoc tyrannidis exemplum in ecclesiam induci, ut is haereticus haberetur, qui non ad alterius praescriptum loqueretur. — MSS. Gen., 30 aug. 1537.

deux ou trois pères qui comprissent la langue latine. Une telle assemblée était facile à séduire. Elle se sentit émue de joie, quand, au moment d'aller aux voix, Calvin récita sa confession, et qu'il s'écria que Caroli n'avait pas plus de foi qu'un chien ou un cochon 1). Caroli sourit, haussa les épaules et dit tout bas, en allemand, à son voisin. — Heureusement Luther donne le royaume des cieux aux cochons et aux chiens. 2).

Caroli fut condamné et obligé de quitter la Suisse; mais la vue de ce cénacle de prêtres improvisés, prêtant l'oreille à la discussion de matières que sans une illumination particulière de l'esprit de Dieu, aucun ne pouvait comprendre; leur sourire à l'ouie des injures qui tombaient des lèvres de Calvin; leurs magnifiques dédains contre les grandes lumières du christianisme; leur parole versatile, qui n'était plus aujourd'hui ce qu'elle était à Lausanne, l'avaient contristé jusqu'au cœur. Il était arrivé à Berne réformé, il en sortit catholique. Alors, la réforme oublia que Caroli avait supporté une partie du poids de la discussion de Lausanne, qu'elle avait applaudi à la science du docteur, à sa parole lumineuse, à sa science des saintes lettres; et le monde apprit, par la bouche de ses anciens collègues, que Caroli était un homme de ténèbres, d'une ignorance crasse, un

---

1) Und beschuldigte Caroli, daß er nicht mehr Glauben habe, als ein Hund, oder ein Ferkel. — Kirchhofer. t. 1, p. 226.

2) Da D. Martin Luther gefragt wird, ob auch in jenem Leben und Himmelreich würden Hunde und andere Thiere seyn? — antwortet er und sprach: ja freilich. Joh. Aurifaber in Luther's Tisch-Reden fol. 503 b. 504. A. B.

prêtre félon; et Calvin chanta, car c'était un hymne véritable que lui inspirait la chute de Caroli :

« Le sycophante a été chassé par ordre du conseil, et nous nous avons été absous non seulement du crime qu'on nous reprochait, mais de tout soupçon même d'erreur. Que Caroli se pavane donc du nom d'Athanase! il n'y a pas grand mal à ce que le monde prenne pour un Athanase un sacrilège, un scortator, un homicide tout couvert du sang des bienheureux, et nous pourrions, au besoin, prouver que nous ne disons que la vérité 1). »

Ne diriez-vous pas ces lignes dérobées aux lettres de Luther à l'archevêque de Mayence? Calvin n'a oublié qu'un seul vocable qui résumait alors tout ce que la haine pouvait inspirer de plus offensant, — papiste. Quand la langue latine ou allemande, pressée, tourmentée, torturée, tombait d'impuissance, elle exhalait le cri de papiste que l'écrivain ramassait tout joyeux pour le jeter à la face d'un catholique, et le combat était fini.

Mais que l'ombre de Caroli se console. Calvin, près du lit de Farel malade 2), souffre de cuisantes douleurs « à la vue de tout le sang qu'on allait ré-

---

1) Sycophanta ille senatus consulto in exilium actus est, nos plane absoluti, non a crimine modo sed ab omni quoque suspicione. Quanquam vero se Athanasii nunc venditet qui pœnas luat defensae fidei : nullum tamen fore periculum videtur ut orbis pro Athanasio, sacrilegum scortatorem, homicidam sanctorum multorum sanguine madentem agnoscat. Qualem dum istum praedicamus, nihil dicimus quam quod solidis testimoniis revincere sumus parati. Epist. Grynaeo.

2) Qui majori taedio conficitur quam in pectus illud ferreum cadere posse arbitrabar. — Cal. Vireto. MSS. Gen. Ap. 1537.

pandre pour fonder le règne de l'Evangile qu'il avait apporté en Suisse : sang, non pas de paysans comme en Franconie, mais d'ames pieuses, de saintes intelligences. » Il voulait la glorification de son dogme eucharistique, et il avait en face de lui, quand il écrivait ces tristes prophéties à son ami Bucer, les églises dissidentes de l'Allemagne et la grande figure de Luther, leur apôtre. Il s'apercevait bien que pour faire triompher son symbolisme, il n'aurait pas affaire seulement aux populations allemandes qui suivaient la voix du moine de Wittemberg, mais au prêtre saxon lui-même, qui, à la première apparence de révolte, le broierait comme il l'avait fait de tous les écrivains que lui avait opposés la révolte. Aussi, dès le début de son apostolat, cherche-t-il à ruiner son adversaire, dans l'esprit de ses amis, en attaquant le caractère du grand Martin. La réforme aux prises avec la réforme, c'est un curieux spectacle offert aux regards du catholicisme. Nos moines, Tezel et Hochstraet, par exemple, parlaient en termes moins violents de Luther : il est vrai qu'ils l'attaquaient en face et qu'ils ne se cachaient pas, comme fait Calvin, dans une lettre confidentielle à son ami Bucer.

« Si Luther peut nous étreindre dans le même embrassement nous et notre confession, mon cœur sera comblé de joie : mais il n'est pas que lui dans l'église de Dieu... Que penser de Luther? je ne sais en vérité : je crois que c'est un homme pieux. Je voudrais seulement qu'on se trompât en le représentant comme on le fait (et ce sont des témoignages amis), follement entêté, et sa conduite est bien propre à accréditer ces soupçons. On me rapporte qu'il se vante d'avoir forcé toutes les églises de Wittemberg à reconnaître sa menteuse doctrine, étrange vanité! S'il est tourmenté d'un si grand désir de gloire, il faut renoncer à tout espoir sérieux de paix dans la vérité du Seigneur; il y a chez lui non seulement de l'orgueil, de la méchanceté, mais de l'ignorance, de l'hallucination et de la plus crasse 1). Etait-il absurde d'abord avec son pain qui est le vrai corps! S'il croit aujourd'hui que le corps du Christ est enveloppé dans la substance matérielle, c'est une erreur monstrueuse. Ah si l'on veut l'inculquer à nos Suisses de si absurdes doctrines, le beau chemin qu'on prépare à la concorde! Si donc tu as sur Martin quelque ascendant, travaille à enchaîner au Christ, plutôt qu'au docteur, toutes ces ames avec lesquelles il a lutté si malheureusement : que Martin donne enfin la main à la vérité qu'il a trahie manifestement. Pour moi, je puis bien me rendre témoignage que du jour où j'ai commencé à goûter la parole de vérité, je n'ai point été abandonné de Dieu au point de ne pas comprendre la nature des sacrements et le sens de l'institution eucharistique. »

Triste role que jouait ici Bucer en entreprenant de réconcilier Luther avec Calvin! Il croyait gagner Calvin en le flattant de douces paroles. Le Genévois, lui rendait musique pour musique, et lui écrivait : admoneste, corrige, fais tout ce que ta bonté

---

1) Neque enim fastu modo et maledicentia deliquit, sed ignorantia quoque et crassissima hallucinatione. — Calvinus, Bucero, MSS. Arch. Bern. Eccles., 12 jan. 1538.

paternelle t'inspirera pour ton fils 1) : mais notez qu'il revenait alors de l'exil, et avait besoin de toutes ses amitiés. Plus tard, le langage change bien : il écrit de Bucer à Pierre Martyr : — Ame servile qui, pour adoucir la férocité de Luther et de ses semblables, ne savait quel terme oser 2).

Vous rappelez-vous Luther à la diète de Worms? Il y a là des couronnes de toutes sortes. Luther cependant ne baisse ni l'œil ni la voix : il regarde fixément ses juges, leur parle comme à des pairs et leur dit : Si ma doctrine vient de Dieu, elle vivra, si elle ne vient pas de Dieu, elle mourra. Or, à cette époque, les catholiques appelaient ce faste de paroles de la morgue, les réformés de la grandeur d'ame. Voici un juge qui doit nous mettre d'accord : c'est un écrivain qui a médité et étudié Luther et qui ne trouve en lui qu'ignorance et hallucination. Si Weh, à Augsbourg, eût dit à Luther : Qu'enseignes-tu toi et tes semblables? tu te trompes sur le sens des écritures ; ton faste ne saurait nous en imposer ; tu es la dupe de ton cerveau ; la réforme aurait élevé la voix et avec raison et nous aurait accusé de calomnie : mais Calvin, qu'en dira-t-elle? Ce n'est pas dans l'emportement d'une dispute qu'il s'est laissé aller à de semblables insolences, c'est à froid, dans son cabinet d'étude, dans le silence de la solitude et des passions. Comprenez-vous maintenant cette sentence de Za-

---

1) Admoneas, castiges, omnia facias, quae patri liceat in filium. Genève, 15 octobre 1541. Ep. MSS. Scrinii. Eccl. Argent.

2) Ille Lutheri et similium ferociam demulcens adeo serviliter se dimisit, ut in singulis verbis perplexus haereret.—MSS. G.

chée Faber? — le Dieu de Calvin n'est pas le vrai Dieu 1).

Faber soutenait l'honneur de Luther. C'est ce Faber, qui avant de se coucher, disait cette prière d'Ægidius Hunnius. — Seigneur Jésus, brisez sous nos pieds au plus vite la tête de Satan, et délivrez votre église de la peste calvinienne 2).

---

1) Der Calvinisten Gott ist nicht der wahre. — In seinem kurzen Beweis, p. 13. Leipzig, anno 1620.

2) Dominus Jesus sathanam sub pedes nostros conterat cito, et a lue calvinistica clementer liberet ecclesiam suam. Amen. — Hunnius in Calvino judaïsante, p. 185-193.

CHAPITRE XVI.

DESPOTISME. EXIL. 1537 — 1538.

Troubles excités à Genève par le Formulaire. — L'Église dans l'Etat. — Balard dénoncé par Calvin. — Traits divers de despotisme religieux.— Physionomie de la cité. — Irritation croissante des Eidgenoss. — Délateurs. — Coraült. — Le conseil enjoint à Calvin et à Farel de donner la communion aux fidèles. — Refus obstiné des ministres. — Le peuple s'assemble et prononce leur exil.

Farel avait cru que Calvin continuerait l'œuvre de Zwingli ou de Luther; il se trompait. Calvin voulait être chef de secte et donner son nom à une confession dont il avait conçu l'idée. Il ambitionnait d'élever une église à Genève, comme Luther l'avait fait à Wittemberg; mais, où le rationalisme épuré remplacerait le sentiment qui, selon lui, tenait une place trop grande dans l'institution saxonne. Il avait pris Genève au dépourvu. Quand il vint, la ville était à la recherche d'un symbole : elle hésitait entre Zwingli et Luther. Farel n'avait pas de doctrine : il tenait seulement le pape pour l'antechrist, prêt à embrasser pour disciple quiconque reconnaîtrait cet antropomorphisme, fût-il Luthérien, Bucérien ou Zwinglien. Si vous eussiez interrogé sur sa foi, à cette heure même, au moment où Calvin entrait à Genève, quelque citoyen allant entendre le sermon de maître Guillaume, il aurait été bien embarrassé de vous répondre. C'était peut-être un cordelier qui s'était converti dans les bras d'une fille de joie; un membre du conseil des deux cents, gangrené d'anabaptisme; un marchand des halles qui avait volé les ciboires des églises; un réfugié chassé de Lyon pour banqueroute frauduleuse; peut-être un prêtre apostat qui, pour se faire pardonner sa félonie, avait dénoncé le chanoine Hugonin, comme coupable d'avoir empoisonné Farel et Viret [1]); un ancien secrétaire d'état, Claude Roset, qui achetait à vil prix la dépouille des catholiques [2]), ou quelque papiste qui se croyait homme de courage parce qu'il avait trempé autrefois sa robe dans le sang de Werli et qu'il gardait quelque image sainte dans son tiroir de commode. Tous allaient, poussés par leur mauvais ange, entendre le ministre, sans savoir à qui des trois grands réformateurs leur ame appartiendrait un jour, et prêts à la donner à qui l'on voudrait, pour un peu de repos, d'or ou de soleil: êtres sans foi, dont on était sûr de faire la conquête, pour peu qu'on sût se servir de l'épée ou de la parole. Si l'épée du duc de Savoie eut été plus forte, ils seraient décédés catholiques. Calvin leur avait formulé un évangile

---

[1]) Galiffe, Notices généalogiques, t. 1, p. 480.
[2]) Id., t. 1, p. 347.

qu'elles avaient juré de garder, mais non pas jusqu'à la mort.

Ce formulaire, conçu dans les idées du siècle, établissait une autorité dogmatique en dehors de la révélation : c'était un double scandale ; — Scandale contre la logique en ce qu'il substituait à la place de la parole scripturaire une parole humaine, douée d'infaillibilité en vertu de son incarnation en Calvin ; — Scandale contre la société qu'il bouleversait en lui ravissant le bien le plus précieux, la liberté de conscience qu'elle avait acquise au prix de sa part de sang. Ce formulaire était la pierre où Calvin bâtissait son église. Et cette église devenait une école et un tribunal de foi ; — Ecole, où sous peine de damnation, tout disciple était obligé d'écouter la voix du maître, malgré le cri de la conscience ; — Tribunal où les coupables avaient en face un procureur qui les condamnait à l'aide d'un texte dont on défendait de discuter la légitimité, et dont il se servait pour prouver sa mission, consacrer son ministère et établir son office de juge et sa charge de pasteur.

Que Luther chasse, en le maudissant, Carlstadt, le marque au front comme Caïn et l'envoie mendier son pain, sous prétexte d'hérésie ; — Qu'il jette au démon toutes ces pauvres âmes de paysans qu'il a soulevées, et qui se sont révoltées au bruit de ses blasphèmes ; — Qu'il maudisse la mémoire de Zwingli mourant à Cappel pour un Dieu sans couleur, cela se conçoit. Nous sommes prêts à absoudre l'homme qui se dit illuminé du Saint-Esprit et qui se pose comme l'apôtre de la vérité. Tout au plus pourrions-nous lui reprocher, comme Calvin vient de le faire, sa crasse hallucination. A cette époque, le moine saxon n'a pas écrit une confession, il marche et se débat dans sa logique personnelle, le livre saint dans la main ; mais à Augsbourg Luther n'a plus le droit d'écrire : nous croyons hérétiques et séparés de l'église de Dieu, les Zwingliens et tous les sacramentaires qui nient que le corps et le sang de Jésus-Christ soient reçus de la bouche du corps dans la vénérable eucharistie 1). Car, depuis son exomologèse, c'est une parole humaine qui se transfigure en lui en verbe dogmatique; c'est une révélation privée mise à la place de la révélation du fils de Dieu, une confession substituée à l'évangile ; en un mot, Tezel protestant, transformé en père de l'église : c'est la violence, la persécution, l'intolérance proclamées du haut du Thabor 2). En Saxe, la confession de foi d'Augsbourg suscita l'hérésie. Il en devait être de même en Suisse.

Alors, Genève offre un triste spectacle aux yeux de l'historien : l'église tend à s'absorber dans l'état. L'état n'est plus une dualité, mais une unité, où le pouvoir fait l'office d'apôtre et traite la plus belle œuvre de Dieu, comme Catherine Bora le ménage de Luther, en descendant aux plus petits détails de cuisine. C'est l'état qui régle la doctrine, la discipline, la prédication du troupeau évangélique. Il écrit sur

---

1) De cette promulgation de confessions de foi, naissent des questions religieuses, dont quelques unes ont été traitées avec une grande supériorité de raison, par M. Naville (Ernest), dans une thèse publiée à Genève, en 1839, chap. 4.—Voyez la Religion du cœur, par M. l'abbé de Baudry, Lausanne, 1839, in-12.

2) La confession de foi, dit M. Druey, compte rendu, p. 112, au canton de Vaud, 1839, remplaça le pape.» — Le canton l'a abolie.

les murs de son temple : — Tel jour il y aura deux sermons, le premier après l'office, le second à quatre heures : on est obligé d'y assister sous peine de tant de florins d'amende : qu'on se le dise.

Il dit aux pasteurs, fonctionnaires civils : — Vous veillerez soigneusement à la conservation de la saine doctrine. — Vos livres dogmatiques seront soumis à la censure du conseil, c'est à dire de quelques uns des nobles apothicaires, des nobles pelletiers, des nobles horlogers de Genève 1).

Il affiche à la porte des tavernes : — Quiconque blasphémera le nom du Seigneur, prendra Dieu à témoin, et insultera sa sainte parole, sera appréhendé, amené devant le magistrat, admonesté et condamné.

— Ordre à tout citoyen de ne garder en son logis aucune image papistique, sous peine d'une amende, et en cas de récidive, de prison et même d'exil.

Or, parmi ces membres du conseil, saint Siège boiteux, était un homme d'une haute probité, élu en 1529, pour être un des six premiers auditeurs ou magistrats chargés de remplacer le tribunal du Vidomne. En 1530, il avait été fait syndic. Quand Genève avait placé sur son Hôtel-de-Ville cette table de cuivre où était écrite en belles lettres d'or la liberté de conscience, il s'était réjoui, et sur la foi de cette promesse il avait continué de vivre dans le catholicisme, priant dévotement dans un livre d'Heures qu'on lui avait laissé, et passant devant Saint-Pierre

---

1) Les citoyens les plus distingués sous le rapport de la naissance y ajoutaient celle de Marchand. — M. Galiffe, Notices généalogique, t. 1. Introduction, p. xxxj.

sans jamais y entrer quand Farel ou Calvin était en chaire.

Calvin théologien dominait le conseil; il dénonça Balard à qui l'ordre fut intimé d'assister au prêche. Balard refuse et répond « qu'il est absurde de gêner la conscience, et que les hommes n'ont aucun droit sur icelle; qu'elle vient de Dieu, que Dieu seul peut la diriger et que la sienne lui défend d'entendre les ministres. » Ces paroles étaient nobles : les deux cents se regardaient les uns les autres et ne savaient que résoudre. — On répondit qu'on aviserait.

Calvin insista et montra facilement que le pouvoir s'était lié par le serment au formulaire et qu'il devait y prêter main forte.

Balard est rappelé.

Le concile était au complet : un Athanase, marchand de la place du Molard, somma le catholique de confesser sa foi.—Balard répondit :

— Si je sçavois que votre enseignement fût bon ou mauvais, onc ne me ferais presser pour vous le dire. Je puis bien seulement pour vour agréer faire effort afin de croire les articles de foi, tels que la ville les tient et garde, et ne souhaite comme bon genevois ne faire qu'un avec mes concitoyens.—Or, si vous voulez connoître ma confession, je puis la raconter à vos seigneuries.—Je crois au Saint-Esprit, à la sainte Eglise catholique, et de la messe j'ai l'idée que tout bon chrétien doit avoir.

— Ordre du conseil à Balard de quitter Genève dans dix jours. Or, Balard était infirme, malade, usé par les soucis et la douleur : il succomba et écrivit au petit et au grand conseil : Puisqu'on veut que je déclare la messe mauvaise, je le dis, en demandant pardon à Dieu et aux hommes d'un jugement sur un fait que je ne connais pas suffisamment.

L'arrêt de bannissement fut révoqué 1).

Le peuple subissait en silence ces essais de despotisme et se contentait de rire de la tyrannie bâtarde que lui avait apportée le fils d'un scribe de Noyon. Les prisons étaient pleines de délinquans. Le sénat genevois obéissait à tous les caprices de ses ministres, jusqu'à remplir le rôle de bedeau d'église. On lit dans les registres de la république en date du 20 mai 1537 :

« Une épouse étant sortie dimanche dernier avec les cheveux plus abattus qu'il ne se doit faire, ce qui est d'un mauvais exemple et contraire à ce qu'on évangélise, on fait mettre en prison la maîtresse, les dames qui l'ont menée et celle qui l'a coiffée 2). »

---

1) Sénebier, t. 1. Les registres du conseil placent ce fait en 1536, Spon, en 1540, Gauthier, en 1539. — Balard est auteur d'une histoire manuscrite ou journal de ce qui s'est passé du mois d'octobre 1525 au mois de décembre 1531. — L'ouvrage finit ainsi : « J'ai rédigé en mémoire les dictes hystoyres lesquelles j'ay veu ; moy indigne estois syndique en la cité, en l'an 1525, controleur en 1527, syndique en l'an 1530. A Dieu soit la gloire et l'honneur. Amen. »

2) La femme qui avait puissamment contribué, en France, à l'introduction de la réforme, causa souvent de graves troubles dans l'église nouvelle.

— Le ministre de Castelgeloux raconte qu'ayant été arrêté au synode, que les femmes qui portent les cornes élevées et du fer à la teste pour rehausser le port ne seroient pas receues à la cène, les maris et les femmes s'y opposèrent et les ministres se roidirent pour faire garder leurs loix. Mais tournant ce commandement en risée, au lieu de fer elles mirent des bourrelets et des jongs. Le ministre s'opiniastrant à les ranger à l'obéissance, les força de se présenter voilées. — Durant la grande assemblée qui se fit à Montauban, l'an 1584, une dame se coiffa de six façons, et à toutes les six se présenta à diverses fois à l'action de la cène.

Singulière magistrature qui a dans ses attributions, l'examen intellectuel des aspirants au saint ministère et la coupe des cheveux de ses paroissiennes; qui poursuit une tresse natée avec trop de coquetterie, comme un blasphème, et met en prison celle qui l'a peignée et les deux pauvres servantes qui ont accompagné leur maîtresse à l'église, comme il ferait des complices d'un voleur! Nous avons cherché dans Burigny où était à cette époque Erasme : il était mort, heureusement pour Genève.

Une autre fois on saisit à un pauvre diable un jeu de cartes. Que croyez-vous qu'on va faire au coupable? le mettre en prison? la peine eut été trop douce aux yeux de Calvin : on le condamne à être exposé au poteau, son jeu de cartes sur les épaules.

La cité avait perdu sa physionomie habituelle, et n'osait plus se livrer ni à la joie ni au plaisir. La taverne seule protestait encore par sa gaité bruyante contre le puritanisme de Calvin. Ses hôtes, que vous connaissez, s'y rendaient toujours le soir, et là, se vengeaient par leurs sarcasmes, de l'insolence de leurs

---

La dernière, coiffée à la moresque, les cheveux frisés san fer, fut approuuée par Beraut : la Rochechandieu, au contraire, lors mesme les reçeut avec fer mais voilées; sur quoy ces deux ministres s'entrepiquèrent. — Au Plessis-les-Tours, l'an 1599, aux fêtes de Noël, le ministre Desaignes, autrement dit l'ineau, ayant exhorté son troupeau à se présenter à la cène, modestement, mesme les dames, sans porter, disoit-il, ces hausses...., cache-batard ; il advint que donnant son pain à une dame bourgeoise, il jette les yeux sur elle et voit un peu ses flancs rehaussez ; il met son pain à la main gauche, et quittant sa place, passe de l'autre costé de la table et de la droite luy touche un petit diminutif de vertugadin qu'elle avoit pris au lieu du grand, et l'ayant poussée de la main, cette pauvre dame se retire baissant les yeux de honte. Flor. de Raemond, p. 998.

prêtres nouvaux. On y jouait sans pitié Farel et son compagnon de travaux apostoliques. Au milieu du cabaret brillait un mauvais lumignon, qui aidait à faire frire je ne sais quel poisson appelé Faret : quand le poisson était cuit, on le servait aux convives qui mangeaient ainsi messire Farel tout bouillant, au milieu de rires inextinguibles sur la chair coriace du pauvre ministre. Celui des buveurs qui avait la face amaigrie représentait maître Jean Calvin, lequel en sa qualité de fils prétendu de tonnelier, parlait vin et buvait à grandes rasades, l'œil baissé et la tête roide comme il la portait ordinairement. Certains Eidgenoss avaient pris le nom de chevaliers de l'artichaud ; leurs armes étaient deux larges feuilles de cette plante en forme d'éventail. Richardet, le premier syndic de la ville, et Jean Philippe, capitaine général, s'étaient enrôlés dans cette académie de rieurs, que les ministres avaient eu l'art de transfigurer en faction. Donc, le soir la troupe joyeuse vidait force verres de vin de Lavaux, accompagnés de quolibets contre ses maîtres.
— L'un demandait où le Saint-Esprit avait marqué dans l'Ecriture, la forme des coiffures de femme, et prétendait qu'Absalon aurait été mis au ban de Genève s'il n'eut eu soin de se faire couper les cheveux ;
— Un autre voulait savoir si la barbe rousse coupée à un bouc et que portait maître Farel ressemblait à celle d'Aaron ; — Un autre, si Lazare en sortant du tombeau était plus blême que maître Jean de Noyon. Quelques uns étaient plus sérieux et se demandaient ce que la cité avait gagné à se donner pour maître un cul-de-jatte comme Farel, et un poitrinaire comme

Calvin ! à quoi avait servi tant de sang versé pour conquérir une liberté que l'évêque ne déniait pas 1), et que deux étrangers étaient venus confisquer effrontément. Ils discutaient la mission des ministres qui s'étaient imposé les mains sans l'assistance du peuple, seul grand prêtre légitime une fois le sacerdoce catholique détruit. Dans ces conversations bruyantes, pittoresques, toutes pleines de vin et de poésie, vous êtes étonnés de retrouver quelques unes des idées qui, suivant M. Naville, conduisent droit au catholicisme 2). — Le souper fini, un ménétrier venait avec un tambourin, et l'on dansait en rond, au milieu de cris de joie et de bachiques exclamations ; si c'était un dimanche, en été, on jouait aux quillles, à la paume ou au palet à qui payerait le souper 3).

Il ne faudrait pas se représenter ces tavernes comme des repaires où l'on perdait la raison dans le vin. Quand l'hôte venait à compter la dépense, chacun en était pour six quarts ou deux sols. C'était la somme que portait toujours avec lui ce Pierre Werli, cadet de famille fribourgeoise, bon prêtre, mais qui eut été encore un meilleur soldat, et qui mourut d'un coup de verdon 4).

---

1) M. Senebier a reconnu la part que les évêques prirent dans la lutte de Genève contre la maison de Savoie, t. 1.

2) Ernest Naville, chap. 4, § 3, de la Dissertation mise en tête de ses thèses. 1839.

3) Galiffe, t. 3, article Werli, p. 514.

4) Il a été question du meurtre de Werli dans le chapitre qui a pour titre : la SOEUR JEANNE DE JUSSIE. Quelques historiens ont blamé ce chanoine d'avoir pris les armes pour défendre son église. M. Galiffe leur répond ainsi : — Que des juifs ou des mahomé-

Ces patriotes se croyaient en sûreté derrière leurs verres et leurs bouteilles : mais ils se trompaient.

La réforme avait ouvert les portes de la cité à une foule d'aventuriers, de chevaliers d'industrie, d'escrocs, de banqueroutiers, de faux monnoyeurs qui avaient été obligés de fuir leur patrie pour éviter la corde, et qui affluaient à Genève sous prétexte de religion. Afin de tromper les regards, ils affichaient un zèle pharisaïque pour la nouvelle loi évangélique, assistaient à tous les prêches, et déclamaient contre le papisme. Ils payaient l'hospitalité de Genève en dénonçant au conseil et aux ministres les propos qu'ils entendaient ou qu'ils forgeaient le plus souvent. Ils vivaient ainsi du crédit de leurs délations, ou du Saint-Esprit, comme dit un vieil historien.

Un jour, on vint prendre à son logis (c'était en 1535) le chanoine Hugonin d'Orsières, qu'on accusait d'avoir voulu empoisonner Viret et Farel. Le dénonciateur du prêtre catholique était une empoisonneuse, qui trafiquait de ses charmes avec les réfugiés, et que Claude Bernard, châtelain du chapitre, avait pris à son service 1). Hugonin fut acquitté solennellement, le 15 août 1535, et l'on continue de lire dans les biographies de Farel et de Viret « comme quoi les deux serviteurs de Dieu ont été empoisonnés par le chanoine Hugonin d'Orsières. »

---

tants vinsent essayer de renverser notre religion, se moquer de notre culte, s'emparer de nos églises ; celui de nous qui les verrait sans émotion, serait un lâche..., et je suis convaincu que plus d'un de nos ministres essayerait la vigueur de son bras sur ces brouillons, t. 3. p. 511.

1) Galiffe, t. 3, xxiv, xxv, t. 1, p. 180·

C'est par la bouche de ces étrangers que Calvin apprenait les railleries des chevaliers de l'artichaut, et les projets des libertins. Ces projets n'étaient pas douteux, on voulait le chasser, lui et ses compagnons.

Calvin faillit cette fois à son esprit familier : la ruse. Au lieu de se cacher dans la peau de serpent, de se blottir dans le mur ou sous les broussailles, il s'arma des griffes du lion, et se mit à déchirer jusqu'au sang les habitués de taverne. Le lion attaquait le magistrat lui-même.

Ses ennemis eurent l'adresse et le bonheur de ramasser la peau de serpent dont Calvin avait eu tort de se débarrasser : et voici comment ils s'y prirent pour perdre le théologien.

Berne avait conservé du culte catholique diverses cérémonies qu'on appelait indifférentes. On y baptisait l'enfant sur les fonts baptismaux; on s'y servait pour communier du pain azyme ou sans levain ; on y célébrait les quatre grandes fêtes de Noël, de l'Ascension, de la Pentecôte, et de l'Assomption. Ces pratiques et ces solennités avaient été reconnues et adoptées dans un synode récent, tenu à Lausanne.

Le synode, avant de se séparer, avait envoyé sa décision aux autres églises de Suisse, en les priant d'en consacrer l'adoption pour éviter toute contestation.

Les patriotes triomphèrent de cette délibération. Ils savaient que Calvin ne s'y soumettrait pas, et qu'il repousserait toute forme extérieure qui pourrait rappeler un symbole catholique, à moins qu'il ne fut infidèle à sa promesse. On sait qu'ils avaient des partisans nombreux dans les deux conseils, dans la magistrature, et surtout parmi le peuple qui regrettait les pompes de son culte ancien, et ne pouvait se familiariser avec cette religion pâle et blême comme la figure de celui qui l'avait apportée dans Genève.

Calvin était décidé à résister. Il connaissait les menées de ses ennemis. Il obtint du conseil un ordre de bannissement contre tous ceux qui n'auraient pas juré la Confession. La plupart des patriotes avaient refusé le serment; mais quand il fallut faire exécuter la sentence, le nombre des réfractaires était si nombreux, qu'on craignît d'employer la force ouverte 1). La chaire restait aux ministres.

Parmi les apôtres de la nouvelle parole, il en était un qu'on nommait Coraud ou Corault, vieil augustin apostat, sans science, sans mœurs, mais doué de poumons énergiques; énergumène à cheveux blancs, qui faisait de l'éloquence en tournant vers le ciel des yeux presque privés de lumière, pour appeler une illumination rebelle; moine incestueux qui criait comme si on lui eût enlevé sa femelle. Son plaisir était d'insulter aux grands, pour ressembler à Chrysostôme. Malheureusement il manquait à Corault non-seulement une bouche d'or, mais une figure d'orateur. Corault était maigre, éthique. Son plaisir était de tonner contre les Artichauts, contre les magistrats, contre les catholiques; la chaire avait le don de le jeter dans une véritable ivresse qui s'exhalait pendant une heure en invectives et en lazzi. Il

---

1) Haag, Vie de Calvin, p. 88, 89.

était tout joyeux quand il avait pu faire rire son auditoire, en comparant Genève à une grenouillère, les Genevois à des rats, les magistrats à des chats.

Le conseil, scandalisé, donna l'ordre au moine fanatique de cesser de prêcher, et à Farel et à Calvin de faire de la politique en chaire 1). Aucun d'eux ne tint compte de l'injonction. Corault monte en chaire à Saint-Gervais et se met à souffleter ses juges. Un archer l'attendait au sortir du temple pour le conduire en prison : le peuple se prit à rire à la vue du ministre malencontreux.

Le lendemain, Farel et Calvin se présentent à la chambre du conseil, et se plaignent de la violence exercée contre Corault. Le conseil parle haut, et montre aux ministres la décision du synode de Lausanne, et leur enjoint de s'y conformer. Farel et Calvin en appellent à un nouveau synode à Zurich, où ils veulent être entendus. Le conseil insiste, leur répond qu'il faut obéir, et leur reproche, en termes amers, d'avoir repoussé de la sainte table divers citoyens, et de s'arroger ainsi le droit de juger l'état d'une conscience dont Dieu seul avait sondé les replis.

Le conseil avait raison. Plus d'une fois Calvin avait refusé le pain eucharistique à des bourgeois qui fréquentaient les tavernes de la rue des Chanoines, et faisaient partie de la faction des artichauts. Etrange renversement de logique! Calvin, qui, d'accord

---

1) On défend aux prédicateurs et en particulier à Farel et à Calvin de se mêler de politique. — Registres, 1538, 11 et 12 mars.

avec Luther rejette l'œuvre et qui refuse la communion à celui qu'il a vu la veille s'ébaudir au cabaret ; comme si la nuit qui avait suivi le repas du soir, le passage du banc de l'église à la table de la Cène n'ont pas suffi pour rappeler le coupable au repentir, et laver sa faute dans la foi au sang tout-puissant de Jésus-Christ! Mais, dans cette vie des réformateurs, nous sommes destinés à nous heurter sans cesse contre le fanatisme, l'intolérance ou la déraison. Calvin conte « que sa main se glaçait, quand il présentait le pain : pain de colère, que le communiant allait dévorer 1). » N'avait-il pas enseigné que la grace ne se peut jamais perdre 2) ? Et Luther n'avait-il pas dit en chaire, dans son intraduisible langage : « Quand mon petit Jean et ma petite Magdeleine font dans leurs bas, on rit : la foi est de même, elle rend le péché inodore 3).

De retour au logis, Calvin rédigea une protestation au conseil. Elle portait que les ministres refuseraient désormais de donner la communion aux fidèles. Alors « le grand saultier va trouver les ministres pour leur enjoindre de distribuer la cène avec pain jaune au prochain jour de pâques, suivant les ordonnances de Berne 4). » Ils répondent qu'ils n'en feront

---

1) Illi quidem iram Dei potius vorabant quam vitæ sacramentum.

2) Harm. in Math. Inst., liv. 3.

3) L'expression allemande est autrement énergique : als wann mein Hänsichen und Lenicken in den Winkel scheißt, des lachet man als sey wohl gethan, also macht auch der Glaub, daß unser Dreck nicht stinckt für Gott. — Luthers Hauß. Postill. Jen. Pred. am Pfingst-Montag.

4) Bolsec, Vie de Calvin, p. 24 et suiv.

rien. Le conseil a recours à l'intervention d'un gentilhomme bernois, Louis de Diesbach, qui se trouvait à Genève. Louis de Diesbach essaie en vain de vaincre l'obstination des ministres. Que fallait-il faire? La chambre du conseil s'assemble, suspend les ministres, et ordonne à Henri La Mare de prêcher et de distribuer la cène le jour de pâques. La Mare promet d'obéir; mais Farel vient le trouver, s'emporte, « le traite d'ennemi, de présomptueux. » La Mare a peur, hésite, et finit par céder.

Le jour de Pâques, le peuple était rassemblé en foule dans Saint-Gervais, où devait prêcher Farel, et à Saint-Pierre, où Calvin était annoncé. A l'heure accoutumée, Farel monte en chaire et bénit le peuple. Son discours ne fut point un sermon sur la solennité, mais un factum violent contre ses ennemis, qu'il termina ainsi : « Aujourd'hui je ne distribuerai pas la cène. » — A ces mots, tous les assistants se levèrent à la fois et apostrophèrent le ministre. La cène! la cène! disaient-ils. Farel fit signe qu'il voulait parler; le tumulte cessa. Alors l'orateur, l'œil fixé sur la multitude, cria d'une voix de tonnerre : « Point de cène à des ivrognes, à des paillards tels que vous. » En ce moment, les épées brillèrent; Farel allait être égorgé, si quelques-uns de ses amis ne lui avaient fait un rempart de leurs corps.

Les mêmes scènes de désordre, mais moins violentes, eurent lieu à Saint-Pierre, où Calvin prêchait.

Le soir, le peuple parcourut les rues de Genève, en criant : « Mort aux ministres! » 1)

---

1) Haag, Vie de Calvin, p. 92-93.

La ville était dans la consternation; il n'y avait qu'une voix pour demander vengeance de l'insolence séditieuse des orateurs. Dans l'Eglise catholique, nous voyons quelquefois le prêtre repousser de la table sainte un grand coupable, tout couvert du sang innocent, mais jamais un peuple tout entier qui demande à participer au corps et au sang de son Sauveur. Encore notre évêque a-t-il un droit que ne saurait réclamer Calvin : l'évêque peut dire à l'ame indigne : Retire-toi et va faire pénitence. Mais Calvin ne saurait repousser ainsi de la table du Seigneur l'homme qui a péché, parce qu'il n'a pas fallu à ce pécheur des pleurs extérieurs, un amendement visible pour montrer son repentir. Calvin n'a cessé d'enseigner que l'œuvre naissait de la foi, et que la foi ne procédait pas de l'œuvre : il mentait donc ici à sa doctrine.

Les syndics assemblèrent le peuple, et l'exil des ministres factieux fut voté presque à l'unanimité.

La sentence portait que Farel et Calvin se retireraient dans trois jours [1]), puisqu'ils n'avaient pas voulu obéir aux magistrats.

« A la bonne heure, dit Calvin : vaut mieux obéir à Dieu qu'aux hommes. »

Le mot est vieux : prononcé par Luther à la diète de Worms, en face de l'empereur, des archevêques,

---

1) 23 avril. On ordonne à Farel et à Calvin de se retirer dans trois jours. — En mai, on fait relever les pierres baptismales pour y baptiser les petits enfants, selon le synode de Lausanne. Registres de la ville.

des ordres de l'empire, il nous émeut ; mais ici, en présence de ce sénat de marchands, qui a dans ses attributions le gouvernement de l'église et des tavernes, nous restons froids : drame, acteur et tribunal, tout est à hauteur d'homme.

Calvin avait écrit en tête de son Institution : « Je suis venu pour donner le glaive et non la paix, » et il a tenu sa promesse. C'était bien un glaive que Genève venait de briser dans les mains du prédicateur; et un glaive qui frappait jusqu'à la chevelure d'une pauvre femme, jusqu'au dos d'un joueur de cartes. Calvin nous a dit que c'était la voix de Dieu qui, par la bouche de Farel, l'avait forcé de rester à Genève. Deux ans se sont écoulés, et voici le spectacle qu'offre cette ville. Les familles sont divisées; on ne peut faire un pas sans rencontrer un meurtrier, un escroc, un filou, un banqueroutier ; les tavernes sont remplies d'espions; le caractère national, si expansif, est devenu morose, inquiet et soupçonneux; pour désigner à la vengeance populaire des ames qui ne croient pas au formulaire, on a inventé de nouveaux mots ; une secte qu'on nomme la secte des libertins, ramassis, selon Calvin, d'hommes dissolus, noiseulx et paillards, insulte hautement l'Evangile; il est défendu de rire de la barbe rousse de Farel et des joues pentelantes de Calvin, sous peine de châtiments spirituels et corporels ; la magistrature a été outragée en chaire par des ministres de l'Evangile, qui ont continué de prêcher malgré l'ordre d'un sénat dont ils avaient reconnu la souveraineté ; un scandale affreux a été donné dans le temple, par le refus d'admettre les fidèles à la communion. — C'est de l'histoire que nous écrivons, et non point un roman à la manière de Bonnivard, dans ses mémoires, ou du syndic Roset 1).

La révolution religieuse était accomplie à la venue de Calvin. La sœur de Jussie nous a fait assister à toutes les phases de ce drame joué aux dépens de tout ce que l'homme a de sacré : son moi intérieur, sa liberté morale et physique, et ses instincts politiques. La réforme dormait sur des ruines. Calvin la réveilla et lui inocula sa ruse à lui, sa vanité, ses colères, son intolérance et son hypocrisie. Si elle ne renversa plus les images, comme elle faisait quand Farel la guidait, elle chanta leur chute en forme d'hymne au Seigneur; si elle ne versa plus le sang catholique, c'est que le catholicisme n'en avait plus à lui livrer; alors elle se prit à la conscience pour la violenter, et chercha à éteindre la sympathie du peuple pour la liberté.

Tandis que l'idée catholique restait toujours la même, l'idée protestante subissait, à chaque docteur nouveau, des transformations nouvelles, parce que l'une représentait la vie immuable, et que l'autre n'était que la figure de l'homme. Ainsi, la réforme, en traversant la Thuringe pour aller s'incarner en Zwingli, laissait à Bâle, où elle avait eu à peine le temps de s'arrêter, deux témoins de son instabilité, OEcolampade et Capito; puis, en tournant les deux Mythen qui lui barraient le chemin de Schwitz, elle venait à Berne enseigner des doctrines qui ne ressemblaient pas plus à celles de Luther, que le pays de

---

1) Lettre sur l'Histoire de Genève par M. Galiffe Pictet.

Saxe au sol de l'Oberland. Plus tard, traînée à la suite des armées bernoises, elle se servait de la pioche du pionnier pour forcer la porte de Lausanne, où Caroli lui reprochait d'avoir pris la robe de Luther et le large chapeau de l'anabaptiste Münzer. Semblable à ces eaux du lac Léman, qui changent cinq fois de nuance, elle n'était plus à Genève ce que Farel et Viret l'avaient faite à Orbe et à Lutry, lorsque Calvin, à son tour, à toutes ces transfigurations, vint ajouter une forme nouvelle.

CHAPITRE XVII.

PAMPHLETS DE CALVIN. SADOLET. 1537 — 1539.

Examen de deux pamphlets publiés par Calvin à Genève contre le catholicisme. — Le Réformateur jugé par M. Galiffe. — Le prêtre catholique. — Sadolet à Rome, — A Carpentras. — Conduite de l'Evêque, — Sa lettre aux Genevois, monument de charité et d'éloquence. — Réponse de Calvin. — Double appréciation de cette lettre.

En quittant Genève, Calvin laissait deux ouvrages qu'il venait de livrer à l'impression, et destinés à jeter le trouble en France. Quand il était revenu d'Italie pour régler ses affaires, il se cachait soigneusement aux regards, et vous n'auriez pas deviné qu'il appartînt à la réforme, s'il n'avait oublié d'aller prier sur la tombe de son père. Mais, à Genève, il n'a plus peur, et il pousse au martyre qu'il n'oserait affronter. Dans son traité de Idolatria fugienda, dédié à Nicolas du Chemin, il veut que tout chrétien lavé dans le sang de Jésus-Christ, confesse sa foi, sans crainte du supplice; qu'il parle haut et ferme, qu'il ne se cache pas dans les catacombes, mais qu'il chante la vérité sur les toits ; car, dit-il, « vraie piété engendre vraie confession, et ne faut point tenir pour chose légère et vaine, ce que dit saint Paul : Comme on croit de cœur à justice, ainsi on fait confession à salut. »

Et comme si sa parole n'était point assez puissante, il ouvre le ciel et nous montre dans la gloire éternelle nos saints docteurs conviant la France à recevoir la réforme.

« Il sera grandement utile de nous souvenir ici de ce que saint Augustin récite en quelque lieu de saint Cyprien. Après qu'il fut condamné d'avoir la tête tranchée, on lui donna choix et moyen de racheter sa vie, si seulement de parole il vouloit renoncer la religion pour laquelle il devoit mourir ; et non-seulement lui fut donné licence de le faire, mais après qu'il fut venu au lieu du supplice, il fut affectueusement sollicité par le gouvernement d'aviser s'il n'aimoit pas mieux pourvoir à sauver sa vie que souffrir la peine d'opiniâtreté folle et inepte. A quoi en un mot il répondit « qu'en chose tant sainte, il n'y avoit lieu de délibération. » Quand les torments étoient appareillés devant ses yeux, et que le bourreau, avec un regard de travers, félon et cruel, le serroit de près ; que le coup de l'épée jà étoit sur le col, et qu'on oyoit qu'horrible maudissons du peuple forcené, si quelqu'un s'émerveille comment ce saint personnage n'a perdu courage, et n'a laissé de se présenter alaigrement au torment, qu'il pense qu'il a soutenu jusqu'au bout cette constante grandeur de courage par une seule pensée : qu'il avoit son cœur fiché au commandement de Dieu qui l'appeloit à faire confession de sa religion 1). »

Vous le voyez, c'est la révolte ouverte que prêche Calvin dans cet appel à la France, la révolte contre le prince, contre le culte national. Et pour que les chrétiens sachent à quel signe on peut les reconnaître, Calvin veut qu'ils renoncent à l'image, au culte des saints, à l'abstinence, au célibat, aux pratiques extérieures du culte, à l'extrême-onction, à l'eau baptismale, à la messe surtout, cette invention diabolique, comme il la nomme. Pour la flétrir, il se met à décrier le sacrement, le prêtre qui le célèbre, le fidèle qui y participe. On dirait qu'il veut nous peindre un des soupers nocturnes de la rue des Chanoines à Genève.

« Le peuple assiste 2), persuadé que tout ce qui s'y dit et fait est saint, avec lequel meslé tu simules et fais semblant d'estre de mesme religion. Après que cet enchanteur et joueur de passe-passe s'est approché plus près de l'autel, il commence à jouer son rôle et sa farce, tantost se remuant d'un costé, tantost d'autre ; tantost il est sans se bouger ; puis il marmotte des murmurements magiques, par lesquels il lui semble bien qu'il doit tirer Christ du ciel, et veut que les autres l'entendent ainsi. — Après estre descendu du ciel, s'admet de faire la réconciliation de Dieu envers les hommes, comme s'il estoit substitué au lieu de Christ, mort et trespassé. »

---

1) De fugiendis impiorum illicitis sacris. Epistola Nicolao Chemino. Calvin a traduit ce pamphlet en Français.
2) Opuscules. Genève, 1611, p. 710.

Puis voilà Calvin, mentant à l'histoire et à sa conscience, en nous montrant cette église catholique mangeant le pain des pauvres, faisant liesse et prosternée à Genève devant l'or, son Dieu du ciel et de la terre 1).

« Calvin à son ancien ami de présent évesque. Maintenant chacun va disant que tu es bienheureux, et, par manière de dire, le mignon de la fortune, à cause de la nouvelle dignité d'évesque qui t'est escheue. Car, oultre le titre honorable de prélat, duquel la majesté est partout révérée, elle t'apporte aussi un grand revenu de deniers, duquel, non seulement tu pourras entretenir le train de ta maison, mais aussi subvenir à la povreté de plusieurs et user de la libéralité envers d'autres. Voilà ce que les hommes disent de toi, et par aventure aussi te le font croire. Mais moi, quand je pense un petit que valent toutes ces choses desquelles les hommes font communément si grande estime, j'ai grande compassion de ta calamité 2). »

Quel reproche jeté à l'épiscopat gallican par un homme qui n'a pas encore usé probablement le dernier vêtement dont le couvrit l'Eglise catholique; qui a mangé le pain de nos pauvres, qui a dépensé le denier de nos veuves et de nos orphelins, et qui lit dans une bible que lui acheta la charité de l'abbé de St-Eloy à Noyon!

Il feint maintenant que son évêque croupit dans

---

1) De papisticis sacerdotiis vel administrandis, vel abjiciendis. — Gerardo Ruffo.
2) Opuscules 113, 118, 123, 25, 43. — Paul Henry : Das Leben Joh. Calvins, t. 1, p. 185 à 191.

l'oisiveté, n'a nul souci du salut des ames, pauvres brebis qu'il ne songe qu'à pressurer, à dépouiller et à tondre, pour vendre leur toison et faire bonne chère.

« A la trompette ! lui dit-il, toi qui dois faire le guet ; à tes armes, pasteur ! Qu'attens-tu ? A quoi songes-tu ? Est-il temps de dormir ? Malheureux ! tu dois rendre compte de la mort de tant de gens devant le Seigneur ! Tant de fois es-tu homicide ! tant de fois coulpable de sang, duquel il n'y aura pas une goutte que le Seigneur ne te redemande de ta main ! Et estant foudroyé si horriblement, tu n'en es aucunement esmu, tu n'en as aucune frayeur ? — Mais je te traite encore bien doucement, quand je t'appelle homicide et traître. — Voici un crime, malheureux, par dessus tous les autres, c'est que tous les jours tu vends et crucifies le fils de Dieu en tant qu'en toi est.

» C'est une escorniflerie et piperie toute évidente, c'est un larrecin le plus hardi qu'on sauroit voir, que celui qui jamais n'a mis mains à la besongne vienne demander payement ;

» Quand estant bien loin de leurs églises toute l'année, ils ont là leurs vicaires, qui sont de si petits vilains larronceaux et brigandeaux par lesquels ils commestent infinies sortes de rapines, extorsions, pilleries, larrecins.

» Et votre grand brigand n'a pas été tellement dehonté qu'il n'ait entrelacé dans ses édits tyranniques ce povre mot de saint Jérôme. — Que les biens de l'église sont les biens des povres, desquels qui en prend plus qu'il n'en faut pour mener une vie honnete et sobre, celui-là derobe autant aux povres.

» Ceux que le Seigneur ordonne pasteurs à son église il dénonce qu'il les établit gardes et guettes pour la défense de son peuple. — Ils sont nommés sels de la terre, lumière du monde, anges de Dieu, ouvriers avec Dieu, la prédication est appelée vertu et puissance de Dieu. —Respons-moi : en conscience toy, super-intendant et chef de la religion en quelle fidelité est-ce que tu travailles à redresser ce qui est deschu? »

Mais l'ombre de l'évêque s'est réveillée : elle a parlé en empruntant les expressions mêmes d'un protestant.— «Que veux-tu, Calvin ? convertir la France au calvinisme, c'est à dire à l'hypocrisie, mère de tous les vices? tu n'y réussiras pas. — Que Bèze t'appelle à son aise le prophète du Seigneur!—C'est un mensonge.—Chassé de France, tu seras recueilli à Genève, où on te comblera de tous les honneurs imaginables, toi qui parle de pauvreté! tu t'y acquerras une autorité illimitée par toutes sortes de moyens, et dès que tu seras sûr d'un parti puissant, tu confisqueras la réformation à ton profit, tu feras bannir les fondateurs de l'indépendance gènevoise, qui avaient donné leur sang et leurs biens pour la liberté ; tu leur crieras en chaire, à ces ames patriotes : balaufres, bélîtres, chiens; tu feras brûler, décapiter, noyer et pendre ceux qui voudront résister à ta tyrannie. — Ton régne sera long et tes institutions barbares te surviront pendant un siècle et demi 1). »

---

1) Galiffe, lettre à un protestant, 2 pages in-4°.

Mais je veux au ministre réformé opposer un prêtre catholique, et je le prendrai justement à cette cour de Léon X, que Calvin nommait l'antre de Satan.

Or, Léon X, à son exaltation à la papauté, avait choisi, pour secrétaire, un pauvre jeune homme du nom de Jacques Sadolet 1). C'était une charge toute poétique, qui mettait l'élu en relation avec les gloires du monde connu, avec Erasme, Luther, Mélanchthon, Henri VIII, Thomas Morus, Reuchlin 2). Il fallait que le secrétaire écrivît en latin, en grec, en italien et quelquefois en allemand. Et Sadolet savait toutes ces langues, qu'il parlait avec une facilité extrême. Trois cents écus romains étaient l'appointement ordinaire de cette dignité si enviée : mais, par compensation, l'employé voyait Léon X dans toute sa pompe et se tenait debout à côté du pape, quand le prince donnait dans sa salle du vatican une de ces audiences où l'Arioste représentait la poésie épique, Ascolti l'éloquence, Raphaël la peinture, Michel-Ange la sculpture, Caietano l'herméneutique et Ruccelaï la tragédie. Or, il n'y avait peut-être pas dans Rome d'ame plus ardente que celle de Sadolet : jugez donc de ses joies! Avec ses trois cents scudi, il trouvait moyen de se nourrir, de s'entretenir, et d'acheter à des juifs quelque manuscrit grec que l'israélite flairait admirablement, avait pour rien et vendait au poids de l'or; ou bien encore une statuette

---

1) Excerpta ex tomo III. Florum historiae S. R. E. cardinalium a Ludovico domino d'Attichy epis. Aeduensi. Lut., Paris, 1660.
2) Hier. Niger. Ep. ad Paul. Rhamn.

qu'on trouvait en fouillant le Campo Vaccino. Si bien que l'année finie, le musée et la bibliothèque du jeune lettré étaient riches de chefs-d'œuvres nombreux devant lesquels il était en perpétuelle adoration. Léon, qui savait les goûts de son secrétaire, lui faisait parfois présent, aux grandes solennités de Pâques ou de Noël, d'un camée, d'une bague, d'un bronze, et ce jour était une fête que Jacobo célébrait en beaux vers. Chacune de ces reliques coûtait au poète une ode latine, qu'il récitait ensuite à Bembo ou au pape lui-même.

Donc, un jour, des ouvriers viennent annoncer à Sadolet qu'ils ont trouvé un groupe en marbre d'un ciseau grec admirable. Sadolet se transporte aux jardins de Titus, et, peignez-vous son ravissement, il a reconnu le Laocoon, tel que Pline l'a décrit. Le soir, toutes les cloches des églises sonnaient pour annoncer l'heureuse découverte. Bembo avait rédigé le programme de la fête du lendemain. Ce jour, la statue, ornée de fleurs et de verdure, devait traverser la ville au son de la musique, et faire son entrée triomphale au Vatican. Les poètes ne dormirent pas de toute la nuit : ils préparaient, pour saluer le retour du Laocoon à la lumière, des sonnets, des hymnes, des canzoni ; les rues étaient pavoisées en signe d'allégresse. Sadolet rêvait, s'exaltait, et, dans l'espace de quelques heures, improvisait une ode latine que lui avait demandée Bibbiena.

La cérémonie finie, et le dieu nouveau posé sur son piédestal, le pape (c'était Jules II) se retira dans ses appartements ; et alors commence une fête nouvelle, fête toute païenne, où Sadolet représente le vates antique, Horace ou Virgile, et chante la tête couronnée de lierre. Le poète a voulu faire un drame ; on voit venir les reptiles, l'œil ardent, qui s'enroulent et étreignent les trois corps dans leurs replis sinueux.

> Prolixum bini spiris glomerantur in orbem
> Ardentes colubri et sinuosis orbibus oram
> Ternaque multiplici constringunt corpora nexu.

C'est le père d'abord qu'ils mordent et déchirent.

> Laocoonta petit totumque infraque supraque
> Implicat, et rabido ferit ilia morsu.

On entend les cris du vieillard ; à chaque coup de dent des couleuvres, son œil se lève avec son bras comme pour implorer le ciel ; le serpent se courbe, se redresse, s'alonge, et dans ses lubriques évolutions, mordille l'estomac, la poitrine, les cuisses du malheureux; les veines se gonflent, les chairs halètent, la bave qui ruisselle se mêle à un sang noirâtre..... Des cris d'admiration s'élèvent de toutes parts : on entend vive Sadolet! vive Virgile! On avait oublié le Laocoon. Le soir, Jacobo trouva dans sa chambre un beau manuscrit de Platon : c'était un présent du pape.

Léon X avait fini par ne voir dans son secrétaire qu'un poète qui, pour vivre, devait se contenter de gloire et d'encens. Il oubliait que Sadolet avait un corps à nourrir. Quand venait la fin de l'année, Jacobo était endetté, et il lui fallait recourir à la bourse, toujours ouverte, de l'un de ses amis. A la fin, Bembo vint demander au pape une robe neuve pour Sadolet. Médicis se repentit noblement. Quelques jours après Sadolet était nommé à l'évêché de Carpentras. J'ai oublié de vous dire que le secrétaire était un grand théologien, un habile exégète, un chrétien de la primitive église, simple de mœurs, doux de cœur, d'une confiance en Dieu véritablement enfantine, ne songeant pas plus au lendemain que l'oiseau. C'est que, comme l'oiseau, il aimait à faire son nid au grand air, dans quelque métope grecque, ou dans les plis de la robe d'une statue romaine à demi déterrée.

Sadolet résista longtemps ; et tout autre en eût fait autant que lui, s'il avait vécu dans cette Rome de la renaissance, en compagnie de tous les dieux de l'antique mythologie et des artistes qui en ressuscitaient chaque jour quelque image oubliée. Il céda pourtant et obéit en chrétien et en poète.

Car il allait emporter avec lui, pour en décorer l'évêché de Carpentras, des papyrus égyptiens, des statues d'Athènes, des bronzes de Corinthe, des éditions vénitiennes de Cicéron, Démosthènes, saint Thomas, Aristote, Virgile, Horace, et des cadres de Ghirlandajo, de Pérugin, de Cimabue. Le bâtiment qui renfermait toutes ces merveilles avait fait voile d'Ostie, accompagné, comme jadis le vaisseau qui portait Virgile, des vœux de toutes les ames poétiques de Rome. Mais, voyez le malheur ! A peine le navire touche-t-il les eaux de la Méditerranée, que la peste vient fondre sur l'équipage ; les matelots meurent presque tous ; le capitaine seul et le second survivent et font voile pour les côtes de France, d'où on les repousse impitoyablement. Adieu manuscrits réunis avec tant d'amour par Sadolet ! adieu divin Platon, présent de Jules II ! adieu trésors d'archéologie et de numismatique ! adieu missels tout russelants d'or et de cinabre, œuvres de patience monacale! adieu beaux dessins que Raphaël avait faits exprès pour son ami! Vous vous attendez sans doute à quelque ode où Sadolet va pleurer son cruel désastre. J'étais comme vous : nous nous trompions. Le poète a laissé ses ailes à Rome ; nous ne trouvons plus à Carpentras que le prêtre soumis aux décrets du ciel, « résigné à la perte de tous ces beaux codex grecs qui lui avaient coûté tant de peine à rassembler, tant de soin à garder. 1) » Pour notre part, nous aurions pardonné facilement aux douleurs poétiques du propriétaire.

Nous oublions une circonstance du voyage. A Carpentras, Sadolet se met à compter son argent, et il trouve que le secrétaire de la chancellerie romaine l'a payé jusqu'à la fin de l'année. Or on était au mois d'octobre. L'évêque aussitôt renvoie 150 beaux écus qu'il avait reçus de trop, en grondant le trésorier sur cette erreur de chiffres.

Maintenant il nous faudrait un volume tout entier, comme à son biographe, pour vous représenter l'hôte de la cour la plus brillante de l'Europe au milieu de son troupeau de montagnards qu'il aimait comme autrefois il aimait ses livres. Il avait étudié le droit : il voulut être le premier magistrat de ses administrés ou de ses enfants, ainsi qu'il les nommait. Carpentras avait alors des foires très fréquentées ; quand donc s'élevait entre marchands une querelle, les deux par-

---

1) Mei reliqui illi tot labores quos impederamus graecis praesertim codicibus conquirendis undique et colligendis, mei tanti sumptus, meæ curæ, omnes iterum jam ad nihilum reciderunt. Ep. Sadoleti.

ties allaient frapper à la porte de l'évêché.—Que demandez-vous ? — Monseigneur, votre sentence. — Sadolet conduisait les plaideurs dans son jardin, sous un beau maronnier touffu, les faisait asseoir à côté de lui, et jugeait sommairement la cause. L'arrêt était en dernier ressort et sans appel.

Dans le château épiscopal était un bucher tout plein de bois qu'il distribuait en hiver aux pauvres de son diocèse. Quand la brebis souffrait du froid et de la faim, il ajoutait au bois du pain et des vêtements. Dans une année de disette, il nourrit ainsi plusieurs milliers de malheureux. 1) Sadolet disait quelquefois: « Je ne sais pas comment cela se fait; je regarde dans mon bûcher, pas le plus petit sarment; dans ma bourse, pas un petit sol : survient un pauvre, et voilà que je trouve une bûche dans un petit coin et une pièce d'or dans la couture; il y a là quelque bon ange qui me joue un tour. » Il disait vrai. Son diocèse, et Carpentras surtout, étaient pleins de bons anges, habillés en magistrats, en hommes de guerre, en marchands, en belles dames, véritables magiciens qui emplissaient la bourse et le bûcher, et jusqu'à la bibliothèque, qui finit par se garnir de livres de poètes, de jurisconsultes, de docteurs, à l'aide desquels il trouva moyen de recommencer sa vie d'artiste. C'est là que l'évêque écrivit quelques uns de ses ouvrages, et entre autres son traité latin sur l'instruction primaire de l'enfance; de liberis recte instituendis; et son beau Commentaire

---

1) Duriore anno magnum hominum egentium numerum alebat.

sur les Epîtres de saint Paul aux Romains; exégèse contre laquelle se souleva toute l'école luthérienne, et que Sturm attaqua si grossièrement. Sturm était un humaniste de Strasbourg. Savez-vous bien ce qu'il reprochait au pieux évêque? D'avoir menti en parlant de la réforme. Sadolet ne s'émeut pas le moins du monde. Il répond à Sturm, qui lui a envoyé son dernier manuscrit : — « Tu m'accuses, mon cher, d'avoir, dans mes Commentaires, rendu de vos doctrines un faux témoignage, car c'est bien l'expression dont tu te sers, falsum testimonium. Tu aurais dû laisser tous ces vilains mots à Luther ; ils ne sauraient convenir à une intelligence comme la tienne. Mais tu t'es trompé; tu reviendras, j'en suis sûr, à ta politesse et à ton style d'habitude. Si jamais toi, ou Bucer, ou Mélanchthon, avez besoin de moi, je suis disposé à vous servir, et non point en paroles seulement 1). »

Il ne se passait pas de semaine, qu'il ne reçût une lettre de l'un de ses amis. C'était tantôt l'évêque d'Apt, son voisin, qui avait institué dans son palais une école de théologie 2); tantôt Cochlée, auquel il répondait : « J'approuve ta manière d'écrire douce et modérée : n'exaspérons pas les hérétiques » 3). Erasme, qu'il avait connu à Rome, le consultait sur

---

1) Ep. Sadoleti Joh. Sturmio, 1536. Equidem quod ad me attinet si quid forte accederit quod tibi et Melanchthoni, et Bucero commodum aut gratum facere possim, reperietis me profectò paratiorem quam verbis ut nullum a me officium benevoli erga vos hominis desiderari sim passurus.

2) Flagrans studio sacrarum lectionum. — Sadol. ep., lib. 6, ep. 9.

3) Sadol., ep., lib. 2, ep. 6.

un texte obscur de l'Ecriture, sur un vocable douteux; Mélanchthon lui adressait tous les livres qu'il publiait. Sadolet disait : « Si je n'avais affaire qu'à Schwartzerde, demain la paix serait dans l'église; mais Luther, c'est autre chose! » Il ajoutait :

« Je ne sais pas comment la nature m'a créé; mais je ne puis haïr parce qu'on ne partage pas mon opinion 1). »

Voici le sujet d'un beau tableau.

François Ier était en guerre avec la maison de Savoie; le comte de Furstemberg, sous les ordres de l'amiral de Brion, était aux environs de Carpentras, où ses lansquenets avaient commis de graves désordres. Les habitants s'étaient armés et avaient chassé les Allemands. Furstemberg, à cette nouvelle, se met en route avec du canon pour châtier la ville rebelle, lorsque Sadolet, en habit d'évêque, se présente aux avant-postes. — Qui êtes-vous? demande le comte au prélat.—L'évêque de Carpentras qui vient implorer pitié pour son troupeau. — Laissez-moi, dit Furstemberg, je tondrai tellement vos brebis, qu'elles n'auront pas la force de crier. — Monsieur le comte, dit Sadolet, au moins me permettrez-vous de parler à l'amiral?—Allez, dit Furstemberg, je vous attendrai. — Sadolet demande à voir l'amiral, qui adresse au prélat la même question.—Qui êtes-vous? — Sadolet, répond l'évêque de Carpentras. — A ce nom, l'amiral descend de cheval, s'agenouille, baise la main du prêtre et signe l'ordre à Furstemberg de

---

1) Non ego enim sum qui ut quisque a nobis opinione dissentit, statim eum odio habeam.

s'arrêter. — Il était temps, dit Furstemberg, car le canon allait jouer. — Vous m'auriez bien attendu, dit Sadolet. — Et pourquoi, monseigneur? — Le premier boulet appartenait au pasteur, répondit le prélat; les brebis ne seraient venues qu'après 1).

Mais, ce qui vaut mieux que la réponse à l'amiral de Brion, c'est la lettre de Sadolet aux habitants de Genève 2).

Calvin venait de quitter cette ville, en proie à une grande exaltation contre l'intolérance de ses ministres, pleine de mécontents qui témoignaient tout haut leur joie d'être affranchis de leur despotisme. Elle avait repris sa physionomie habituelle : on riait, on dansait le dimanche, on oubliait le passé, on rouvrait les tavernes. La guerre contre les images avait cessé; les anciens livres de prières, cachés soigneusement aux regards, reparaissaient dans les ménages; et, le titre de catholique n'était plus poursuivi comme un signe de félonie. Sadolet crut le moment favorable pour essayer de ramener au catholicisme une cité, où la mémoire des prélats qui en avaient occupé le siége, n'était pas encore éteinte; où le souvenir de leurs efforts pour assurer l'indépendance nationale vivait dans de nobles cœurs. Sadolet n'était pas inconnu à Genève, qui avait autrefois accueilli avec une bienveillance éclairée, le prêtre romain, l'ami du cardinal Contarini, le cour-

---

1) Hist. de François Ier par Gaillard.
2) Jacobus Sadoletus....Episcopus Carpentoracti, S. R. E. tituli sancti Calixti, presbyter cardinalis, suis desideratis fratribus, magistratui, concilio et civibus genevensibus. XV, Cal. Aprilis, 1539. T. 1. p. 171, 186 des œuvres latines de Sadolet, Edit de Vérone.

tisan de Léon X, dont le goût pour les arts était admiré de l'Europe entière.

En prenant la plume, l'image de cette hospitalité généreuse que Genève accordait à l'étranger, est ce qui le frappe tout d'abord. Il est pressé de remercier la ville où il dormit en paix quelques douces heures.

« J'ai appris, dit-il, à vous connaître, loyaux genevois, à aimer votre république, dont l'organisation politique fait mon admiration, et la sainte charité avec laquelle vous accueillez l'étranger. Je sais que Genève est en proie à des troubles semés par les ennemis de votre repos et de l'unité catholique : mon cœur saigne aux gémissements de cette église notre sainte mère, qui pleure la perte de tant d'enfants qu'elle a nourris de son lait, et à la vue des périls qui vous sont reversés. Car, mes bien aimés, les novateurs ne pourront fonder leur triomphe que sur la révolte, le renversement de l'ordre, et la ruine de vos libertés civiles et religieuses. »

Sadolet n'a pas recours ici à une lutte dogmatique où la cité ne pouvait descendre sans désavantage. Il se contente de l'éblouir des splendeurs de l'unité catholique, argument toujours si neuf et si puissant. Il lui montre la croix du Christ sur le Golgotha, gagnant le monde payen, asservissant les peuples et les rois, et il lui demande : — S'il y a deux signes et deux symboles ? — Quand le Christ a manqué à la promesse qu'il avait faite d'être avec ses apôtres jusqu'à la fin des siècles ? Il veut qu'on lui cite un moment dans l'histoire de l'esprit où le catholicisme ait quitté la voie que le fils de Dieu lui avait marquée, une heure dans la suite des siècles où la foi ait failli aux successeurs de saint Pierre, une halte dans l'enseignement unitaire de l'Eglise, une défaillance dans le dogme. Il adjure les Genevois de lui dire si le prêtre catholique n'enseigne pas aujourd'hui ce qu'enseignait le prêtre d'hier; quelles vérités ont trouvées les novateurs; si la foi de saint Jérôme n'est pas celle de Paul III. Unité magnifique! où doit se réfugier quiconque s'appelle Chrétien sous peine de révolte, même quand les pasteurs n'auraient point été comme le Christ, doux, humbles de cœur, pourvu seulement qu'ils aient conservé intact le dépôt transmis par le Sauveur. Qu'importe que la lumière du soleil se voile par intervalles, si le soleil reste le même!

Et, quand il a déroulé cet argument dans tous ses replis, il feint que le monde vient d'accomplir sa dernière heure; que la trompette a rassemblé les morts; que le juge suprême apparaît du haut des cieux pour juger la terre. Alors, il nous représente deux ames qui attendent leur sentence : l'une qui a vécu dans l'unité, l'autre qui s'en est séparée violemment.

L'ame fidèle s'adresse à son Sauveur, et lui dit :

—Seigneur, mon Dieu, née, nourrie et élevée dans le sein de votre église, j'ai observé ses préceptes comme si je les avais reçues de votre bouche même. J'ai vu venir à moi des hommes de nouveautés, l'Ecriture à la main, qui cherchaient à troubler mon cœur, à flétrir le passé, à insulter à ma mère, à prêcher la désobéissance et la rébellion : je suis demeurée ferme, fidèle à la foi de mes pères, à la croyance de nos docteurs, de nos saints, aux enseignements de nos pasteurs. Bien que l'éclat des vêtements de quelques-uns de nos pontifes, le scandale de leurs mœurs, le faste de leurs dignités, offusquassent mes yeux, je leur ai obéi sans les juger, moi, pauvre ame, dont le front porte l'empreinte du péché. Me voilà, Seigneur, devant votre tribunal redoutable, implorant, non pas votre justice, mais votre miséricorde.

Et alors le juge appellera l'ame novatrice. — Ecoute, dira l'ame, écoute, Seigneur, et juge moi : A la vue de nos prêtres si superbes, si riches, souvent couverts d'or et de péchés, je me suis émue de colère : moi, qui ai vécu dans la méditation de ta sainte parole, restée indigente dans une église où mes travaux et ma science auraient dû m'ouvrir la porte des dignités, j'ai été blessée jusqu'au cœur. J'ai pris la plume, j'ai attaqué nos pasteurs pour détruire leur autorité, je me suis prise à leur doctrine, j'ai frondé tout ce qu'ils enseignaient : la liturgie, le jeûne, l'abstinence, la confession : j'ai exalté la foi et rabaissé l'œuvre, j'ai demandé ton sang et l'ai offert en holocauste pour laver nos fautes.

« Et maintenant, que dira le juge éternel ? S'il est une église, l'ame fidèle n'a pu pécher ; car elle en a les signes, et les symboles, et la parole : cette église même, chose horrible à penser ! eut-elle erré ; comment le Seigneur pourrait-il condamner un être qui n'a failli que par amour et obéissance ?

« Mais l'ame qui lève le front, qui s'exalte dans son orgueil, qui n'a pas pour avocats des docteurs, des prêtres, des pontifes, qui crient à Dieu : cette ame a cru ce que nous croyons ; malheureuse qui n'a pour patron que son moi intérieur auquel elle a follement obéi.... quel sera son sort, où ira-t-elle ?.... »

Encore un mot, et ce sera le dernier adieu de Sadolet à l'église de Genève : car il est vieux, affaibli par la souffrance, ruiné par l'étude et les veilles. Il ne tient plus à cette terre que par son amour pour son troupeau ; mais cette page qu'il va tracer restera comme un impérissable monument de la foi et de la charité de l'évêque de Carpentras.

— « Mes bien aimés, je vous en supplie, écartez les voiles qui vous couvrent les yeux et vous cachent la lumière. Levez vos regards vers le ciel, revenez à votre vieille foi, rentrez dans le sein de l'église, votre tendre mère : que désormais nous adorions Dieu dans le même esprit d'amour ! Si nos mœurs vous ont contristés, si quelques uns d'entre nous ont obscurci par leur faute, le front immaculé de cette église; que cette image ne vous jette pas dans la révolte. Vous pouvez bien nous haïr si l'évangile vous le permet : mais notre parole et notre foi, jamais, car il est écrit : faites ce qu'ils vous diront. Bien aimés, je vous en conjure, ne repoussez pas mes avertissements : si vous écoutez cette voix si jalouse de votre bonheur, vous ne vous en repentirez pas. Je serai auprès de Dieu votre intercesseur, moi, indigne pécheur, mais dont l'ardente charité trouvera pitié auprès du Seigneur. Je mets à votre service tout ce que je vaux et je vaux bien peu ! tout ce que je puis posséder d'influence, d'autorité et de crédit. Heureux si, grace à mon amour, vous portez des fruits abondants dans cette vie et dans l'autre. »

L'historien n'a-t-il pas le droit ici de demander

que le lecteur compare cette lettre d'un évêque français, d'un prélat romain, d'un cardinal de Paul III, à celles que Luther adressait aux églises qui ne voulaient pas embrasser la réforme 1)? Il est à regretter que Sadolet ne l'ait point écrite en français. Un biographe protestant de Calvin, prétend qu'elle aurait pu faire beaucoup de mal à Genève 2), c'est à dire le ramener à l'unité.

Elle fit, du reste, beaucoup de sensation parmi les humanistes genevois, et causa un vif chagrin au conseil qui ne savait où trouver une plume qui put répondre à l'évêque. Calvin, qui n'avait pas perdu l'espoir de rentrer dans une cité où le sacerdoce réformé n'avait pas une intelligence de quelque valeur, se chargea du soin de réfuter Sadolet. C'est un service dont le conseil lui tint compte plus tard.

Comme symbole dogmatique, l'épître de Calvin est sans puissance. Les arguments qu'il emploie sont mesquins. Celui qui a pratiqué la réforme n'a pas de peine à en reconnaître l'origine.

Dans plusieurs passages de son apologie, Calvin en appelle à la tradition, pour glorifier la doctrine qu'il est venue enseigner à Genève. — Si nous condamnons, dit-il, cette crasse transubstantiation qui

---

1) Voyez Op. Luth., t. 7, Edit Germ., f. 352, et dans de Wette encore, les lettres du réformateur à Charles V, à Henri VIII, à Albrecht, archev. de Magdebourg. Comparez encore celles de Knox à divers prélats d'Ecosse.

2) Ein Mann von vielem Geist, und reinen Sitten schrieb dem genfer Volke einen so beweglichen und geschickten Brief, daß er ohne Zweifel viel Unheil hätte in der hin- und herschwankenden Stadt anrichten müssen, wenn er nicht in fremder Sprache geschrieben gewesen wäre. Paul Henry, t. 1, p. 229.

voudrait enchaîner le peuple dans la matière, ce n'est pas un dogme nouveau que nous enseignons, mais le dogme même de la primitive église. » Sadolet serait ici un juge suspect, mais quel réformé oserait repousser le témoignage de Luther?

— C'est le diable, dit-il 1), qui nous attaque à l'aide de quelques fanatiques qui blasphèment la cène de notre Seigneur Jésus-Christ, et rêvent qu'on n'y reçoit que le symbole ou le signe du pain et du vin, et qui refusent, dans leur aveuglement, d'avouer que le corps et le sang de Jésus-Christ y sont contenus en réalité, comme l'enseignent ces paroles si claires et si expresses : Mangez, ceci est mon corps.

« Cette hérésie aura son temps ; elle finira bientôt, car elle est trop crasse, trop effrénée ; ce n'est pas une vaine opinion, des textes douteux qu'elle attaque ; mais des sentences scripturaires, claires et explicites... Ils ressemblent à ceux qui regardent à travers un verre coloré ; quelle que soit la couleur de l'objet, l'œil ne voit d'autre nuance que celle qui a été répandue sur la lentille. En vain vous leur montrez la vérité, il faudrait que Dieu ôtât le verre coloré...

» Les princes devraient employer les supplices pour réprimer ces sacriléges qui blasphèment ce qu'ils ne comprennent pas. Un jour ils rendront compte de leurs doctrines ; entends-tu bien, porc, chien, sacramentaire, qui que tu sois, âne, bête brute !

---

1) Contra fanaticos Sacramentariorum errores. Lutheri opera, t. 7, f. 379, 380, 381, 382, 383.

» Héros admirables qui mériteraient qu'on leur crachât sur la bouche et sur la figure, qu'on oignît leurs cheveux de crottins de cheval, en guise de parfums, et qu'on les chassât ignominieusement du pays 1). »

Comment Calvin échappera-t-il à son juge? Son juge est «un apôtre par la bouche duquel Dieu a parlé aux hommes 2)»; Jean de Noyon a rendu au docteur Martin ce beau témoignage. «C'est ce bienheureux réformateur qui a annoncé, disent les ministres du canton de Vaud, la pure parole de Dieu au milieu d'une population à qui tous les prêtres prêchaient une parole falsifiée, en sorte que la preuve incontestable de sa vocation se trouve dans la conformité de sa doctrine avec la Bible 3). »

Sadolet avait déroulé aux regards de Calvin, avec un amour de poète et de chrétien, toute la beauté de l'argument de l'unité. Calvin l'a rejeté; et aujourd'hui, après trois siècles, un des disciples du réformateur s'attache à en relever la magnificence.

« L'étude de ce système, dit M. Ernest Naville, fait connaître toujours plus qu'il est logique, qu'il est beau, et enfin que les bases sur lesquelles il repose sont profondément enracinées dans la nature humaine.

» Du moment où l'on admet un clergé ayant une mission divine, sans que chacun de ses membres soit

---

1) Heros sane fortis et egregius, dignus qui foedatus ora, vultumque sputo, et pilis ex stercore equino confectis, ignominiosissime e pago ejiciatur. 384.

2) Calvin contra Pighium.

3) Religion du cœur, par l'abbé de Baudry, p. 72.

directement appelé de Dieu, il est évident, d'une part, que le clergé devant être un, doit avoir un chef qui garantisse son unité; et, d'un autre, que ce clergé doit être revêtu d'une autorité absolue en matière de doctrines; car c'est là tout le système. Je suis persuadé qu'on peut soutenir victorieusement ce dilemme : ou Jésus-Christ n'a point organisé l'Eglise, ou l'Eglise catholique est celle qu'il a organisée 1). »

Calvin définit ainsi l'Eglise : la communion des élus répandue sur toute la terre, dispersée dans tous les âges, unie au Christ en doctrines et en esprit 2); et il porte le défi à son adversaire de prouver que le sacerdoce genevois ait jamais répudié cette sainte société.

« Au regard de ce qu'ils m'ont objecté, dit-il, que je me suis séparé de l'Eglise, en cela ne m'en sens rien coupable, si d'aventure peut-être, celuy ne doist être réputé pour traître, lequel voyant les souldars espars et escartez, vagans çà et là et délaissant leurs rangs, eslève l'enseigne du capitaine, et les rappelle et remet en leur ordre. Car tous les tiens, seigneurs, estoient tellement esgarez, que non seulement ils ne pouvoyent entendre ce qu'on leur commandoit; mais aussi il sembloit qu'ils eussent mis en oubli et leur capitaine, et la bataille et le serment qu'ils y avoient fait. Et moy, pour les retirer d'un

---

1) Ernest Naville, Thèse soutenue à Genève, en 1839.
2) Nunc si definitionem ecclesiae tua veriorem recipere sustines, dic posthac: societatem esse sanctorum omnium, quae per totum orbem diffusa, per omnes aetates dispersa, una tamen Christi doctrina et uno spiritu colligata unitatem fidei et fraternam concordiam colit.

tel erreur, n'ay point mis au vent une estrangère enseigne, mais celuy tien noble estendart, qu'il nous est necessaire de suivre si nous voulons estre enroulez au nombre de ton peuple. En cest endroit, ceux qui devoient soutenir les dit souldars en tout ordre, et qui les avoyent tirez en erreur, ont mis les mains sur moy, et pourceque constamment je persistoye, ils m'ont résisté avec grande violence. De là ont commencé griesvement à se mutiner, tant tellement que le combat s'est enflambé jusques à rompre l'union. Mais de quel costé soit la faute et coulpe, c'est maintenant à toi, Seigneur, de le dire et prononcer... »

Le théologien, du reste, se fait gloire d'appartenir à l'église de saint Basile et de saint Chrysostôme sous les Grecs, de saint Ambroise et de saint Augustin sous les latins; « au delà il n'y a plus que des ruines, une papauté flétrie, un clergé déshonoré. »

Heureusement l'évêque a pour avocat la plus belle intelligence réformée de notre époque, M. Vinet, qui s'écrie ici : « Nous avons droit, comme chrétiens, de réclamer saint Chrysostôme, saint Basile, saint Augustin, saint Bernard. Ce que nous nions, ce n'est pas eux, ni cette Eglise où ils ont brillé comme des flambeaux; ce serait nous nier nous-mêmes 1).

Honneur au ministre vaudois pour avoir élargi le chœur des docteurs de notre école, et y avoir fait entrer ces pères de l'Eglise, « aveugles et ignorants des saintes lettres, qui, en écrivant, avaient la plume

---

1) De Baudry, Religion du cœur, p. 273.

en main et l'esprit ailleurs ; qui ne sauraient mériter le nom de saints, s'ils ne se sont ravisés avant de mourir, et qui ne sont pas même dignes de lier la courroie des souliers de Luther. » 1) — Vienne donc Bèze pour nous dire « qu'il proteste et assure devant Dieu et devant les anges que l'audace de saint Jérôme à tordre le nez aux écritures lui fait mal ; » 2) nous lui répondrons qu'un homme de cœur et de talent a mis saint Jérôme au nombre de ces gloires dont toute l'Eglise doit être fière. Et si un ministre évangélique nous dit « qu'on ne peut imaginer banquet d'yvrongnes plus frénétiques que le concile de Nicée, quand mesme on prendroit Bacchus couronné de raisins, assis sur un muid de vin, le gobelet en main, environné de Lapithes et de Ménades avec ses tintamares dignes d'un tel président et de tels conseillers que fut cette troupe de gens insensez, abusant du nom de Dieu et de son église 3) ;... — nous en appellerons au témoignage du ministre vaudois, dont personne ne serait assez hardi pour nier les lumières.

Ainsi donc, Calvin a calomnié notre Eglise en la couchant à jamais dans un sépulcre, qui n'a pour gardiens que saint Chrysostôme et saint Augustin : la voilà qui soulève la pierre du tombeau, et ressuscite, huit siècles après, pour briller de l'auréole de saint Bernard. Sadolet n'avait-il pas raison de se ré-

---

1) Lutheri opera : De missa privata, t. 7, p. 231.
2) Bèze, in 3 cap. ad Rom. in act. Ap. in respons. ad Brent.
3) De Serres, anti jésuite.

crier contre l'inconsistance menteuse de la parole calviniste !

Vous avez vu avec quelle sainte liberté l'évêque de Carpentras avoue que cette couronne, que des papes mêmes ont portée, n'a pas été toujours une couronne d'épines, mais une couronne de prince mondain, trop chargée d'or, de pierreries; sans que le chrétien soit en droit cependant d'accuser l'Eglise qui la leur a posée sur la tête, et qui a été la première à gémir des fautes de ses fils élevés à la royauté. C'est un argument que reprend Calvin, et qu'il étend avec complaisance, mais que vient briser un organe du protestantisme de ce siècle. « Vouloir, dit M. Naville, expliquer le système catholique d'une manière exclusive, par la fraude et les calculs ambitieux du clergé, c'est faire injure à la chrétienté tout entière, et rejeter les notions les plus simples de l'histoire 1).

Maintenant donc que le débat est vidé, que Calvin nous fasse entendre la trompette qui réveillera les morts, et qu'au son de cette fanfare divine, il approche du trône de l'agneau pour demander justice ! Ce n'est ni Sadolet, ni saint Jérôme, ni saint Augustin qui le jugeront; c'est Luther, c'est M. Naville, c'est M. Vinet, c'est tout le sacerdoce de Wittemberg, de Genève, de Lausanne.

Alexandre Morus a dit : « quiconque voudra connoistre la beauté et la force du style de Calvin, qu'il lise la réponse qu'il a faite à Sadolet : il ne pourra le faire sans avoir le cœur touché, sans en devenir meilleur et plus saint. » Alexandre Morus aurait dû cé-

---

1) Thèse soutenue à Genève, en 1839.

lébrer aussi la politesse du réformateur et citer cette phrase par exemple :

« Nourri comme entre les bras du pape Clément, et de renfort fait cardinal à Rome, en cette boutique de toute finesse et astuce 1).

Si nous ne nous attachons qu'à la forme, nous avouerons sans peine que l'épître de Calvin mérite l'estime et souvent même d'admiration de l'humaniste. Il a fait de notables progrès depuis l'Institution. Sa phrase a moins de sécheresse et d'aridité; l'image lui vient parfois et il ne la repousse pas; mais en général, il lui manque ce qui surabonde dans les écrivains italiens de l'époque, la couleur et le mouvement.

En lisant Sadolet, vous vous croyez à Rome, vous respirez les parfums qui traversent le Janicule, vous voyez le soleil qui colore d'une teinte d'or les monuments de la ville éternelle, vous êtes énivré de poésie : en lisant Calvin, vous avez devant vous cette haute montagne, qu'on aperçoit de toutes parts de Genève, le Salève abrupte et nu, mais fièrement assis sur sa base de granit.

---

1) Is homo prope a pueritia imbutus romanis artibus, in illa versutiarum ac calliditatis officina. — Calvin publia sa lettre latine en 1539, et la traduction française en 1541.

CHAPITRE XVIII.

CALVIN A BERNE. — 1538.

Voyage de Calvin à Berne. — Dispositions des populations. — Arrivée à Berne. — Conz. — Portrait de ce ministre. — Dispute entre Conz, Calvin et Farel. — Berne travaille au retour des Bannis. — Le peuple genevois en assemblée générale confirme l'arrêt d'exil de Calvin. — L'Eglise de Genève et ses ministres jugés par le réformateur. — Paillardise, hypocrisie, ignorance du clergé réformé. — Calvin à Basle. — A Strasbourg.

Berne avait vu de mauvais œil les tentatives de Calvin pour repousser les règlements du synode de Lausanne. Berne avait prêché la révolte contre l'église romaine, mais une fois le triomphe de la parole réformée accompli, il voulait que l'église nouvelle vécut dans la paix et l'union. Il avait conservé de l'ancien culte quelques cérémonies pour frapper la multitude, et il tenait à ces formes extérieures, comme à des symboles écrits. Tous ces troubles qui remuaient en Suisse la population déplaisaient à Charles V, dont la république voulait conserver l'amitié. On disait que l'empereur se proposait d'envoyer en Suisse un légat chargé d'étudier l'état des esprit. Berne se hâta donc de relever les églises encore debout, de badigeonner les temples salis par ses soldats, de convertir les monastères intacts, en écoles de charité, de vêtir et d'entretenir ses nouveaux prêtres, de rassembler les objets d'art dispersés, et surtout de prêcher la concorde aux citoyens, afin de pouvoir dire au légat impérial : — Vous voyez qu'il n'y a pas eu lutte ici comme en Allemagne : les presbytères sont presque entiers, les écoles à leur place ; les ministres du Seigneur n'ont fait que changer de vêtements... Voici seulement quelques ruines qui disparaîtront bientôt, mais les cœurs sont unis dans la même foi : Gloire à Dieu !

A mesure que dans son voyage de quelques jours avec Farel, Calvin s'approchait de Berne, il pouvait deviner que les populations étaient sous l'influence de mauvaises passions ; les paysans murmuraient en voyant passer les ministres genevois. Ils étaient à Berne depuis huit jours, demandant inutilement à être entendus, sans qu'aucune réponse leur eut été faite « comme si, dit Calvin, on eut voulu lasser leur patience 1). » Conz (Kuntzen), desservant de l'église de Berne, leur donna rendez-vous dans sa maison. Conz était un logicien colère, bouffon, acariâtre. Calvin, dans une lettre à Bucer, où il se défend de tout esprit de dénigrement 2), fait de Conz « une bête

---

1) Ita ex composito putavimus patientiam nostram tentari, ut si taedio fracti caussam istam abjecissemus tota culpa speciose in nos conferri posset. — Pientissimo et eruditissimo viro D. Bullingero, Tig. Eccl. pastori, fratri carissimo. — Mense junio, 1538.

2) Rixari non est certe mei moris. Cal. Bucero. Gen., 12 jan. 1538.

féroce, aux gestes, aux paroles, à la figure d'une furie 1). »

Conz ne laissa pas le temps à Calvin d'exposer ses griefs contre l'église et le gouvernement de Genève; il commença par blâmer la conduite des deux ministres, qu'il accusait d'avoir jeté le trouble dans le canton. Farel et Calvin essayaient vainement quelques mots de justification à chaque instant interrompus par l'orateur qui voulait parler tout seul. Farel, étonné de se trouver en face d'une organisation si colère, se cachait derrière Calvin et tremblait encore longtemps après au souvenir de cette scène 1). Sébastien Meyer et Erasme Ritter, qui assistaient au colloque, parvinrent enfin à adoucir Conz. Il y eut un moment de silence et de répit pour les accusés, car Farel et Calvin étaient devant un juge. Alors, Conz reprit la parole et proposa aux ministres genevois un débat en forme, devant le sénat bernois. Le lendemain, Farel et Calvin attendaient à la porte du conseil l'heure indiqué par Conz; mais on vint leur dire, après deux heures d'attente, que le conseil, surchargé d'affaires, n'avait pas le temps de les entendre, qu'on les recevrait après le diner. Conz prit d'abord la parole, et s'adressant à Calvin : — Vous n'êtes que des brouillons, dit-il, l'église helvétique était en paix, vous l'avez troublée par les nouveautés que vous lui apportiez 3).

---

1) Bellua rabiosa. Vultus, gestus, verba, color ipse furias spirabant. Cal. Bucero.
2) Daß Farel doch im späten Alter davon sprach.
3) Conzenus exprobavit ecclesias omnes Germaniae ac quae alio-

— Ce n'est pas nous, reprit Calvin, qui avons apporté à Genève le pain fermenté, qui était en usage longtemps avant nous dans l'ancienne église : sous le papisme même, on trouve des vestiges de la cène antique : on y distribuait le pain fermenté.

Conz criait, tampêtait, gesticulait et se tordait les doigts : c'était une scène à la manière de celle que jouait Luther : on eut dit que le ministre avait vécu toute sa vie à Wittemberg. Il était si « bouillant de colère », qu'il s'élança de son banc, menaçant du poing les ministres genevois 1). On parvint à le faire rasseoir.

Le rôle de Calvin était singulièrement retréci : il balbutiait, sa langue s'embarassait dans des phrases que son adversaire ne lui permettait pas d'achever : Voyez donc, disait Conz, leur mauvaise foi, ce ne sont pas des serviteurs du Christ avec qui nous disputons ici, mais des brouillons qui ont promis de recevoir les décisions du synode de Lausanne, et qui refusent aujourd'hui d'obéir à la voix de l'église helvétique !

L'accusation était précise. Farel et Calvin soutenaient qu'ils avaient au contraire promis d'obéir au synode, et qu'ils étaient toujours dans les mêmes dispositions ; mais Conz insistait et ne voulait pas qu'on écoutât les ministres dissidents. On se sépara.

Comme Calvin descendait la grande rue de Berne, Sébastien courut après lui et le tirant par le pan de

---

tranquillae erant, importuna novitatis affectione fuisse a nobis perturbatas.

1) Illic vero non clamoribus solis contentus ex abaco se proripuit, ac toto corpore sic ebulliebat, ut injecta manu retineri a collegis non posset.

son vêtement : — Dites moi donc, demanda-t-il au ministre genevois, est-il vrai que quelques uns de vos frères traitent de loups et de faux prophètes, ceux qui ont pris votre place à Genève?

— Oui, répondit Calvin à Sébastien, et nous les tenons à notre tour pour de vrais loups, et de vrais faux prophètes 1).

— Donc vous en direz autant de nous, qui après avoir chassé Mégander 2), le remplaçons dans l'église de Berne!

— Oh ! reprit Calvin, c'est autre chose ; nous disons pourquoi nous traitons nos remplaçants de loups.

Sébastien, que cette distinction polie n'avait pas convaincu, changea aussitôt de langage et déserta la cause de Calvin. « C'était un véritable brouillon 3) que ce Mayer, d'une nature mobile et donnant toujours raison à qui lui parlait le dernier. »

Restait encore Erasme, qui avait une bienveillance particulière pour Calvin, mais qui fut entraîné par ses collègues.

Le grand conseil s'assembla quelque temps après, manda Calvin, et lui intima par trois fois l'ordre de se soumettre. Les ministres genevois cédèrent « de

---

1) An verum putaremus quod narrabatur a quibusdam, tantam esse in certis fratribus severitatem ut eos lupos vocarent et pseudo prophetas, qui in locum nostrum irrepsissent : respondimus nostrum non esse aliud de ipsis judicium. Calv. Bulling.

2) Megander et Leo Judae travaillèrent à la traduction des saintes Ecritures, en langue allemande, laquelle parut à Zurich, en 1529 et 1531. John Scott's Calvin and the Swiss reformation, p. 116

3) Sed quid aliud potest quam suis deliramentis invertere Evangelii puritatem ? Cal. Bucero, 12 jan.

peur, disaient-ils, que leur opiniâtreté n'affligeât les gens de bien. »

Le conseil décida que deux légats accompagneraient les bannis jusqu'à quelque distance de Genève et iraient traiter de leur retour ; qu'en cas de succès, ils viendraient prendre les ministres et veilleraient à leur rétablissement.

Mais les bannis sollicitèrent un nouveau message ; car, disaient-ils, il semblera que nous venons implorer notre réintégration, comme des coupables; et pourquoi aussi n'avoir point ajouté à la légation quelque ministre du saint évangile?

Le conseil fit droit à leur demande. Les légats et les bannis devaient entrer dans la ville : Érasme Ritter et Viret allaient être joints à la députation.

Le bruit du retour de Calvin avait mis Genève en émoi : le peuple manifestait hautement sa colère : l'ambassade n'était qu'à une lieue de la ville quand une estafette vint lui en interdire l'entrée. C'était, dit Calvin, un attentat au droit des gens et à la liberté politique contre lequel les exilés étaient décidés à protester, en entrant le visage découvert à Genève. Mais les députés ne crurent pas à propos de braver l'ordre souverain, et heureusement, dit Calvin, car «vingt bandits veillaient en embuscade aux portes de la ville 1). »

En face de manifestations si énergiques, les pouvoirs décidèrent que le peuple prononcerait sur le

---

1) Nam postea constitit non procul mœnibus collocatas fuisse insidias; in ipsa autem porta considebant armati viginti gladiatores. Cal. Bulling.

sort définitif des bannis. Le peuple s'assembla. Louis Annman et Viret plaidèrent la cause des ministres avec tant d'entraînement, que la colère plébéienne semblait s'éteindre. Mais un des syndics, après leur départ, se mit à lire les griefs ou articles qu'on reprochait aux ministres, au milieu des murmures d'indignations, d'exclamations de surprise, de ris, de cris de fureur. Ils étaient accusés d'avoir appelé l'église de Berne notre église; — d'avoir nommé les Bernois sans leur qualification ordinaire; — d'avoir fait un dogme de l'excommunication.

Alors la place publique de Genève devint un autre Forum. Voyez criaient mille voix diverses : Notre église, comme si elle était à eux; notre église, comme on dirait d'un champ ou d'une maison! 1) — Au Rhône! Au diable avec leur excommunication, nous n'en voulons plus! — L'exaspération était au comble; et si, dans ce moment, Calvin ou Farel s'était montré, le peuple se serait porté à de violentes extrémités; il avait auprès de lui deux tombeaux ouverts : le Rhône et le lac..

Les députés avaient avec eux les articles qu'ils ne devaient lire au peuple qu'en présence des ministres : véritable confession que les bannis pouvaient seuls justifier. Mais il paraît que Calvin était trahi par Conz, qui s'était servi de Pierre Vandel pour les passer secrètement au peuple; tour affreux, dit Calvin, mais digne d'un homme qui, à Nyon, s'était

---

1) Ecce ut ecclesiam ausint vocare suam quasi in ejus possessionem venerint.... Ecce ut ad tyrannidem aspirent. Voyez PIÈCES JUSTIFICATIVES, no 4.

écrié : « On veut rappeler les bannis; mais je jure que je quitterais plutôt le ministère et la Suisse que de voir revenir des brouillons qui m'ont tant fait de mal. »

Calvin et Farel reprirent le chemin de Berne.

Calvin nous avait trompé en donnant à son exil un motif immoral. Ce n'est point un débauché qui s'est soulevé pour chasser un témoin importun, un juge inexorable; on l'a banni parce qu'il attentait aux libertés de la cité, parce qu'il a voulu coiffer le despotisme du bonnet d'évêque, et donner à sa tyrannie une crosse et une épée. Il a pris soin lui-même d'absoudre le peuple, en le faisant apparaître dans les grandes assises d'avril, pour ratifier la sentence qu'il avait déjà portée.

Le récit qu'on vient de lire ne saurait être suspect; il a été écrit en entier de la main de Farel et de Calvin, et il reposait dans des archives où on le laissait dormir tranquillement, quand un historien protestant l'en a exhumé avec plus d'imprudence peut-être que d'amour de vérité; car Calvin l'avait condamné d'avance à l'oubli, en écrivant au bas de la narration : — « Rappelez-vous bien que je confie tout ceci à votre discrétion. »

Mais pourquoi M. Paul Henry n'a-t-il dans sa traduction livré aux regards du lecteur allemand que des fragments informes de ces causeries, et pourquoi le récit latin aux pièces justificatives, où le lecteur n'ira pas le chercher assurément ?

Mais il y a bien d'autres révélations dans cette lettre de Calvin.

Vous venez de lire Sadolet; vous avez vu le tableau

qu'il fait des désordres introduits par la réforme à Genève. Calvin a répondu à l'évêque : Tu es un calomniateur ! 1) et il a ajouté :

« Au regard de moi, Sadolet, je veux bien que tu saches que suis 'un de ceux contre lesquels tu parles en si grande colère et fureur. Et combien que la vraie religion fust jà dressée et établie, et la forme de leur Église corrigée, avant qu'illec fussent appelés, neantmoins, pour ce que j'ai non seulement approuvé par ma voix et opinion, mais aussi me suis parforcé, tant qu'il m'a esté possible, de conserver et confirmer les choses paravant instituées par Farel et Viret, je ne puis estre bonnement forclos ni séparé d'iceux en ceste cause. Que si en particulier tu m'eusses taxé, sans nul doute je t'eusse facilement remis le tout à cause de ton savoir et pour l'honneur des lettres. Mais quand je vois mon ministère (lequel je say estre fondé et confermé par la vocation du Seigneur) blessé et navré par la plaie que tu me fais, ce me sera desloyauté et non patience, si me taisant, je dissimule en cet endroit. »

Maintenant, écoutons Calvin disant tout bas à l'oreille de Bullinger, qui n'en doit rien dire à personne :

« C'est satan qui nous a bannis de la cité pour la livrer ensuite à des désordres plus grands encore que ceux où elle gémissait. On ne saurait se figurer dans quel bourbier de licences se débattent tous ces im-

---

1) Dabo operam ne qua vox asperior a me exeat... simplex et moderata innocentiae meae adversus calumniosas tuas criminationes erit defensio.

pies! leur pétulance à insulter au Christ, à se jouer de l'Evangile, leur fureur et leur folie! Malheur à ceux qui ont commis ce scandale! Malheur surtout à ceux qui nous ont chassés! Ce Conz, qui ne pouvait nous ruiner sans ruiner l'Eglise, l'a trahie cette sainte Eglise, en nous trahissant... Mieux vaudrait qu'elle fût veuve, que de vivre sous de pareils hommes qui se cachent dans les larves de pasteurs! »

Et Calvin et Farel se mettent ici à nous tracer le portrait de ceux qui les ont remplacés.

« C'est d'abord le gardien des franciscains qui, à l'aurore de l'Evangile, réjetait obstinément la lumière de vérité, jusqu'à ce que le Christ lui eût apparu sous la forme d'une jeune fille, qu'il étreignit dans ses bras et souilla de ses baisers corrompus 1); moine fétide, qui ne prend pas même soin de voiler ses infamies, et s'en va enseignant que Paul ne demande pas que l'évêque ait vécu dans la chasteté, mais qu'il s'amende quand il veut solliciter charge d'ames: cœur vide de la crainte de Dieu et de tout sentiment pieux. — C'est ensuite cet autre prêtre confit en hypocrisie, et qui se pavane dans sa lèpre de péché; tous deux prédicants ignares, brailleurs et marchands de sottises; voici le troisième, scortateur fieffé et convaincu, qui n'a dû son absolution qu'à la faveur de quelques mauvais sujets. Oh! bel office qu'ils ont volé et qu'ils administrent comme ils l'ont usurpé! Il ne se passe pas de jour qu'ils ne soient convaincus de quelque félonie par des hommes, des femmes, et jusque par des enfants! »

---

1) Donec Christum aliquando in uxoris forma contemplatus est quam simul atque habuit secum, modis omnibus corrupit.

Mais cette lettre soulève une grave question.

Si les ministres qui occupent la place de Calvin, à Genève, sont des « loups dévorants », qu'est-il donc, lui ? de qui tient-il sa mission, qui lui a imposé les mains, qui lui a confié le sacrement de l'Ordre ? S'il a reçu son mandat de la révolte, la révolte a pu le conférer à un autre. M. Vinet prétend que « l'homme, dont la fonction est de répéter le message apporté par des hommes infaillibles, n'a besoin d'autre marque de mission que sa fidélité, dans l'exposition d'un message connu de tous et à la portée de tous » : à la bonne heure. Mais, pour découronner leur front du signe sacerdotal, il faut que la foi de ses successeurs ait failli. L'imposition des mains, dit Calvin [1]), qui se fait pour installer les vrais prêtres, n'est point vaine, c'est un signe de la grace spirituelle de Dieu. Et pourquoi donc retire-t-il cette grâce au gardien des Franciscains ? Serait-ce la doctrine qui distingue les pasteurs légitimes ? Donc qu'il nous dise quelle est la règle de la doctrine de l'église ? la confession de foi ? Qui rédige cette confession ? les pasteurs : ainsi donc, c'est la doctrine qui juge les pasteurs et ce sont les pasteurs qui jugent la doctrine ; quel cahos ! quel abyme ! Mais le franciscain a juré le Formulaire de Farel, que lui reproche donc Calvin ? une paillardise notoire ? et au second, une hypocrisie raffinée ? et au troisième ? une sottise proverbiale. Mais, alors, à quoi lui servait donc cette arme terrible, l'excommunication qu'il s'est adjugée comme une dépouille opime ? Au lieu de chasser de l'église cette jeune

---

[1]) Instit., lib. 4, chap. 2.

femme, dont les cheveux tombaient trop avant sur les tempes, il fallait qu'il réservât ses colères pour ce gardien du couvent, qui venait au temple, portant sa lèpre d'impureté; au lieu de faire la guerre aux Eidgenoss, il devait enseigner les lettres saintes à son ignare collègue; au lieu de refuser la cène à de pauvres ouvriers qui jouaient aux cartes, il fallait qu'il arrachât à son prêtre hypocrite sa peau de serpent. Mais il continue à Genève, de vivre avec ces loups dévorants, de prêcher avec eux la parole sainte, d'adorer Dieu dans le même temple, de s'agenouiller à la même table de communion. Et, ce n'est que lorsqu'il les voit porter la main à l'encensoir dont ils s'emparent, qu'il les dénonce à l'indignation des ames chrétiennes.

CHAPITRE XIX.

CALVIN A STRASBOURG. — SON MARIAGE. 1539 — 1540.

Physionomie religieuse de Strasbourg. — Jean Sturm. — Capito. — Hedio. — Bucer. — Mariage des prêtres à quel prix opéré. — Calvin arrive à Strasbourg. — Il est nommé professeur de théologie. — Il s'occupe de marier Viret. — Epouse Idelette Stœrder. — Perd son premier né, et sans verser de larmes.

Salut Strasbourg du moyen-âge, ville de peinture, de sculpture, de philosophie, d'arts libéraux ! Athènes, par l'urbanité de ton langage ; Venise, par ton amour pour les livres ; Wittemberg, par tes luttes théologiques, et Rome même par tes églises. Ta cathédrale peut être comparée à S. Pierre. Fra Giacondo, le Titien, Léonard de Vinci, l'ont vue, mais sans comprendre les merveilles de l'œuvre de Steinbach. Un jour viendra, où ta grande épopée lapidaire sera l'objet d'un culte idolâtrique, et alors, on ira en pèlerinage, s'agenouiller devant ces caprices divins, ces fantastiques arabesques, ces dentelles taillées dans la pierre, et dont Raphaël, en ses loges du Vatican, n'a pu surpasser la grace ni la variété.

Strasbourg à la renaissance, était une ville de bruit. On y disputait à chaque heure du jour sur toutes ces graves questions de psychologie qui avaient le pouvoir de poétiser la vie : sur le libre arbitre, sur la justification, sur la grace, sur le concours divin dans l'action de la créature, et sur bien d'autres phénomènes intimes dont l'école même a cessé de s'occuper. Le livre d'Erasme de Servo Arbitrio, y était attendu avec anxiété; un pamphet de Luther y remuait toutes les ames, et Carlstadt même, avec ses élucubrations sur la cène, était sûr d'y trouver d'ardentes sympathies 1). Toutes les opinions religieuses y étaient représentées. On y trouvait des Luthériens, des Anabaptistes, des Zwingliens, des Œcolampadiens, des Munzériens. C'était un olympe panthéique, où chaque Dieu de l'école avait un autel. Souvent, il arrivait que toutes ces divinités, faute de s'entendre, troublaient par leurs débats, la paix de la cité. Alors le Stettmeistre était obligé d'intervenir, de prêcher la paix. La paix, c'était le silence, et aucun de ces dieux disputeurs ne voulait se taire : le conseil municipal était donc chargé de prendre l'une de ces divinités et de la conduire poliment hors des murs de la ville. Platon ne traitait pas les poètes avec plus de respect. Le Dieu revenait bientôt par une autre porte, la poitrine raffraichie par le parfum

---

1) Carlstadt, chassé de Vittemberg, publia à Strasbourg ses opinions sur la présence réelle : sa doctrine fut adoptée par les ecclésiastiques protestants. Nouvelle description de Strasbourg, 1838, p. 231.

des Vosges ou l'eau du Rhin, mais retombait bientôt dans sa maladie habituelle, la loquacité théologique.

Ces magistrats, hommes du peuple pour la plupart, passaient d'un dieu à un autre, avec une admirable indifférence. Toute langue nouvelle avait le don de les séduire. Quand un disciple de Zwingli, descendu des montagnes de Schwitz, était venu leur annoncer la parole de son maître, ils l'avaient écouté, fêté et reçu comme un apôtre. Ce jour-là, Strasbourg cessa de croire au dogme de la présence réelle, et Zwingli fut adoré, et sa dogmatique enfermée dans un catéchisme à l'usage des enfants 1). Survient Bucer, tout trempé des doctrines de Luther, qui prêche l'impanation, et Strasbourg quitte le curé d'Ensielden pour le moine de Wittemberg, et retranche de son catéchisme le dogme figuratif de la cène 2) : ce n'est plus désormais le sang et le corps que l'enfant boit et mange spirituellement, mais la réalité même, sous des apparences matérielles. Mais Bucer, à son tour, a retourné, arrangé la confession luthérienne; un ange nouveau est descendu du ciel, que Strasbourg écoute jusqu'à ce qu'un anabaptiste de la secte de David, coupe les ailes à l'archange, et s'en couvre à son tour. Strasbourg alors n'a pas assez d'eau pour se rebaptiser. Grace à ces transformations psychologiques, la pensée ne restait pas inactive ; elle se fécondait dans l'étude et la méditation, et se

---

1) Isagoge, de pueris instituendis ecclesiae argentinensis, anno 1527, mense augusto.
2) Suum corpus edimus, sanguinemque bibimus, sed spiritualiter cum ingenti commodo.

prenait, pour justifier ou expliquer sa palingénésie, à tous les signes matériels qui en proclamaient l'origine ; elle lisait les théologiens, les philosophes, les poètes ; elle cherchait la vérité dans la Bible, et, pour la mieux comprendre, appelait à son aide le latin, l'hébreu, le grec et le syriaque. Chaque sectaire qui venait demander à la ville hospitalière le droit de bourgeoisie, lui apportait en échange ses instincts théologiques ou lyriques, ses manuscrits et sa lampe qu'il rallumait pour étudier de nouveau. A chacun de ces hôtes qui venaient de France, d'Allemagne ou d'Italie, pèlerins volontaires, martyrs de la liberté, ou propagandistes par vocation, Strasbourg donnait un logis pour s'abriter, un lit pour dormir et un traitement pour vivre : doux loisirs qu'elle faisait à ces étrangers, qui la bénissaient et la chantaient.

Il faut vous faire connaître quelques unes de ces intelligences nomades qui avaient dit en voyant cette ville : « Nous sommes bien ici, bâtissons y une tente. »

Jean Sturm habitait près du Luxhof un petit donjon qui touchait presque au ciel ; demeure aérienne où l'oiseau pouvait chanter tout à son aise, sans que le bruit de la cité troublât ses concerts. Sturm, après avoir fait de bonnes études à Liége, avait élevé à Louvain une imprimerie en société avec Rutger Rescius, professeur de grec à l'université de cette ville. A la vue du premier exemplaire d'un bel Homère qu'il avait imprimé avec des caractères fondus exprès en Italie, il avait été pris d'un véritable transport au cerveau, et s'était enfui de Louvain, emportant avec lui plusieurs malles toutes pleines de son chef-d'œuvre, qu'il vendit fort cher à Paris 1).

A Paris, il s'était mis à fréquenter les humanistes, que Briçonnet, l'évêque de Meaux, avait attirés à son palais de grand seigneur, s'était gâté au contact de toutes ces natures disputeuses, avait embrassé d'abord le luthéranisme, quand l'hérésie n'avait qu'un représentant; puis s'était fait zwinglien. Il aimait avec passion les vieux livres; sa joie était de compulser les manuscrits, d'en comparer les textes, d'en discuter les variantes. Quand il avait trouvé un sens nouveau pour expliquer un vocable rouillé, il ne se sentait pas d'aise, et assourdissait toutes les oreilles de sa bonne fortune : c'était Archimède devenu bouquiniste. L'introduction de l'idée luthérienne à Strasbourg vint l'arracher à son soleil et à ses muses. Jean Pappus s'était présenté à la manière de François de Sickingen, tout bardé de fer et la lance au poing pour soutenir la dogmatique saxonne, dans un livre intitulé : de charitate christiana questiones duae, pamphlet où le signe de charité n'est attaché qu'au titre. Sturm lui avait opposé son anti-Pappus, gros libelle tout plein d'injures, qu'on dirait échappé de la plume de quelque portefaix antique métamorphosé en calviniste. Pappus avait trouvé moyen de faire ôter à son rival la place de recteur des hautes études (hochschule), argument sans réplique, le meilleur qu'il eût imaginé. La victoire eût été plus complète, si Pappus avait pu appliquer à son ennemi le décret d'excommunication

---

1) Baillet, Jugt. des Savants, t. 6, p. 313.

que l'Eglise de Strasbourg tenait gardé dans son catéchisme 1); mais Sturm avait rendu à Strasbourg de trop grands services pour qu'on le frappât aussi violemment.

Capito (Koepflein) était une de ces ames comme on en voit beaucoup dans le monde savant du 16° siècle, ressemblant à ces enfants de Platon qui veulent sauter au delà de leur ombre. Il s'était tourmenté à chercher la vérité hors de l'autorité, et avait traversé toutes les néologies réformatrices pour secouer le fardeau du doute, quand il eût été si heureux, en vivant des bienfaits de Léon X, qui lui avait conféré spontanément un canonicat à la cathédrale de Bâle 2)! Fatigué, harassé, il était tombé sur le chemin, et avait laissé échapper ce triste soupir: « Tout s'en va donc, tout se perd, et tout disparait : partout des ruines. Le peuple nous dit : Voici que vous voulez établir une nouvelle tyrannie, une autre papauté. Dieu m'a fait connaître quelle charge est celle de pasteur, et combien nous avons nui à l'Eglise en rejetant une autorité souveraine. Le peuple, repu de licence, nous dit : Je sais assez d'Evangile; qu'ai-je besoin de vous pour trouver le Christ? » 3)

Capito couchait à Strasbourg dans le lit de l'an-

---

1) Excomunicantur quidam ut ab eorum et vita et doctrina alii cavere possint. Adhaec ut excommunicatus pudore suffusus, curet et deo et hominibus vitae emendatione reconciliari sese. Beiträge zur Geschichte der Reform, t. 1.

2) Leo X had formed so high an opinion of Capito, that he, unsolicited, conferred on him a provotship or deanery, probably that of the Cathedral of Basle. John Scott's Calvin and Swiss Reformation, p. 33.

3) Ep. ad Farell. Ep. Calv. p. 5.

cien curé de Saint-Pierre-le-Jeune, dont il avait chassé le pasteur et vivait au milieu d'enfants nombreux qu'il avait eus de deux femmes, la veuve d'OEcolampade et une jeune religieuse qu'il avait débauchée. C'était un docte hébraïsant, un théologien retors, un médecin habile, et surtout un ardent missionnaire du mariage. Son sermon contre le célibat avait gagné quelques prêtres subalternes, qui, en se mariant, étaient sûrs d'obtenir une riche prébende. C'est en préférant le mariage au feu que Bucer avait eu la cure d'Aurélie, et Thibault-le-Noir celle de Saint-Pierre-le-Vieux, et un apostat de l'ordre de saint Jean celle de Saint-Nicolas 1). Avec une femme, le prêtre incontinent gagnait une cure, un logement, du feu en hiver, un petit jardin et une bonne cave de vin du Rhin.

Hedio, un autre prêtre marié, avait quitté Mayence, s'était retiré à Strasbourg, où le magistrat l'avait nommé prédicateur du saint Evangile, fonction qu'il avait remplie doucement jusqu'à ce que le Seigneur l'appelât au tribunal suprême. En quittant cette vie, il glissa dans ses papiers ce testament, digne du curé de Meudon :

« Dieu m'a laissé vivre sans souci jusqu'à cette heure, en me donnant son fils bien-aimé Jésus-Christ pour gage certain de la vie éternelle. Pars donc, ma petite ame, ton Sauveur t'attend pour te porter dans ses mains 2). »

---

1) Histoire de la province d'Alsace, t. 2, p. 6 et suiv.
2) Gott hat mich ohne meine Sorg leben laſſen bis auf dieſe Stund, dazu mir ſeinen lieben Sohn Jeſum Chriſtum zum gewiſſen theuern Pfand des ewigen Lebens geſchencket; darum fahre hin, meine liebe

Mais, de toutes les intelligences que Strasbourg possédait à l'heure même, Bucer était la plus glorieuse. Elevé, nourri, instruit au couvent des Jacobins de Selestadt, il avait apostasié, et s'était marié à une religieuse du nom de Lebenfeltz, qui ne lui avait donné en dot qu'une virginité douteuse. C'était une de ces natures adroites, rusées, qui ne font rien sans calcul, qui changent de foi, comme de vêtement, suivant la saison ; qui appellent Dieu pour justifier chacune de leurs transformations, et ont toujours à leur service une bonne lame pour défendre les dogmes qu'elles mettent au monde. Son protecteur était Franz de Seckingen, qui haïssait un moine presque autant que le diable. Luther connaissait bien Bucer. Un jour, le saxon s'amusait à tirer ; au premier coup d'arbalète, il perce le cœur à une chauve souris : l'oiseau nocturne se débat et tombe mort. — Tu verras, dit Luther à Vitus, que ceci cache un mystère : j'ai touché au cœur un vespertilion. Le lendemain, il était à la fenêtre, regardant à travers champs, quand il aperçoit venir de loin Bucer. — Vitus, dit-il, en sautant de joie, viens donc, voici notre vespertilion, m'étais-je trompé 1) ?

C'était Bucer, en effet, qui venait à Cobourg pour traiter avec Luther d'affaires dogmatiques. Le moine arriva, infatué de zwinglianisme, et s'en retourna converti à Luther qu'il devait renier au premier souffle d'une doctrine nouvelle, pour l'abandonner

---

Seele, du haſt einen treuen Heiland der dich zu ſeinen Händen aufgenommen hat. Cité par Freherus.

1) Pfizer. Luther's Leben. — Voyez sur Bucer : Melanchthonis Epist. t. 1, ep. fol. 24.

ou le confesser, suivant que le Saint-Esprit l'illuminerait. Car, c'était alors la mode de mettre sur le compte de l'esprit de vérité toutes les transfigurations de notre nature. Il n'y avait jamais que Dieu qui eût tort ; et de tous les réformés, il n'en est pas qui aurait pu faire au Saint-Esprit autant de procès que Bucer. N'avait-il pas la cotte de mailles de Seckingen pour les gagner ?

Calvin était parti de Berne sans prendre congé du Sénat, l'ame irritée, exhalant sa colère contre ses ennemis dans chacune de ses lettres. Il semblait que la malédiction de Dieu l'accompagnât en chemin. Les orages lui avaient un moment barré la route de Basle. Les torrents descendus des montagnes étaient si furieux qu'il manqua d'être englouti. « Mais, dit-il, en racontant à Viret son voyage, les flots furent plus miséricordieux que les hommes 1). » Les hommes le chassaient, les flots l'épargnèrent. Luther aussi, sur ses vieux jours, en retournant à Eisleben où il devait mourir, avait failli à périr dans les eaux de la Sal : il avait attribué la tempête au démon, et s'était mis à chanter au Seigneur. Calvin n'a que des paroles amères contre l'injustice des hommes : partout il rêve le même spectre ; il le retrouve à Berne, dans l'ame de Conz ; au sénat, où il siège en grande livrée ; à Genève, au conseil des deux cents ; à la taverne de la rue des Chanoines, au temple de Saint-Pierre, sur la place publique où il brandit l'épée populaire, et dans le ménage de l'ancien gardien des franciscains.

---

1) Epist. Petro Viret. Sub fine Maii 1538. MSS. Gen.

Enfin, il put se reposer à Basle et oublier l'ingratitude des Genevois, à la table de Grynée qui regardait son ami de cœur « comme l'ornement de leur église commune 1) ». A Basle, Farel vécut pendant plus d'un mois dans la maison d'Oporin, qu'il quitta pour prendre le chemin de Neufchâtel, où le peuple et le sénat lui confièrent l'administration de leur église. Bucer ne cessait, de Strasbourg, d'appeler Calvin qui dit adieu à Basle, et s'achemina à pied vers la cité Rhénane.

La scène jouée à Genève lors de l'arrivée de Calvin, va se répéter ici 2). Seulement, Bucer, au lieu de faire descendre pour retenir son ami, Dieu en personne, appelle le prophète Jonas à son secours; et Calvin se laisse persuader, et consent à rester à Strasbourg pour y prêcher l'Evangile: « de sorte, dit l'éxilé, qu'estant espouvanté par l'exemple de Jonas, que cet excellent serviteur de Dieu, Martin Bucer m'avait proposé, je continuois la charge d'enseigner la théologie 3). » — Sturm nous a donné dans son Antipappus, quelques détails sur la vie littéraire du réformateur à Strasbourg : — « Après trois ans de séjour en cette ville, dit-il, je vis venir Calvin, qui fut nommé par les magistrats et les théologiens, lecteur de l'académie et prédicateur de l'église française de St.-Nicolas. L'Evangile de saint Jean est le premier ouvrage qu'il ait expliqué. Il disputait au

---

1) Nos enim te fratrem in Domino libenter ac cum gaudio agnoscimus, ac pro eximio ornamento ecclesiae nostrae amplectimur, Epist. 23, 1540.

2) Er führte sogar das Beispiel des Jonas an, und das erschreckte mich so, daß ich von Neuem das Lehramt übernahm. Paul Henry.

3) Calvin. Préface des Psaumes.

gymnase. Il eut une querelle avec le doyen de Passau, qui voulait soutenir que l'œuvre engendre la foi. Jacques Sturm avait été choisi pour présider la thèse, assisté d'autres scholarches. Il revit ici son livre des Institutions, compléta son travail, châtia sa pensée, et effaça toutes les antilogies qu'on lui reprochait 1). »

Calvin avait à Strasbourg une existence laborieuse. Il prêchait le soir, théologisait le matin, et travaillait fort avant dans la nuit à préparer une nouvelle édition de son livre de prédilection. Dans la première édition de l'Institution, Calvin avait jeté, comme nous l'avons dit, quelques phrases de pitié en faveur de l'hérétique qu'il ne bannissait pas de la société chrétienne, mais qu'il laissait vivre en repos au milieu du troupeau évangélique 2). Son exil de Genève l'a rendu cruel, et quelques passages relatifs aux novateurs sont modifiés dans la révision. Il prévoit l'avenir : il craint, si jamais il condamne un hérétique, qu'on ne puisse lui reprocher le sang qu'il versera, en ouvrant le livre de l'Institution 3). Il a même mis en pratique son dogme inflexible. Strasbourg avait excommunié un chrétien, nommé Alexandre; Calvin consulté, défend à ses frères de le recevoir; il ne veut pas s'entretenir avec lui, il le chasse lorsqu'il vient frapper à son logis 4).

---

1) Joh. Sturmii Rectoris Arg. Antipappi tres 1579 — Quarti Antipappi. Neapoli Palatinorum 1580, p. 20, 21.

2) Quibus (Institutionibus) nihil post addidit quod cum primis pugnet. Joh. Sturmius.

3) Voyez dans ce volume le chapitre qui a pour titre l'Institution chrétienne, page 120.

4) Epist. Farello, 27 oct. 1539.

Du reste, Calvin imitait le saxon qui n'invoquait d'abord que la parole contre ses adversaires, quand il était dans son nid de la Wartburg, et qui, plus tard, jetait au loin cette arme émoussée pour prendre une épée dont il frappait d'estoc et de taille tous ceux qui le tourmentaient. La réforme a toujours commencé par le verbe et fini par le glaive : de la manne pour l'Israélite, et quand l'Israélite murmure, des chaînes ou des gibets.

Les prédications de Calvin étaient heureuses : il avait converti à sa doctrine sur la cène, un grand nombre d'ames qui ressemblaient à cette cavale du Tasse, que le souffle du vent suffisait pour féconder, et qui, à chaque néologie, étaient grosses d'un dogme nouveau. Erasme les appelait écéboliques, êtres qui changent de religion comme de chemise. Le sénat, pour témoigner sa reconnaissance au prédicateur français, lui conféra le droit de bourgeoisie 1). Les leçons orales du théologien avaient le pouvoir de rassembler une foule avide, et d'attirer de France même de nombreux écoliers et des humanistes qui désiraient connaître les doctrines calvinistes 2).

---

1) On trouve aux archives de Gotha folio 738 et 739 ces passages relatifs au droit de bourgeoisie conféré à Calvin. — „Johannes Calvinus, hatt das burgerecht laufft, vnnd biebt zun schneidern. Dd. Dinstages des 29ten Juli An. 1539. Jo. Beyer v. Thomas. Heinrich von Dacrstein, Rentmeister." — „Vff den 30tag July 1539 ist Johannes Calvinus vff vnnser Herren der statt Strasburg Stall erschienen vnnd sich angeben let der ordnung vnnd will bienen mit den schnybern. Die drin verordnete Herrn vff der Statt Stalle. v. Br."

2) Placebat enim tum Senatui quod ecclesia gallorum apud nos quotidie magis atque magis augeretur et quod ex gallia multi

Mais toutes les pensées de Calvin se reportaient sur Genève : c'était une image chérie qui l'obsédait la nuit et le jour. On voit dans chacune de ses lettres à Farel, le dépit d'une nature vaniteuse, qui s'est vu préférer des hommes sans science, comme ceux qui prêchent la parole évangélique à St-Pierre ; la colère du théologien, qui aime à fouiller dans la vie privée, pour justifier ses murmures et ses plaintes; la joie maligne de l'exilé, qui se plaît à étaler les misères de l'église qui l'a chassé ; l'espoir du despote, qui s'arrange d'avance pour opprimer à son tour ses oppresseurs. Vous n'avez pas besoin de lire ses épîtres pour connaître tout ce qu'il y a en lui de fiel, d'amertume et de haine : la suscription seule vous donne l'état de son ame. Il écrit aux Genevois : — Aux fidelles de Genève durant la dissipation de l'église 1), et vous comprenez tout de suite que pour Calvin, il n'y a plus d'église à Genève, plus de ministère, plus d'évangile, plus de culte ; Genève est refoulé dans le papisme, et dans cette idolatrie, où il attendait la lumière. Bonnivard nous affirme, dans son histoire manuscrite, « que la cité avait ouvert les yeux aux rayons de l'Evangile, en 1535 ». Qu'est devenu ce rayon ? il s'est brisé lors de l'exil de Calvin : mais que demande donc Jean de Noyon ? Genève n'a plus de prêtres catholiques; il a proscrit les images, il a renversé les statues et abattu les croix, démoli les monastères, chassé les religieuses : ne voilà-t-il pas des signes de ré-

---

propter Calvinum accederent, studiosi adolescentes, atque etiam literati viri. Antipapp. IV, p. 21,

1) Strasbourg, 1 oct. 1538.

surrection évangélique? Son église est dissipée, parce qu'elle a banni un de ses pasteurs ! Or, voilà le crime que ne saurait lui pardonner Calvin. Il veut que « ça ait esté par la vocation de Dieu qu'il a esté concjoint avec les Genevois, et par quoi ce ne pouvoit estre en la puissance des hommes de rompre un tel lien. »— Admirez la logique de la passion. Calvin refuse à son église le droit de chasser un de ses membres, et en ce moment même, il introduit dans la nouvelle édition des Institutions, un chapitre sur la discipline ecclésiastique, où il partage entre le sacerdoce et la magistrature le soin de corriger les abus 1), et confère au ministre le pouvoir de bannir de la table sainte « le païen assez osé pour s'en approcher. » Car il ne se repent pas d'avoir refusé la communion aux fidèles de St-Pierre ; il croit avoir rempli le devoir d'un bon pasteur, et obéi à la discipline de la véritable église. — Voyez donc, écrit-il à Farel, la triste situation d'une société qui n'aurait pas le pouvoir de repousser des hommes indignes, notés d'infamie, et qui portent la honte écrite sur le front 2).

De tous les ministres, Calvin était le seul à Strasbourg qui ne fût pas marié. Erasme se moque de cette fureur utérine dont la communauté réformée était tourmentée. En Saxe, on définissait le prédicant « un homme à qui femme est plus nécessaire que le pain quotidien3). A Strasbourg, cette maladie datait déjà

---

1) In corrigendis vitiis mutuae debent esse operae, p. 440-444.
2) MSS. Gen. mai 1540.
3) Praedicans Lutheranus est vir, uxore magis necessario instruc-

de loin. En 1525, quelques prêtres, après avoir lu les écrits de Zwingli, avaient pris femme. L'évêque irrité voulut les citer au tribunal de l'official, mais les magistrats invoquèrent les priviléges de la commune, et enjoignirent aux prêtres mariés de décliner la juridiction épiscopale. L'évêque les avait appelés à Haguenau. Pendant cette dispute des deux pouvoirs, ces prêtres publièrent leurs mémoires : véritable confession écrite en quelque mauvais lieu, où ils s'accusaient d'infractions multipliées au sixième commandement de Dieu, dans un style qui ferait rougir le front du lecteur. Le magistrat leur sut gré de ce courage effronté, et les récompensa en chassant de vieux prêtres qu'il dépouilla de leur charge pour en revêtir ces hommes de scandale. Le célibat ne fut plus regardé que comme un état impur que l'ame chrétienne n'avait pas assez de force pour supporter. Le pouvoir s'était fait théologien : trouvait-il un jeune lévite : il lui citait le texte de saint Paul : « il vaut mieux se marier que de brûler », lardé de quelques gloses dérobées à Capito, à Bucer, à Hédio ou à Jean Sturm. Quand le pouvoir n'avait pas le don de convaincre, il faisait de la force et chassait de sa cure le prêtre réfractaire. Il y eut de grandes chutes à Strasbourg : l'église les déplore.

Le prêtre catholique vivait alors de l'autel : quand on le renvoyait du presbytère, il n'avait plus pour se nourrir que la charité des fidèles qui ne lui manquait pas ordinairement. Alors l'ame compatissante était

---

tus quam pane quotidiano. Laurentius Forer cité par Weislinger Friß Vogel, oder ſtirb, p. CCLXXXVI.

celle du pauvre, que la peste, commune en ces temps là, que les maladies et les misères venaient souvent jeter sur un grabat. Le riche était ordinairement un grand vassal, qui convoitait les trésors des abbayes, les terres qui en dépendaient, le tronc des églises, les calices de la sacristie, et qui travaillait de toute sa force à l'émancipation des couvents. A chaque sécularisation de monastère, il gagnait un pré, une vigne, un bâtiment dont on ne lui payait que la redevance. Donc, le prêtre dépossédé n'avait qu'un parti à prendre, quand la porte du pauvre ne pouvait plus s'ouvrir : c'était de s'adresser au magistrat, de renier sa foi, et de se marier, ou bien de gagner le chemin de l'exil. Or, ce chemin infesté de voleurs qui l'auraient peut-être laissé passer, était gardé par les hommes d'armes des grands seigneurs, qui le tuaient impitoyablement comme un héritier importun. Seckingen, qui avait de vastes propriétés presque aux portes de Strasbourg, aimait à employer cette justice expéditive. Lorsque la voie de la controverse ne lui avait pas réussi, il se servait de l'eau ou de l'épée 1). Vous comprenez maintenant les défaillances des prêtres catholiques. A Strasbourg, elles furent plus nombreuses que dans toute autre église, justement parce que les feudataires de l'empire l'enveloppaient comme d'un réseau. Plus la chute avait été éclatante, plus la prime que le magistrat offrait au coupable était riche. Il donna la cure la plus opulente de la ville à un desservant qui avait lui-même publié

---

1) Seckingen avait un troisième moyen pour convertir le voyageur à l'évangile : Emasculabat virum.

ses bancs au prône du dimanche 1). Il ne faut pas que la réforme se montre si fière de ces conversions achetées si chèrement. Bèze et Laplace n'ont vu dans ces hymens forcés, que le doigt de Dieu ; s'ils eussent voulu, ils auraient trouvé à la noce du prêtre, un fantôme tout bardé de fer, au gantelet acéré comme les serres de l'aigle : premier témoin et garçon d'honneur des deux époux.

Le mariage de Calvin fut une joie pour Strasbourg : à Genève, il ne causa aucune surprise. Calvin y songeait depuis longtemps. Au milieu de ses travaux littéraires, absorbé sur ses livres; la tête pleine de son commentaire sur l'épître aux Romains et de son traité sur la cène, il s'occupait avec ses amis de cœur à chercher une femme. Il trace à Farel le portrait de celle qu'il veut pour compagne.

La forme ne l'enivre pas ; la jeune fille sera une perle de beauté, si elle est chaste, pudique, économe, bonne ménagère, patiente 2), et surtout si elle aime à soigner les malades. Calvin avait une santé débile, un estomac affaibli, un cerveau de feu dont le sommeil ne pouvait tempérer les ardeurs, et des dispositions à la gravelle. Il ajoutait en riant que son ami eût à lui procurer au plus vite un semblable trésor, qu'il serait heureux de posséder 3). Farel ne le trouva pas.

---

1) Histoire de la province de l'Alsace, t. 2.

2) Haec sola est quae me illectat pulchritudo, si pudica est, si morigera, si non fastuosa, si patiens, si spes est de mea valetudine fore sollicitam. Epist. Farello. 19 maii 1539.

3) Quanquam ridiculum me facio, si contigerit me ista spe decidere : sed quia dominum mihi adfuturum confido, perinde ac de re certa delibero. 6 Februarii 1541. MSS. Gen.

On lui offrit une personne de bonne famille, et qui lui aurait apporté une assez belle dot; mais Calvin résistait; il avait peur que l'enfant ne fût trop fière de sa naissance, qu'elle n'étalât dans le ménage un faste qui aurait contrasté trop vivement avec les goûts simples du mari. D'ailleurs, elle ne savait pas le français, et Calvin, en se mariant, était bien aise de trouver une femme qui lui servît tout à la fois de secrétaire, de garde malade et de cuisinière. Le père et la mère pressaient le réfugié, qui n'osait refuser sèchement, et qui finit par mettre pour condition à son acceptation, que leur fille apprendrait le français. La demoiselle, de son côté, froissée dans son orgueil, demanda du temps pour réfléchir. Calvin était sauvé. Il avait dépêché à Genève son frère, qui devait lui ramener une Suissesse sans fortune, mais douée de toutes les vertus que rêvait le réformateur, qui arrangeait d'avance la noce, en fixait la célébration au 10 mars, invitait Farel et les ministres de Neufchâtel, dans le cas où son ami ne pût venir à Strasbourg; et sautait de joie comme un enfant, au risque de paraître ridicule si ses songes ne se réalisaient pas, comme cela arriva. Car il écrivait quelques jours après, au moment où tout était disposé pour la noce : « Savez-vous, Farel, que si vous attendez mes fiançailles pour me venir voir, vous attendrez longtemps encore. Il ne me manque qu'une femme, et je ne crois pas que je doive la chercher plus longtemps 1). Claudius et mon frère m'avaient

---

1) Sed vereor ne si expectare velis meas nuptias sero venturus sis. Nondum inventa est uxor et dubito an quaerere amplius debeam

fiancé dernièrement, mais trois jours après leur arrivée, on m'a appris certaines particularités qui m'ont forcé de renvoyer mon frère, et le mariage a été rompu. »

Calvin n'était guère plus heureux pour ses amis. Viret, qui voulait se marier aussi, cherchait une femme de tous côtés, et personne ne voulait de lui. A la fin, il s'avisa de s'adresser à Calvin, qui se mit à son tour en quête d'une compagne pour le pasteur de Lausanne, et la trouva sur le champ : bonne nouvelle qu'il se hâte d'annoncer à Viret. — « J'ai trouvé ce que vous demandez ; j'ai les meilleurs renseignements sur la fille ; je sonde le père maintenant, et quand je saurai quelque chose, je vous le dirai : soyez prêt au besoin. Je dîne aujourd'hui en famille. J'ai vu la jeune personne : l'air modeste, bonne tournure, et dans les traits et dans tout le corps, quelque chose de beau et de noble ; on la dit sage : le petit Jean en raffolle ; adieu 1). »

Mais Perrin et Corneus, qui voulaient marier Viret à la fille de Ramée, gâtaient l'œuvre de Calvin, qui ne savait comment répondre aux questions de la mère et du père. Il écrivait lettres sur lettres à Viret, et les réponses arrivaient toujours trop tard. Nous sommes persuadés que son système sur la prédestination lui coûta moins de soucis que le mariage de son

---

Nuper mihi puellam desponsaverant Claudius et frater meus. Triduo postquam redierant, delata sunt ad me nonnulla quae me coegerunt fratrem remittere quo a conventione illa nos expediret. Farello, 21 Jun. 1540. MSS. Gen.

1) Bis eam vidi : modestissima est, vultu et toto corporis habitu mire decora. De moribus ita loquuntur omnes, ut Johannes parvus mihi dixerit esse in ea captum. MSS. Gen.

collègue. On voit qu'il est à bout de sa patience, et las du rôle d'entremetteur qu'il a joué si mal, lui jeune homme, à la phrase sentencieuse, aux formes austères, et dont les lèvres n'étaient pas plus accoutumées à sourire que le style. En Allemagne, toutes les grandes affaires se traitaient ordinairement à table, entre deux pots de bière. Or, Calvin n'aimait ni la bière ni le cabaret. Viret avait fait choix d'un mauvais épouseur. S'il y eut jamais au monde un théologien qui n'entendit rien au métier de marier les jeunes filles, c'est Calvin. Luther, pamphlétaire, orateur, théologien, poète, musicien, n'aurait pas échoué dans une semblable mission. Il eût appelé le père auquel il aurait versé force rasades de vin du Rhin volé dans le cellier de quelque monastère, tout en farcissant les oreilles de son convive de saillies contre les moines et contre le célibat, contre le pape et les évêques ; et la dernière bouteille n'eût point été débouchée, sans que le père ne lui eût touché dans la main. Calvin répétait à Viret : « Arrivez donc, arrivez donc pour arranger cela vous-même. » Viret ne pouvait pas bouger. Le père se fâcha à la fin, et déclara qu'il ne marierait sa fille qu'à Genève et non à Lausanne. Calvin ne voulait céder qu'à la dernière extrémité. Il disait au père : « Il ne nous conviendrait pas d'abandonner nos églises pour suivre nos femmes : hymen malheureux formé sous de tels serments ; pacte impie, qui déplairait aux deux partis ; mauvais exemple que vous donneriez à la cité ! Et d'ailleurs, Lausanne n'est pas si loin de Genève que vous ne puissiez venir quand voudrez 1). »

---

1) Ostendi quam foret absurdum nos relictis ecclesiis, sequi

Le père ne voulut pas entendre raison.

Calvin essaya de consoler Viret en lui offrant pour femme, une veuve dont on disait beaucoup de bien 1).

Farel n'avait pas, comme Calvin et Viret, le temps d'attendre. Son dos était courbé par l'âge, ses cheveux tout blancs; sa belle barbe rousse avait revêtu la couleur de la neige; il cherchait moins une femme qu'une sœur de charité : il la trouva dans sa servante.

Calvin avait fini par rencontrer la femme du cantique des cantiques, un peu noire de peau, dit la chronique, mais belle et bien faite; la veuve d'un anabaptiste dont il fréquentait la maison à Strasbourg et qu'il avait converti : elle se nommait Idelette ou Odellette de Bures; son mari Stoerder. S'il faut en croire les récits protestants, toutes ces femmes de réformateurs sont des anges de douceur, de modestie, de vertus, que Dieu semble avoir créées exprès pour l'ornement et le bonheur de leurs époux. Lucas Cranach nous a laissé un portrait de Catherine Bora, la femme de Luther, aux joues couvertes d'un vermillon ardent, aux cheveux blonds, à l'œil surmonté de sourcils soyeux: une véritable beauté de Rubens. Bèze nous représente Idelette comme une femme grave, honnête et appétissante 2).

Les noces de Calvin furent célébrées en famille; les consistoires de Neufchâtel et de Valengin étaient

---

quo uxores vocarent, infelix fore conjugium quod hac lege sancitum foret. MSS. Gen.

1) De quadam vidua locutus est quam tibi asserit mire placere.
2) Gravis, honestaque fœmina, et lectissima.

représentés par leurs membres les plus distingués. On chanta des vers au repas, des vers allemands et français. Idelette était une bonne femme de ménage, très soigneuse, très propre, qui apportait en dot, à son époux, plusieurs enfants qu'elle avait eus de Stoerder, et qu'elle aimait d'un véritable amour de mère. Calvin lui rend ce beau témoignage ; il ajoute qu'elle donna l'exemple de toutes les vertus domestiques 1).

Papyrius Masson, Jacques Desmay, ont écrit « que Calvin n'eut jamais d'enfant ;—et Florimond de Raemond, « que ses nopces furent condamnées à une perpétuelle stérilité encore qu'Idelette fût belle et jeune. » — C'est une erreur que Bèze a relevée. — Il est certain qu'il eut un fils qui mourut en naissant. Calvin supporta cette perte avec un courage trop païen. Le parrain était choisi, mais la mère se blessa et accoucha avant terme : deux lignes à Viret nous apprennent ce malheur : « Mon frère vous dira ma douleur; ma femme est accouchée d'un enfant mort : que Dieu veille sur nous 2)! » Et ailleurs : « le Seigneur a voulu nous frapper par la mort de cet enfant : mais c'est un père qui sait bien ce qui convient à son fils; que Dieu vous soit en aide. Je voudrais qu'il vous fût permis de venir jusqu'ici : nous confabulerions la moitié du jour. »

Et voilà tout : pas un mot de plus sur cet ange que Dieu lui a enlevé, sur ce premier né qu'il n'a

---

1) Singularis exempli fœmina.
2) Uxor enim parturit non sine extremo periculo, quod nondum uterus partui maturus erat ; sed Deus respiciat nos. Ep. 508. Ed. Laus.

pu embrasser, sur cet enfant dans lequel il devait mettre toute sa joie, toutes ses espérances d'avenir. Est-ce là le langage d'un père? Dieu ne lui défendait pas de pleurer, d'épancher ses douleurs dans le sein de son ami, de lui dire ses larmes, celles de la pauvre mère. Luther aussi fut souvent frappé dans son cœur paternel : du moins, le moine ne rougit pas de nous montrer son œil tout noyé de larmes, ni ses mains qui s'élèvent jusqu'à Dieu pour le bénir et l'apaiser. Une fois, la neige étouffait une petite fleur qu'il élevait sur sa fenêtre, comme nous le raconte Mathésius. Luther, à la vue de la plante qui est courbée, essaie de la réchauffer, de la rendre à la vie, et il se lamente plus que ne fait ici Calvin sur la mort de son enfant. Luther, dans sa tristesse, quittait ses livres, sa bible, le pape lui-même, et il ne disait pas à l'un de ses amis : « Viens donc, nous deviserons pour passer le temps. » Calvin a raison : Dieu fait bien tout ce qu'il fait : il ne voulut pas que Jean de Noyon fût père une seconde fois.

CHAPITRE XX.

DOCTRINES DE CALVIN.

a) PRÉDESTINATION. *b*) LIBRE ARBITRE. 1539 —1540.

Le sacristain de Saint-Pierre-le-Jeune à Strasbourg. — Dispute au cabaret de l'Arbre vert. — Que le bon plaisir est chez Dieu le seul motif pour sauver ou réprouver. — Il n'y a pas d'innocent. — Le Seigneur ne permet pas, il ordonne. — Le décret horrible. — Dieu ne veut que le salut des élus. — Il commande le péché. — L'œuvre du coupable est l'œuvre de Dieu. — Point de liberté dans l'homme. — La concupiscence. — Exposé du système de Calvin sur la prédestination. — L'église réformée et l'église protestante aux prises. — La tombe du sacristain.

En 1524, lorsqu'on chassa le curé de Saint-Pierre-le-Jeune, le sacristain de l'église fut enveloppé dans la disgrace du pasteur. Ce sacristain était un ancien enfant de chœur qui avait reçu une éducation monacale au couvent des dominicains, et étudié les scholastiques avec une sorte de passion. Sa mémoire était heureuse. Il retenait aisément tout ce qu'il avait lu. Les scholastiques lui avaient donné le goût de la dispute. Souvent, après avoir servi la messe, il entreprenait avec le célébrant une discussion sur le saint-sacrifice. On l'écoutait, on lui répondait; car c'était un bon catholique, un peu bavard peut-être, mais si amoureux de son église, qu'il était chéri de tous ses supérieurs. Le jour où le ministre luthérien avait pris, par ordre du magistrat, les clefs de Saint-Pierre, Gérard Kaufmann attendait l'intrus à la sacristie pour engager avec lui une thèse en règle sur la mission du nouveau venu. Le luthérien ordonna, pour toute réponse, qu'on chassât Gérard, qui s'en alla, murmurant contre l'ignorance du prébendier. Gérard avait une mère âgée qu'il nourrissait : le magistrat eut pitié du fils auquel il offrit la place de gardien du cimetière de la ville. Gérard l'accepta pour vivre et pour ne pas laisser mourir de faim sa vieille mère. C'était, du reste, un poste fort envié dans une ville que la peste venait souvent visiter. En 1541, on fut obligé de doubler le nombre des fossoyeurs, tant le fléau était cruel. Il avait sévi sur les rives rhénanes, où il frappait, comme à dessein, les têtes les plus illustres de la réforme 1). Le cimetière était commun aux deux cultes; mais chaque communion y avait un coin de terre séparé.

En 1540, la veille de la saint Jean-Baptiste, deux cercueils entrèrent en même temps dans cet asile de paix; l'un appartenait à un luthérien, l'autre à un calviniste. Chaque ministre récita les prières liturgiques; puis le fossoyeur prit sa pelle, remua la terre

---

1) J'ai besoin d'avertir que ce chapitre, où les doctrines de Calvin sont exposées si dramatiquement, est traduit d'un livre latin, publié à Strasbourg, en 1743, sous le titre de : Joh. Calvini de praedestinatione systema, in-12 de 144 pages, et que j'ai trouvé à la bibliothèque de Mayence, sous le n° 26, 160. A. B.

et couvrit les bières l'une après l'autre. Cela fait, Gérard ferma les portes de la nécropole.

On était en été. Le cimetière était assez loin de la ville. A l'entrée du faubourg existait un cabaret qui avait pour enseigne un arbre vert, et où l'on se rendait le dimanche surtout, pour boire de la bière, la meilleure, disait-on, de toute la ville et des environs. Les deux ministres s'étaient assis à la même table pour se reposer, ayant chacun en face un de ces énormes pots d'étain qui ont le privilége de garder la liqueur longtemps fraîche. Leurs verres étaient pleins, la conversation animée, lorsque Gérard Kaufmann entra et s'assit. Il avait reconnu les hérétiques. — Frères, à votre santé! dit-il, en avalant d'un trait un verre tout plein. Les ministres firent un léger signe de tête.

— Beati mortui qui in domino moriuntur, dit Gérard.

Personne ne répondit.

Alors Kaufmann, jetant sur la table quelques pièces de cuivre : — « Messieurs, dit-il, vos deux ames enterrées valent-elles ces trois groschen?

— J'espère bien, dit le calviniste sans s'émouvoir, que l'ame de mon frère a vu la face du Seigneur.

— Et la vôtre? dit en souriant Gérard au luthérien.

— Dieu est fidèle à sa parole, dit le luthérien, et j'espère aussi que mon frère est dans la gloire de Dieu.

— Vraiment! ajouta Kaufmann. Et que faut-il donc croire pour gagner le ciel? voyons, enseignez-le-moi, si vous avez souci des vivants.

Il était aisé de voir que le cabaret allait être transfiguré en école théologique. Les assistants s'étaient rapprochés.

— Ce qu'il faut croire, dit le calviniste : maître Jean te l'enseigne chaque jour à l'église française. Ecoute donc!

a) PRÉDESTINATION.

Dieu avait une double volonté en tirant ses créatures du néant : de sauver les unes 1) et de damner les autres. Ouvrez les livres saints : n'y prédestine-t-il pas Jacob à la vie, sans avoir égard aux œuvres du patriarche? Esaü à la mort, qui ne s'est souillé d'aucun péché? 2).

— Voilà, dit Gérard, une parole qui me semble bien dure : durus est hic sermo.

— Et c'est pourtant, ajouta le desservant de l'église française, une parole de vérité, que tu trouves dure, parce que tes prêtres ne te l'ont pas enseignée. Comment l'auraient-ils comprise, eux, dont le Seigneur a voilé l'entendement?

— A la bonne heure! dit Kaufmann. Maître Bucer s'est laissé adjuger dévotement la cure du pasteur de Saint-Aurélie avec le presbytère, le jardin y attenant, l'ameublement, le cellier, et les soutanes dont il s'est fait un habit à sa taille, et un chapeau plus large que celui de Storch; et voilà que vous dites du mal des prêtres que vous avez chassés, pil-

---

1) Calv., Inst., lib. 3, c. 21, n. 5.
2) Calv., Inst., lib. 3, c. 22, n. 11.

lés, grugés, pour accomplir probablement le précepte divin :

« Bien d'autrui ne prendras. »

Mais continuez donc : maître André, le propriétaire de céans, que je crois rebaptisant et rebaptisé, a fait plus d'une grimace en vous écoutant.

— Qu'importe ! dit le ministre. Ce que je dis, je le tiens du Seigneur ; je prêche sa parole, en dépit de tous les papistes et anabaptistes, quand ils auraient trois couronnes sur la tête. — Donc, je continue :

Le bon plaisir de Dieu est le seul motif de la grace qu'il fait aux élus, comme de la peine dont il frappe les réprouvés 1).

Gérard se leva tout colère. — Tu calomnies, maître Jean Calvin, cria-t-il en frappant de son verre la table où il était assis : j'ai plusieurs fois entendu prêcher le samedi au temple français, et jamais mon oreille n'a ouï semblable doctrine.

— C'est que tu as des oreilles pour entendre, dit le calviniste, et que tu n'entends pas. Vous autres papolâtres vous êtes tous comme cela : vous n'avez pas la compréhension du verbe divin.

— Maître Martin vous a assez souvent reproché, dit le luthérien, que vous n'êtes que des souches, des taupes, des porcs, des chiens, des ânes 2).

— Ramassez, dit Gérard en s'inclinant devant le calviniste ; c'est à vous autres sacramentaires que maître Martin adresse ces aménités.

---

1) Instit., lib. 3, cap. 22, n. 11.
2) Ausculta tu porce, canis, asine. Contra fanaticos sacramentariorum errores, t. 7, p. 379.

— Mais de quel droit, ajouta-t-il en s'adressant au calviniste, le bon Dieu damne-t-il ainsi des créatures dont il n'a reçu aucune offense? Il est presque aussi injuste que Seckingen, qui juge de la foi sur l'habit qu'on porte : c'est un tyran bizarre, insensé, que je renie pour mon Seigneur.

— C'est toi qui es un insensé, répondit le ministre. Qui t'a permis de mesurer Dieu à l'Homme? de crier : pourquoi. — Pourquoi? c'est parce qu'il l'a voulu, que hors de lui il n'y a pas de cause déterminante : il veut parce qu'il veut, entends-tu bien? Vie et mort, souffrance et joie, enfer et paradis, tout est juste, puisqu'il l'a voulu. Tu insistes; prends garde, tu vas sonder un abîme impénétrable pour ton œil comme pour le mien 1).

Gérard, tout en écoutant l'orateur, cherchait dans sa tête un texte qui pût fermer la bouche au calviniste; tout à coup son œil resplendit de joie, ses lèvres sourirent, et prenant la main de l'argumentateur : — Tu n'as donc pas lu saint Augustin : « Ton Dieu est injuste qui damne l'innocent. » 2)

— Et qui t'a dit que je parlais d'innocent? Il n'y a pas d'innocent. L'homme a péché; c'est le péché originel qui est cause de sa damnation ou de sa prédestination 3).

---

1) Ubi ergo quæritur cur ita fecerit Dominus, respondendum est, quia voluit. Quod si ultra pergas rogando cur voluerit? Majus aliquid quaeris et sublimius voluntate Dei quod inveniri non potest. Lib. 3, n. 2.
2) Quemquam vero immeritum et nulli obnoxium peccato, si Deus damnare creditur, alienus ab iniquitate non creditur. Ep. 106.
3) Inst., lib. 3, cap. 22, n. 3.

— Je t'y prends, mauvais écolier, dit Gérard. Donc, ce n'est plus comme créateur, mais comme juge qu'il damne ou sauve, qu'il tue ou vivifie! Donc, hors de lui, est une cause de réprobation ou de salut! Ceci est clair!

— Pas si clair que tu crois; car, avant le péché originel, les réprouvés étaient déjà prédestinés à la damnation, par décret divin; décret qui est en Dieu de toute éternité. S'ils périssent, c'est qu'ils portent la peine de la faute où Adam est tombé de l'ordre de Dieu; donc, comme maître Jean l'a dit et enseigné: glorification ou chute, vie ou mort, bonheur ou malheur, tout découle du bon plaisir de Dieu; Dieu l'a voulu [1]).

—Tu crierais plus fort que Capito, tu ferais de plus beaux gestes que Bucer, que je répondrais toujours: Tu t'enfermes dans un argument dont je ne donnerais pas un verre de cette mauvaise bière; car si Adam a été condamné, comme tu le dis, à cause de son péché; donc il y a dans sa punition une cause déterminante hors de Dieu. Mais, dis-moi, ton maître croit-il aux anges?

— Aux anges bons et mauvais; les uns serviteurs et messagers de Dieu; les autres, natures déchues, dont le chef est le démon, qui a résisté aux volontés de son créateur, maître souverain et régulateur de cette résistance; démon qui ne peut que le mal, mais qui ne saurait l'opérer sans la volonté du Seigneur; capable de tourmenter le sage, mais non de le vaincre. Si l'ange fidèle a persévéré dans l'amour de son

---

1) Calv., Inst., lib. 3, c. 23, n. 4.

créateur, c'est que Dieu l'a soutenu; si le mauvais ange est tombé, c'est que Dieu l'avait abandonné. Il l'a délaissé parce qu'il était réprouvé 1). Tu me demandes pourquoi? Parce que cette chute et cette gloire étaient dans les décrets éternels de la Providence 2).

— Maître, prends garde; tu ressembles à l'homme qui serait tombé de nuit dans un des fossés de la ville; il a beau se tourner, se retourner, il nage dans la vase et ne trouve que de la boue. Ton argument rampe dans le sang quand il cesse de reposer dans la fange; mon pourquoi se dresse toujours contre toi comme un serpent.

— Pourquoi? Dieu le veut, parce qu'il est le maître de ses créatures; ne les a-t-il pas produites de sa pleine puissance? ne pouvait-il pas les laisser dans le néant? S'il les a destinées à la vie dans ce monde, à la mort dans l'autre, c'est qu'il a voulu que la vie comme la mort, finie ou éternelle, servît à la glorification de son nom : le ciel ou l'enfer chante également le Seigneur 3).

— Veux-tu dire, reprit Gérard, que Dieu permet que l'ame se perde dans sa voie? alors, je suis prêt à répéter avec l'école : Concedo.

— Non, te dis-je, intelligence opaque : ton ame

---

1) Angelos qui steterunt in sua integritate Paulus vocat electos. Si eorum constantia in Dei bene placito fundata fuit, aliorum defectio arguit fuisse derelictos. Cujus rei causa non potest alia adduci quam reprobatio quae in arcano Dei abscondita est. Lib. 3, c. 23, n. 4.

2) Consilio nutuque suo, ita ordinat ut inter homines bascantur ab utero certae morti devoti, qui suo exitio ipsius nomen glorificent. Inst., lib. 3, cap. 23, n. 6.

3) Dieu a prédestiné les reprouvés non seulement à la damnation, mais aux causes de la damnation. Bèze.

ne périt pas **permissive**: car Dieu ne permet pas, il ordonne : sa volonté c'est l'être, la nécessité, l'irrémédiable fatum. Comment donc se fait-il que tant de générations aient été enveloppées, comme en un linceul de mort, dans la faute de leur premier père? Je n'en sais rien. Tais-toi, langue de pie, tais-toi et cesse de m'interroger.... Tu veux que je te réponde, moi, ver de terre, argile pétrie de la main de Dieu, poussière immonde! Que suis-je pour sonder Dieu? mieux vaut une pieuse ignorance qu'une téméraire science 1).

— Alors, pourquoi dogmatises-tu donc, demanda Kaufmann? Pourquoi en appelles-tu donc à l'Ecriture? Pourquoi te fais-tu donc ici docteur en Israël, toi, poussière de terre? O homme qui te glorifies dans ta misère, qui vas enseigner les nations, et qui traites de téméraire et d'insensée toute science qui cherche à nous donner l'explication de mystères que Dieu a cachés dans les abîmes de sa justice suprême 2). Mais

---

1) Iterum quaero unde factum est ut tot gentes una cum liberis eorum infantibus aeternae morti involveret lapsus Adae absque remedio, nisi quia Deo ita visum est. Hic obtumescere oportet tam dicaces alioqui linguas. Lib. 3, cap. 23.

Tu homo expectas a me responsum et ego sum homo. Itaque ambo audiamus dicentem : O homo tu quis es? — Melior est fidelis ignorantia quam temeraria scientia. Ib.

2) L'école protestante reconnaît aujourd'hui toute la valeur de l'argument de Gérard : elle accuse Calvin de contradiction formelle dans la déduction de son système sur la prescience. Die letzten Worte, melior est fidelis ignorantia..... find eine Kritik Calvins selbst — denn er geht hartnäckig gegen seine Grundsatz so weit, daß sein Wissen auch verwegen ist, und er stellt als nothwendige Glaubens-Regel in den Confessions-Schriften auf, was nur angedeutet, und sehr gefährlich ist, für die gewöhnlichen Gemüther. Paul Henry, p. 319, t. 1. Calvin's Leben.

à mon tour, je te presse et te pousse, je m'attache à ta robe et je te demande si Dieu n'a pas envoyé son fils pour le salut de cet homme, que tu viens de coucher dans le sépulcre, et qui, dans deux jours sera la proie des vers comme toi et ton maître.

— Tu te caches sous la robe de Pélage, robe usée, vieillie jusqu'à la corde. Pélage ne comprenait pas l'apôtre. Saint Paul n'a jamais parlé de l'individu in persona, mais de l'individualité; du genre et non de l'espèce : non singulos generum, sed genera singulorum 1).

— Maître, voilà une distinction qui sent bien l'école, et j'imagine qu'en entrant ici, tu as laissé à la porte le cordon de quelque moine qu'aura dévalisé votre prédestiné, François de Seckingen, qui ne paraît pas plus aimer la moinerie que les moines, la variété que l'espèce : singulos generum et genera singulorum. Ton Dieu me semble fait à son image, et je ne t'en fais pas mon compliment.

— Mon Dieu, dit le ministre, ne hait personne.

— Comment donc, reprit Gérard, en vidant un grand verre de bière, ce n'est pas haïr que de prédestiner une pauvre créature à des supplices éternels?

— Tu ne distingues jamais, mauvais thomiste. Prédestiner à la mort, ce n'est pas haïr, mais destiner à la haine, ce qui est bien différent 2).

— Encore comme ton Franz, qui cache ses hommes d'armes, véritables loups, sur la route de Bâle à Waldshutt, fond sur nos moines, les dévalise, les

---

1) Inst., cap. 23 et 24 de Praedestinatione aeterna.
2) Exitio praedestinare non est odisse, sed odio destinare.

mutile par amour de la chasteté. Je dis et soutiens que ton Dieu est un méchant gantelet de fer, que je n'aime ni ne saurais aimer. Ses décrets sont des décrets horribles.

— Mon Dieu n'a pas de forme, et tu veux lui en donner une et le juger d'après une image créée dans ton cerveau : je dis, comme toi, **décret horrible**, car, on ne saurait nier que le Seigneur n'ait, dans sa préscience, connu la chute d'Adam, avant qu'Adam ne fût créé, et qu'il ne l'ait prévue que parce qu'il l'avait ordonnée par son décret 1).

— Tu as beau faire, tu donnerais plutôt aux pierres

---

1) Decretum quidem horribile fateor, inficiari tamen poterit nemo quin praesciverit Deus quem exitum habiturus esset homo, antequam ipsum conderet et ideo praesciverit quia decreto suo sic ordinavit. Ins., l. 3, c. 23, n. 7.

« On dit que Calvin prononce un blasphème à cause qu'il se sert, en cet endroit, du mot **horrible** : on prétend qu'il dit que les décrets de Dieu sont horribles, comme s'il le disait de tous les décrets en général. Il est certain que cette remarque est très malicieuse, et qu'on ne l'a faite uniquement qu'à dessein de rendre Calvin odieux, mais très injustement; car Calvin, par ces mots, n'a prétendu dire autre chose, sinon que ce décret doit nous épouvanter. Rivet, t. 3, dans son traité : Apologeticus pro suo verae et sincerae pacis ecclesiae proposito contra Hugonis Grotii votum, montre fort bien qu'on ne doit pas donner un autre sens à l'expression de Calvin. » Ancillon, Mélanges critiques, p. 37.

Rivet, Ancillon, et Morus, le panégyriste de Calvin, en traduisant, decretum **horribile** « qui doit nous épouvanter, » font preuve d'une ignorance profonde de la langue latine ou d'une insigne mauvaise foi. L'énonciation embarrassée de Calvin, **decretum quidem horribile fateor**, prouve assez que le sens que donne à ce passage l'école catholique, est celui même que Calvin voulait exprimer. Beausobre, auteur de la « Défense de la Doctrine des réformés sur la providence, sur la prédestination, sur la grace et sur l'eucharistie », Magdebourg, 1693, n'entend pas le passage autrement que les catholiques.

rouges de notre Münster, la couleur de l'ail, qu'à la doctrine de ton maître, l'apparence de la vérité. Tes dogmes sont impies et horribles : si tu n'es venu au monde que pour prêcher une parole semblable, tu n'avais pas besoin de naître.

Parmi les convives du cabaret de l'Arbre-Vert qui écoutaient en silence la dispute sur la prédestination, il en était un qui souvent avait applaudi, par des hochements de tête répétés, à l'argumentation du ministre Calviniste. Il avait devant lui un livre ouvert qu'il s'amusait à feuilleter. Au moment où Gérard achevait sa dernière phrase, il retourna son volume, et prit la parole en ces termes :

— Il y a un moyen de clore la bouche au papiste : Dieu ne veut pas la mort de l'impie, en parole, je l'accorde; mais par son impénétrable volonté, je le nie : non vult peccatoris mortem verbo, vult autem eam volontate illa imperscrutabili, comme maître Martin d'Eisleben, ecclésiaste de Wittemberg, prophète de Dieu et son évangéliste, l'enseigne, fol. 446, de Servo Arbitrio. Le Dieu qui nous est prêché veut sauver tous les hommes : il nous a envoyé son fils pour nous appeler, par sa parole, au salut; mais, par sa volonté, il damne et réprouve [1]).

— Le beau comédien que ton Dieu, s'écria Gérard! il ressemble à Bucer, qui fait le chien couchant avec les sacramentaires de Strasbourg, les caline, les flatte, leur donne la patte, et qui, à Wittemberg,

---

[1]) In hoc missus est ut loquatur; verbo salutis ad omnes salvandos venit. Luth.

jape et aboie contre eux en compagnie du gros dogue Luther! Ton Dieu hypocrite ne vaut pas mieux que le Dieu tyran de Calvin. Suis-je un vase d'élection ou un vase de perdition? Le verbe a-t-il parlé pour moi? Jésus a-t-il répandu son sang pour l'ancien sacristain de Saint Pierre?

— Dieu ne veut que le salut des élus, reprit le calviniste; c'est pour eux seuls qu'il a pris chair, qu'il est descendu sur la terre, qu'il a souffert et qu'il est mort. Aussi n'a-t-il pas prié pour tous: ses élus sont ceux que son père veut sauver [1]).

— Mais si Dieu m'a destiné à la damnation éternelle, que ferais-je?

— Aux réprouvés Dieu envoie un prédicateur de son verbe afin de les rendre plus sourds; il fait briller à leurs yeux sa lumière pour les aveugler; il leur annonce sa loi pour les hébéter; il leur met le miel de verité sur les lèvres pour les empoisonner [2]).

— Ainsi donc, Dieu veut le péché?

— Il le veut, il le prescrit, il nous y excite [3]).

b) LIBRE ARBITRE.

— C'est donc Dieu, dit Gérard, après un moment de silence qui nous a envoyé Bucer pour violer nos religieuses, voler nos églises, chasser nos prêtres, et

---

1) In Ev. Joh. — Inst. lib. 3.
2) Ecce vocem ad eos dirigit, sed ut magis obsurdescant; lucem accendit, sed ut reddantur cæciores; doctrinam profert, sed qua magis obstupescant; remedium adhibet, sed ne sanentur. Calv. Inst. lib. 3, cap. 24, n. 13.
3) Inst. lib. 3.

mettre dans Strasbourg l'abomination de la désolation ?

— Si Bucer est coupable, son œuvre est l'œuvre de Dieu, reprit le calviniste, comme l'inceste d'Absalon 1), les fureurs d'Achab, la trahison de Judas et le déicide des Juifs. C'est Satan qui disait par la bouche de Judas : Combien me donnez-vous, et je vous le livrerai? qui criait : Tolle! tolle! Mais Satan n'est que le ministre du Très-Haut, son esclave soumis, qui ne fait rien et ne peut rien faire sans l'ordre de Dieu, à qui il est obligé d'obéir, qu'il le veuille ou non, comme l'argile obéit au doigt qui la pétrit. Dieu appelle Satan, et lui dit : Prends possession de ce corps, je te le livre; et satan, ministre de la colère divine, part plus vite que l'éclair. Dieu a d'avance aveuglé la pauvre créature; il l'a endurcie et poussée au péché, en lui ôtant le pouvoir d'accomplir ses commandements 2).

---

1) Absalon incesto coitu patris torum polluens detestabile scelus perpetrat ; Deus tamen hoc opus esse pronuntiat. Inst. lib. 3.
2) Inst. lib. 3.
La poésie elle même, au 16ᵉ siècle, ne dédaignait pas de parler théologie. Voici le titre d'un livre fort curieux qui parut en 1559 :
« Les dispvtes de Gvillot le Porcher et de la Bergère de St-Denis en France, contre Jean Caluin, Prédicant de Genesue, Paris, par Pierre Gaultier. »
L'ouvrage a la forme dialogale. Nous en citerons un fragment :

CALVIN.

Or pour bien entendre le poinct
De ce mérite ou ie me fonde
C'est pour ce que l'homme n'a poinct
De libéral arbitre au monde,

— Mais, dit Gérard, l'homme, au sens de ton maitre, n'est donc pas libre?
— Te voilà, avec la grande question de liberté;

Car de l'offence tremebonde
Qu'Adam fit par Mort mortifaire,
Sa semence en fut si immonde
Qu'onque depuis ne sceut bien faire.

Et cette cause nous disons
Et maintenons pour vérité
Qu'en ce monde icy nous faisons
Tous œuvres par nécessité,
Et que Dieu en Eternité
Prenoit par diuin pensement
Tout bien et toute iniquité
Dont ne se peut faire autrement.

LA BERGÈRE.

Si tu as quelque bonne robe
Ou autre riche habillement
Et que quelqu'vn te le dérobe,
Il ne sçayt donc faire autrement.

Et si ton voysin mesmement
Te donnoit d'un cueur despité,
Dessus la joue fermement
Feroit-il de nécessité?

Si par contrainte nécessaire
Vn brigant la gorge te couppe,
Et qu'il ne puisse autrement faire
Il n'y a point en lui de coulpe.

CALVIN.

Dieu n'est point autheur pour cela
Des grefs péchés que nous faisons,
Mais le dit Adam qui nous a
Perdu la liberté qu'eussions
Comme petits Dieux nous fussions;
Et sans iamais auoir faict mal,
Ce que plus faire ne sçaurions
Faulte d'arbitre libéral.

que les thomistes, les danétistes, les lombardistes et les papistes n'ont jamais pu comprendre. Il n'y a de véritablement libre que Dieu. Satan ne l'est pas plus qu'Absalon, Judas, ou Achab. Si Satan vient, c'est que Dieu l'a appelé. S'il part comme la foudre, c'est que Dieu lui a donné des ailes de feu. Quand le pécheur succombe, c'est que Dieu le pousse et le précipite dans l'abîme 1). Je t'ai déjà dit que Dieu avait prédestiné Adam au péché, pour sa gloire : la gloire de Dieu, entends-tu bien? et qu'il avait effacé dans notre premier père et dans ses enfants le rayon céleste dont il avait couronné leur front. A la place de cette lumière divine, il a mis l'impureté, l'impuissance, la vanité, et ce cortège héréditaire de souillures que je nomme concupiscence, lot de la créature sur cette terre 2). De cette concupiscence est né le péché, comme le ver naît de la fange, la pourriture de la fermentation.

— Maître, je t'arrête. Est-ce une parole nouvelle que tu nous apportes, semblable à celle de Jean dans le désert, ou du fils de l'homme en Judée? ou bien l'as-tu ramassée dans quelque cloaque immonde de l'hérésie?

— C'est une lettre nouvelle que j'enseigne. Maître Jean avoue que le dogme du libre arbitre a été proclamé dans l'Eglise d'Orient et d'Occident; mais que signifie la voix de vos pères, de vos docteurs, de vos pontifes? Il n'y a pas de libre arbitre en l'homme comme l'entend l'école catholique : l'homme, fruit

---

1) In eo obliterata fuit coelestis imago. Inst. 2, cap. 1, n. 5.
2) Inst. l. 2, c. 1, n. 4 et 7.

du péché, ne peut produire que des fruits de mort; sa volonté, après la chute d'Adam, a été enchaînée par une chaîne de diamant; elle ressemble au mauvais arbre, qui donne nécessairement de mauvais fruits 1).

— Donc l'homme, c'est l'esclavage incarné?

— Tu te trompes ici : tu vas trop loin. De même que Dieu fait le bien nécessairement, sans cesser d'être libre; que Satan, qui n'a de puissance que celle du mal, pèche volontairement; ainsi l'homme, cloué au péché, n'agit pas moins volontairement 2). Cette nécessité n'est pas le fatum des païens ou la fortune des chrétiens; c'est une nécessité que j'appellerai volontaire, parce qu'elle a pour mère la volonté humaine qui a de plein gré embrassé le péché, et s'en est fait l'esclave 3).

Gérard n'y put plus tenir : son œil brillait d'un rire satanique; il roulait son verre dans la main, haussait les épaules, frappait du pied, et reproduisait cette mimique si amusante que Luther prête au docteur Eck qui écoutait Carlstadt....

— Assez, assez, répéta-t-il : vous avez brûlé les bancs de nos écoles, et fait un feu de joie de nos Sommes, et c'est pour parler un jargon dont nos moines eux-mêmes avaient cessé de se servir long-

---

1) Libertate abdicatam, voluntatem dico necessitate in malum vel trahi, vel duci. Inst. lib. II. c. 3, n. 5.

2) Ergo si liberam Dei voluntatem in agendo non impedit quod necesse est, illum bene agere; si diabolus quia non nisi male agere potest, voluntarie tamen peccat; quis hominem ideo minus voluntarie peccare dicet quod sit peccando necessitati obnoxius? Inst. lib. II. c. 3. n. 5.

3) Quia voluntas cum libera esset servam se peccati fecit.

temps avant la venue du Saxon! Plaisante merveille que votre nécessité volontaire ! et quelle sotte figure que votre créature libre dans les chaînes du péché! Mais, voudriez-vous me dire quel est le principe ou mobile de l'acte chez cet homme fait de vos mains, car je nie qu'il ait été créé de Dieu?

— Parles-tu du réprouvé ou de l'élu?

— Du réprouvé et de l'élu.

— Chez le réprouvé, c'est l'attrait du plaisir 1) ou l'appétit sensuel. L'homme incliné au mal par sa volonté, est entraîné de tout le poids de la chair ; il s'abandonne au bien parce qu'il y est doucement conduit par l'esprit. Chez l'élu, cette délectation tout immatérielle s'appelle la grace, doux charme qui nous attire à Dieu par l'appât des félicités qu'il nous promet, comme dit maître Jehan : nos ad ipsum amandum et expetendum proemiorum dulcedine voluit. Inst. lib. 2, c. 8. Voyez Saül; qui l'attache au Seigneur? n'est-ce pas la douceur et la bonté du créateur 2)?

— Mais, cette grace ou délectation, pour parler votre langage, ne saurait être toujours efficace !

—Tu parles en vrai thomiste : au contraire, elle ne peut être qu'efficace : « Quiconque a ouï de mon père, vient à moi ». N'est-ce pas ce que dit le Seigneur? d'où il suit que la délectation produit nécessairement la foi.

— Tu écorches le texte, dit Gérard. S'il est vrai,

---

1) Delectatione et proprio appetitu movetur.
2) Ut Deum amaret bonitatis ejus dulcedine capiebatur. Inst. lib. III. c. 12, n. 12.

comme l'a dit Erasme, que vos frères n'aient encore pu redresser un cheval boiteux, il faut avouer qu'ils ont plus d'une fois estropié, comme ici, un texte qui marchait parfaitement droit.

Il y a dans saint Jean, ch. 6, v. 45 : omnis qui audivit a patre et didicit venit ad me. Double opération : le créateur qui accorde sa grace, la créature qui consent à la recevoir : omnis qui audivit a patre, voilà le don de la grace; et didicit, voilà l'acte du libre arbitre ; le père qui se manifeste, l'enfant qui consent à l'écouter. Mais, quoi que tu fasses, je m'élève de toute la hauteur de mon argument, et je te dis : si pécheur ou réprouvé, ta grace me fuit et m'échappe, parce que je suis marqué du sceau de la réprobation, j'ai une excuse à alléguer : je ne pouvais faire autrement : je le dirais à ton Dieu s'il m'appelait devant sa face.

— Mais mon Dieu te répondrait tout aussitôt : Israël, de quoi te plains-tu ? d'où te vient cette impuissance du bien ? si non de ta nature fangeuse; et cette nature, qui te l'a faite ? sinon ton péché 1). Maintenant, laisse-moi t'expliquer toute l'économie du système de Calvin.

Dieu, en créant l'homme, a prévu de toute éternité la chute d'Adam. Parmi ses descendants, il en a choisi un petit nombre, que l'apôtre nomme les élus du Seigneur, pour la félicité éternelle; le reste pour

---

1) Si quis cum eo disceptare velit et hoc praetextu judicium subterfugere, quia aliter non potuit, habet paratam responsionem: perditio tua Israel. Unde enim ista impotentia, nisi ex naturae vitiositate ? Unde porro vitiositas, nisi quod homo defuit a suo opifice. Inst. lib. 4.

une réprobation sans fin ; afin que le salut des bienheureux manifestât sa miséricorde, et la chute des damnés sa justice. Il a soustrait sa grace au premier homme qui est tombé: il n'a voulu sauver que les élus; c'est pour eux seuls qu'il est descendu sur la terre; qu'il a été crucifié, qu'il est mort. C'est le sang que le verbe fait chair a versé qui est la caution du salut des élus : la grace infuse en ce sang ne peut être perdue, elle est inamissible. — Cette grace consiste dans la non imputation des péchés : c'est par la foi seule qu'elle se communique à la créature : le baptême et les autres sacrements ne sont que des signes. La justice de Dieu étant infinie, la créature à laquelle elle est imputée n'a rien à expier ni dans cette vie ni dans l'autre : donc, dans l'autre vie, point de purgatoire; donc, en ce monde, point de suffrages des vivants. — Tout acte est souverainement bon ou naturellement mauvais. Sans la grace, l'homme ne peut que pécher.— Le péché n'est point imputé aux élus. — A l'élu Dieu donne une grace efficace qui opère incessamment le bien; il la dénie au réprouvé qui pèche sans cesse à l'instigation de Dieu, de Satan son ministre, de la concupiscence, fruit de mort, et elle-même mort incessante.

Ce réprouvé était destiné à la damnation, antécédemment à la prescience de tout péché même originel et sans autre motif que le bon plaisir du créateur. Il a péché dans le premier homme, péché dans le ventre de sa mère, péché en voyant la lumière; il pèche incessamment dans cette vie, jusqu'à ce qu'il tombe dans les mains de son juge inexorable.

Voilà, dit le ministre, le système théologique de

Jean Calvin, prédicateur à l'église française de Saint-Thomas, et que tu pourras lire dans ses Institutions chrétiennes, le plus bel ouvrage qui soit sorti de la main des hommes.

— Qu'il y dorme, reprit Gérard, jusqu'au jour du jugement dernier, quand la trompette appellera les morts devant le tribunal du Seigneur. Glorifie ton maître tant que tu voudras, chante-le comme un roi de l'école. Je m'y connais, moi : je te dis que son manteau est formé de lambeaux dérobés aux monarques de l'hérésie venus avant lui, à Wiclef, à Gothescalc, à Jean Huss et à Luther ; mais il manque à ce Cauvin une vie personnelle ! C'est un automate moulé sur un cadavre desséché, cadavre lui-même que les vers ont déjà piqué au cœur, et que dans quelque temps l'œil de ses disciples mêmes n'osera regarder.

Et ils se séparèrent.

Et un siècle plus tard, les luthériens attaquaient et pulvérisaient le système de la prédestination 1).

Et un siècle et demi plus tard, Jurieu le Calviniste écrivait : Nous rejetons tous ces dogmes de la prédestination ; nous les rejetons comme détruisant toute religion et ressentant le manichéisme ; je le dis à regret et malgré moi, nul des nôtres ne se sert plus aujour-

---

1) Anti Calvinianus Elenchus, où l'on examine comment les calvinistes sont réprouvés ou prédestinés pour l'enfer par le décret immuable de Dieu selon les luthériens, par Christophe Seldius, superintendant, ministre de Cobourg.

Anti Calvinianus speculator, par Christ. Althoser, professeur d'Altorff, surintendant ecclés. de Kulmbach. Altorff, in-4°, 1636.

Anti Calvinianus Paulus, par Ananias Weber. Leipzig, 1644, in-4°.

d'hui de ces manières de parler propres à scandaliser 1).

Et Bèze pourtant avait dit : « Que le système théologique de Calvin était fondé sur la vérité 2). »

« L'ombre du sacristain de Saint-Pierre-le-Jeune a dû plus d'une fois tressaillir dans son sépulcre, au bruit des discordes intestines du protestantisme. La tombe de Gérard existe encore (1743) dans le cimetière de Strasbourg : que de révolutions religieuses sont venues expirer au pied de cette pierre qui recouvre les restes d'une pauvre créature qui s'endormit au Seigneur en 1560, chargée d'années, en face même de l'église où si souvent elle avait appelé les fidèles à la prière ! C'est une croyance populaire parmi les catholiques de Strasbourg que Gérard mourut en odeur de sainteté. Aussi, on le prie comme un bienheureux, dans les grandes tempêtes qui menacent la foi. La tombe du sacristain a été préservée par une sorte de miracle. Nous voulûmes la voir. Celui qui nous conduisait connaissait presque tous les hôtes de cette vallée de larmes. Après avoir marché quelque temps dans le cimetière, nous aperçûmes à l'angle oriental un bosquet de mauves toutes fraîches, au milieu desquelles s'élevait un cippe funéraire, rongé, exfolié par le temps, mais où l'œil pouvait lire distinctement ces mots : Melior est fidelis ignorantia,

---

1) Jugt. sur les méthodes, etc., p. 143. Consult. de Jucund. pace 214.

2) At Genevae interea collegium ministrorum in publico coetu veram de praedestinatione doctrinam asseruit, publicoque scripto a Calvino comprehensam, comprobavit, caput hoc christianae religionis. Bez. vita Calv., ad. ann. 1552.

quam temeraria scientia. Nous nous sentîmes émus : cette pierre qui s'échappait de cette touffe fleurie, nous offrait l'image de notre église debout après tant de siècles de combats, et aujourd'hui aussi belle de sa jeunesse éternelle que lorsqu'elle défiait tous les docteurs de la réforme 1). »

---

1) Calvini de praedestinatione systema, p. 37.
La question du prédestinatianisme, dans les divers systèmes de Wiclef, Luther et Calvin, a été approfondie par le Jésuite Du Chesne, dans un traité in-4°, qui parut en 1724, sous le titre : du prédestinatianisme. Du Chesne est un controversiste habile et poli.

CHAPITRE XXI.

CALVIN A FRANCFORT, A HAGUENAU, A WORMS, A RATISBONNE. 1540 — 41.

Double travail de la réforme. — Appel au concile qu'elle est décidée d'avance à rejeter. — Calvin à Francfort. — Son opinion sur la cène. — Sur les cérémonies du culte. — En désaccord avec Mélanchthon. — Calvin à Haguenau. — Vœux de Rome pour la paix. — Eck, Bucer et Calvin. — Accusations portées par ses coreligionnaires contre le Réformateur genevois.

La réforme était engagée à l'heure où nous parlons, dans un double travail : travail de prosélytisme, travail de concorde. Pour accomplir le premier, elle avait besoin d'assistance humaine ; pour terminer le second, elle cherchait une voix puissante, qui absorbât en son sein tous les flots de paroles qu'elle avait soulevées. C'est par le verbe qu'elle était entrée dans le monde ; c'est par le verbe qu'elle voulait s'y asseoir et s'y reposer; car la lutte qu'elle avait soutenue, avait été longue et ardente. Elle n'avait eu peur ni de la triple tiare de Léon X et de ses successeurs, ni de la couronne de fer de Maximilien, ni de la longue épée de Charles V, ni du diable, ce grand chevalier du moyen-âge que Luther faisait intervenir dans tous ses duels, et qui représentait à ses yeux les ténèbres et la lumière, c'est à dire Cajetano et Carlstadt, Sadolet et le paysan révolté de la Thuringe. Nous vous avons appelés ailleurs à l'éclosion de ce verbe humain caché dans un œuf de couvent, qu'Erasme ouvre du bec de sa plume, et qui prend à Wittemberg le capuchon d'un moine; affiche ses positions sur les murs de l'église de tous les saints; endosse à Worms l'habit de docteur pour parler aux empereurs, puis la barbe de chevalier au château de la Wartburg, et enfin la lance de Seckingen aux champs de la Thuringe, et après toutes ces transformations, redevient moine et docteur, afin de conquérir tantôt par la libre discussion, tantôt par la fraude et la ruse, tantôt par la force ouverte, le droit de bourgeoisie allemande. Vous avez vu des empereurs se cacher la face, s'envelopper dans leur couardise, devant cette parole rebelle de Luther, lui jeter la soutane de nos prêtres, le camail de nos chanoines, la pourpre de nos évêques, l'ostensoir de nos autels, les pierreries de nos sacristies, et jusqu'aux vins de nos caves de moine. Mais à cette parole l'or ne suffisait pas. Elle demandait qu'on la reconnût pour la fille légitime du verbe incarné. Il y a des moments où l'on dirait que Charles V porte une quenouille au lieu d'une épée : il s'amuse à discuter avec la révolte; discuter, c'était parlementer.

La parole nouvelle avait dressé un formulaire de foi qu'elle avait nommé sa confession. Après avoir décliné son symbole à Augsbourg, elle s'était exprimée en ces termes :

« Si nos discussions ne peuvent être vidées à l'amiable, que votre majesté (elle s'adressait à l'empereur) fasse convoquer un concile général ; nous y paraîtrons, nous y plaiderons notre cause au nom de Dieu. Nous en appelons à un concile 1).

La réforme se moquait ici de l'empereur, du pape et de la chrétienté. Elle s'était exprimée franchement par la bouche de son apôtre. Luther, en cent endroits de ses épîtres et de ses livres, avait rejeté tout pacte avec Bélial. Cherchez dans le dictionnaire protestant : Bélial ; vous trouverez comme synonyme : pape. Mais à Augsbourg, la réforme avait besoin de tromper l'empereur.

En attendant elle gagnait des villes, des provinces, des royaumes, des têtes couronnées, des évêques mêmes. En sorte que lorsque la cour de Rome l'eut prise au mot, elle faussa son serment, et répudia toute espèce de concile.

---

1) Histoire du protestantisme, par M. Roisselet de Sauclières, t. 2, p. 378.

Luther ne se contentait pas de protester par ses écrits contre la tenue d'un concile, il s'amusait à le jouer dans des caricatures qu'on trouve encore quelquefois aux étalages des bouquinistes, ou, comme on les nomme, des antiquaires allemands. Dans l'une de ces images, le pape est représenté assis sur un cochon, et tenant en main stercora fumida, dont des femmes, des vieillards, aspirent l'odeur. Dans un autre, le pape est enveloppé de diables de toutes couleurs et de toutes formes, qu'il invoque les mains jointes, mais qui sans pitié brisent sa couronne, et apportent le bois qui doit le brûler dans les enfers. Sleidan a donné la description de ces deux caricatures, lib. 16, fol. 365; édit. de Strasbourg, 1608. Weislinger les a reproduites dans son « Friß Vogel, ober ſtirb ! » p. 94, 97.

A Smalcade en 1539 la réforme leva le masque, changea de rôle et recourut à la force ouverte, en appelant à son secours tous ses partisans, répandus sur la surface de l'Allemagne. Le catholicisme comprit qu'on en voulait à son existence; il convoqua ses alliés à Nüremberg, et se prépara à combattre. L'empereur, occupé du triomphe de ses armes, ne pouvait laisser ses plus belles provinces en proie à des luttes religieuses qui menaçaient le repos du monde entier. Assez de sang, du reste, avait été répandu déjà dans la Franconie et la Souabe. Il eut recours à son remède ordinaire: il convoqua une diète à Francfort. Calvin y parut à côté de Mélanchthon.

Luther vieillissait; Dieu l'avait frappé avant le temps de toutes ces maladies qui affligent l'homme à la fin d'une longue existence. Il était devenu sourd; son cerveau, ainsi qu'il nous l'apprend lui-même, était plein de tempêtes et de tonnerres; sa main, comme frappée de paralysie, ne pouvait écrire deux signes, sans que sa tête ne s'échauffât jusqu'à l'ébullition. Et comme si ces douleurs physiques n'eussent pas été un châtiment suffisant, la colère de Dieu était venue, selon la juste expression de l'écrivain, le visiter jusque dans son ménage. En quelques années il avait perdu deux enfants, entre autres une fille chérie, ange de beauté et d'innocence. Désormais son rôle dans ce monde était fini; mais il laissait en mourant un disciple chéri, Melanchthon, qui devait continuer l'œuvre du maître, la répandre, la symboliser et la protéger contre l'inimitié des princes catholiques, et les caprices des protestants. La tâche était grande, et au-dessus des forces d'un homme. Un ange même n'eût pu donner l'unité à ce verbe qui changeait de signification en passant par chaque bouche qui l'annonçait. Ainsi à Francfort trois hommes représentaient la réforme, Bucer, Mélanchthon et Calvin, qui n'avaient ni les mêmes instincts, ni les mêmes doctrines ; Bucer, ce vespertilion que Luther avait déjà plusieurs fois frappé au cœur ; Calvin qu'il avait damné dans Zwingli, et Mélanchthon, pauvre voyageur à la recherche d'une étoile qui fuyait constamment devant lui.

Calvin, avant de quitter Strasbourg, avait développé son système sur la cène dans une lettre à Mélanchthon. Philippe n'avait pas eu le temps de répondre. «Maître Jehan, dit-il à Calvin, en le voyant pour la première fois à Francfort, je pense comme vous sur l'Eucharistie» 1). Calvin rappelle avec joie ce propos de Mélanchthon, dans une lettre à Farel 2). Il ne connaissait point encore cette nature d'homme, faible jusqu'à la couardise, qui n'aurait osé offenser en face une ame vouée à l'œuvre commune. Le soir, de retour au logis, Mélanchthon reprenait courage, se hâtait de consoler son père et de le rassurer, en promettant de lui rester fidèle jusqu'à la mort. Et Luther, tout joyeux, appelait Justus Jonas, lui montrait la lettre, et buvait un grand verre de bière à la persévérance de Philippe et à l'impénitence du pape.

---

1) Illos enim ad eum miseram quo expiscarer, an aliquid esset inter nos dissensionis. Antequam responderet conveni eum Francofordiae; testatus est mihi nihil se aliud sentire quam quod meis verbis expressissem.
2) Epist. Farello, Mart. 1539.

Les légats impériaux étaient venus irrités à Francfort. Ils menaçaient au nom de leur maître de détruire la réforme dans le sang, si elle refusait de reconnaître la voix de la raison. L'empereur consentait à laisser aux protestants la propriété des églises dont ils s'étaient emparés par violence ; mais il voulait les contraindre à restituer les biens des couvents et des presbytères. Mélanchthon, s'il n'eût consulté que sa conscience, aurait cédé volontiers ; mais en présence des princes réformés qui, suivant un vieil historien souffraient de cruelles tranchées, quand on parlait de rendre gorge de ce qu'on avait trop avidement avalé 1), il hésitait, demandait du temps, conseillait à ses amis de « carguer les voiles dans la tempête, d'attendre que Dieu eût fait luire son soleil, aux rayons duquel on pourrait travailler à étouffer les germes de discorde nés au sein de la réforme, et à réunir tous les esprits dans une même foi, et dans un symbole commun. » — Ame de chair, disait Capito, en parlant de Mélanchthon, qui n'ose avouer son Dieu à la face des hommes, qui a peur des princes de ce monde ! Mon Dieu, ôtez-moi de cette terre, car j'en prends à temoin le Seigneur, notre pauvre église est perdue, si elle continue de marcher dans la même voie ; si tous ceux que le Seigneur a appelés à la lumière, affligent son œil de leurs dissensions intestines. 2) L'apparition de Calvin à Strasbourg n'avait réussi qu'à jeter de nouveaux désordres dans l'église évangélique, car Calvin

---

1) Flor. de Raemond.
2) Epist. Farello Mart., 1539.

apportait à la réforme une parole dogmatique, qu'il était décidé à faire prévaloir. Son signe figuré, son pain emblématique, sa chair symbolique de la cène, avaient enlevé au luthéranisme beaucoup d'ames flottantes, que le verbe mystérieux de Luther commençait à effaroucher, et qui croyaient que le chemin le plus court pour arriver à la verité était la raison.

Chaque diète était comme une halte dans le mouvement : les esprits divisés essayaient d'un repos qui leur pesait bientôt, car tous comprenaient que le verbe seul pouvait terminer des débats religieux. A Francfort, on décréta une trêve de quelques mois, pendant laquelle on choisirait dans les deux camps quelque roi nouveau de la parole, qui viendrait soumettre à son joug les esprits récalcitrants. Le monarque de la réforme c'était Luther, que Dieu retenait sur un lit de douleur, et que l'Allemagne appelait en vain à chacune de ces assises où sa voix aurait commandé le silence. Le vicaire de Luther, Mélanchthon, n'avait point assez de puissance, ni dans la voix, ni sur le front, ni dans la doctrine, pour ramener à l'unité les disciples de la réforme. Melanchthon ne voulait pas d'un culte, comme le rêvait Calvin, sans vie, sans lumière, sans fleurs, sans reflets ni saillies, dépouillé d'images, de prêtres, d'évêques et de liturgie. Lorsque Calvin lui disait que toutes les cérémonies qu'avait conservées l'église saxonne sentaient le judaïsme, Mélanchthon n'osait contredire le prédicateur de Strasbourg ; mais il lui représentait que trop de coups avaient été portés au catholicisme ; que l'abolition de toutes ces formes extérieures qui avaient le pouvoir de parler à l'imagination, réveillerait les plaintes des canonistes; et il en appelait au temps et à Luther 1) qui n'aimait pas, il est vrai, ce faste liturgique de l'église catholique, mais à qui déplaisait souverainement le culte prosaïque de l'église réformée. Bucer, qui redoutait le moine saxon, joignait sa voix à celle de Mélanchthon. S'il était plein de dédain pour notre chant latin; s'il désapprouvait l'image étalée dans nos temples, nos vêtements sacerdotaux couverts d'or, notre Dieu emprisonné dans des pierreries, les cloches de nos églises; il ne consentait point à rompre avec Luther qui regardait comme indignes de sa colère ces représentations, ces cérémonies, ces vêtements et ces cantiques en langue romaine, et cette pompe extérieure dont on s'occuperait quand la réforme aurait une symbolique 2). Calvin quitta Francfort, tout plein d'admiration pour la science, la charité, la douceur de Mélanchthon; mais conservant entière son opinion sur l'inutilité ou le danger de cette plastique visible dont il aurait voulu qu'on effaçât jusqu'à la dernière trace, afin d'exhausser le mur de séparation élevé par le moine Augustin entre les cultes dissidents. La position des deux théologiens n'était pas la même, leurs opinions devaient se ressentir de cette dissemblance personnelle. Mélanchthon avait assisté à toutes les phases d'une révolution religieuse commencée par la parole et poursuivie par le sang. Calvin, lui, n'avait encore été

---

1) Epist. Farello, Ap., 1539.
2) P. Henry, p. 243 et suiv., t. 1. — Hess, t. 1, p. 367 et suiv.
— Epistolae Calvini.

témoin que de tournois, où, de part et d'autre, on ne dépensait que de l'encre. Le professeur de Wittemberg savait qu'on ne se joue pas impunément des convictions populaires : l'ombre de Münzer se dressait sans cesse à ses yeux pour témoigner que rien ne coûte à l'ame fanatique qui veut triompher, pas même le sacrifice de la vie. Aussi, à chaque néologie, voyait-il une ruine nouvelle à déplorer, et trop de décombres s'étaient amassés sur son chemin pour qu'il consentît, de gaité de cœur, à marcher toujours dans la même voie. Sur la fin de sa carrière, il aurait voulu réjouir son regard à l'aspect de réédifications matérielles dans le culte. Il cherchait, avant de mourir, à laisser une symbolique basée sur des formes palpables, qui nourrissent l'esprit et l'imagination. De là, ses vœux pour un sacerdoce calqué sur le sacerdoce catholique, ayant sa hiérarchie spirituelle, ses pontifes, ses prêtres, et ses autels.

Mélanchthon ne put point assister à la diète de Haguenau, qui s'ouvrit au mois de juin 1540. Il était retenu malade à Weimar. Calvin était parti de Strasbourg pour prendre part aux conférences. Son rôle ne devait y être que secondaire. On lui reconnaissait de la science, de la dextérité, de la ruse, mais pas l'ombre d'éloquence. Ce n'était pas l'homme des grandes assemblées : sa parole ne savait pas remuer les ames. Mêlé depuis peu de temps aux mouvements de la pensée religieuse, il n'avait qu'une idée fausse des hommes et des choses. Dans une lettre qu'il écrit à Henri de Taillis, il montre une complète ignorance sur le rôle que chaque personnage aurait voulu jouer en Allemagne.

« L'intention des adversaires est d'augmenter leur ligue et de diminuer la nostre; mais on espère que Dieu tournera cette chance. Quoi qu'il en soit, les nostres cherchent de multiplier le règne de Christ tant qu'il leur est possible, et n'ont point délibéré de fleschir aucunement. Nous ne sçavons maintenant ce qu'il plaira au Seigneur de nous envoyer. Une partie de nos adversaires ne demande que la guerre. L'empereur (Charles V) est tant enveloppé, qu'il ne l'ose plus entreprendre. Le pape, de sa part, ne se feindroit pas à se y employer, car il a faict offrir par son ambassadeur trois cent mille ducats pour commencer. Si tous ceux qui n'ont encore reçu nostre religion se vouloient accorder à nous assaillir, l'empereur ne feroit pas difficulté de prester son nom et ne fust-ce que pour briser les forces de l'Allemaigne afin de la dompter plus aisément. Mais il y a un grand empeschement; c'est que tous les électeurs, d'un commun accord, sont à cela d'apaiser toutes dissentions amiablement sans venir aux armes. Le duc de Saxe et le marquis de Brandebourg sont nostres, ainsi ils ne peuvent faire autre chose que poursuivre leur cause. »

Calvin se trompe; Rome désirait la paix. Les députés catholiques, peu jaloux de Jean de Noyon [1]), ne demandaient que le repos. « Eck et les pontificaux, dit un historien dont on ne récusera pas le témoignage [2]), vouloient qu'on ne remuât plus les questions dé-

---

[1]) Fateor ipsum neque docentem, neque scribentem in ornatu verborum et humana eloquentia eximium. David Claude.
[2]) Hospinianus : Historiae sacramentariae, t. 2, p. 310 et seq.

cidées à Augsbourg, en 1530, dans la confession souscrite par l'église saxonne. » Mais les protestants cherchaient à revenir sur une œuvre qui renfermait des doctrines qu'ils reconnaissaient autrefois, mais qu'ils rejetaient aujourd'hui. Ils retiraient une à une toutes les concessions que leurs pères avaient faites aux catholiques. Eck n'avait-il pas raison de leur dire : « Vous nous avez donné à Augsbourg votre exomologèse comme inspirée du Saint-Esprit, pourquoi voulez-vous aujourd'hui revoir et corriger une révélation divine ? » On ne put s'entendre. On se sépara en se donnant rendez-vous à Worms. Luther avait prévu ce résultat et trouvé moyen d'en rire... « Nous en sommes pour nos frais, disait-il : on a fait pis que de l'eau claire à Haguenau. » 1)

Les conférences qui s'ouvrirent à Worms et à Ratisbonne, semblaient devoir être plus heureuses que celles de Haguenau. Les deux communions y étaient noblement représentées : la réforme par Mélanchthon, Calvin, Capito et Bucer ; le catholicisme, par Eck, le théologien, Gropper et Pflug. Calvin a dessiné leur silhouette : « Pflug est un homme éloquent, un politique habile, un théologien vulgaire ; courtisan, ambitieux, mais de mœurs exemplaires. Gropper 2) est une de ces natures partagées

---

1) Es ift mit dem Reichstage in Hagenau ein Dreck; ift meine Mühe und Arbeit verloren, und Unkosten vergebliche. Luth. an seine Frau; De Wette, t. 5, p. 298. 299. Paul Henry, p. 260, t. 1.

2) Gropper reçut pour prix de ses services à la cause catholique le chapeau de cardinal. Bèze en fait, comme Calvin, un homme de vanité et d'ambition :

    Voy d'un autre côté ce malheureux Gropper,
    Qui son Seigneur trompant son cœur laisse attrap r.

entre le monde et Dieu, avec lesquelles on ne saurait disputer pour acquérir de la gloire. Tu connais Eck, ce brouillon qui gâte tout ce qu'il touche... Si nous nous entendons avec de tels hommes, je serai bien trompé. »

Calvin emploie ici la formule ordinaire de son maître : il calomnie. Eck était un esprit lumineux qui lisait dans la pensée de ses adversaires. Cette intuition était le résultat d'une longue pratique du cœur humain. Il n'avait pas la fougue radieuse de cet autre Eck, qui disputa si souvent avec Luther ; il ne savait pas poétiser une question théologique, ni transformer une argumentation en drame ; mais il avait un autre don, celui de poser admirablement une question. Les théologiens de Strasbourg s'étaient préparés d'avance à une lutte ardente ; ils étaient partis la tête toute pleine de beaux discours, à l'aide desquels ils se promettaient de fasciner la diète ; mais ils en furent pour leurs frais de mémoire, quand Eck leur dit :—
« L'école protestante a un symbole, comme nous avons le nôtre : ce formulaire de foi est celui qu'elle nous apportait, il y a dix ans, à Augsbourg, qu'elle a soutenu opiniâtrément, publié et jeté par milliers en Allemagne. Nous l'avons combattu, comme nous nous proposons de le combattre, à l'exception toutefois de quelques articles, par exemple, de ceux qui sont relatifs à la cène, que nous admettons en partie.

Estranglé d'un cordon d'un chappeau detestable,
De la grace divine, Hermann est le temoin ;
A celui qui du ciel plus que du monde a soing,
Gropper montre de Dieu la vengeance effroyable.
In Jcon.

Voulez-vous disputer? nous sommes prêts. La papauté vous a témoigné de quel désir ardent de paix elle était animée en vous envoyant le cardinal Contarini, dont la douceur vous est assez connue. »

Eck disait vrai : le catholicisme voulait la paix au prix même de larges concessions, non pas sur le dogme, mais sur divers points de discipline ecclésiastique. Contarini, l'ami de Sadolet, une des gloires de la pourpre romaine, avouait la nécessité d'une réforme religieuse; organe d'un pape éclairé, Paul III, qui ne voulait pas descendre dans la tombe sans assister à la réconciliation de ses fils en J.-C.

L'empereur Charles V pensait comme le pape; Mélanchthon et Bucer étaient disposés à adoucir leur langage et leurs prétentions. Un historien réformé a signalé les dispositions bienveillantes des deux communions [1]. Qui donc nous expliquera cette brusque transition de l'espérance à la déception, de la charité à la colère? Calvin, qui avait reçu un mandat spécial de l'église qu'il représentait, et qui aurait préféré, comme il le disait, s'ensevelir sous les ruines de son temple à Strasbourg plutôt que de se réconcilier avec Rome. Il fallait donc encore une fois en venir à ces disputes où le Seigneur, qui aime le silence, trouve si peu son compte, suivant Mélanchthon. On régla l'ordre des discussions. La première, la plus importante, devait rouler sur la cène. A Augsbourg, la réforme avait reconnu la présence réelle; elle maintint sa parole, et confessa, par l'organe de Mélanchthon et de Bucer — qu'elle soutenait ferme-

---

[1] Ranke, p. 151.

ment avec l'église catholique, qu'après la consécration du pain et du vin, le corps et le sang de Jésus résident dans l'Eucharistie, vraiment et réellement; que le fidèle les reçoit non point enfermés dans une substance matérielle, ou par une manducation charnelle, mais spirituellement, et par la foi 1).

Le catholicisme ne pouvait se contenter d'une symbolique semblable, où l'on pouvait, en la tordant, trouver deux termes opposés, négation et affirmation. Aussi, le cardinal de Granvelle rejeta-t-il cette confession comme offensant le dogme auquel elle semblait vouloir complaire. Mais, dans l'intervalle de la dispute, Bucer et Mélanchthon avaient essayé de composer une autre formule, moins ambiguë il est vrai, mais qui ne satisfit pas plus les catholiques que les députés de Strasbourg. Calvin blâme amèrement Bucer et Mélanchthon de ces ménagements timides envers une croyance qu'il taxe d'idolâtrique 2). Comme on ne pouvait s'entendre sur l'énonciation de ce dogme, on remit, d'un commun accord, à d'autres temps une question que chaque culte regardait comme vitale.

---

1) Nam et illi docent vere et realiter corpus Christi in coena præsens esse et dari sumentibus; at non in pane neque ori præsens esse, sed fidei et omnibus quidem cum pane et vino sumendum offerri, sed solis fide sumentibus communicari.
Nam perspicuè testati sumus nos amplecti et tueri omnem consensum ecclesiae catholicae, quod in coena Domini, consecrato pane et vino, realiter adsint et sumantur corpus et sanguis Domini. Testati sumus nos improbare eos qui negant adesse et vere sumi corpus Christi. Hosp., Hist. sacra., t. 2, 314.

2) Philippus et Bucerus formulas de transsubstantiatione composuerunt ambiguas et fucosas. Calv., epist. 12 maii.

On disputa bientôt sur la messe. La réforme regardait la messe comme une institution tout humaine à laquelle elle refusait le titre de sacrifice : elle en demandait l'abolition en termes formels.

Eck défendit la valeur dogmatique du sacrement avec un resplendissement de paroles qui émut toute l'assemblée. Le soir, il se mit au lit pour ne plus se relever. Quelques jours après, il expirait frappé d'apoplexie. Un instant, le monde catholique espéra que Dieu lui conserverait un homme d'un si beau talent; tandis que la réforme, épiant, d'un œil inquiet, tous les mouvements de la maladie, demandait au Seigneur, par la bouche de Calvin, de la délivrer de cette bête féroce 1). Comment se fait il que le dernier historien de Jean de Noyon, M. Paul Henry, ait effacé de la lettre de son héros à Farel, ce souhait de mort? Croyait-il donc qu'il y resterait enseveli à jamais, et que nulle main ne viendrait l'en exhumer? Déjà, dans une autre histoire, nous avions surpris Luther, à genoux, levant les mains au ciel, et priant Dieu de le délivrer d'un autre Eck, « frélon qui le troublait et l'importunait de ses morsures. » Le sang de Luther, déjà glacé par l'âge et les maladies, ruissela dans ses veines comme à l'âge de trente ans, quand il apprit la triste fin de la diète de Ratisbonne.
— Dieu l'avait exaucé, disait-il, en répandant les ténèbres sur l'œil des papistes. — Courage! écrivait-il à Philippe, graces te soient rendues! tu as enlevé à la messe son plus beau fleuron : le titre de sacre-

---

1) Eckius, ut aiunt, convalescit, nondum meretur mundus ista bestia liberari. 12 maii 1541. Farello.

ment, ce que je n'aurais jamais tenté d'entreprendre 1).

Mélanchthon a donné de longs détails sur les colloques de Ratisbonne et de Worms, dans diverses lettres à ses amis, et à Luther entre autres 2). Nulle part, nous n'y trouvons le nom de Calvin. S'il faut en croire cependant quelques historiens, le réformateur genevois eut avec Robert Mosham, à Worms, une dispute à laquelle assista le disciple de Luther, qui vint féliciter le sacramentaire et lui donna le nom de théologien 3). C'est un triomphe dont Mélanchthon a gardé le secret toute sa vie. Nous ne voyons pas non plus dans la correspondance de Philippe le moindre mot sur divers entretiens qu'il aurait eus avec Calvin. Que devient donc cette communauté de symbolique avec le professeur de Wittemberg, que Calvin rappelle avec tant de joie à son ami Farel, quand hier il nous parlait encore de l'opinion menteuse (fucosa) de Philippe sur la cène? « C'est à la suite de leur entretien à Ratisbonne, dit Sturm, que s'établit entre ces deux ames une amitié que rien ne put altérer 4). Nous l'avouons, nous ne comprenons pas une alliance entre ces deux organi-

---

1) Macte virtute et pietate, mi Philippe, tibi debetur gratia qui missae potuisti sacramentum adimere quod ego tentare et aggredi non fui ausus. Hospin. Hist. sac.

2) De conventu Ratisbonae. D. Martino Luthero 1541.— Epistola ad lectorem de colloquio Wormaciensi, 1540.

3) Aderat enim Melanchthon Wormatiae in ea disputatione, qua Passaviensem decanum Calvinus percellerat, territum à Calvino, primo Argentinensi congressu. Antip. IV, p. 21, 22.

4) Etiam in colloquio ita inter Melanchthonem et Calvinum constituta notitia est ut dum viverent ambo nunquam interrupta fuerit charitas. Sturmius, in Antip. 4, p. 21, 22.

sations si diverses; l'une toute d'amour, l'autre toute de fiel; l'une qui combat généreusement, cherche à blesser son adversaire à mort, mais en champ clos, au grand air, au double soleil de la terre et du ciel; l'autre qui se tapit dans son logis et crie à son Dieu : « Le monde ne mérite pas encore d'être délivré de cette bête fauve. » Longtemps après la mort de Mélanchthon, Calvin se rappelait l'image de celui qu'il avait vu plein de vie à Ratisbonne, et il évoquait cette ombre. — « Philippe, toi qui vis dans le sein de Dieu où tu m'attends dans ton repos bienheureux, viens, ma voix t'appelle. Que de fois tu m'as dit, quand tu tombais de lassitude et de chagrin, et que ta tête reposait doucement sur ma poitrine : Ah! plût à Dieu que je pusse mourir sur ce sein chéri! Mille fois, à mon tour, j'ai désiré vivre avec toi; je t'aurais encouragé au combat; je t'aurais appris à mépriser l'envie et la calomnie; j'aurais mis un frein à la méchanceté de tes ennemis, dont ta faiblesse accroissait l'insolence. » 1)

Mais, Calvin, qui veux-tu donc tromper ici? Toi, dans l'éternité, à côté du théologien qui croyait à la présence réelle, que tu regardais comme une fantaisie humaine et une croyance idolâtrique! Toi, dans la même gloire que Mélanchthon et son père Luther, qui tant de fois ont crié anathème contre les sacramentaires! Mais tu n'y penses pas. Tu ne te rappelles donc pas que Martin a damné impitoyable-

---

1) O Philippe Melanchthon! te enim appello, qui apud Deum cum Christo vivis, nosque illic expectas, donec tecum in beatam quietem colligamur, etc. De v. part. chr. in coena contra Heshusium. Op. 724.

ment Œcolampade et Zwingli, qui croyaient ce que tu as enseigné, et que la Saxe a nommé le docteur Martin le grand serviteur de Dieu et l'apôtre du Seigneur? S'il dit la vérité, tu marches dans l'erreur; s'il voit la face de Dieu, elle doit t'être voilée pour l'éternité, ou votre double parole est un double mensonge.

Calvin, pourquoi nous as-tu donc caché si soigneusement les marques de l'amour de Mélanchthon pour ta personne et tes écrits? cite-nous donc seulement quelques lignes où la main de Philippe ait pris soin de te chanter! J'ouvre sa correspondance, et j'y trouve d'abondantes effusions pour Sadolet, que tu calomnias; pour le cardinal Contarini, dont tu flétris le beau caractère 1); pour Bucer, que tu nommas une nature de renard; pour presque toutes nos gloires catholiques de la renaissance, dont tu méconnus ou nias le talent. Le ciel t'avait donné un véritable ami dans Grynée, que la mort vint surprendre à tes côtés. Avec quel attendrissement Mélanchthon parle des beaux travaux, de la science, du zèle évangélique du ministre bâlois! Et cette grande perte, tu l'annonces, toi, comme un évènement ordinaire; tu ne fais pas comme Philippe, qui raconte ses larmes; ton œil n'en a pas eu pour pleurer la mort de ton premier né. Jamais t'a-t-on vu dire au monde avec quelque chaleur de cœur, les travaux des missionnaires du protestantisme; ame jalouse de toute gloire qui ne relève pas de la tienne? Cesse donc de

---

1) Quod Contarenus mallet si potest nos sine caede reprimere. Cal. Farello. MSS. Gen.

nous parler de la tendresse de Mélanchthon, qui n'a pas même dit ton nom à Luther; qui t'écrit dans l'espace de plusieurs années sept à huit fois, et termine un billet qu'on a placé dans ta correspondance, par cette formule si sèche : bene vale : Philippus Melancthon.

Ce n'est pas Calvin, du reste, qui porta la gloire ni le fardeau du tournoi de Ratisbonne. Le sénat de Strasbourg savait bien que l'orateur français ne pouvait se mesurer avec Eckius ; mais il comptait sur le théologien qui, perdu dans la chaire, reprendrait sa revanche au logis, dans la conférence; et c'est là véritablement que Calvin eût pu combattre avec éclat. Mais Bucer voulait avoir tous les honneurs, disputer en public, et conférer à l'académie. La nature lui avait donné, comme à Luther, les dons extérieurs qui séduisent et emportent la multitude; un front large où se jouaient des cheveux de jais, des dents d'une blancheur éclatante, un sourire d'une merveilleuse finesse, un œil brillant, une taille haute et noble, et des mains de femme. Sa voix distillait le miel ou lançait au besoin la foudre; mais la parole était l'instrument le plus précieux qu'il avait reçu pour fasciner ses auditeurs; elle chatoyait comme le diamant, ou faisait la roue comme le paon ; véritable spectre solaire où se teignaient toutes les couleurs, en sorte qu'après l'avoir entendue, chacun pouvait la reconnaître parce qu'elle reflétait son opinion et qu'elle s'était teinte de judaïsme, de luthéranisme, de zwinglianisme et de catholicisme même ! Ses amis auraient eu de la peine à dire à quelle religion il appartenait 1). Il y en avait

---

1) Bucerus ambiguis et obscuris loquendi formulis sententiam

qui l'accusaient hautement de papisme 1). Jamais moine de Cologne ou de Leipzig ne fut plus raffiné en subtilités scholastiques. Luther disait, que comme Abraham avant de sacrifier avait laissé sa monture au bas de la montagne, ainsi, avant de disputer fallait-il attacher et lier Aristote : Bucer n'avait pas suivi le précepte du maître. A chaque discussion, il venait toujours avec le même âne tout chargé des reliques de l'école, c'est à dire d'enthymèmes et de distinctions, filets de chasseur qu'il tendait sous les pas de ses adversaires; mais Eck n'était pas homme à s'y laisser prendre. Malheureusement, quand Bucer ne faisait pas d'impression sur ses juges, il avait recours à la calomnie. A la diète, il fit rire un jour tout son auditoire en représentant le grave Eck, courant en véritable écolier chez tous les princes, pour les conjurer de repousser les articles de conciliation proposés par les protestants.

— Moi, disait Eck, le lendemain, solliciteur au pied léger, qui ai tout récemment eu trois accès de fièvre, moi, hydropique et obligé de garder la chambre 2) !
— Eck eut les rieurs de son côté.

En vain Bucer essayait-il de se réfugier dans son

---

suam proposuit, ut in utram partem magis propenderet colligi non potuerit. Lavater.'

1) Traducebant amici Calvini Bucerum quasi novum papismum erigere. Vossius., Ep. 457, p. 103.

2) Qui ter febre correptus, aurigine laesus, proxima dispositione ad hydropisim timidus, qui tot septimanis, nunquam aedes, exire potis eram, cucurri per aulas principum et eis suggessi ne acceptarent articulos pro conciliatis eis venditos ! Apologia pro rever. et illust. princip. catholicis, etc. Parisiis, 1543.

hallier de paroles sonores, Eck l'y poursuivait en murmurant : — Pauvre hydropique comme moi, rongé par la fièvre, alité, et que tu voudrais transformer en écolier tout frais, tout rosé, aux jambes d'Atalante, aux poumons de Stentor : je ne demande pas mieux que de croire au miracle : c'est le premier que vous aurez fait.

Calvin finit par reconnaître cette argile de protée, dont avait été pétrie l'ame de Bucer. C'était dans un de ces moments d'abandon intime où l'on dit tout ce qu'on a sur le cœur, sauf à se repentir plus tard, mais quand on ne peut plus retirer le trait de la blessure.

— Tu as bien raison, disait donc Calvin à un de ses amis de toute la vie, de blâmer les obscurités dont Bucer aime à s'envelopper 1).

Quand il vit la faute qu'il avait commise, il chercha à verser sur ces plaies un peu de miel. Bucer n'était pas homme à pardonner : dans un moment d'humeur, il disait, mais à Calvin lui-même : —Toi, tu juges comme tu aimes ou comme tu hais ; tu aimes et tu hais sans raison 2).

Calvin, à la diète de Ratisbonne, avait modifié son opinion sur la cène et sur les formes du culte ; il s'était caché dans des nuages où l'œil humain avait peine à le reconnaître. Ses amis eux-mêmes blâmaient sa phrase flottante et sa parole ambiguë. — Savez-

---

1) Tu Buceri obscuritatem vituperas et merito, at nihil est in Bucero adeo perplexum, obscurum, flexiloquum, atque ut sic loquar, tortuosum.

2) Judicas pro ut amas vel odisti ; amas autem vel odisti pro ut lubet.

vous bien, racontait Lavater, qu'on ne pardonnait point à Calvin ses tergiversations touchant la cène 1). D'autres lui reprochaient ses idées sur la consubstantiation 2).

Ainsi cette grande organisation que l'image de l'exil n'avait pu faire fléchir à Genève, s'amoindrissait en face des représentants de l'église saxonne. C'est que, semblable à tous les autres réformés, Calvin avait peur des colères de Luther.

---

1) Multi offendebantur, quod Calvinus diversum quid de coena Domini tradere videbatur a Tigurinae ecclesiae ministris. Hist. sac. p. 98.

2) Multis videbatur Calvinus diversum quid a Tigurinis de coena tradere ac consubstantiationi non nihil favere. Adam: Bullinger's Leben, p. 489.

CHAPITRE XXII.

DE COENA DOMINI. 1539 — 1540.

Divergence des symboliques protestantes touchant la cène. — Opinion de Carlstadt. — De Zwingli. — De Luther. — Système de Calvin exposé par Bossuet, et réfuté et condamné par Luther et l'église Saxonne. Le dogme catholique de la transsubstantiation, défendu par divers protestants.

Je veux vous montrer toute la misère de cette parole qui s'est annoncée comme un rayon du soleil éternel, comme une ombre du verbe fait chair, comme une goutte de l'Océan infini ; vous allez l'entendre dans toute sa splendeur, par la bouche de ses apôtres, et vous l'adorerez alors, si vous osez. A l'œuvre donc la réforme qui vient d'implorer l'esprit de Dieu pour expliquer ces mots si clairs : Ceci est mon corps, ceci est mon sang.

Voici d'abord Carlstadt, dont le vieil allemand reluit mirifiquement dans la traduction de notre conseiller bordelais, Florimond de Raemond.

« Cette sentence, hoc est corpus meum, est pleine et parfaite, de laquelle le Seigneur a usé ailleurs sans faire mention du sacrement 1). Car, ce pronom hoc a une lettre capitale H. Or, une grande lettre désigne le commencement d'une sentence. Ces mots ont été inscrits aux paroles de la cène, comme quelquefois on entrelace divers propos, et toutefois le sens est entier. Il eust été bon que les interprètes eussent laissé le pronom grec τουτο et qu'ils l'eussent entremeslé parmi le latin, disant ainsi τουτο, hoc est corpus meum; on eust lors reconnu ce que signifie ce mot τουτο: c'est un pronom grec qui montre un nom neutre. Or, le mot latin panis est masculin; donc que le pronom τουτο n'y peut convenir et ne peut appuyer l'opinion de ceux qui disent le pain estre le corps de Christ, car la phrase grecque ne le peut souffrir non plus que la latine : istud panis est corpus meum. Quant à moy, j'ay toujours pensé que le Christ, en montrant son corps, avoit dit : ceci est mon corps qui sera livré par vous. Car le Christ ne montre pas le pain et ne dit pas : ce pain est mon corps, et ceux qui disent que le pain est le corps de Jésus-Christ mentent. Ces paroles hoc est corpus meum quod vobis tradetur, sont enfermées de poincts au commencement et à la fin, montrant que le sens n'est pas attaché au précédent ny au subséquent, mais distinct et séparé. Donc il faut de nécessité confesser que le Christ disant : ceci est mon corps, a montré son corps et non le pain....Quant à moy, je crois aussi peu que J.-C. est en plusieurs lieux corporellement,

---

1) Carlost. in dial. de Coena.

comme je crois sainte Anne avoir eu cinq têtes, et ce pauvre petit innocent dont est parlé en toute l'Allemagne, estre né avec une barbe au menton, de douze coudées de long 1). »

Or, Carlstadt était un archidiacre de Wittemberg, mauvais hébraïsant, qui avait le premier pris femme, à la grande joie de l'église saxonne; le second de Luther à la dispute de Leipzig, et qui se vantait de tenir le secret du grand mystère eucharistique d'un esprit familier qui lui était apparu. Carlstadt avait une fort mauvaise opinion de la science de Luther 2).

Quand le docteur lut l'étrange interprétation de son disciple, il se frotta les yeux et secoua sa longue chevelure, comme si les brouillards de Wittemberg l'eussent empêché de lire. Puis il se mit à rire, lui, Justus Jonas, Aurifaber, Poméranus et Mélanchthon, d'un rire si fou que l'archidiacre l'entendit, mais sans s'en émouvoir le moins du monde; car il croyait à une inspiration d'en haut ; bonne fortune dont se vantent tous les chefs de la réforme. Carlstad se mit donc à commenter son commentaire en chaire et dans les livres, jusqu'à ce que maître Martin eût étouffé l'auteur sous le ridicule et aspergé ses écrits de flots de bière bavaroise. Carlstadt, chassé, s'en alla de ville en ville avec

---

1) Ut innocentem infantem habuisse barbam duodecim cubitis prolixam.

2) Langaeus in vita Carlostadii, — Schlussemburg, de Coena Dom. p. 87. Sur la dispute de Coena Domini, consultez : Marheinecke : Geschichte der teutschen Reformation, t. II. 1816, p. 236 et suivants.

cet écriteau que Mélanchthon lui avait attaché sur le dos 1): « Homme barbare, sans esprit, sans doctrine, privé même du sens commun, qui vit comme les ivrognes entre les pots et les verres. » Pauvre Carlstadt, qui ne buvait que de l'eau, et qui, lors de son mariage, avait été transformé par Luther en saint du Paradis 1)!

En 1524, un ange apparut au curé d'Einsielden, pendant qu'il dormait dans les bras de sa servante, et cet être aérien dont Zwingli n'a jamais pu se rappeler la couleur, lui révéla le sens des paroles de la cène 2). Luther reprit son rire homérique qui ne le quitta plus dans le monde réformé, et Zwingli écrivit :

« Je pense que Carlstadt a entrevu un rayon de lumière ; mais il n'a pas vu comme moi le soleil de Vérité, il n'a pas compris le sens mystique des paroles de Christ. Le corps de Christ ne peut être ni sous le pain, ni avec le pain : le pain n'est que le signe d'une réalité absente 3). Un sacrement n'est qu'une image et rien de plus ; si vous en faites une réalité, le sacrement devient Dieu, alors vous direz de l'eu-

---

1) Hist. de coena Aug. fol. 42. in-2 Conf. Resp. ad Lutherum.

2) A la messe de mariage de Carlstadt, le célébrant récita une oraison qui commençait ainsi : Deus qui post longam et impiam sacerdotum tuorum caecitatem, beatum Andream Carlostadium ea gratia donare dignatus es ut primus nulla habita papistici juris ratione, uxorem ducere ausus fuerit, etc.

3) Si sacramentis fidendum est, jam sacramenta Deum esse oportet, ut non tantum Eucharistiae sacramentum, sed et baptismus manuumque impositio Deus sit. Sacramenta veneramur ut signa et symbola rerum sacrarum, non quasi res ipsae sint quarum signa sunt. — Christianae fidei a Huldrycho Zwinglio praedicatae brevis et clara expositio, ab ipso Zvinglio paulo ante mortem ejus ad regem christianum scripta. Tiguri. 1536.

charistie, du baptême et de l'imposition des mains: un Dieu, un autre Dieu, un troisième Dieu. Qu'est-ce donc qu'un sacrement? un signe, un symbole. Dans la cène, nous ne recevons pas charnellement, mais spirituellement le corps de Christ qui souffrit, mourut, et siège à la droite de son père 1). L'humanité de Christ n'est point éternelle, ni infinie, donc elle doit être finie; si elle est finie, donc elle n'est pas partout. Donc les paroles sacramentelles doivent être prises dans un sens symbolique, figuratif, métonymique : disons—ceci est mon corps sacramentel ou mystique, le symbole de celui que j'ai pris et offert à la mort 2). »

Supposez que la réforme ait été enregistrée au parlement et acceptée comme une lettre de cachet, voyez dans quel embarras auraient été les dames de la cour, la duchesse d'Etampes, la reine de Navarre, et peut-être aussi l'exempt Morin, placés entre la figure de Zwingli, l'impanation de Luther et l'objectivité de Carlstadt! Le prince fit donc bien de ne pas se laisser prendre à la parole nouvelle; car, à chaque lever royal, on aurait annoncé un dogme antique, revu et corrigé. La vieille foi de ses pères valait mieux que tous ces semblants de doctrine. Honneur donc à

---

1) T. 2 de subsid. Eucharist. fol. 249, a, b.

2) In coena Domini naturale ac substantiale istud corpus Christi quo hic passus est et nunc in coelis ad dextram patris sedet, non naturaliter et per essentiam editur, sed spiritualiter tantum. Christi humanitas non est aeterna, ergo neque infinita ; si finita, jam non est ubique. Mens reficitur hac fide quam symbolis testaris. Igitur verba sacramenti non naturaliter ac pro verborum proprio sensu, sed symbolice, sacramentaliter, denominative, μετωνυμικως captanda sunt. — Christianae fidei expositione.

François Ier! qu'il soit loué et surtout son peuple de la rude guerre qu'ils firent à l'erreur, bien que Zwingli leur fermât son ciel s'ils n'acceptaient ni son ange, ni sa métonymie.

Quand on jeta l'exégèse zwinglienne dans l'antre de Wittemberg, le lion saxon se leva, la crinière hérissée, se battit les flancs de sa queue ondoyante, poussa un cri qui retentit jusque dans les montagnes du Toggenburg, et Zwingli fut broyé et déchiqueté.

— « Or donc, mes bons amis de Suisse, rugissait Luther, où avez-vous trouvé que ceci est mon corps signifie : ceci est la figure de mon corps? Demandez-en donc l'explication aux petits enfans qui n'ont pas encore atteint leur septième année, et qui apprennent à l'école à dire : c e, ce, c i, ci, ceci. Il y a des bibles en grec, en latin et en allemand : voyons, montrez-nous donc où il est écrit : ceci est le signe de mon corps. Vous ne le pourrez. Donc, silence! niais, paysans! »

Ah! si Mélanchthon eût connu la bible de Zwingli, imprimée à Zurich en 1525, par Chris. Froschover, quelle belle pâture il aurait jetée à la dent de Luther! Une bible où le curé montagnard a traduit le τƔτο grec, le hoc est corpus meum, par ces mots : das bedeutet mein Leib, das bedeutet mein Blut; ceci est l'image de mon corps, ceci est l'image de mon sang. Oh! trois fois malheur à l'ange de Zwingli! ses ailes auraient été déchirées par le moine saxon.

N'est-ce pas un douloureux spectacle pour l'âme que celui de tous ces hommes de nouveauté qui viennent l'un après l'autre se prendre à quelque grande vérité catholique pour la livrer à leur sotte curiosité, à leurs yeux de taupe, à leurs rêvasseries nocturnes, et proclamer l'imbécillité de nos docteurs anciens, la caducité de notre foi de quatorze siècles, et les ténèbres de notre tradition? Luther lui-même n'osait pas toujours rire de la folie de ses disciples ; son œil perçait l'avenir, et voyait l'œuvre qu'il avait commencée à Wittemberg, abandonnée à des intelligences de désordre qui en détruiraient toute l'économie. Alors ses plaintes étaient tristes. « Pauvre raison humaine, disait-il, lui qui en avait proclamé la toute-puissance ; que tu es faible quand tu n'écoutes que tes inspirations ! Carlstadt de ces saintes paroles : « ceci est mon corps, » a détourné misérablement le pronom hoc ; Zwingli tourmente le verbe est ; OEcolampade donne la torture au substantif corpus. Il en est qui écorchent toute la phrase et qui traduisent : prends et mange le corps qui est donné pour toi, c'est celui-ci. D'autres crucifient la moitié de la période et disent : prends et mange, ceci est mon corps que je te donne non pas réellement, mais symboliquement et par commémoration. Voilà comme le démon se joue de nous ! 1)

Puis, un moment après, la verve lui revient, à cet homme dont le rire tue. Il se recueille, se passe la main sur le front, et, avec la volubilité comique d'un écolier, se met à réciter toutes les gloses des exégètes modernes.

— Ceci est mon corps, — c'est à dire l'usage de mon corps et de mon sang. — Ceci est mon sang,—

---

1) Op. Luth. Jen. t, 7, p. 192.

c'est à dire la glorification de ma passion, de ma mort et de ma résurrection.—Ceci est mon corps,—c'est à dire la qualité de mon corps. — Ceci est mon corps, — c'est à dire le mystère ou symbole de mon corps.— Ceci est mon corps,—c'est à dire la forme, le rit, la représentation externe de ma cène. — Ceci est mon corps, —c'est à dire la participation impétrée du pain et du vin.—Ceci est mon corps,—c'est à dire la communion et la société de mon corps.— Ceci est mon corps,—c'est à dire le testament de ma volonté.—Ceci est mon corps,—c'est à dire ce corps que j'ai créé 1).

Alors sonnait à l'église de Tous les Saints l'heure du jugement. Toutes ces ames de docteurs comparaissaient devant le tribunal de Luther, qui ne prenait pas même la peine de les entendre, les chassait de sa face et les plongeait dans les enfers 2).

Quelques unes d'entre elles appelaient de cette sentence ordinairement prononcée au cabaret de Wittemberg ; citaient Luther et son dieu impané fait de main de pâtissier, à leur tribunal, et les condamnaient au feu éternel. Alors la réforme faisait l'office

---

1) Hoc est corpus meum, id est : hic est usus in corpore et sanguine meo. — Hoc est meritum et gloria passionis, mortis et resurrectionis corporis mei. — Hoc est qualitas propria mei corporis. — In hoc sacramento mysterium mei corporis designatur. — Haec est forma, ceremonia et actio externae meae coenae. — Panis et poculi impetrata participatio. — Haec est communio et societas mei corporis. — Haec est extrema voluntatis meae contestatio. — Hoc est corpus quod creavi. Wulfal. Ferrag. conf. et inter se assident. op. de coena Domini.

2) Hospi. Hist. sacrem. fol. 344. Lutheri opera-contra fanaticos sacramentariorum errores. t. 7, fol. 379 et seq.

du catholicisme, et Rescius le sacramentaire prenait le cordon de dominicain, et criait à Luther : « Dieu s'est retiré de toi et t'a abandonné à l'esprit de ténèbres » 1). Ce pauvre Priérias, l'antagoniste ardent du moine saxon, ne put, avant de mourir, avoir le plaisir d'arracher du front de son ennemi la couronne que ses disciples y avaient posée ; cette joie fut réservée au docteur Eckius, qui vécut assez de temps pour voir l'ange d'Eis eben transfiguré en esprit de l'abîme.

Après trois siècles d'intervalle, nous nous étonnons du mouvement qu'imprimait à la société chrétienne du 16e siècle, l'apparition dans les régions théologiques d'une hérésie nouvelle ; nous sourions quand on nous dit qu'une exégèse insolente ou bouffonne était saluée des acclamations ou des rires de tout un peuple de faux docteurs, parce qu'elle mettait en doute l'infaillibilité de notre église. Nous ne pouvons comprendre l'effroi des âmes simples à l'apparition d'un commentaire, souvent extravagant, sur une parole dogmatique qu'elles croyaient sans examen. C'est qu'alors la théologie dominait toutes les dominations, comme le soleil les autres planètes. Il n'y avait pour tous qu'un foyer de vérité : la tradition. Quelle déception pour le pauvre centenier quand on venait souffler à ses oreilles que la lumière qui avait éclairé la tombe et le berceau de son père, était une lueur fausse ; que les paroles murmurées sur la tête de l'enfant nouveau-né ; que la manne du désert dont l'adulte se nourrissait à la table du Sei-

---

1) Schluss. in lib. contra Hessium de coena Domini.

gneur ; que la paix que le prêtre donnait au confessionnal ; que la prière chantée à l'église pour le repos des trépassés ; que l'huile sainte dont une main sacerdotale oignait les membres du moribond, étaient de grossières imaginations, des pratiques menteuses et sans puissance, des jongleries inventées dans des siècles de ténèbres ! Il lui fallait renverser tout ce qu'il avait adoré : lumière de ses docteurs, gloire de ses martyrs, auréole de ses saints, diadème de ses papes, hiérarchie séculaire. A chaque heure du jour, quelqu'un venait qui disait : « Une étoile a lui à Einsielden, à la Wartburg, sur le Hauenstein de Bâle : peuple réveille-toi de ton sommeil, c'est l'étoile du Seigneur. »

Au dessous de ce monde théologique, gravite un autre monde, celui de la poésie, formé du premier, et qui a bien droit de s'émouvoir, parce que la commotion qui part de l'un vient troubler l'autre. En effet, voyez quel lien les unit tous deux. Carlstadt a-t-il convaincu d'idolâtrie le culte des images, le monde poétique perd toutes les personnifications matérielles, enchantements de la vie intime. OEcolampade veut-il ravir à notre liturgie ses chants antiques, il n'y a plus de musique pour l'oreille. Zwingli brise-t-il notre encensoir, la prière ne va plus s'élancer jusqu'à Dieu au milieu de flots de parfums. Bucer condamne-t-il l'intercession des morts, l'œil de la foi ne peut plus traverser l'espace pour contempler, auprès du trône éternel, les saints qui portent à Dieu les larmes de la mère ou de l'enfant.

Donc relève-toi, folle que tu es ! pauvre imagination, tu t'agenouilles devant l'image de la Vierge ; ne sais-tu pas que la Vierge n'est plus qu'une créature privilégiée : ne murmure plus le soir après la veillée en invoquant Marie : rose mystique, étoile du matin, consolatrice des affligés ; tu te trompes : Marie n'est qu'une fille plus pure que les autres filles d'Adam, mais qui n'entend pas tes prières. Allons, enlève ces fleurs dont tu as semé la porte de ton habitation ; ce n'est plus un Dieu fait homme qui va passer devant toi, comme autrefois Jésus dans les rues de Jérusalem ; ne vois-tu pas qu'il n'y a plus dans l'hostie qu'un symbole et une image ? Jadis tout ce que le catholicisme touchait devenait rose, quiquid calcaveris rosa fiet : maintenant, tout ce que touche la réforme devient ronces et épines.

Ainsi donc vous comprendrez, nous l'espérons, de quelle vive émotion le cœur poétique du catholique se sentit atteint, quand il apprit que Calvin venait, après tant d'autres novateurs, attaquer une des croyances de notre église : la présence réelle.

Quelle était donc la parole nouvelle que Calvin allait apporter ?

Ni celle de Luther, ni celle de Zwingli ; mais une parole teinte au souffle de chacun de ces deux sectaires, reproduisant le réalisme de l'un, le symbolisme de l'autre ; figurée et sensuelle ; où se jouent la matière et l'esprit ; où l'homme, devenu Dieu, change par la foi, les apparences visibles, et opère le miracle du prêtre catholique à la consécration.

Bossuet a résumé admirablement le système de Calvin.

« Calvin, dit-il, met une présence tout à fait miraculeuse et divine. Il n'est pas comme les Suisses, qui se fâchent quand on leur dit qu'il y a du miracle dans la cène : lui, au contraire, se fâche quand on dit qu'il n'y en a point. Il ne cesse de répéter que le mystère de l'eucharistie passe les sens ; que c'est un ouvrage incompréhensible de la puissance divine, et un secret impénétrable à l'esprit humain : que les paroles lui manquent pour exprimer ses pensées, et que ses pensées, beaucoup au-dessus de ses expressions, n'égalent pas la hauteur de ce mystère ineffable. De sorte, dit-il, qu'il expérimente plutôt ce que c'est que cette union qu'il ne l'entend : ce qui montre qu'il en ressent ou qu'il croit en ressentir les effets, mais que la cause le passe. C'est aussi ce qui lui fait mettre dans la confession de foi, que ce mystère surmonte en sa hautesse la mesure de notre sens de tout ordre de nature, et que, pour ce qu'il est céleste, il ne peut être appréhendé, c'est à dire compris que par la foi. En s'efforçant d'expliquer dans son catéchisme, comment il se peut faire que Jésus-Christ nous fasse participants de sa propre substance, vu que son corps est au ciel et nous sur la terre, il répond que cela se fait par la vertu incompréhensible de son esprit, laquelle conjoint bien les choses séparées par distance de lieu 1). »

Calvin, qui représente le corps et l'ame comme les éléments de l'être humain, et qui affirme que l'Ecriture confond l'esprit et l'ame dans le même attribut, enseigne que dans la cène, l'ame ou l'esprit est par la foi nourrie de la chair, et abreuvée du sang de Jésus-Christ; tandis que le corps n'en reçoit que les

---

1) Bossuet, Variations.

symboles, c'est à dire du pain et du vin matériel. Il veut que la chair et le sang, par la vertu du Saint-Esprit, franchissent l'espace qui les sépare de cette terre, pour s'identifier à l'ame, si l'ame s'est élevée sur les ailes de la foi vers le Christ qui régne dans les cieux. Mais nous croyons avant la communion ou un Christ revêtu d'un corps, ou un Christ qui ne peut tomber sous les sens : si nous croyons un Christ mort sur la croix, ressuscité, assis à la droite de Dieu son père; qu'opère la foi dans la communion, qu'elle n'ait accompli avant de la recevoir ? Ainsi le système philosophique de Calvin flotte entre la réalité et le symbolisme, entre l'esprit et la matière. Calvin objecte : il faut que la chair soit chair et l'esprit esprit : or, sa définition pèche justement par l'absence du réalisme ou du symbolisme, ou plutôt par la confusion de l'idéal et de l'absolu; et malgré toute sa perspicacité, le réformateur jamais n'a pu concilier ses contradictions artificielles 1).

On voit que Calvin a rompu, dans sa symbolique, avec l'école de Zwingli, tout en cherchant à le ménager; car il admet une présence réelle, et un renversement de l'ordre de la nature, comme l'école catholique; son merveilleux surpasse le merveilleux de notre église, ainsi que le remarque Pelisson 2). Toute manducation suppose une substance, toute substance un lieu où elle repose : c'est donc un miracle plus grand qu'il opère que le prêtre catholique:

---

1) Die Gegenwart des Leibes und Blutes Christi im Sakrament. Allg. deutsche Real-Encyclopädie.

2) Pelisson, traité de l'Eucharistie, in-12. 1694.

l'idéalisme que la foi élève jusqu'à l'état de corps. En vain, pour faire comprendre sa pensée, a-t-il recours à l'image du soleil qui frappe nos regards de sa lumière, car cette lumière même est une réalité: le soleil opère par l'effusion de ses rayons, et Calvin rejette l'effusion ou l'impression de la substance. Claude disait donc vrai au point de vue réformateur, en soutenant que le dogme calviniste ne peut pas plus se soutenir que la transsubstantiation catholique 1).

Calvin, dans son interprétation des paroles de la cène, était dominé par une idée politique. Il espérait, si elle était adoptée, réunir les zwingliens et les luthériens dans la même foi; cette idée n'échappa point aux deux communions qui la blamèrent comme l'abaissement de l'esprit à la matière. Planck a reconnu que la parole calviniste s'était faite homme dans cette glose du texte sacré, pour complaire aux théologiens des deux écoles. Jusqu'en 1549, les luthériens qui ne connaissaient pas le livre de Coena Domini estimaient que Calvin n'avait pas cessé d'appartenir à l'église saxonne 2). Les destins de cette œuvre théologique ne furent pas brillants en Allemagne, puisque Luther, qui dut la connaître, n'a prononcé qu'une fois le nom de Calvin, pour le saluer d'une formule banale d'estime 3).

---

1) Pélisson, p. 93.

2) Die lutherischen Theologen wollten mit aller Gewalt die Welt bereden, daß Calvin bis zum Jahre 1549 sich öffentlich nicht anders hätte merken lassen, denn daß er mit dem lutherischen Theil ganz gleichstimmig sei. Planck, Geschichte der Entstehung des prot. Lehrbegriffs, Bd. 5, Th. 2, p. 10.

3) Grüße mir achtungsvoll den Sturm und den Calvin. De Wette, Luther's Briefe, t. 5, p. 210.

Du reste, notre moine de Wittemberg a fait mieux que Bossuet encore : sa parole aux yeux des réformés doit être doué d'une puissance qu'ils dénieraient à celle de l'évêque de Meaux. Luther a pris, pour réfuter l'opinion de Calvin, la plume d'un père du christianisme primitif.

Calvin disait que tous les miracles sont sensibles et que le prêtre à l'autel ne peut remplir le rôle de la divinité 1).

— Mais, qui t'a dit, répond Luther, que Jésus-Christ a résolu dans son conseil de n'en plus opérer ? N'a-t-il pas été conçu du Saint-Esprit dans le sein d'une Vierge : as-tu vu ce miracle ? La divinité n'a-t-elle pas habité dans la chair du Christ ? Où as-tu vu ce miracle ? Tu dis qu'il est assis à la droite de son père : le vois-tu 2) ?

Calvin s'étayait du verset de saint Jean : la chair ne sert de rien.

— Capharnaïte, s'écriait le docteur, de quel droit oses-tu affirmer que la chair est inutile ? C'est de la chair pétrie de limon terrestre, boue fermentée, argile immonde que le Christ parle, et non de cette chair qui donne la vie éternelle.

Calvin estimait que sa doctrine réunirait les esprits divisés.

Mais Luther repousse la concorde que vient apporter Calvin ; — maudite soit, s'écrie-t-il, cette con-

---

1) Talem ergo præsentiam loco circumscriptam statuere qua corpus Christi signo includatur aut localiter, quod aiunt, conjungatur, non est tantum delirium sed etiam execrandus error, gloriam Christi detrahens. Calv. De coena Domini, p. 7.

2) Sermo quod verba stent.

corde que tu veux faire luire parmi les chrétiens, maudite dans cette vie et dans l'autre.

L'église genevoise avait déclaré que, — comme les églises de la confession d'Augsbourg convenaient avec les autres dans les points fondamentaux de la vraie religion, qu'il n'y avait ni superstition ni idolatrie dans leur culte; les fidèles de ladite communion, qui, par un esprit d'amitié et de paix, se joindraient à la communion helvétique, pourraient, sans faire aucune abjuration, être reçus à la table du Seigneur 1).

Mais, Luther, dans ses visions prophétiques, avait depuis longtemps deviné le sort de cette étrange hallucination, et maudit ce rapprochement impie.

— Arrière, mes beaux messieurs, adressez-vous à d'autres qu'à moi. Si j'avais égorgé ton père, ta mère, ta femme ou ton enfant, et que je voulusse te tuer à ton tour, en te disant — paix, paix; la belle affaire pour nous brouiller — que dirais-tu? Tu égorges mon Christ, fanatique que tu es, le Christ, mon maître, mon Dieu, mon père, dans sa sainte parole; tu égorges ma mère la sainte église, et mes frères aussi, et tu oses me crier la paix, la paix 2)!

---

1) Aymon. Actes de tous les synodes de l'Eglise réf. en France, t. 2, p. 501.

2) Nam si cui parentes, uxorem et liberos interfecissem et de eo quoque occidendo cogitarem et tamen dicerem, amice bone, quaeso, securo sis animo et otioso, diligamus nos mutuo, res non est tanti ponderis ut ob eam inimicitias suscipiamus et bellum geramus...... Contra fanaticos sacramentariorum errores. Tome 1, folio 382 — 383. Daß die Worte Christi: das ist mein Leib, noch feststehen. Halle, t. XX, p. 950.

— Ah! vous n'êtes point nos frères, disait un autre luthérien aux calvinistes, et bien que vous vous vantiez que vos doctrines ne sont point des dogmes de foi, ni du bon grain, ains de paille, si est-ce que votre théologie ne laisse point intact un des seuls points cardinaux de la foi 1).

— Non, non, criait Pierre Martyr, ne dites plus que la question eucharistique n'est qu'une vaine dispute entre vous et nous : vous vous trompez ; brisons à jamais avec des églises qui errent, comme nous le savons assez 2).

Et ce n'était point seulement la parole ardente, colorée, que les luthériens appelaient à leur aide pour étouffer l'ivraie, mais la raillerie, à la manière du grand pamphlétaire saxon.

Titus Théodore écrivait à l'un de ses amis : « Que pense Moiban du libelle de Calvin touchant la cène du Seigneur ? — Vraiment, j'en dirais ce que maître Jean Martin disait d'un livre semblable : Il fait comme Gribouille, il se met dans l'eau pour se sécher. »

Calvin, plus tard, comprit qu'il s'était fait illusion. Alors, dans l'amertume de sa pensée, il s'écriait, en parlant des luthériens : « Gens haineux, qui feraient la paix avec les Turcs, et donneraient aux pa-

---

1) Henricus Eckardus : Praefat ad Fasciculum.
2) Fortasse putatis controversiam eucharisticam leve quoddam esse dissidium : quod non ita se habet ; cur a specie taciti consensus non cavemus cum iis ecclesiis quas male sentire certo scimus ?Pet. Martyr. Epistola ad ecclesiam anglicanam.

pistes le baiser fraternel, plutôt que de nous accorder une trêve de quelques jours ! » 1)

Vous rappelez-vous son entretien à Francfort avec Mélanchthon, touchant la cène? Il nous disait qu'il avait gagné Philippe : noble conquête, et dont il avait raison de se vanter. Pensez-vous que Mélanchthon ait déserté l'impanation de Luther? Nous ne le croyons pas; car alors quel fondement asseoir sur la foi d'un théologien qui change si vite d'opinion? Ou c'est une calomnie gratuite de Calvin, ou une flétrissure ineffaçable pour Mélanchthon.

Mais d'où vient que la réforme, qui s'est si souvent moquée des prétentions de notre église à l'unité, a toujours prétendu réfléchir l'unité dogmatique? Croirait-on qu'en 1720, un ministre de Ratisbonne essaya de prouver que l'église protestante n'avait jamais annoncé que le même symbole? 2) Mais qui veut-on tromper? Les morts reviennent.

Maintenant que trois siècles dorment sur la cendre de Calvin, voici que des voix protestantes s'élèvent pour glorifier le dogme catholique, nié si déplorablement par Jean de Noyon.

« Vous rejetez la présence réelle du Christ dans le sacrement eucharistique, eh bien, dites donc ce qu'il renferme?—De la paille. Si le Christ n'y est pas, qu'y trouverons-nous? le néant 3).

---

1) Tam virulento odio in nos crepant ut citius illis pax cum Turcis futura sit et cum papistis fraternitas, quam nobiscum induciae. Calv. contra Westphal, p. 791.
2) Schediasma Irenicum, hoc est necessaria eccles. protestantium in fide consensio ex propriis doct. Lutheranorum rigidissimorum unica demonstratione evicta. Ratis., in- 4° 1720.
3) Claus Harm's Predigten.

»On nous dit que nous recevons le corps et le sang de Christ, mais par l'organe de la foi. — Mais la foi ne s'élève pas autrement vers le ciel que la pensée vers Rome ou Constantinople! si non vous attribueriez à l'esprit des qualités que vous déniez à J.-C.: d'habiter à la fois le ciel et la terre 1).

» C'est une insulte que vous faites à la logique en soutenant que l'ame du communiant reçoit du haut du ciel le corps et le sang de Christ, au moment où sa bouche matérielle mange le pain et boit le vin 2).

» L'Ecriture ne peut s'expliquer que par la tradition ou les origines du christianisme. Saint Julien a écrit au milieu du deuxième siècle : — « Nous savons que ce pain et ce vin consacrés sont la chair et le sang du Christ. » Ainsi l'idée de la présence réelle appartient au temps primitif du christianisme 3).

» Le miracle de la transsubstantiation n'est pas plus grand que celui de l'union hypostatique 4).

» Le dogme de la transsubstantiation est l'idée la plus sublime de toute religion et de toute philosophie ; c'est la représentation du fini et de l'infini, du ciel et de la terre 5).

---

1) Leibnitz, systema theol., p. 215
2) Schwarz, über das Wesen des heil. Abendmahls.
3) Horst, cité par Hœninghaus, p. 185.
4) Plank, Worte des Friedens.
5) Horst. Das Dogma von der Transubstantiation geht auf dem höchsten weltbürgerlich-religiösen Standpunkte in die erhabenste Idee aller Religion und Philosophie über.

L'école catholique du 17e siècle a produit un excellent livre sur la question eucharistique ; c'est le « Traité de l'eucharistie, par feu Pelisson, conseiller du roi, maître des requêtes de son Hôtel, à Paris, chez Jean Anisson, 1694, in-12 de 558 pages. » En tête de l'ouvrage est une approbation de Bossuet.

Mais les plus belles pages de controverse sur cette matière se trouvent dans la « Méthode la plus facile pour convertir ceux qui se sont séparés de l'Eglise ; attribuée au cardinal de Richelieu, in-folio, Paris, 1650 ; ouvrage qu'on ne saurait assez recommander, et auquel l'Allemagne catholique n'a peut-être rien à comparer.

Rodolphe Goclenius a publié un ouvrage sur la manière dont les Zwingliens et les Calvinistes expliquent le mystère de l'eucharistie. Gaspard Finck, luthérien, écrivit contre ce livre ses « Disputationes antigocleniae de analogia sacramentali cingliana et tractione panis calvinistica. Giessen, 1607, in-8.

CHAPITRE XXIII.

L'EPITRE AUX ROMAINS.

Caractère de l'Exégèse saxonne. — Luther. — Mélanchthon. — L'Ecole catholique. — Progrès qu'elle a fait faire à l'herméneutique. — L'Epitre aux Romains, commentée par Calvin. — Appréciation de cet ouvrage. — Exemples de divers textes pauliniens, torturés par le réformateur. — Son système exégétique. — Abymes où conduit l'exégèse.

La lutte du protestantisme contre le catholicisme fut d'abord toute dogmatique. Quand l'église saxonne eut triomphé, elle dut s'attacher à répandre la parole à l'aide de laquelle elle disait avoir vaincu. Il fallait prouver que l'Ecriture avait été corrompue ou gâtée par l'école catholique. La réforme se mit alors avec une incroyable ardeur à commenter l'Ancien et le Nouveau-Testament. Les Postilles de Luther, véritables prônes de village, renferment diverses exégèses du texte sacré. Ces Postilles ne s'adressaient point aux savants, mais aux ames simples qui reçoivent le verbe de Dieu sans en scruter l'économie ou les profondeurs. Luther a commenté quelques psaumes de David, avec une ineffable poésie de sentiment, toutefois en mêlant à ses insultes aux papistes, des colères contre les moines, et des blasphèmes contre la cour de Rome. Père, époux, maître, il sait émouvoir, attendrir et commander. Il connaissait si bien la langue de l'écriture, que quelques uns de ses écrits furent publiés en Italie, sans nom d'auteur, et aux applaudissements des catholiques. Il avait eu soin d'ôter son masque grimaçant, ses cornes et sa férule, et tout le monde avait été trompé 1). Ce fut un écrivain protestant, Mathias Flacius Illyricus, qui posa le premier les règles de l'exégèse, dans le livre qui a pour titre : Clavis scripturæ sacræ 2).

Mélanchthon après lui brilla dans l'Herméneutique scripturaire. Son commentaire sur l'épître de saint Paul aux Romains 3) réjouit le cœur de Luther, qui mit l'œuvre de son disciple au dessus de tout ce qu'avait écrit saint Jérôme. Ne criez pas à l'exagération, car vous savez que Luther faisait peu de cas de saint Jérôme, qu'il s'amusait à damner, pour faire enrager Erasme, qui plaçait saint Jérôme à côté de Chrysostôme. Erasme avait raison.

Sans doute, Mélanchthon est un beau génie, qui a étudié l'Ecriture sainte tout à la fois en homme du monde et en théologien. A l'université de Wittemberg, il en déroulait toutes les beautés avec un véritable amour d'artiste et de chrétien. Mais nous ne

---

1) Vergerii adnot. in Cat. Haeret. Romae, 1559.
2) Leonhard Bertholdi in ed. Dr. Engelhardt.
3) Commentarii Philippi Melanchthonis in epistolam Pauli ad Romanos. Wittembergae, 1524.

conviendrons jamais, avec quelques écrivains réformés, en tête desquels s'est placé M. de Villers, que l'exégèse soit un fruit de l'arbre de la réforme; car, avant Luther, Cajetano, un cardinal de Léon X, avait commenté les psaumes en maître véritable de la sainte science. C'est Erasme qui lui rend ce beau témoignage.

Le catholicisme est en droit de revendiquer toutes les gloires. Nos pères de l'Eglise sont tour à tour poètes, orateurs et exégètes. Origènes, Chrysostôme, Théodoret, Diodore, Tertullien, et saint Jérôme surtout, ont compris à merveille l'Herméneutique. Ils avaient fait une étude savante de l'archéologie sacrée, des mœurs, des lois, des idiomes de l'antiquité ecclésiastique et profane. Mais on ne saurait nier que les protestants n'aient souvent mis à profit les langues orientales pour expliquer et commenter l'Ecriture. Chez eux, l'exégèse embrasse tout à la fois les lettres, la politique des gouvernements, les mœurs des peuples, la géographie, la critique des textes. Le champ devait être ouvert d'abord par les catholiques; mais les protestants l'ont agrandi. La science existait, créée par l'école catholique; la réforme donna un nom à cette science qu'elle appela exégèse, et, pour la répandre, elle éleva des chaires spéciales où, par intervalle, sont montés des hommes d'une habileté remarquable. Les noms de Chemnitz, de Camerarius, de Val. Schindler, de Jean Buxtorf; de Henry Hottinger, de Buggenhagen, sont connus de tous ceux qui s'occupent de philologie sacrée. Malheureusement, le destin de la réforme était de flétrir tout ce qu'elle touchait; et l'exégèse a eu

entre ses mains le sort de toutes les vérités révélées.
« Admirable science, s'écrie ici le docteur de Wette,
qui a cessé de s'attacher à la critique grammaticale,
avec dédain pour les origines du mot; qui a perdu
son caractère historique, depuis qu'elle a renoncé à
vivre de la vie chrétienne, et qui ne mérite plus
même le nom d'exégèse, car elle ne pense pas à
refléter la sainte science, à l'expliquer ou à la traduire 1). »

Calvin, dans son commentaire sur l'Epître aux
Romains, s'est fait un grand nom exégétique. Il connaissait les travaux de ses devanciers et il aime à
leur rendre justice : « Et d'abord, dit-il, se présente
Mélanchthon, qui brille parmi tous par la science,
l'esprit, l'éloquence, et qui a répandu de si vives lumières dans ses énarrations scripturaires. — Après
vient Bullinger, qui s'est illustré, lui aussi, par ses
travaux, et Bucer enfin, ce trésor d'érudition, de
perspicacité, de lectures et d'intelligences diverses,
qui le placent le rival et l'égal de tout ce qui vit
aujourd'hui 2). Mais comment a-t-il oublié l'œuvre
si remarquable du cardinal Cajetano? Pourquoi ce
dédain pour un travail estimé si haut par Erasme, s'il
le connaissait? ou cette ignorance d'un livre alors si
répandu qu'il l'aurait trouvé dans la bibliothèque

---

1) Diese Exegese ist weder grammatisch, denn sie mißhandelt noch gar zu oft die Sprache, und kennt deren lebendige Gesetze nicht; noch historisch, denn sie forschet nicht, sie lebt nicht mit und in der Geschichte, und hat keine geschichtliche Anschauung; sie verdient endlich nicht den Namen Exegese, denn sie ist nicht des Heiligen Dolmetscherin, sie kennt und versteht es nicht. De Wette, Prof. der Theologie zu Berlin.

2) Praefatio, Simoni Gryneo. Argentinae. XV, Cal. Nov. 1539.

de tous les savants de Strasbourg ? Il n'avait besoin que de le demander à Bucer, son ami, qui l'avait lu et relu, et qui en parle en termes magnifiques.

Calvin avait choisi l'épître de saint Paul aux Romains, parce qu'il y trouvait en substance, disait-il, « la doctrine sur le prédestinatianisme enseignée dans l'Institution, l'immolation de l'œuvre à la grace, moins une polémique avec le judaïsme qu'un développement du système chrétien élevé par Jésus, et enfermé dans l'Evangile ; la grandeur de la pensée apostolique, à côté d'une parole toute romaine, la profondeur et la grace, et le christianisme dans la fleur de sa beauté primitive. » Belles et nobles qualités que Tholuck voit resplendir dans le commentaire Calviniste 1).

Tholuck ne parle ici que de la forme : si nous examinions l'œuvre au point de vue théologique, nous montrerions les malheureux efforts de Calvin à gâter la pensée de l'apôtre, à la torturer, à la tordre, à la mutiler, jusqu'à ce qu'elle vienne mentir à l'idée catholique; trahison violente qu'il cherche à colorer dans une phraséologie tout étincelante d'injures contre les catholiques. — Voulez-vous connaître la manière de Calvin ? je choisis au hasard.

Deus enim est qui efficit in vobis et velle et efficere pro bona voluntate. Ch. 1, v. 13.

« Ils nous calomnient, les papistes, en disant que nous faisons l'homme semblable à la pierre : oui, nous avons de notre nature le libre arbitre ; mais la

---

1) Hier vereinigt sich Römischer Styl, gründliche grammatisch-historische Auslegung und lebendiges Christenthum.

nature a été viciée par le péché, et ne vaut qu'autant que Dieu la réforme en nous. Suez donc, sophistes, à concilier dans vos écoles la volonté humaine et la grace de Dieu ! Dans tout acte, il faut distinguer la volition du pouvoir : Paul vous raconte que l'un et l'autre sont en Dieu : que nous reste-t-il donc de quoi nous glorifier »?

Ainsi donc, voilà l'apôtre Paul, ce grand docteur des nations, transformé en prédicant du serf-arbitre, et l'homme, réduit en poudre, redevenu ce qu'il était avant que Dieu l'eût retiré du néant : une argile qui n'a pas la conscience de son moi, qui ne peut faire de bien, et clouée au mal ; un ver de terre qui ne saurait fuir la pourriture et chercher l'herbe ou le soleil ! Mais Calvin n'avait donc pas lu le beau livre qu'Erasme avait écrit en réponse aux doctrines désolantes que répandait Luther ? La réfutation de son argument tiré de saint Paul, y est écrite en lettres d'or. Il n'avait donc pas lu non plus l'énarration de Mélanchthon sur l'épître paulinienne ? Il ne s'était donc pas mêlé en esprit, aux disputes de l'école saxonne touchant le libre arbitre ? Et personne ne lui avait donc prêté un exemplaire de la Confession d'Augsbourg, où l'Allemagne protestante reconnaît hautement l'erreur de son premier apôtre, et sympathise avec les catholiques dans l'explication du principe des actes humains !

Poursuivons.

L'apôtre a dit : Vestram salutem operamini. Est-il une parole plus positive, plus claire, plus rayonnante ? une démonstration plus nette du libre arbitre? Opère ton salut, dit Paul à l'homme, par la foi ou par l'œuvre, comme l'entendra Calvin, mais en vertu de ton moi, de ta libre spontanéité, comme on dit à l'homme physique : — Marche. Quoi donc, le docteur des gentils crierait à l'esclave scellé à la pierre : — Lève-toi et te promène? mais l'esclave ne répondrait-il pas : brise ma chaîne d'abord, ou ta parole n'est qu'une insulte de plus à ma misère! Et bien Calvin a trouvé moyen d'accommoder à sa doctrine un texte si puissant, et voici comment :

— Je réponds que salutem signifie ici le cycle entier de notre vocation 1), l'accomplissement par Dieu lui-même, de tous ses décrets, sur l'élection gratuite de l'humanité. » Ce n'est pas là répondre. C'est se jeter dans une explication qui aurait besoin elle-même d'un long commentaire : c'est faire de l'exégèse étroite, irraisonnable, et par-dessus tout incompréhensible; et la preuve, c'est que l'œil de Mélanchthon n'a point entrevu dans le verset paulinique, ce que l'œil de Calvin y a lu. Or, au témoignage même des juges réformés, Mélanchthon était bien autrement illuminé que Calvin.

Ce sont là, du reste, de véritables subtilités que Calvin aurait dû rejeter, après cette belle déclaration qu'il a placée en tête de son Commentaire sur les petits prophètes. — « Si Dieu m'a donné quelque dextérité pour exposer l'Ecriture, je sais très bien de quelle fidélité et diligence je tasche d'en rejeter au loin toutes subtilités qui ne sont que trop maigres, et qu'il

---

1) Salutem pro toto vocationis nostrae cursu accipi, et hoc nomine comprehendi, omnia quibus Deus, eam ad quam nos gratuita sua electione destinavit, perfectionem implet.

vaut beaucoup mieux qu'elles soyent accompagnées d'une simplicité naifve et propre à bien édifier les enfants de Dieu, lesquels ne se contentant pas de l'escorce, désirent d'entrer jusques au noyau. Pour vray, les fruits qu'ont apporté mes autres expositions de l'Ecriture, me réjouissent tellement, que je désire de parachever le reste de ma vie en un tel travail. »

Il imite quelquefois son maître, et, comme Luther, va déchirant les plus saints noms de l'Ancien-Testament.

Dans le onzième sermon, sur l'histoire de Job, il accuse ce patriarche « d'estre comme en bransle, de murmurer contre Dieu, de se despiter, d'avoir chancelé, cloché et fléchy, d'estre ingrat à Dieu, et s'esvanouyr tellement en ses passions, qu'il met en oubli les graces d'iceluy, et maugrée le Seigneur. — Au sermon 12, il ajoute en parlant de Job : — Que dis-tu ? Qu'il n'y ait nulle discrétion entre les bons et les mauvais ? que la mort soit pour tout finir ? Tu parles icy en incrédule, qui n'a jamais cognu que c'est de Dieu ne de religion.

Il avait dit de David, dans l'Institution, l. 3, ch. 2, § 16 :

« On diroit que c'est un homme désespéré, qui ne désire autre chose que de pourrir en son mal, moyennant qu'il n'aperçoive pas la main de Dieu. » 1).

A l'exception du livre des Juges, de Ruth, de Samuel, des Rois, des Proverbes, d'Esther, de Noémi,

---

1) Les bibles de Genève, 1 livre de Samuel, ch. 21, v. 2. note marginale, accusent David de mensonge.

d'Esdras, du Cantique de Salomon, de l'Ecclésiaste, de l'Apocalypse, Calvin a commenté toute l'Ecriture. « Ce choix, dit avec raison M. Paul Henry, est caractéristique 1); il montre que l'écrivain ne cherchait à faire comprendre que la moralité de la révélation, sans tenir compte de sa valeur historique. » Il paraît que, plus tard, et dans un âge déjà avancé, il comptait achever son travail, en enfermant les annales des livres saints dans son examen exégétique. Josué eut sa dernière pensée. Il ne dédaigna pas toujours l'école catholique, et Scaliger reconnaît que le travail sur Daniel, admirable de texture, a été inspiré dans ses plus belles parties par saint Jérôme 2). Il eut peut-être raison de dédaigner l'Apocalypse; mais nous ne saurions admettre le jugement qu'il porte de la révélation de saint Jean, « si obscure qu'on ne saurait comprendre la pensée de celui qui l'a écrite, et dont l'auteur véritable est ignoré de qui se pique d'érudition 3). »

De nos jours, l'Apocalypse a été glorieusement réhabilitée, depuis que l'école protestante y a vu que

---

1) Diese Auswahl ist auch charakteristisch und zeigt deutlich, wie Calvin's Geist sich nicht von dem Aeußerlichen, Historischen angezogen fühlt, sondern weit mehr von den Werken, die den Kern des Glaubens enthalten, t. I, p. 347.

2) O quam Calvinus bene assequitur mentem prophetarum! nemo melius! Calvinus omnium optime in Danielem scripsit, sed omnia hausit ex B. Hieronimo. Scaligeriana secunda.

3) Ac valde mihi probatur Calvini non minus urbana quam prudens oratio, qui de libro Apocalipseos sententiam rogatus ingenue respondit, se penitus ignorare quid velit tam obscurus scriptor, qui qualisque fuerit, nondum constat inter eruditos. Bodin, cité par Bayle.

Rome est le siège de Satan et le pape l'antechrist en personne 1).

L'exégèse a été pratiquée diversement en Allemagne. L'école saxonne, qui reconnait pour maîtres Luther et Mélanchthon, est presque entièrement métaphysique; l'école genevoise, dont Calvin est le chef, est plus philosophique. Dans ses élucidations scripturaires, dans la moindre de ses gloses, de ses scholies, de ses notules, l'école saxonne cherche à détruire la base de l'édifice catholique : elle nie la plupart des vérités établies par la tradition. Il n'en devait pas être autrement. A l'époque où Wittemberg voulait avoir des autels : il ne pouvait en élever que sur les ruines de notre culte. Quand il y eut assez de décombres en Allemagne pour en faire une chaire de prédicateur, la réforme saxonne continua son exégèse, mais presque toujours en attaquant la parole née avant elle. C'est la forme à laquelle l'ont ployée Luther, Mélanchthon, Musculus, Chytreus, Buggenhagen; de là cette raideur de style, cette morgue professorale, cette acrimonie sentencieuse, ce faste de colère que vous surprenez dans la moindre de leurs énarrations, et dont Philippe, malgré sa belle nature n'a pu se défaire entièrement. Buggenhagen et Musculus surtout, l'œil sur un livre sacré, ont toujours l'air de professeurs : avec leurs dédains affectés pour le roi du syllogisme, ils procèdent toujours comme Aristote par l'argumentation. Donc, ne cherchez pas dans leurs commentaires cette rosée qui désaltère et vivifie l'ame; ce doux parfum qui répand

---

1) L'Europe protestante, No XII. p. 21.

sur la parole magistrale un charme d'attraction irrésistible; cette ambroisie qui enivre les lèvres du pécheur. C'est l'homme qui vit en eux, et non le prêtre. Souvent, au moment où nous nous laissions surprendre par l'artifice de leurs paroles, prêts à nous endormir dans leurs songes dorés, nous nous sentions révoltés par une figure grimaçante de moine qui venait se dresser en face d'un chant d'amour au Seigneur ou d'un hymne à l'humilité du Christ. C'est le sens, l'esprit, la morale de l'Ecriture que l'école genevoise poursuit dans ses exégèses. Presque toujours elle regarde le dogme comme un point fixé, et passe outre, pour s'attacher à relever l'économie de la pensée divine, les caractères divers de grace, de sublimité ou d'amour qui reluisent en elle. Rarement Calvin s'est affranchi de cette loi, qu'il semble s'être imposée, de ne faire intervenir dans ses commentaires d'autres images que celles du Christ et de ses apôtres. C'est un sacrifice qui lui coûte, mais dont il trouve moyen de se dédommager.

Calvin l'emporte sur Zwingli et Œcolampade, qui ont commenté, le premier Isaïe et Jérémie, les Evangiles et les Epîtres; le second Isaïe et l'Épître aux Romains, par un goût plus sûr, par un style plus élégant, par une expression plus harmonieuse; mais il leur est inférieur en science : c'est l'opinion d'un juge compétent, de Schroeckh 1). Zwingli aime le trope,

---

1) Calvin, weniger geübt als Zwingli und Oecolampadius in den Sprachen: übertraf sie an Scharfsinn und feinem Geschmack, die ihm oft mehr Dienste leisteten, als Sprachkenntniß; suchte weniger wie sie typische, allegorische Deutung auf, prüfte, beurtheilte weit freier gewöhnliche Erklärungen, zeichnete sich durch eine mehr gebildete Schreibart aus. T. 5 der Ref.-Gesch., p. 115.

l'allégorie, la figure ; il les suit d'un œil curieux, et quand il croit les avoir trouvés, il les enchâsse dans une déduction dogmatique. Calvin veut parler à la raison. Pour Zwingli, David est la personnification anticipée du Christ ; aux yeux de Calvin, David représente une ame malheureuse et coupable, qui gémit, qui prie, et crie miséricorde. Calvin a vainement cherché dans l'Ancien-Testament l'énonciation d'un Dieu en trois personnes, ainsi que la prophétique annonce des mystères qui s'accompliront un jour au Golgotha. Né deux siècles plus tard, Calvin eût été rationaliste. Léon Hutter lui reproche de fournir aux Juifs des armes contre le Christ ; il dit que Calvin judaïse.

Le savant Richard Simon pense que le Genevois ne possède que les rudiments de la langue hébraïque et des notions vulgaires du grec. Il ne faut pas demander à Calvin la linguistique d'Erasme ou de Cajetano ; mais comme il avait fait une étude profonde de l'Ecriture, il trouve le sens d'un texte, moins à l'aide de sa science glossologique que par une sorte de divination 1).

Tholuck a magnifiquement relevé le talent exégétique de Calvin.

« On trouve en lui, dit-il, une intelligence heureuse du sens grammatical, d'admirables élucidations du texte, une grande propriété d'expressions,

---

1) Calvinus solidus theologus et doctus, styli sat purgati et elegantioris quam theologum deceat,.. divino vir praeditus ingenio multa divinavit, quae non nisi a linguae hebraicae peritissimis (cujus modi tamen ipse non erat) divinari possunt. Scaligeriana prima, p. 39.

des appréciations lumineuses du sens prophétique, poétique ou grammatical des écrits qu'il commente. Dans le Nouveau-Testament, on ne saurait assez admirer son style simple et élégant, son indépendance dogmatique, sa vaste science, son christianisme éclairé; chez lui, l'élégance de l'expression s'unit à la concision de la pensée; élégance qui ne consiste point en un choix tourmenté de termes, à la manière de Bembo ou de Castalion, mais en une pureté et une justesse de mots bien difficiles à obtenir » 1).

L'exégèse calvinienne, on ne saurait en disconvenir, est un mouvement vers le rationalisme. Calvin tient aussi peu de compte de la tradition que du sens allégorique. Il ne veut point reconnaître dans l'Ancien-Testament les images mystiques qui prophétisaient l'avenir. Il a ouvert ainsi la voie à l'école socinienne, qui, elle-même, a préparé le naturalisme, qui ne voit dans les livres inspirés qu'une parole matérielle dont chaque homme a droit d'examiner la valeur. Les Paulus, les Eichhorn, les Strauss, sont sortis de Calvin, comme Carlstadt, OEcolampade et Munzer procédaient de Luther : les mêmes causes enfantent les mêmes effets. C'est la liberté d'examen qui, au temps de Calvin, avait déjà donné naissance à la secte des mystiques : imaginations dévergondées qui repoussaient la science, ainsi qu'une chimère propre à détourner l'ame de la voie du salut, « comme s'il fallait jeter bas le glaive, disait Calvin, parce qu'il peut armer la main d'un furieux » 2).

---

1) Litt. Anz. für chriftliche Theologie, No. 41. 1831.
2) Scientia tamen nihil propterea quod inflat magis vituperan-

Du reste, la science exégétique, dont M. de Villers a trop exalté l'influence sur le développement de l'esprit chrétien, s'était déjà dépravée au temps de la réforme. Elle était devenue curieuse, téméraire, imprudente. Bèze lui-même en était effrayé. Les hardiesses de langage de Castalion, dans son commentaire du Cantique des Cantiques, étaient bien propres à attrister une ame chrétienne. Voyez si, sous la plume de ce savant, Salomon n'est pas un poète de tabagie, plutôt qu'un écrivain inspiré ?

Columba mea columbinis ocellulis, lepidulas habes genulas : dissuaviare me tui oris suavio; labellula tua sunt similia cocco; elegans oratiuncula; mammula vino pulchrior, lactiflua lingula; cervicula tua eburnea curricula; ostende mihi tuum vulticulum, nam vulticulum habes lepidulum 1).

---

da est, quam gladius si in manus furiosi incidat. Hoc propter quosdam fanaticos dictum sit qui contra omnes artes doctrinamque furiose clamitant; quasi tantum ad inflandos homines valeant, ac non utilissima sint tam pietatis quam communis vitae instrumenta. In Cor. 8. 1.

1) L'édition des œuvres de Calvin (Amsterdam, Schepfer) contient dans les 7 premiers vol. toutes les œuvres exégétiques de Calvin. v. Ziegenbein, 29, 30. Walsh, Bib. vol. 4. Schnellhorn, Ergötzlichkeiten aus der Kirchenhistorie. Schrœckh, t. 5. Bretschneider: Calvin et l'église protestante.

CHAPITRE XXIV.

VIE INTÉRIEURE DE CALVIN A STRASBOURG.

Amitiés littéraires de Calvin à Strasbourg. — Castalion. — Les frères Vaudois. — Indigence du réformateur. — Farel veut venir au secours de son ami. — Refus de Calvin. — Les libraires Vendelin et Michel. — Les livres de Calvin obtiennent en Allemagne peu de succès ; et pourquoi ? — Caractère du réformateur. — Il dénonce en chaire l'inconduite d'un magistrat. — Se plaint de Bucer. — Récriminations du jacobin. — Aveux de Calvin.

Calvin affectueusement accueilli à Strasbourg, y vivait sans gloire. Bucer faisait tort au réfugié. Les conférences du jacobin attirait la foule : celles de Calvin à l'église française n'étaient fréquentées que par des organisations d'élite. Calvin n'était point orateur : son geste était vulgaire, sa voix traînante, son style sans mouvement. Il discutait en chaire. A Francfort, à Worms, à Ratisbonne, les regards et les couronnes avaient été pour Bucer et pour Eckius, et Calvin était resté dans la foule avec toute sa science exégétique. C'est qu'aux diètes il faut un tribun qui émeuve, qui fascine, qui soulève l'auditeur. Il s'était laissé tromper par Mélanchthon qui avait eu l'air d'approuver son système sur l'eucharistie. Calvin revint à Strasbourg, irrité de la morgue pédantesque de quelques réformateurs qui portaient mal leur renomée; jaloux du doux sourire que l'empereur avait accordé à plusieurs des députés allemands dont la stérilité cérébrale n'était pas restée longtemps un mystère pour un œil si clairvoyant; désenchanté de Bucer de qui la parole avait si souvent changé, et regrettant sans doute cette ville de Genève où il n'avait ni maîtres, ni rivaux.

Jeté dans une grande cité où pour lui tout était nouveau, les mœurs comme le langage, il s'était d'abord attaché quelques jeunes ames, qui après sa leçon, venaient trouver le professeur à son logis, pour l'écouter encore, et lui adoucir les heures de l'exil, par toutes sortes d'amitiés et de prévenances. C'était un charme pour le théologien de converser avec ces écoliers dans cette langue française qu'il aimait si tendrement, et qu'il avait si magnifiquement glorifiée par son livre de l'Institution Chrétienne. Il avait essayé d'apprendre l'allemand, mais, bien vite il avait jeté sa grammaire; cet idiome, tout images, ne pouvait convenir à un esprit philosophique comme le sien, qui satisfait de l'idée, ne songeait jamais à la forme. A Worms, où Luther était entré en entonnant sa marseillaise :

Ein' feste Burg ist unser Gott,

« Mon Dieu est ma citadelle, » Jean de Noyon avait voulu chanter. C'était en 1541, à l'ouverture de l'année qu'il se mit à saluer en vers latins, où il dit, en parlant du pape :

Digiti signo spatiorum concutit orbem,
Nec minus est hodie, quam fuit ante ferox.

Pitoyable distique, indigne d'un écolier de quatrième. Calvin n'était pas poète, il faut bien le reconnaître : jamais oreille de réformateur ne fut moins musicale [1]).

Les amitiés de Calvin et des écoliers duraient peu, soit que le spectacle des souffrances habituelles du professeur fatiguât de jeunes imaginations, qui ne supportaient qu'avec peine la vue de douleurs physiques, elles toutes pleines de vie et de joies; soit plutôt que ce régent morose ne pût s'accoutumer au bruit de toutes ces natures babillardes, libres et légères comme l'air. Donc, les liens d'amour du professeur et des écoliers se rompaient bien vite, et tous ces oiseaux auxquels Calvin aurait voulu couper les ailes, s'envolaient et ne revenaient plus. Un jour, un de ces beaux oiseaux au plumage doré, qui avait fait son nid parmi les lotos de la Grèce, les palmiers de la Judée et les hêtres de l'Italie; qui chantait en hébreu, en grec et en latin, vint s'abattre à Strasbourg. Il était connu dans le monde savant sous le nom de Castalion. D'abord Calvin ouvrit sa fenêtre, et ce ne furent pendant quelque temps que doux concerts, harmonies poétiques, chants aériens. Puis Calvin finit par se lasser et chasser son compagnon, pour donner la petite chambrette qu'il occupait à une dame nommée des Vergers, qui amenait au théologien une maison complète : une femme, des enfants et un

---

[1]) Er hatte nicht wie Luther, den ritterlichen und so auch nicht den musikalischen und poetischen Sinn und Geist. Paul Henry, t. 1, p. 378.

domestique. Castalion s'en alla après avoir payé sa chambre et sa nourriture. Puis le serviteur de la dame vint à tomber malade. On rappela Castalion, le compatriote du valet, et le docte hébraïsant se mit à lui servir un moment de la tisane, des potions, et à le veiller la nuit, comme une tendre mère.—Croyez-vous bien que Calvin trouva plus tard moyen, dans une dispute que nous rappellerons, de reprocher à Castalion la pâture qu'il lui avait donnée gratuitement pendant quelques jours? 1)

Strasbourg logeait et nourrissait Calvin. Il fut un moment de la vie où la pauvreté avec toutes ses angoisses vint le visiter : c'est après son départ de Genève, quand son sort n'était point encore fixé. Sa misère était si grande qu'il fut obligé de vendre ses livres. Ses œuvres rapportaient alors fort peu : tout le bénéfice était pour le libraire. Les leçons qu'il donnait en ville à des jeunes gens de famille l'aidaient à payer sa correspondance, si coûteuse au moyen-âge, où l'on était obligé de se servir de messagers tantôt à pied, tantôt à cheval.

Un jour, des frères Vaudois vinrent le trouver à Strasbourg pour lui montrer leur confession de foi, qu'il semblait, ainsi que Bucer, ne pas repousser, peut-être parce qu'ils en avaient retranché quelques articles opposés aux doctrines réformées 2). Ils étaient

---

1) Bayle, article Castalion.

2) Waldenses cum adhuc essem Argentorati misisse confessionem quæ optimo animo et mihi tunc probata fuit; sed mihi postea ostensum fuisse exemplar quoddam in quo nonnulla mihi displicent quæ nollem admittere. Bullingero, Cal. Junii. 1557. MSS. G.

« On avait d'abord nommé les Vauldois Lyonnistes, parce

si pauvres qu'il fut obligé de leur prêter une couronne (6 francs) : « Je leur ai bien recommandé, dit Calvin à Farel, de vous la rendre quand ils passeront à Neufchâtel : ce sera un à compte sur ce que je vous dois : le reste, je le payerai quand je pourrai.

« Je suis tellement besoigneux que je n'ai pas un sou dans la poche 1). Vous ne sauriez croire combien coûte un ménage. »

Il paraît que Farel, qui connaissait la pénible situation de son ami, avait essayé à plusieurs reprises d'y porter remède : mais Calvin qui avait l'ame fière, ne voulait point accepter des avances qu'il n'aurait su comment restituer. Il témoigne toute sa reconnais-

---

que leur chef ou maître étoit un riche marchand de Lyon, et Insabbatati parce qu'ils n'observoient ni sabbat ni festes. » Crespin, Esprit de l'Eglise, 307.

« D'après Reinerius, qui a vécu à peu près du temps de Valdo, on peut recueillir, ajoute Crespin, que leur doctrine estoit telle - - qu'il falloit croire aux Saintes-Ecritures, seulement en ce qui concerne le salut sans s'arrester aux hommes ; — qu'il n'y a qu'un seul médiateur et partant qu'il ne faut invoquer les saints ; — qu'il n'y a point de purgatoire, mais que tous les hommes justifiez par Christ vont à la vie éternelle ; — qu'il n'y a que deux sacrements, le baptême et la communion ; — que les messes sont damnables ; — que les traditions humaines doibvent estre rejettées ; le chant et récit de l'office, les jeûnes à certains jours et festes, superflus ; — que le siège romain est la vraye Babylone et que le pape est la fontaine de tous maux ; — que le mariage des prestres est bon et nécessaire en l'Eglise. » — 336-332.

Toute la symbolique de Luther est dans cette confession de foi.

1) Fratres Valdenses coronatum unum mihi debebant cujus partem à me mutuo acceperant, partem dederam nuncio qui cum fratre venerat, Sonerii mandato. Hunc ut tibi darent jusseram. Si dederint retinebis quo tantumdem aere tuo exonerer. Quod reliquum erit solvam quum potero. Ea enim mea est conditio, ut assemnumerare queam. Mart. 1539.

sance au pasteur Neufchâtelois, dans une lettre qu'il lui adresse de Strasbourg : — Merci à tous mes frères pour leurs offres charitables, pauvres ames qui voudraient bien faire l'aumône à plus pauvre qu'elles encore. C'est un témoignage d'amour qui m'est bien cher, et me réjouit le cœur : mais je me suis promis de ne rien accepter de vous, ni de nos amis communs, tant que je n'y serai pas contraint par la plus dure nécessité. Wendelin, mon libraire, auquel j'ai remis mon Opuscule, m'aidera à subsister pendant quelque temps. Les livres que j'ai laissés à Genève, payeront mon hôte jusqu'à l'hiver prochain. Le Seigneur fera le reste. Autrefois, j'avais un grand nombre d'amis en France, dont pas un ne m'aurait donné un liard. Je crois qu'ils pourraient faire aujourd'hui les généreux et m'ouvrir leur bourse, car je n'accepterais rien. Je ne dis rien de Louis cependant, qui voulait me prêter mais à trop gros intérêts : ne parlait-il pas de me convertir? Pour le présent, je me contente de vous remercier de votre offre fraternelle. J'accepterai vos faveurs quand je ne pourrai mieux faire : seulement, je suis fâché de la perte de ma pauvre couronne 1). »

Comme ses revenus ne suffisaient pas pour payer ses frais de ménage, Calvin tâchait de faire argent de ses livres dont il vendait le manuscrit à l'imprimeur Wendelin ou à Michel de Genève. Wendelin était un libraire comme on en voit peu, qui ne comptait pas avec ses auteurs, et payait leurs œuvres généreusement, même quand le nom de l'écrivain n'était pas

---

1) Ep. 15 Ap. 1539.

connu aux foires de Francfort. Il acheta toute l'édition des commentaires pauliniques et beaucoup plus que ne l'espérait Calvin ; en outre du prix d'achat qu'il ne faisait jamais attendre, il donnait à l'auteur un grand nombre d'exemplaires que ce dernier vendait ou faisait vendre par ses amis. — C'était Farel qui était chargé de les placer.

On trouve à ce sujet quelques détails curieux dans les lettres posthumes de Calvin, et entre autres dans une épître manuscrite du 27 juillet, au ministre de de Neuchâtel.

« Rien de nouveau depuis votre départ, si ce n'est que le jour où vous me fîtes vos adieux, trois heures après que vous m'aviez quitté, les Scholarches m'ont proposé une augmentation d'appointements : mais je n'en serai pas plus riche. Si des amateurs se présentent qui veuillent faire emplette de mes livres, vous pouvez les laisser à 10 ou à 9 batzen (2 francs environ) l'exemplaire, mais pas au-dessous ; à moins cependant qu'on n'en prît une grande quantité : en ce cas, vous pouvez les céder à 8 batzen. Le transport m'a coûté fort cher, et puis les frais d'ici à Neuchâtel.... 1) »

Les livres de Calvin, à l'exception toutefois de l'Institution Chrétienne, obtenaient peu de succès. On reconnaissait dans le monde humaniste que l'écrivain savait le latin, que sa phrase s'était modelée sur celle des bons auteurs, que son style ne manquait ni de clarté, ni d'élégance ; mais on lui reprochait de n'avoir pas su, comme Luther, jeter dans la moindre

---

1) 27 Julii 1539. MSS. Gen.

thèse, de la poésie et de l'éloquence. A Basle, on se croyait toujours en 1521, au début de la querelle théologique, alors qu'une figure monacale devait nécessairement intervenir dans la dispute pour être souffletée sur les deux joues, aux rires des bourgeois et des écoliers. Calvin, en rejetant le moine, s'était nécessairement privé d'un élément puissant de sympathie. A défaut de religieux passés de mode, si vous voulez, on aurait desiré en Suisse et en Allemagne que Calvin fît usage du démon pour expliquer l'obstination des papistes; et personne ne concevait comment il avait renoncé volontairement à l'emploi du diable qui avait rendu de si grands services à ses devanciers. On allait jusqu'à publier qu'il ne croyait pas au démon, ce qui était un mensonge 1), et cela lui faisait tort dans l'esprit de ces Allemands qui n'auraient pas donné le plus petit des satans éclos du cerveau de Luther pour les meilleurs arguments. Il arriva donc que les libraires si bien disposés d'abord pour Calvin, se refroidirent en voyant que ses livres ne se vendaient pas comme ceux du docteur Martin. Ils les étalaient bien à la foire de Francfort; mais on passait sans les acheter: de là des plaintes qui froissaient l'amour propre de l'auteur. Calvin, pour apaiser la mauvaise humeur du libraire de Basle qui faisait la mine, écrivit à Michel, à Genève: «Expédiez-moi par l'entremise de Farel, les livres que j'ai laissés en partant, et la défroque de mon frère». Michel fit un paquet des hardes et des livres qu'il adressa à Neuchâtel: quelques jours auparavant Farel avait reçu un billet ainsi conçu:

---

1) Voyez le chapitre suivant: le DIABLE ET L'ANTECHRIST.

« Quand vous aurez la malle qu'envoie Michel, ouvrez-la, mon ami. Vous y trouverez des livres et des vêtements; vendez les livres si vous pouvez. Expédiez à Basle ce qui restera : mon libraire se plaint que mon livre va mal 1), et qu'il a en magasin beaucoup plus d'exemplaires qu'il n'en a besoin. Je lui écris donc de vous en adresser cent exemplaires. Dites-moi s'il l'a fait? »

Calvin n'avait pu trouver le repos à Strasbourg. Le spectacle bigarré des croyances qu'offrait cette cité ouverte aux proscrits de toutes les opinions; où le zwinglien coudoyait le luthérien; où l'anabaptiste marchait à côté du prophète munzérien; où tous les cultes, le catholicisme excepté, avaient droit à la même protection, lui déchirait le cœur. Ce cœur souffrait surtout à la vue de toutes ces natures pétries de l'argile de Bucer, qui se disaient dépouillées du vieil homme dont elles portaient les insignes. Il ne pouvait faire un pas sans s'embarrasser dans je ne sais quelles langes de papisme que la ville conservait pour plaire à l'empereur, et ne pas effaroucher l'œil de ses lieutenants. Tout autour des temples protestants, s'abritaient une foule d'échopes qui étalaient des pamphlets réformés, où l'on enseignait la présence réelle, le libre arbitre, la puissance intime des sacrements, et la nécessité des œuvres et des cérémonies. Augsbourg, Spire, Francfort, Nuremberg, Haguenau, Worms, Ratisbonne, y avaient chacune une tente

---

1) Conqueritur librum meum non esse vendibilem. 31 Dec. 1540. Mss. Gen.

élevée au Münster, où chaque confession de foi, éclose depuis 1530, offrait son formulaire au passant. Ni les thèses orales de Calvin à l'église française, ni ses conférences avec les représentants du protestantisme, ni ses discussions écrites, n'avaient pu triompher de l'apathie ou de la versatilité des esprits. Vainement cherchait-il quelquefois à électriser ce cadavre, sa parole était vaine : la vie ne venait pas. Alors il tombait dans la tristesse et regrettait Genève.

Il n'avait pu réformer sa nature mysanthrope ; il était resté après l'exil ce qu'il était à Genève : vaniteux, irritable, despote. S'il fût demeuré plus longtemps à Strasbourg, nous ne doutons pas qu'il n'eût fini par provoquer la colère des magistrats. Il essayait bien de réprimer ces mouvements charnels, mais presque toujours sans succès. Un moment, la scène du refus de l'eucharistie qui avait excité tant de scandale à Genève, fut sur le point de se reproduire à Strasbourg. Un homme, dont il tait le nom, et qui avait ouvert une maison de jeu et d'ivrognerie, s'il faut l'en croire, allait s'approcher de la table de communion, s'il ne lui en eût fermé le chemin 1). Le coupable garda le silence.—L'œil de l'exilé avait vu à travers les murs des désordres que Bucer et les autres ministres n'avaient point aperçus, à dessein peut-être. Calvin blâme la mollesse de Bucer 2). Mais qui lui a dit que le jacobin n'obéissait pas ici à sa conscience? Quand Eckius proclamait la nécessité de

---

1) Ep. Farello, 1539.
2) Qui interdum sit æque lenior : ibid.

l'œuvre, Calvin avait toujours le même argument à son service : — Quelle œuvre a donc opérée le bon larron? Et quel ange lui a dit que le chrétien auquel il veut défendre l'approche du tabernacle, n'a pas été visité de l'un de ces mouvemens de foi qui lavent toutes nos fautes? Calvin, à Strasbourg ainsi qu'à Genève, est en perpétuelle révolte avec lui-même.

Un des stettmeistres de Strasbourg ne tarda pas à tomber dans la disgrace de Calvin. Personne n'eût pu dire à quelle confession il appartenait. Ce qu'on savait, c'est qu'il avait renié le culte de ses pères. Le matin, assis à la table d'un anabaptiste, le soir soupant chez un zwinglien; peu disputeur de son naturel, assistant au prêche de Bucer et à celui de Calvin sans aucune espèce de recueillement, il prêtait l'oreille à la parole divine avec aussi peu d'attention qu'à des discours mondains. Calvin aurait voulu disputer avec lui; il tendait ses filets à cette ame malade, qui savait les éviter avec un bonheur persévérant. A la fin, le théologien s'impatienta, monta en chaire, et versa sur la tête du coupable toutes sortes de charbons ardents. Il n'y avait pas à se tromper. Calvin lui-même assure qu'il avait pris toutes ses mesures pour que le magistrat se reconnût et fût reconnu par l'auditoire! Ce qu'il y a d'admirable en cette occasion, ce n'est pas l'indignation du prédicateur,

---

1) Ita ejus impietatem palam et aperte etiam pro concione sugillabam ut nihilominus aut ipsi aut aliis dubius esset sermo quam si vel nominassem, vel digito demonstrassem. Farello, 1539.

mais la faiblesse du pouvoir qui, d'un mot, pouvait faire taire l'orateur, et qui garda le silence. — Vous croyez que Calvin sera gagné par cette leçon de charité chrétienne? Vous ne le connaissez pas. Le stettmeistre, quelques jours après, quitte Strasbourg pour aller à Francfort, où il retrouve Calvin qui le poursuit de sa colère, et le dénonce à Bucer comme un ennemi du Christ, avec lequel on ne pouvait avoir ni paix ni trêve.

Bucer laissa passer le magistrat sans le tourmenter. Il ne ressemblait pas à Calvin. D'une nature ardente, il s'irritait aisément, et s'apaisait de même. Malheur à qui excitait sa bile, comme Eckius à Ratisbonne! il devait s'attendre à toutes sortes d'injures grossières, poignantes et poétiques au besoin; car l'orateur se servait, pour se venger, du langage des halles, du vocable des Grecs et des Romains, et de l'idiome des anciens prophètes. Descendu de chaire, il passait devant son adversaire, auquel il souriait et souvent tendait la main. Aussi, ne pouvait-il comprendre cette colère qui ne donnait aucun signe de vie extérieure, qui brûlait sans flamme visible, et n'altérait ni la parole, ni la figure, ni le mimique de l'orateur. Il l'appelait une colère de Caïn [1]. Calvin avouait ce défaut, et s'excusait en se touchant la tête, comme si le siège de maladie eût

---

[1] Bucerus non ferre poterat vehementiam Calvini quem optime norat ex quo Argentorati una vixerant, et melius nosse didicit ex quo Genevam revocatus. Accusare igitur ejus, (quo jure melius me scias,) maledicentiam maximam, et quod dissentientes non ferret, sed dure adeo asperique persequeretur, sicut etiam fratricidam; uti lego, nuncuparet.

été dans le cerveau. — « Oui, je le confesse, disait-il à Bucer, cette impatience des sens est de tous mes défauts le plus difficile à dompter : je lutte sans pouvoir triompher, je n'ai pu encore, malgré tous mes efforts, terrasser la bête » 1). Vossius ajoute : Admirable aveu, si la lutte eût été incessante, comme le rapporte Calvin, et la bête vaincue ; mais le mal persistait, et Bucer, qu'affligeaient ces continuelles rechutes dans le même péché, écrivait à son ami : « Vous jugez d'après votre haine ou votre amour, et vous haïssez ou vous aimez sans raison. »

Nous le retrouverons à Genève, dans sa vie politique, avec les mêmes penchants qu'il nous a montrés à Strasbourg, dans sa vie chrétienne : Bucer n'aura servi de rien. C'est que, quoi qu'en dise Calvin, l'affection n'est pas dans le cerveau, car quelques gouttes d'eau froide l'auraient chassée ; mais dans la masse du sang et dans le cœur qu'elle a gangrenés : il n'y a plus de remède.

Des historiens ont trouvé moyen de louer ou d'excuser cette humeur dont Calvin semble rougir. Bretschneider cherche dans ce caractère colérique l'élément de tout ce qu'il y eut de grandeurs dans la vie de Jean de Noyon, « qui aurait peut-être été cardinal, dit-il, mais jamais réformateur, avec une tête

---

1) Calvinus sic a magno viro increpitus respondere hoc pacto : haec esse genii potius sui quam judicii, et ut Calvini ipsius verba ad Bucerum retineam, sic scribere : ut verum fatear nulla mihi cum maximis et plurimis meis vitiis difficilior est lucta quam cum ista impatientia ; neque certe proficio nihil, sed nondum id sum consecutus ut plane belluam domuerim. Ep. Vossii Grotio. Ep. Protest. theol. p. 817.

plus froide » 1). Et Bèze, tout en avouant les emportements de son ami, prétend que l'esprit du Seigneur avait appris à Calvin à si bien s'en rendre maître, que jamais sa bouche ne laissa échapper une expression capable d'offenser l'oreille d'un honnête homme 2). Nous verrons bientôt si l'amitié n'aveuglait pas l'écolier de Vezelay.

L'homme religieux nous expliquera plus tard l'énigme de l'homme politique. Quoi qu'il fît, il était impossible à Calvin de se détacher de son système de la prédestination, et de ne pas voir dans le pécheur obstiné l'enfant de la colère divine, et en lui le docteur évangélique, instrument destiné de toute éternité, pour glorifier la justice céleste par la punition du coupable. Elevez le prédestinatianisme dans une tête royale à l'état de dogme, transfiguration établie pour Calvin, et vous pouvez vous attendre au plus sanglant despotisme : tous les êtres que le monarque poussera devant lui de son sceptre de fer, ne seront plus que des créatures prédestinées à l'esclavage. Calvin est ce monarque, moins le diadème, mais avec une couronne qu'il doit priser bien davantage : couronne de vie et d'immortalité, puisqu'elle est formée de paroles même du Christ ou de ses apôtres.

---

1) Jener Indifferentismus späterer Zeit war nicht der Character der Reformatoren; mit ihm wären Calvin und Luther vielleicht Cardinäle, aber gewiß keine Reformatoren geworden. Bretschneider, p. 19 et 20.

2) Fuit omnino naturæ ipsius temperamento ὀξύχολος, quod vitium etiam auxerat laboriosissimum illud vitæ genus : iræ tamen sic eum docuerat Spiritus Domini moderari ut ne verbum quidem sit ex eo auditum quod viro bono indignum esset. V. Calv.

Cette doctrine désolante est la clef de l'homme intérieur, quand il régnera dans la vie psycologique d'une nation; de l'homme politique, quand il gouvernera le monde créé. Vous comprendrez ainsi Calvin dans ses théories gouvernementales et dans son symbolisme hérétique.

CHAPITRE XXV.

LE DIABLE ET L'ANTECHRIST.

Le Démon dans la vie de Luther comme instrument de colère et de poésie. — Tentations du docteur. — Le démon dans la vie de Calvin. — Opinions du réformateur genevois. — Récit d'une possession. — Ce que Calvin pense des épileptiques et des sorciers. — L'antechrist de Luther et de l'église saxonne. — La réforme enseigne encore aujourd'hui que le pape est l'antechrist. — La Revue protestante du 19ᵉ siècle. — Croyance de Calvin. — Jean de Müller. — Hugo Grotius.

a) LE DIABLE.

Si l'on en excepte Luther, aucun des réformateurs n'a été passionné pour la forme, soit dans les œuvres des hommes, soit dans les merveilles de la création. Mélanchthon pleure lorsque Carlstadt abat les belles statues de l'église de Tous les Saints, mais il pleure plutôt en chrétien qu'en poète. Il voit dans cette profanation bien plus un attentat contre la société qu'un outrage à l'art lui-même. Dans la longue correspondance des réformateurs entre eux, vous chercheriez en vain quelques cris de douleur échappés de leur poitrine, à la vue de ces images matérielles, la gloire des églises de la Franconie, et que la main d'un paysan va briser sans obstacles. Pas un qui se baisse pour ramasser quelques unes de ces reliques de pierre échappées, comme par miracle, au marteau des goujats de l'armée des paysans. Vous les voyez au contraire, comme à Franckhausen se chauffer au feu des manuscrits dérobés aux couvents. Si dans l'Allemagne réformée vous rencontrez quelque beau travail d'orfévrerie, quelque vêtement sacerdotal, miracle de richesse ou de patience, quelque crosse d'évêque d'or massif; soyez sûr que ce calice dérobé au trésor d'une église catholique, servait de verre à boire à un électeur ami de Luther; que la chappe du prêtre tapissait son appartement, ou celui de sa maîtresse; que le bâton pastoral ornait son musée, comme un jouet ou un signe de victoire. Quand la Saxe eut été purgée de papisme, les princes vendirent à des juifs les calices, les soleils, les burettes d'or ou d'argent, les statues d'airain ou de bois, les nappes en dentelles de nos églises et jusqu'aux châsses de nos morts, pour entretenir leurs chiens de chasse ou de basse cour, leurs parcs, leurs celliers ou leurs filles de joie. Luther déplora souvent la misère du clergé protestant qu'on laissait mourir de faim, sur la paille, tandis que les princes faisaient liesse aux dépens des moines et des prélats catholiques. Mais si Luther n'avait pas grand souci de la matière, quelque belle qu'elle fût sortie de la main des hommes, le spectacle de l'œuvre divine le frappait vivement. Il arrivait souvent que Bora le surprenait au pied d'un arbre en contemplation devant un ciel étoilé, et dans une des bienheureuses extases de poète, qu'elle avait la cruauté ou la malice d'interrompre. La vue d'une fleur lui arrachait des larmes d'amour et de reconnaissance. « Pauvre violette, s'écrie-t-il, quel parfum tu exhales! mais il serait plus doux encore si Adam n'eût pas péché. O rose! que j'admire tes couleurs qui brilleraient d'un bien plus vif éclat sans la faute du premier homme! O lys! dont la parure efface celle des princes du monde, que serais-tu donc si notre père n'avait désobéi à son créateur! »

Ce monde, tout d'or, que Dieu forma à Genève, où il fit couler un lac et un fleuve, où il attacha des montagnes de neige et de glace et étendit des champs de verdure et de lumière, est resté constamment comme un livre fermé pour Calvin. Voyez-le dans son chemin ; il ne se penche jamais pour cueillir une fleur, comme faisait Luther, afin de calmer les ardeurs de son cerveau. A ce soleil qui chaque matin vient le visiter dans sa chambre de travail, il n'a pas dérobé un seul rayon pour échauffer son style 1). Les oiseaux qu'au printemps, Dieu répand en si grande abondance à Plainpalais, ne chantent pas pour lui, car il n'écoute pas leurs concerts. Ah! si le Seigneur avait traité Luther comme Calvin, quelles belles images le moine aurait dérobées à cet astre qui se lève et se cache derrière les Alpes, à ces montagnes qui habitent les cieux, à cette nappe d'eau, vêtement d'azur de vingt lieues de longueur! Au lieu de coucher dans la tombe son grand empereur, Charles V, et de jeter le cadavre impérial aux vers de terre, il nous l'aurait amené dans toute la splendeur de ses vêtements,

---

1) Calvin n'a consacré que quelques lignes, mais bien pâles, à louer le monde créé. Inst. liv. I.

l'aurait placé à côté de l'un de ces lys de la vallée vaudoise, ou sur l'un des Salèves battus par le vent, et il lui aurait demandé de quoi il s'enorgueillissait, puisque une fleur des champs était plus belle que toute sa beauté, et un grain de poussière plus puissant que sa toute puissance.

Le démon, comme représentant de la colère céleste, a revêtu dans les deux réformateurs de Wittemberg et de Genève, une double personnalité, semi-corporelle chez Calvin, chez Luther réelle et tangible. Le démon genevois peut difficilement tomber sous les sens, on ne voit ni son corps, ni sa couleur, ni sa figure. Le démon saxon tel qu'il est sorti du cerveau de Luther, peut être vu, touché, palpé; au moral, c'est l'archange rebelle de Milton, au physique presque toujours le Quasimodo de notre poète Hugo. L'être déchu de Calvin est triste, inerte, infécond; le séraphin tombé de Luther est coloré et poétique; ces deux créations nous donnent la mesure des deux imaginations. Vous savez quel rôle le démon joue dans le drame religieux de Luther, où il est orateur, théologien, pamphlétaire, poète; où il ceint la thiare, le diadême, la robe de professeur, le bonnet de docteur, le capuchon monacal. C'est l'être créé qui a rendu à Luther le plus de services. Un empereur comme Charles V s'avise-t-il de poursuivre la parole novatrice; Luther appelle le diable qui vient aussitôt et prend possession du monarque. Un prince comme Henri VIII d'Angleterre veut-il défendre les sacrements du catéchisme catholique; Satan accourt en personne, se glisse dans le cabinet du roi, vole la plume du secrétaire et se met à écrire tout ce qui lui passe par la tête. Voici un apostat, OEcolampade, qui a renié Luther et ses doctrines, et se cache à Bâle où il sème l'ivraie dans le champ du Seigneur : un matin on le trouve mort dans son lit ; vous croyez que c'est de la peste ? du diable qui lui a tordu le cou ; et comment en douter ? c'est Luther lui-même qui l'affirme et qui chante un cantique d'action de graces. Zwingli vient de mourir à Cappel ; de la lance d'un catholique qui a tué le sacramentaire, dit la chronique : mais Luther affirme que la chronique a menti, et que c'est Satan qui a cherché sur le champ de bataille le maudit hérétique pour en délivrer la terre. Et il ajoute pour qu'on ne doute pas de sa parole : « Il n'y a pas de milieu : Zwingli ou Luther, doit être possédé 1). Entendez-vous poitrine humaine insatanisée, persatanisée, supersatanisée. 2) » C'était cet ange déchu qui dictait à Ascolti sa magnifique bulle : Exurge ; qui noyait dans l'Elbe Miltitz ; qui soutenait Münzer ou Bocholz ; qui parlait par la bouche de Carlstadt 3) ; qui trouvait le plus foudroyant argument qui soit sorti d'une tête humaine contre l'idolatrie de la messe. Vous ne sauriez croire combien cette figure infernale poétise le drame de Luther ! quel souffle de vie elle répand dans ses moindres récits ! comme elle colore la parole du moine, et fait étinceler sa colère au moment où vous vous y attendez le moins. Dans une discussion

---

1) Ich ober der Zwingel muß des Teufels seyn, da ist kein Mittel. Op. Luth. Jen. t. 3, f. 379.

2) Habet enim insatanasiatum, persatanasiatum, supersatanasiatum pectus.

3) Coll. Mens. fol. 397.

toute théologique avec Latomus ou quelque moine de Cologne, vous voyez tout à coup apparaître le fantôme, qui dévoile sa présence par un débordement d'injures, de lazzi, de jeux de mots, de moqueries, qui relèvent l'argument, et lui font revêtir un corps, une figure et une ame.

Calvin croyait à un ange déchu, souffle de la colère divine, tentateur du premier homme, ennemi de la postérité d'Adam, et damné dans l'éternité. Ce n'est point un mythe à ses yeux que le démon, mais une personnalité dont il amoindrit le rôle dans le drame de la vie humaine. Il définit Satan : « Un ennemi, prompt et hardi dans l'entreprise, actif et diligent dans l'exécution, puissant et robuste en force, fin et rusé dans ses stratagèmes, opiniatre et infatigable dans ses poursuites, fourni de toute sorte d'armes et de machines, et enfin très expert en l'art de faire la guerre » 1). Il était anthropomorphiste, comme Luther, et voulait qu'on rejetât l'erreur de ceux qui croient que les démons ne sont autre chose que « les agitations et les troubles qui s'élèvent dans notre ame et les mauvaises affections qui nous sont suggérées par notre chair. » Mais il rapetisse le rôle du démon et ne s'en sert que rarement, par exemple quand il s'agit d'un pape ou d'un catholique entêté. Il ne l'a pas vu comme Luther en chair et en os.

Vous savez de quelles tentations fut assailli ce moine. Satan, si nous l'en croyons, ne lui laissait de repos ni le jour ni la nuit ; la nuit il lui envoyait des songes, où les divinités de l'Olympe venaient s'asseoir

---

1) Inst. liv. I, ch. XIV, § 13.

à son chevet ; rêves de volupté qui souvent couvraient son front de sueur. D'autres fois, il lui glissait des pensées d'orgueil, et alors le docteur de Wittemberg voyait toutes les couronnes du monde à ses pieds, et se croyait plus grand que les monarques et les pontifes. Satan essayait aussi de le jeter dans le désespoir, en lui présentant dans le sommeil l'image de sa chère Allemagne toute déchirée par les factions : les anabaptistes se ruant dans les temples luthériens ; Zwingli séduisant les esprits ; ses frères l'abandonnant, et son œuvre mourant dans des flots de sang, qui coulaient comme les flots de l'Elbe. Alors les moines reprenaient leur capuchon ; la puante Babylone, Rome, était balayée par de nombreuses robes rouges ; le pape se prélassait sur la bête de l'apocalypse ; les religieuses quittaient leurs ravisseurs pour se cloitrer de nouveau ; Eckius, Campegio, Miltitz et toute la prêtraille romaine riaient de sa colère impuissante et de ses travaux infructueux. Il fallut donc que de bonne heure il s'accoutumât à repousser vigoureusement ces assauts du malin esprit. Les anachorètes de la Thébaïde avaient trouvé dans la prière un remède efficace contre les révoltes du vieil homme : il essaya de l'oraison et il n'en fut pas content. Or voici son remède à lui, remède sérieux car il le conseille à tous ses amis. « Pauvre Hyeronimus Weller, tu as des tentations, il faut en venir à bout : quand vient le demon pour te tenter — bois, mon ami, bois largement, ébaudis-toi, folâtre et pèche en haine du malin, et pour lui faire pièce. Si le diable te dis : — Veux-tu bien ne pas boire, réponds-lui : — je boirai à pleins verres parce que tu me le défends, je boirai à grandes rasades en l'honneur de Jésus-Christ. Imite-moi. Je ne bois si bien, je ne mange tant, je ne me réjouis si fort à table que pour vexer Satan. Je voudrais bien trouver quelque bon péché nouveau, pour qu'il apprît à ses dépens que je me moque de tout ce qui est péché, et que je n'en crois pas ma conscience chargée. Arrière le décalogue, quand le diable vient nous tourmenter. Quand il soufflera à notre oreille : mais tu pèches, tu es digne de mort et d'enfer.—Et mon Dieu oui! je ne le sais que trop : qu'est-ce que tu veux me dire?—Mais tu seras condamné dans l'autre vie.—Pas vrai, je connais quelqu'un qui a souffert et satisfait pour moi : il s'appelle J.-C., fils de Dieu, là où il est, là je serai 1). Si le diable ne s'en va pas, je lui crie : In manum sume crepitum ventris, cum isto que baculo, vade Romam 2). Luther revient souvent dans ses écrits sur ce magnifique antidote, et c'est le plus sérieusement du monde que pour faire taire les criailleries du diable, il conseille de boire, de manger, de se réjouir, de soigner son ventre et sa tête, en emplissant l'un de bon vin, l'autre de viandes exquises : « Un grand verre plein de vin jusqu'au bord, voilà quand on est vieux, dit-il, le meilleur ingrédient pour apaiser les sens, jeter dans le sommeil et échapper à Satan 3).

Ce pauvre Weller souffrait toujours, et toujours il levait les mains à Luther pour se délivrer de ses tentations, et Luther ne lui indiquait jamais d'autre pa-

---

1) 6 novembre à Jerôme Weller. In. Weller. op. p. 208. — Lebe-recht be Wette, Dr. Luther's Briefe, t. 4, p. 188.

2) Tisch-Reden.

3) Mihi oportunum esset contra tentationes remedium, fortis haustus qui somnum induceret.

nacée que cette joie bruyante et cette tumulte des sens. « Vois-tu bien, lui disait-il encore, Dieu n'est pas un Dieu de tristesse, mais un Dieu de liesse ; le Christ ne dit-il pas, je suis le Dieu des vivants et non des morts? qu'est-ce que vivre? sinon se réjouir dans le Seigneur : tu ne peux pas empêcher aux oiseaux de voltiger au dessus de ta tête, mais bien de leur laisser faire leur nid dans tes cheveux 1).

Calvin n'a pas été tenté comme Luther; peut-être, dit son biographe M. Paul Henry, parce que Satan savait bien que le serviteur de Dieu ne connaissait pas la peur 2), ou peut-être aussi que le cerveau du genevois ne recelait qu'à peine ces germes féconds qu'enfermait celui de Luther, et qui au moindre mouvement d'un agent extérieur se trouvaient doués d'un don créateur. Cette infériorité de puissance poétique paraît à chaque instant dans l'œuvre commune. Calvin s'entretient aussi, dans plusieurs de ses écrits, de l'influence du mauvais esprit sur les destinées de la parole évangélique, mais jamais comme Luther, avec cette foi qui ferait presque partager ses terreurs. Son système théologique est fait pour rassurer d'avance celui qui l'écoute. Calvin a enseigné que le démon qui peut faire succomber l'ame du pécheur, est impuissant à troubler celle qui croit au Christ rédempteur. Il n'admettait pas comme Luther l'exorcisme des enfants. Il disait de nos prêtres exorcistes: « Ils ne comprennent pas qu'ils sont eux-mêmes possé-

---

1) A Weller, 19 juin 1530. Op. Weller, p. 204.
2) Oder daß der böse Geist wohl wußte, dies sei nicht der Weg, ihn zu stören, p. 488, t. I.

dés : ils font comme s'ils avaient le pouvoir d'opérer par l'imposition des mains; mais ils ne convaincront jamais le diable qu'ils ont ce don; premièrement parce qu'ils n'agissent aucunement sur le malade, secondement parce qu'ils appartiennent eux-mêmes à Satan ; à peine s'il en est un qui ne soit pas endiablé. 1) »

Calvin croyait aux possessions ; on trouve dans une de ses lettres manuscrites à Viret, le récit d'un enlèvement opéré par le diable, à peu de distance de Genève.

Un homme, dont il ne nous dit pas le nom, vivait in agro tugurium; méchant, hanteur de cabarets, ivrogne et véritable vaurien qui se moquait ouvertement de Calvin et disait à ceux qui lui reprochaient de ne pas aller entendre assez souvent le ministre Français : et que diable! je ne suis pas aux gages de maître Jean. Il tomba malade, et fut tout à coup saisi d'une fièvre chaude. Sa garde malade le retint, et lui recommanda de prier : l'impie criait : qu'ai-je besoin de prier, j'appartiens au diable, et de Dieu je ne fais pas plus de cas que de ma savate 2). Le lendemain peu après le lever du soleil, il eut un nouvel accès, sauta bas de son lit comme poussé par un vent violent, escalada des haies vives et des murs d'une grande hauteur, et tomba sur une vigne qu'il ensanglanta. On chercha vainement son corps, le diable l'avait emporté. Quelques ministres du conseil soutenaient que l'enlèvement était une fable ; mais le di-

---

1) Inst. l. IV, ch. 19, § 24.
2) ... Quia jam diabolis esset adjudicatus neque Deum majori sibi curae esset, quam calcei laceri vilissimam partem.

manche suivant, dit Calvin, je montai en chaire, et je gourmandai vivement l'incrédulité de ceux qui refusaient de croire au miracle; j'allai jusqu'à m'écrier : depuis deux jours j'ai vingt fois désiré la mort, pour n'être pas témoin d'une impiété si effrontée 1): et pour les convaincre et les frapper je leur citai les deux traits suivants.

— Un jour de dimanche, un ivrogne s'en va au cabaret, demande du vin, fait un faux pas, tombe sur la pointe de son épée, et meurt tout aussitôt.

— En septembre dernier, un jour de cène, un ivrogne qui essayait d'entrer dans un lupanar par la fenêtre, tomba et se cassa les jambes.

Calvin admettait des sorciers et des sortilèges; mais il ne douait pas le démon, comme faisait Luther, d'une faculté créatrice. Il pensait que le diable ne pouvait pas changer la matière, mais seulement tromper les regards. Ainsi, dans son système, la baguette de l'Ancien-Testament (2 Moïse, 7, 12), changée en serpent, restait toujours baguette 2); l'œil seul du spectateur halluciné par le démon voyait un être imaginaire dans une substance qui n'avait subi aucune altération. Picot s'est demandé comment Calvin laissa condamner à mort tant de sorciers pendant sa dictature à Genève; et il explique le réfor-

---

1) Vireto, Genevae 14 nov. 1546.
2) De prestigiatoribus tibi citra dubitationem assentior, nihil eos in suis corporibus verae conversionis pati; non enim aliam in ipsis metamorphosim cogito, quam in virgis magorum, quae cum serpentum faciem prae se ferrent, vocantur tamen ideo virgae apud Mosem, quo intelligamus impostores illos magis illusisse spectantium oculos, quam aliquid verum exhibuisse. Pignaeo Veliensis eccl. ministro. Cal. Oct. 1538.

mateur par le siècle même où il vivait. Calvin vient de nous dire que le démon n'avait de pouvoir que sur les réprouvés : la possession étant à ses yeux un signe de réprobation éternelle, comment aurait-il essayé d'arracher un sorcier aux flammes?

Il lisait la colère divine jusque sur le front du lunatique ou de l'épileptique, qu'il ne pouvait comprendre qu'en faisant intervenir un agent secret des volontés du créateur. « L'Ecriture, disait-il, ne donne pas indistinctement le nom de démoniaque aux possédés ; elle appelle de ce nom ceux qui par un décret vengeur du Tout-Puissant, sont livrés à Satan, qui vient prendre possession en eux de l'ame et du corps. Le lunatique est celui dont le mal croît ou décroît avec les phases diverses de la lune, comme l'épileptique, par exemple. Ce n'est pas par des remèdes ordinaires que ces maladies se guérissent ; Dieu, en les chassant miraculeusement, montrait sa divinité toute-puissante 1). »

b) L'ANTECHRIST.

Près de l'église de Tous les Saints, à Wittemberg, était un cabaret où Luther se rendait chaque soir pour boire de la bière et deviser avec ses amis inti-

---

1) Daemoniacos scriptura vocat non omnes promiscue qui a Diabolo vexantur, sed qui arcana Dei vindicta Satanae mancipati sunt, ut eorum mentes et sensus possideat. Lunatici vocantur in quibus augescit vis morbi et decrescit pro lunae inclinatione, quales sunt qui comitiali morbo laborant et similes. Quum sciamus ejusmodi morbos naturalibus remediis non esse curabiles, sequitur, testatam fuisse divinitatem Christi, quum eos mirabiliter sanavit. Harm. Evang. p. 197. Comm. ad Math., 23.

mes. Ce sont ces récits de table que ses disciples ont recueillis et publiés en allemand et en latin. Nous en avons cité quelques fragments dans notre Histoire de Luther, et nous sommes tentés de nous repentir de notre courage, car nous savons que des oreilles ont été offensées d'une crudité de langage dont Pétrone seul a pu donner le modèle. Mais ne fallait-il pas faire connaître le réformateur, et peut-être aussi l'effronterie de ses disciples, qui nous disaient, par la bouche de Mathésius : « Luther était l'ennemi des propos lestes : jamais, tant que je vécus avec lui, je n'ouis de ses lèvres une parole qui pût faire rougir une jeune fille 1). »

Or, Luther, assis à côté de Justus Jonas et d'Aurifaber, avait mis la conversation sur le pape.

« Mes amis, disait-il, retenez bien ceci : le pape est l'antechrist : quand il consentirait à jeter bas sa triple couronne, à descendre de son siège, à renoncer à sa fabuleuse primauté, et à confesser les mains jointes, qu'il a péché, blasphémé et versé le sang innocent ; vous ne devriez pas le reconnaître pour enfant de Dieu, pour membre de l'église du Christ : il n'en resterait pas moins l'antechrist prédit par les prophètes 2). »

Depuis ce jour, ce fut un article de foi de beaucoup d'églises saxonnes que le pape est l'antechrist en chair et en os : on mit cet article du nouveau symbole en vers latins et en vers allemands. Les enfants chantaient en chœur :

---

1) Mathesius, XII. Prebigt, 137.
2) Tisch-Reden. Eisl. fol. 416, 6.

> Le pape est l'antechrist,
> Ce qu'il enseigne et ce qu'enseigne le droit canon
> Vient du diable lui-même.
> Donc si tu ne veux pas appartenir à satan,
> Renonce au pape 1).

Après la mort de Luther, l'église de Wittemberg un moment sembla abandonner la symbolique du docteur. Il faut voir comme Wigand, Gallus, Judex et Amsdorf s'emportent contre cette défaillance charnelle ! Wigand se met à l'œuvre, et, au bout de quelques semaines, procrée un in-octavo où la doctrine touchant l'antechrist de Rome est appuyée sur près de mille textes scripturaires 2). Mathieu Judex s'en vient au nom du Christ lui-même déclarer la guerre au siège de Rome, et damner les Wittembergeois qui refusent d'inscrire dans leur symbole que Léon X est la bête apocalyptique de saint Jean 3). Après arrive une théorie de protestants et de réformés pour prêcher cette vérité qui semble s'obscurcir de jour en jour : c'est M. Beumler, Arn. Cheffreus, Lambert Danès, And. Willet, le professeur anglais Conrad

---

1) Der Papst, der ist der Antichrist;
Sein Lehr' und jus canonicum
Ist des Teufels Lehr' in einer summ;
Drum wil tu nichts des Teufels werden,
So fliehe ihn hie auf Erden.

Nicod. Frischlinus in Phasmate : voy. Huttenus delarvatus p. 269.

2) Synopsis antichristi Romani spiritu oris Christi revelati.

3) Gravissimum et severissimum edictum et mandatum aeterni et omnipotentis Dei, quomodo quisque christianus sese adversus papatum, nimirum antichristum gerere et exhibere debeat. Voyez encore — Joannis Seldeni, papatus irreconciliabilis, 1646. — Isaaci Schoockii. desperatissima causa Papatus, 1638. — M. Flaccus, Antwort auf die Expedition der Wittenberger, 1560.

Grasser, le professeur Albert Grawer, Henri Hammond, Jac. Heerbrand, le théologien réformé Samuel Maresius, qui, dans son antichristum revelatum, se fâche contre Grotius, lequel ne voit dans le pape qu'un évêque; c'est And. Mengilet, Joh. Georg. Siegwart, Joh. Conrad Danhauer, Frecd. Balduin, Joh. Hoepfner, l'évêque anglican Abbod, Nicolas Hunnius, Theo. Thummius, Dorsch, et beaucoup d'autres encore; et, plus tard, John Fox, Whitaker, Fulke, Willet, le grand Newton, Joseph Mède, Lowman, Towson, Bicheno, Henri Kett (Interpret. of Profecy, pref.); les évêques anglicans Fowler, Warburton, Newton, Hurd, Watson; les luthériens Braunbom, Sebast. Francus (de Alveg. stat. Eccl.), Naper dans son commentaire sur l'Apocalypse, Bèze (in conf. gen.), Flemming, Bullinger (in Apoc.), Junius, Musculus, Wisthon (Essay on Revel.), le prédicant Alix, Faber, Daubeny (the Fall of Papal Rome), etc.

Vous voyez que l'évêque Hallifax a raison : un des symboles du protestantisme est que le pape est l'antechrist. C'est ce qu'enseigne encore aujourd'hui l'église réformée.

Il parait à Paris depuis deux ans une revue mensuelle qui a pris pour titre l'EUROPE PROTESTANTE et qui a pour mission spéciale de prouver que Grégoire XVI est la bête de l'apocalypse. Il faut citer, car on ne nous croirait pas sur parole [1]:

« Nous ne saurions admettre aucune espèce de

---

[1] L'Europe protestante, N°. XII. Signes des temps; prophéties de l'apocalypse et leur accomplissement, p. 18 et suiv.

compromis entre la lumière et les ténèbres, entre Christ et Bélial. Ces saints hommes, ces hommes intrépides 1), qu'il a plu à Dieu de susciter pour être les libérateurs des nations, et les affranchir de ces chaînes de ténèbres que la Rome papale faisait peser sur elle, aux prises avec la méchanceté spirituelle des hauts lieux, firent usage, dans leur puissante lutte de toutes les armes du sanctuaire. Dans ces nobles défenses de la vérité, que renferment leurs confessions, ils ne se bornèrent point à justifier la réformation, en prouvant l'accord parfait de ses doctrines avec la parole de Dieu; on les vit porter la guerre jusqu'à dans le camp de l'ennemi. Armés du miroir de la vérité, ils le présentèrent à la Rome papale, ils le lui portèrent au visage, en dénonçant cette Eglise comme la Babylone, comme la mère des prostituées, et le pape comme l'homme de péché, et le fils de perdition, qui osait s'asseoir, comme Dieu, dans le temple de Dieu. Dans la dernière, comme dans la première partie de ce témoignage, ils furent également unanimes; on ne trouverait pas chez eux un seul exemple d'hésitation pour ce qui regarde le caractère de la Rome papale 2).

---

1) Voyez l'appendice de la brochure de M. Cuninghame, intitulée: Que l'Eglise de Rome est l'apostasie, et le pape l'homme de péché.

2) Il est malheureux que la science manque si souvent aux organes du protestantisme. Voici un homme grave qui affirme, qu'on ne trouverait pas chez les réformateurs un seul exemple d'hésitation pour ce qui regarde le caractère de la Rome papale.

Un écolier de Bonn lui citerait la préface de la première épître

« Je sais, dit Luther, dans son traité sur la Captivité babylonienne de l'Eglise, je sais et j'ai la certitude que la papauté est le royaume de Babylone, et la puissance de Nemrod, le robuste chasseur. « Scio autem et certus sum papatum esse regnum Babylonis, et potentiam Nemrod, robusti venatoris.

« Partout, dans sa réponse au livre d'Ambroise Catharin, il applique au pape cette prophétie de saint Paul, dans sa seconde épître aux Thessaloniciens (ch. I, v. 1 à 12), et il dit:

« N'est-ce donc pas s'asseoir dans le temple de
» Dieu que de s'annoncer soi-même comme le régu-
» lateur suprême de toute l'Eglise? Qu'est-ce que le
» temple de Dieu? Est-il de pierre ou de bois? Paul
» n'a-t-il pas dit que le temple de Dieu est saint, et
» c'est vous qui êtes ce temple? S'y asseoir, qu'est-ce
» autre chose que régner, gouverner, juger? Et qui
» donc, dès les commencements de l'Eglise, a osé
» s'arroger le titre de chef de l'Eglise tout entière?
» Qui, si ce n'est le pape seul? Nul parmi les saints,
» nul parmi les hérétiques, n'a jamais proféré ce
» blasphème d'un épouvantable orgueil. Paul par-
» lant de lui-même, s'intitule le docteur des gentils,

---

aux Romains, v. 3, 6, de la Bible protestante imprimée à Stuttgart par P. Treue, et où on lit: « Il est faux que le pape soit l'antechrist. » — daß der Papst nicht der Antichrist sey, etc.

2° Christ. Math. Pfaff, chancelier de l'université de Tübingue, qui a fait imprimer en 1729 chez J. George et Christ. Gottfried Cotta une bible où on lit, « que 1 Joh, II, 18. 22. IV, 3. J. 7. ne prouvent pas le moins du monde que le pape soit l'antechrist — daß nach dem Verstand dieser Sprüchen der Papst zu Rom nicht der Antichrist sey, pas plus que les XXIV, 24 St-Mathieu et Marc XIII, 22.

» celui qui leur enseigne la foi et la vérité, et non
» pas le docteur de l'église. »

Luther, dans un autre endroit, dit que « quand
» Daniel vit l'épouvantable bête féroce aux dix cor-
» nes (que tous les commentateurs s'accordent à re-
» garder comme la figure de l'empire romain), il
» vit aussi une autre petite corne qui poussait au mi-
» lieu des dix autres. Cette petite corne, ajoute-t-il
» est la puissance papale, qui s'éleva au milieu de
» l'empire romain. »

« Voyons encore Mélanchthon, dans sa dissertation
sur le mariage, faisant allusion au chapitre IV, v.
1 à 3, de la première à Timothée : « Mais, dit-il,
» puisqu'il est certain que les pontifes et les moines
» ont défendu le mariage, il est de toute évidence,
» il est hors de doute, que le pontife romain, avec
» toute sa hiérarchie et son royaume, est l'A n t e-
» c h r i s t l u i - m ê m e. » Ainsi encore, en parlant
de la seconde épître aux Thessaloniciens, chapitre
II, Paul « dit en termes clairs que l'homme de pé-
» ché gouvernera dans l'Eglise, s'élevant contre
» le culte de Dieu, etc. ; mais il est manifeste que
» les papes règnent dans l'Eglise, et sous le titre d'E-
glise (i n e c c l e s i a e t t i t u l o e c c l e s i a e d o m i n a-
» r i p o n t i f i c e s), en soutenant les idoles et leur
» culte. J'affirme donc qu'il ne s'est jamais élevé
» aucune hérésie, et qu'il ne s'en élèvera jamais, à
» laquelle ces paroles de Paul puissent convenir et
» s'adapter d'une manière plus exacte et plus vraie
» qu'à ce royaume papal.

» C'est aussi à l'antechrist que le prophète Daniel
» rapporte ces deux circonstances, savoir qu'il eri-

» gera une idole dans le temple, et qu'il l'honorera
» par des offrandes d'or et d'argent, et qu'il n'hono-
» rera pas les femmes. Or qui ne voit clairement que
» les deux choses regardent le pontife romain? Evi-
» demment les idoles sont la messe, le culte des
» saints, et ces statues en or et en argent qu'on y pré-
» sente à la vénération des fidèles. »

« Les réformateurs anglais ne furent pas moins unanimes sur le caractère de la papauté. « Quant au
» pape, dit Cranmer, près de monter sur le bûcher,
» je le rejette comme l'ennemi de Christ, et comme
» l'Antechrist, avec toutes ses fausses doctrines. » —
« Je confesse, dit Latimer, devant les commissai-
» res chargés de lui faire son procès, je confesse
« qu'il y a une église catholique, aux décisions de
» laquelle je demeurerai attaché; mais cette église-
» là n'est pas celle que vous appelez catholique, et
» à qui l'on pourrait donner bien plutôt le nom de
» diabolique. » Et, dans sa seconde conférence avec
Ridley; « Qu'y a-t-il de commun, s'écrie-t-il, en-
» entre Christ et l'Antechrist? il n'est donc ni juste,
» ni légitime de se courber sous le même joug que
» les papistes. Sortez de parmi eux, et sépa-
» rez-vous d'eux, dit le Seigneur. » Voici en
quels termes s'exprime Ridley, dans la lettre d'adieu
qu'il écrivit avant d'être mené au supplice : « Le siège
» de Rome est le siège de Satan; et l'évêque de Rome
» qui en soutient les abominations est évidemment
» l'Antechrist en personne. Et, pour les mêmes
» raisons, ce siège est aujourd'hui celui-
» là même que saint Jean appelle, dans sa
» Révélation, Babylone, ou la prostituée de Baby-

» lone, et dans un sens spirituel, Sodome et l'Egypte,
» la mère des fornications et des abominations dont
» la terre est remplie. »

« John Knox, le grand chef de la réformation écossaise, dans une dispute publique entre un prêtre papiste et John Rough, répondit en ces termes à un argument du théologien de Rome, sur la suprême autorité de l'Eglise :

« Quant à votre Eglise romaine, lui dit-il, dans
» son état de corruption actuel, et quant à son au-
» torité sur laquelle vous fondez votre espérance de
» vaincre, je ne doute pas plus qu'elle ne soit la sy-
» nagogue de Satan, et que son chef, qu'on appelle
» pape, ne soit l'homme de péché dont parle l'a-
» pôtre, que je ne doute que Jésus-Christ a souffert
» par l'iniquité de l'église visible de Jérusalem. »

Or, voici les lignes les plus curieuses de la dissertation : n'oublions pas qu'elles ont été écrites à Paris en 1840.

« On voit par ces citations quel fut le langage des réformateurs ; et comme c'étaient des hommes de Dieu, que Dieu envoyait pour purger de ses erreurs l'Eglise catholique, et la ramener à sa simplicité et à sa pureté primitives ; nous ne voyons nul motif pour tenir un autre langage que le leur, ou pour parler en courtisans ou en flatteurs d'une Eglise qui n'est dans notre opinion, que l'antechrist lui-même. »

Il n'est pas besoin de dire que Calvin a vu dans le pape l'antechrist de Daniel et de saint Jean. A cet égard, il s'exprime franchement :

« Nous disons, dit-il, que Daniel et saint Paul

ont prédit que l'antechrist s'asseoiroit dans le temple de Dieu : nous disons que le pape de Rome est le chef et le prince de ce règne maudit et abominable... Nous disons qu'il a profané l'église par son impiété, affligée par l'inhumanité de sa domination, empoisonnée et comme mise à mort par de fausses et pernicieuses doctrines ; de sorte que Jésus-Christ y est à demi enseveli, l'Evangile suffoqué, le christianisme détruit, la piété bannie, le culte de Dieu presque aboli 1). »

Il ajoute :

« Il semble à quelques personnes que nous sommes trop aigres quand nous appelons le pape l'antechrist; mais ceux qui sont dans ce sentiment-là ne voyent donc pas qu'ils accusent de mesme crime l'apostre saint Paul, après lequel nous parlons, et de la bouche mesme duquel nous avons appris à tenir ce langage?.. Comme si l'on estoit en doubte quel est le christianisme dont les papes et le collége des cardinaux ont fait profession depuis plusieurs années, e qu'ils professent encore à présent ? Le premier article de cette secrette théologie qui règne parmi eux, est qu'il n'y a point de Dieu ; le second, que tout ce qui est écrit et que tout ce qu'on prêche touchant Jésus-Christ, ne sont que des mensonges et des impostures ; le troisième que tout ce qui est contenu dans l'Ecriture touchant la vie éternelle et la résurrection de la chair n'est que des fables 2). »

Jean de Müller haussait les épaules en lisant ces

---

1) Inst. liv. IV, chap. III, §, 12.
2) Inst. liv. IV, ch. VII, §, 25 — 27.

lignes de Calvin, dignes tout au plus d'un Crespin 1), et demandait s'il n'était pas plus vraisemblable que l'antechrist dût se trouver dans une secte qui a fini par nier la divinité de Jésus, et par ne voir dans le Christ qu'un être humain 2). Et H. Grotius disait en riant : « Je n'excuse pas les fautes de la papauté ; mais je sais bien que si l'antechrist a paru, il s'est montré non seulement sur les rives du Tibre, mais sur les bords du lac Léman 3) ». Grotius l'avait vu, non pas au bout de la dixième corne dont parle Luther, mais à travers les flammes du bûcher de Servet.

Vous voyez si la parole écrite est dangereuse : c'est dans l'Ecriture que la réforme a vu le pape antechrist.

---

1) Crespin, libraire, relieur, écrivain et disciple de Calvin, est l'auteur d'un livre qui a pour titre : Estat de l'Eglise avec les discours des temps depuis les apôtres jusques au présent, petit in-8, 1581 : libelle furibond, où il soutient — que Paul III entretenoit 45,000 paillardes, p. 479 — qu'il estoit astrologue, magicien et devin (471) — Que les papes avec Arrius et Mahomet ont enseigné que Jésus n'est pas le fils de Dieu — Que les moines qui commencèrent sous Paul, premier hermite, ont nourri et maintenu cette mesme herésie en leurs diverses façons de vivre (457) — Que la papauté periroit en brief à cause des meschancetez enormes et detestables qui se commettoyent en icelle (456).

2) Johann von Müller, sämmtliche Werke, t. VIII. p. 256. f. Grotius avait fait la même réflexion que Jean de Müller, v. l'Antichristum revelatum de Sam. Maresius.

3) Ego paparum vitia non excuso..,. antichristus autem non ad Tiberim tantum sed et ad Lemanum et alibi apparuit. Op. theol. t. III, p. 499. Amst. 1679.

CHAPITRE XXVI.

L'ECRITURE.

Opinion de Pighius sur la valeur de l'Ecriture et de la tradition. — Heinrich Bensheim de Haguenau — Sa vision. — Luther et Calvin devant le tribunal suprême. Cotta la femme selon le cœur de Dieu. — Calvin opposé à Calvin. — Aveux de protestants modernes.

Pighius a blâmé les moines d'avoir accepté la lutte dans les termes formulés par les réformateurs. « Sans doute, dit-il, l'Ecriture, que leurs adversaires voulaient rendre seule juge des débats, est une parole dont les uns comme les autres reconnaissaient l'inspiration; mais le signe extérieur ou matériel dont elle a dû se revêtir ne saurait avoir pour tous le même degré de clarté. Ce signe pouvait être obscurci par l'orgueil, la vanité et tous les mauvais instincts de la nature humaine. Luther lui-même n'a-t-il pas été souvent obligé de confesser que, pour comprendre l'Ancien-Testament, il faudrait avoir vécu avec David, Jérémie, Esaïe et les prophètes ; et que pour entendre les évangélistes et les apôtres, il serait nécessaire d'avoir passé ses jours avec saint Jean et saint Paul? Est-ce que Carlstadt avait le même degré d'intelligence que Mélanchthon? Münzer entendait-il l'hébreu et le syriaque comme Luther? OEcolampade ou Zwingli le grec comme Erasme? On ne comprend pas la dispute, si le signe n'est pas le même pour ceux qui cherchent à expliquer l'idée qu'il recouvre. Et ce signe phonétique fût-il encore identique, l'intelligence qu'il vient frapper devrait être d'égale valeur. Mais si cette conformité d'images n'existe pas dans le monde physique, comment pourrait-elle se trouver dans le monde des esprits? Si un rayon du soleil ne ressemble pas à un autre rayon, comment la lumière des intelligences serait-elle la même? Il fallait donc que les théologiens catholiques, sans abandonner l'Ecriture, en appelassent, pour l'interpréter, à l'autorité, seul flambeau qui reluit depuis les apôtres d'une clarté absolue. Alors la réforme était obligée ou de nier ce flambeau, ce qui était impossible, ou de refuser aux interprètes catholiques les dons dont elle illuminait chacun de ses exégètes. Il fallait lui dire : « Cette parole que vous citez est divine ; elle est sortie de la bouche de Dieu, ou des hommes qu'il inspirait, nous l'acceptons, nous l'adorons : nos pères l'adoraient aussi ; mais ils l'entendaient autrement que vous ; il n'est pas possible qu'ils se soient trompés, car Dieu aurait abandonné son église, et où se trouverait alors la vérité? »

Wieland a exprimé la même idée que Pighius, mais en la colorant. — La Bible ne peut, en matière de foi, décider en dernier ressort si, semblables à un traité de géométrie, les signes qu'elle emploie pour revêtir une idée, n'ont à tous les yeux une égale signification 1). Krug, le philosophe, est plus poétique peut-être : — Tu dis que Dieu a parlé, et que sa parole est l'aile qui te doit emporter au ciel; et tu oses l'interpréter! et si tu te trompais! — Encore s'il s'agissait d'une interprétation collective : l'église catholique a raison 2).

En 1560, vivait à Haguenau un pauvre moine qui avait appartenu à l'ordre des frères dominicains, chassés de Strasbourg lors de la réforme. Il s'appelait Heinrich Bensheim. Il avoue lui-même que jusqu'en 1540, à l'époque de l'arrivée de Calvin à Strasbourg, il n'avait étudié que superficiellement l'Ecriture sainte 3), content de suivre docilement la voix de ses supérieurs, et tout entier à la prière et à la méditation. Mais quand il vit les sectaires s'emparer des couvents et en bannir les moines, il voulut connaître l'esprit de la parole nouvelle et l'œuvre de ses apôtres. Cette étude fut longue et consciencieuse : il lut et annota tous les écrits des réformateurs saxons, suisses ou français; puis il se mit à l'œuvre. Son opinion était celle de Pighius. Il révérait l'Ecriture; mais il croyait que la tradition était la seule voie ouverte alors pour ramener à la vérité l'hérétique de bonne foi. « Cherchons, dit-il, d'abord une auto-

---

1) Wieland. Vermischte Aufsätze, t. 1.
2) Die katholische Kirche hat ganz Recht hierin. Dr. W. Krug. Philosophisches Gutachten in Sachen des Rationalismus und des Supranaturalismus, 1827.
3) Christliche Erinnerung. Mayence, 1610.

rité dans la réforme, et voyons sa symbolique. » L'église saxonne lui en offrit de multiformes où la parole de deux évangélistes revêt une double signification, et alors il se dit : « L'église saxonne n'a pas la verité, et n'est point inspirée, car l'esprit saint n'a qu'un souffle. » Il interrogea l'église helvétique, qui lui répondit par la même confusion de langues; et il se dit encore : « L'étoile de vie ne brille pas sur Zurich. » Il passa à Genève et en France, où les communions évangéliques étaient divisées dans leurs doctrines.

Son livre était fait; il voulait mettre en relief ces enseignements confus. Alors il imagine un drame, dont il a trouvé l'élément dans l'exorde de la bulle de Léon X contre Luther, ou peut-être dans le poème de Math. Palmieri, la cicta di vita 1). Bensheim ouvre son ciel, comme Ascolti, tout resplendissant de séraphins, d'archanges et d'apôtres; mais le moine place la scène à la fin des temps, et il suppose, ce que ne lui aurait pas accordé le cardinal romain, que les ames des hérétiques ont dormi jusqu'au jour du jugement dernier.

Les anges ont donc sonné de la trompette pour rassembler les morts : les morts se lèvent qui appartinrent à la réforme. Vous voyez d'abord le docteur de Wittemberg, soulever la pierre de son tombeau, et apparaître, l'Evangile à la main. Le souverain juge, la croix du Golgotha à ses côtés, crie au moine saxon :

« Luther, qu'as-tu fait de mon sang ?

---

1) Niceron. t. XI, p. 83.

Luther 1) : « Seigneur, j'ai enseigné qu'il estoit corporellement dans l'Eucharistie. — En mon écrit à Froscover l'imprimeur, j'ay dit que je ne voulois avoir aucun commerce avec les sacramentaires de Zuric, ne recevoir, ne lire aucuns de leurs livres, veu qu'ils estoient hors de l'église de Dieu, damnez et dévouez aux enfers avec force misérables hommes, et pour ce que je ne voulois participer aucunement à leur damnation et blasphémante doctrine; ains que tant que je vivrois, je leur ferois la guerre et par prières et par livres 2).

» Et en mon épître au duc de Prusse, ai-je pas écrit? — Il ne faut avoir aucun traicté avec les sacramentaires, car ils s'opposent à la commune foy de tout le monde chrétien touchant la vérité du sacrement, et sont entre eux divisez en huict contraires et toutes faulses interprétations. Donc supplie votre grace ne les laisser vivre en votre pays, si vous voulez avoir repos en vostre ame et paix en vostre province 2).

Et dans mon livre : Quod verba Christis stent, j'ay escrit contre les huguenots et calvinistes. — Quiconque ne veut croire le pain en la cène estre le vray et naturel corps de Christ, que Judas et le meschant reçoit autant que saint Pierre, s'esloigne de moy et ne me communique ne par épistres, ne par autres escrits, ne de paroles, et n'attende aucune paix avec moy, car il perdroit sa peine. Et ne profite rien à

---

1) Nous avons essayé de conserver dans notre traduction les vieilles formes de l'écrit original du dominicain.

2) Schlusselburgius, lib, 2. Th. Calv. art. 12. fol. 133.

3) Rescius, p. 2.

ces frénétiques de caqueter si fort de la communion spirituelle, ne de croire le père, le fils et le saint-esprit, quand, d'une bouche blasphémante, ils renient cet article de foy. »

Et l'ange sonna pour la seconde fois de la trompette.

Et la poussière s'agita pour revêtir le corps de Bullinger, de Jean Lasco, ministre calviniste en Pologne, de Thomas Naogeorgus, d'Ambrosius Wolff, d'OEcolampade.

Et toutes ces ombres, en passant devant Luther, lui jetaient à la face des paroles de colère.

BULLINGER. Est-ce toi, Luther, homme plein d'erreurs, qui n'as point droictement marché dans l'Evangile 1)?

JEAN LASCO. Arrière, homme rustique et ignorant!

THOMAS NAOGEORGUS. Retire-toi, homme colérique, envieux, qui as inventé nouvelle doctrine contraire à la saincte antiquité; qui n'as cherché que ton honneur, et non celui du Christ 2)!

AMBROSIUS WOLFF. Honte à toi, qui as escrit des controversies sans raison, sans conscience, sans jugement, et contre le consentement de toute l'église ancienne 3)!

OECOLAMPADE. Dieu va te juger, toi et les tiens, divisez en soixante-dix-sept diverses opinions, par ton inconstance et ta fausse sagesse 4).

---

1) L. contra Brent.
2) In psal. 26.
3) Lib. contra form. concord.
4) Aequa Respons.

Et l'ange sonna pour la troisième fois de la trompette, et Calvin vit le Christ face à face.

Et le Christ lui cria, comme à Luther :

— « Qu'as-tu fait de mon sang? »

CALVIN. Seigneur, j'ai défendu la vérité contre les mensonges de vos ennemis les luthériens, assorcelez de tant d'erreurs que leurs plus vieillis théologiens n'entendent pas même ce qu'on apprenoit aux petits enfants dans le catéchisme. Ils n'ont su ce que vouloit la cène, ni où elle tendoit. C'estoient des hommes brutaux, n'ayant goûté d'honnête honte, ne faisant que caviller, jettant les hyperboles de leur Luther, ne s'estudiant qu'à enchanter le peuple et à plaire au monde, ne se souciant du jugement de Dieu ni de ses anges : hommes impétueux, furieux, légers, inconstans, donneurs de bourdes, aveugles, yvrongnes, pleins d'impudence canine et d'orgueil diabolic 1).

Et l'ange sonna pour la quatrième fois de la trompette, et la poussière s'agita et revêtit un corps visible, et l'on vit apparaître Heshus.

HESHUS, qui fut pris d'un tremblement à la vue de Calvin, se mit à crier :

« Menteur, qui, en toutes tes veines, n'a pas une goutte ne de fidel chrestien, ne d'homme de bien; comment, toi et les prédicans, évaderez-vous l'horrible jugement de Dieu, vous qui vous portez si effrontément et trahitrement en choses divines appartenans à la foy, que personne ny peut recognoistre aucun signe de l'esprit de Dieu? Etiez-vous donc pas conduits par cet esprit calvinique, frénétique,

---

1) Adm. ultima ad Westphalum.

contempteur de Dieu et de ses paroles, déguisant vostre mauvaise cause de mots bien attifez, pour décevoir les simples avec toute fraude, artifice et pipperie? Or, je proteste que je n'ai convenu avec vous ne en doctrine, ne en foy, mais vous ai tenus pour faux docteurs, blasphémateurs, desloiaux et meschans sacramentaires 1). Vous avez tâché, toi surtout, Calvin le sophiste, d'abolir, par vos ténèbres et brouillards, une sentence toute contraire aux paroles du fils de Dieu. Vous avez blasphémé d'une bouche impudente et parlé irrévéremment de la chair du Christ, bateleurs despourveus de l'esprit de vérité, et pleins de celui de mensonge : rusés joueurs de passe-passe, vous avez persécuté les églises saxoniques 2). »

Et Franz STANCAR accourut, et secouant Calvin, qui tournait la tête :

— « Tu m'entendras, blasphémateur du Christ, toi que je tiens coupable des vieilles hérésies des caïnites, des arriens, des eutychiens, des appollinaristes, des acéphales, des théodosiens et des macariens. J'ay maintenu qu'il falloit plus estimer Pierre Lombard, dit le maistre des sentences, que 400 Mélanchthon, 300 Bullinger et 500 Calvin, desquels on ne sçauroit tirer une seule once de vraye théologie, quand on vous auroit tous pilez dans un mortier 3). »

Et l'ange sonna pour la cinquième fois de la trom-

---

1) Epist. ad quemdam ex praecipua nobilitate.
2) Def. contr. Calv. lib. de praesent. Christi.
3) Rescius, p. 26, 27.

pette. « Alors, dit Heinrich Bensheim, j'entendis un affreux cliquetis d'ossemens qui se couvrirent de chair humaine. C'étoient toutes les sectes que la réforme avoit enfantées, et qui reprenoient la vie et la parole : osiandristes, stancariens, majoristes, flacciens, synergistes, adiophoristes, mansfeldiens, misniens, wittembergiens, ubiquistes, substantiaires, accidentaires, swenkfeldiens, calvinistes, mélanchthoniens, carlstadiens, zwingliens, œcolampadiens, qui se mirent à s'insulter les uns les autres, à se reprocher les ames qu'ils avoient perdues, le sang qu'ils avoient fait répandre, les larmes qu'ils avoient coûtées à l'humanité! »

Et une voix cria :

« Avez-vous un symbole? »

Et personne ne répondit.

Alors l'ange sonna pour la sixième fois, et une femme vêtue de noir s'approcha.

Et l'ange lui demanda : « Qui es-tu ? »

— « Je suis Cotta, dit l'ame; c'est moi qui, à Magdebourg, ai donné à un pauvre enfant qui demandait l'aumône au nom du bon Dieu, du pain pour apaiser sa faim, de l'eau pour étancher sa soif, et un livre d'heures pour prier. »

Et le Christ lui dit :

« Viens, la bien-aimée de mon père : j'avais faim, tu m'a donné à manger ; tu as cru, dans la simplicité de ton cœur, ce que l'Eglise t'enseignait ; tu ressemblas au lys des champs qui ne demande pas d'où vient la pluie qui tombe du ciel : ton humilité de cœur sera récompensée. »

Et Bensheim se réveilla. Mais son drame n'était

pas achevé. Il y avait un autre tribunal où il voulait citer les réformés : c'était le sien. Son livre cesse d'être poétique ; le moine a reparu qui a pris la robe de l'école pour juger tous les chefs des églises nouvelles. Sa mémoire tient véritablement du prodige. Il sait par cœur tous les écrits des docteurs nouveaux, qu'il oppose, non pas les uns aux autres, mais à eux-mêmes. La confession de Calvin est amusante.

CALVIN.

Je voudrois tels noms trinitaires, personnes divines, coessentielles et coéternelles estre à jamais ensevelis. Utinam haec nomina sepulta essent. Inst. lib. 1, c. 13. §. 5.

CALVIN.

Quant à la simple permission de Dieu touchant les péchés, je la nomme mensonge, tergiversation, fiction, solution trop froide, cavillation. Inst. l. 1. c. 8. §. 1 et 2. L. 2, c. 4. §. 3, 4, 5.

Les meurtres, massacres et outrages que les Chaldéens et Sabéens firent contre Job, ses serviteurs et ses biens, Dieu en fut l'auteur. Scelesti latrones ministri fuerant, Deum fuisse autorem colligimus. Ins. l. 1, c. 18. § 1, 2.

CALVIN.

Le nom de Dieu prins par excellence n'appartient qu'au père ; après le jugement général,

CALVIN.

Telles dictions sont fort profitables à l'église de Christ, tant pour exprimer la vraye distinction des personnes que pour fermer les évasions aux hérétiques, et je proteste les embrasser librement. Ep. p. 249.

CALVIN.

Les tentations qui nous aviennent ne sont fortuites, mais du diable par la permission de Dieu. Dieu permet sa parole périr en quelques uns. Il avoit permis à Judas de trahir, aux Juifs de prendre le Christ et de crier : son sang soit sus nous et sus nos enfants. Les pères ont eu raison d'attribuer à la seule permission de Dieu, l'aveuglement et obstination des méchants et non à son opération. Comm. in. Math. c. 4, 8, 9, 26, 27. in. Joh. c. 10, 14. Joel 10 et 14.

CALVIN.

L'essence divine est entièrement communiquée au fils par le père qui est le principe et la le fils selon sa déité sera subject du père. ad. Valent. Gentilem. Ins. l. 2, c. 14, § 3. En considération de sa personne, le fils ne peut estre appellé créateur du ciel et de la terre. L. adv. Val. Gentil. Le fils de Dieu à raison de son office, et mesme selon la déité, est moindre que le père. Ep. ad fratres Polonos. Le fils est de soy mesme, non de Dieu, son père céleste; il a une splendeur de soy, non engendrée du père. Ins. l. 1, c. 8, §. 19, 25. In. c. 1. Jo. v. 9.

fontaine de déité : ce qui est confirmé par le texte de S. Jean, 6, où le fils attribue au père tout ce qu'il a de divin. Ins. l. 1, c. 8, § 23 et 25. Servet : tu es contrainct de recognoistre que Christ a su d'estre du père, et pour ce estre vrayement fils d'iceluy.

CALVIN.

Christ eut une ignorance commune avec les anges et avec les humains. In. c. 24 S. Math. In. cap. 2 Luc.

Au fils de Dieu eschappe un désir inconsidérément, auquel il faut tout incontinent renoncer. In. cap. 11, 12. Jo. Il demandoit à son père une chose impossible ; son désir devoit estre chastié et révoqué. Son oraison n'estoit bien méditée, mais tirée par force de douleur, par ainsi a deu estre corrigée. In. cap. 26. Math.

CALVIN.

Christ a connu ce qui estoit caché aux autres humains, voire le fond des cœurs. Comm. in. cap. 3. Jo.

Les affections de Christ jamais ne furent vitieuses, ains estoyoient toutes modérées et composées au service de Dieu : nulle passion n'a excédé en lui la mesure; nulle sans bon jugement et raison, car il s'est toujours contenu sous la volonté de son père, In. cap. 11, Jo. 1).

---

1) François Fev-Ardent a relevé les contradictions des doctrines calvinistes et luthériennes dans un livre qui fit beaucoup de bruit au XVIe siècle, et qui a pour titre : LES ENTREMANGERIES ET GUERRES MINISTRALES, in-12. En tête du livre est ce quatrain :

    Comme sus le Printemps la neige va fondant
    Aux rayons du soleil, quand son cours renouuelle,
    Ainsi de iour en iour dedans ce FEV-ARDENT
    Se brusle peu à peu ceste secte nouuelle.]

Plus d'une fois, en lisant Heinrich Bensheim, le doute venait nous assaillir ; nous ne pouvions croire à ces transfigurations incessantes d'une parole qu'on nous donnait pour un écho du verbe divin, et qui ressemble, en vérité, au navire des Argonautes, si souvent radoubé, qu'il ne restait plus rien de sa carcasse primitive. Alors, dans un mouvement d'incrédulité, nous allions chercher le texte cité par le moine de Haguenau, et nous le trouvions à la page qu'il avait indiquée. Et nous nous demandions si cette lumière nouvelle que la réforme nous apporta, était bien une lumière de vie et de vérité ; si elle éclairait tous ceux qui marchent à sa lueur, comme celle dont parle l'apôtre saint Jean.

Nous reprenions le livre de Bensheim, et nous lisions ces paroles prophétiques :

« Et un jour viendra où les réformateurs eux-mêmes confesseront l'inanité du sens individuel pour interpréter la parole de Dieu. »

Ce jour est venu ; car c'est la réforme qui a écrit les lignes suivantes :

— « Pourquoi donc avoir remplacé une autorité vivante par une lettre morte, si vous m'obligez, pour comprendre l'Ecriture, à étudier les langues du passé ? c'est une charge que vous imposez à ma raison [1]).

— » Avec la maxime de Luther, que l'Ecriture est la règle unique de la foi, il était impossible que l'école protestante conservât les doctrines du maître

---

1) Prof. Dr. von Schelling: Vorlesungen über das akademische Studium.

saxon. Si le moine avait abandonné la dogmatique catholique, parce qu'elle ne reposait pas sur l'Ecriture, pouvait on garder la symbolique saxonne, dès qu'on ne la trouvait pas en harmonie avec la parole de Dieu 1) ? »

— « Prouvez-moi par l'Ecriture que ma doctrine est fausse, et je suis prêt à me rétracter. C'est ainsi que tu disais, ô noble Luther, à la diète de Worms, et tu triomphas. Nous suivrons ton exemple, et nous dirons : Prouvez-nous la vérité de la doctrine de Luther, et nous renions la nôtre, car nous ne croyons pas ce qu'il a cru 2). »

— « L'église protestante, qui prend l'Ecriture pour fondement doctrinal, est bâtie sur le sable 3).»

---

1) Planck. Ueber den gegenwärtigen Zustand und die Bedürfnisse unserer protestantischen Kirche. 1817, p. 24.

2) D. Pape, Distichen in der a. K. 3., 1830, N° 171.

3) Dr. F. F. Delbrück, Philipp Melanchthon, der Glaubenslehrer, 1826.

CHAPITRE XXVII.

CATÉCHISME DE CALVIN. 1541.

Catéchisme catholique. — Catéchismes de Luther, leurs doctrines. — Catéchisme de Calvin, vieilli et usé. — La réforme n'a pas d'église, mais des églises. — Le père Athanasius de Stanzad.—Que le catholicisme seul peut avoir un catéchisme. — Toutes les vérités évangéliques niées et affirmées par la réforme. — Preuves diverses extraites des œuvres protestantes.

Le catéchisme [1]) catholique de Genève était un livre presque aussi vieux que les plus vieux chants de son église, d'une adorable simplicité, tout de miel et de lait; il ressemblait, du reste, à tous les catéchismes catholiques. C'était le même à peu près que Bossuet « averti par ses cheveux blancs » expliquait à ses petits enfants, et que Vincent de Paul faisait réciter aux paysans de Châtillon sur Chalaronne. Il était en forme de dialogue. Le prêtre demandait : qu'est-ce

---

1) Christi domestici et fratres dicebantur graece κατηχουμένοι, caeterum qui eos viva voce erudiebant, κατηχισται, et eruditio ipsa κατήχησις, universum vero negocium hoc appellabant κατήχισμον. Praef. Wicelii in suum catechismum. Col. 1554.

que Dieu ; l'enfant répondait : Dieu est un esprit infini, etc. ; en sorte que pour connaître le symbole de notre foi, il n'était pas besoin de s'adresser au philosophe. La jeune fille qui allait faire sa première communion en savait autant que Thomas à Kempis.

Luther, frappé de cette simplicité plastique, conserva presque en entier le petit livre d'or. Il en garda le dialogue, l'expression naïve, le coloris purpurin : voilà pour la forme ; mais il en gâta le fond en le souillant de son souffle novateur. Dans le catéchisme catholique le prêtre se cache derrière le verbe divin, dont il n'est que l'interprète ; dans le catéchisme saxon l'homme se montre comme le roi de la création, et l'enfant qui sait lire apprend à connaître celui qui s'est chargé de lui distribuer la manne chrétienne avant même qu'il y ait touché. En tête de son grand et de son petit catéchisme, comprenez-vous que ce moine ait cloué une préface, où tout en prenant l'intérêt de la parole divine, il ait trouvé moyen d'injurier les catholiques ? Dans la préface du grand catéchisme, il oublie un moment ces papistes qui l'empêchent de dormir, bien qu'il ait depuis longtemps chanté leur chute, et il se prend aux ministres réformés. « Êtres déchus qui ne pensent qu'à leur ventre, gardiens de chiens plutôt que pasteurs d'âmes chrétiennes, qui joyeux d'être débarrassés de leurs bréviaires, trouvent trop fatigant de lire matin et soir une seule page du Nouveau-Testament et tombent de lassitude quand ils ont récité l'oraison dominicale » 1). Nous avons cherché si Lu-

---

1) Qui scientiae opinione inflati, aut ventri indulgentes non docent plebem, digni utique ut canum custodes (Hundsknechte) sint po-

ther avait mis la calomnie parmi les péchés, et nous l'avons trouvée notée comme une offense envers Dieu et le prochain. Il n'est donc pas probable qu'il ait voulu mentir à sa conscience en nous faisant un si triste portrait des prêtres de son église, renégats dont le catholicisme ne doit pas pleurer la perte, ni les réformés chanter la conquête. Le volume d'or, liber aureus, de Luther, longtemps rangé parmi les livres symboliques de la Saxe, a fait son temps : le protestantisme avancé n'admet plus aujourd'hui comme dogmatiques des paroles humaines, mais il continue d'insulter grossièrement à nos croyances. De nos jours n'a-t-il pas réimprimé le « catéchisme papistique de Joh. Frid. Mayer? misérable pasquinade où l'on demande à l'enfant : récite le premier commandement de Dieu ; et où l'enfant répond : « tu adoreras le Seigneur ton Dieu, Marie, les saints anges, les saints et leurs reliques, la figure de la croix, la croix, le saint père, etc. 1).

Calvin publia en 1536, vraisemblablement avec

---

tius quam animarum custodes. — Liberati a molestissima Breviarii recitatione, unam tamen alteramve singulis diebus mane, meridie et vesperi ex catechismo, novo testamento aut alio scripturae sacrae libro legere gravantur, aut orationem dominicam pro se et auditoribus suis recitare. Seckendorf, comment. historicus... de Lutheranismo. Lib. II. sect. 17, § 41, p. 146.

1) Du sollst den Herrn deinen Gott nit allein anbetten, sondern neben ihme Mariam, die H. Engel, die verstorbenen Heiligen, ihre Reliquien, die Figur des Kreutzes, das Kreutz selber, den heiligen Vater Papst und viel andere mehr. Le catéchisme papistique de Mayer a eu beaucoup de succès en Allemagne. Publié pour la première fois nous croyons en 1679, il fut réimprimé à Frankfort sur l'Oder en 1717 sous la rubrique de Cologne, cette ville toute catholique : mensonge sur le titre, mensonge à chaque page de l'ouvrage !

l'assistance de Farel, un catéchisme français à l'usage de l'Eglise de Genève, qu'il traduisit et fit paraître en latin à Bâle chez Robert Winter 1).

Calvin dans sa lettre à Sommerset, établit ainsi la nécessité d'un catéchisme.

« Vray est qu'il est bon et expéditif d'obvier à la légèreté des esprits fantastiques qui se permettent trop de licence, de fermer aussi la porte à toutes curiosités et doctrines nouvelles, mais le moyen y est bon et propre tel que Dieu nous le monstre. C'est premièrement qu'il y aye somme resoulve de la doctrine que tous doibvent prescher, laquelle tous prélats et curés jurent de suyvre, et que nul

---

1) Basilae 1538. Catechismus sive ch. rel. institutio ecclesiae Genev. vulgari prius idiomate edita nuncque postremo latinitate etiam donata. Joan. Calvino autore: Omnes homines ad religionem esse natos. — Quid inter falsam ac veram religionem intersit. — Quid de Deo nobis cognoscendum. — De homine. — De libero arbitrio. — De peccato et morte. — Quomodo in salutem ac vitam restituamur. — De lege Domini. — Exodi XX. Ego sum Dominus (explicatio Decalogi). — Legis summa. — Quid ex sola lege ad nos redeat. — Legem gradum esse ad Christum. — Christum fide a nobis apprehendi. — De electione et praedestinatione. — Quid sit vera fides. — Fides donum Dei. — In Christo justificamur per fidem. — Per fidem sanctificamur in legis obedientiam. — De poenitentia et regeneratione. — Quomodo bonorum operum et fidei justitia simul conveniant. — Symbolum fidei. Credo in unum Deum etc. Explicatio Symboli apostolici. — Quid sit spes. — De oratione. — Quid in oratione spectandum. — Orationis dominicae enarratio. (Explicatio orationis dominicae) — Orandi perseveratio. — De sacramentis. — Quid sacramentum. — De baptismo. — De coena Domini. — De ecclesiae pastoribus et eorum potestate. — De traditionibus humanis. — De excommunicatione. — De magistratu. — Sequitur: « Confessio fidei in quam jurare cives omnes genevenses, et qui sub civitatis ejus ditione agunt, jussi sunt, exscripta e Catechismo, quo utitur ecclesia genevensis. »

ne soit receu à charge ecclésiastique qui ne promette de garder telle union. Après qu'il y ayt ung formulaire commun d'instructions pour les petits enfans et les rudes du peuple qui soit pour leur rendre la bonne doctrine familière; ensuite qu'ils la puissent discerner d'avec les mensonges et corruptions qu'on pourroit introduyre au contraire. Croyez, Monseigneur, que jamais l'Eglise de Dieu ne se conservera sans Catéchisme: car c'est comme la semence pour garder que le bon grain ne périsse, mais qu'il se multiplie d'aage en aage. Et pourtant si vous desirez de bastir ung édifice de longue durée et qui ne s'en aille point tost en décadence, faictes que les enfans soyent introduicts en ung bon Catéchisme qui leur monstre brièvement selon leur petitesse ou gist la vraye chrétienneté. Ce Catéchisme servira à deux usages, à savoir d'introduction à tout le peuple pour tous proffiter à ce qu'on preschera, et aussi pour discerner si quelque présumptueux avançoit doctrine estrange. Cependant je ne dy pas qu'il ne soit bon et mesme nécessaire d'astreindre les pasteurs et curés à retenir forme escripte tant pour supplier à l'ignorance et simplicité d'aulcuns que pour mieulx monstrer la conformité et concorde entre toutes les Eglises. Tiercement pour couper la broche à toute curiosité et invention nouvelle de ceulx qui ne cherchent qu'à extravaguer. »

Calvin n'a pas suivi, dans son catéchisme de l'enfance 1), le même ordre que Luther, qui définit

---

1) Le catéchisme, c'est à dire le formulaire d'instruire les enfants en la chrestienté, fait en la manière de dialogue, où le maistre interroge et l'enfant répond. Op. de Calvin. p. 200.

et explique la loi ; puis pose le dogme ou la croyance, et arrive ensuite à la prière. Calvin a une progression plus rationnelle. Voici comment il procède :

— Qu'est-ce que connaître véritablement Dieu? C'est le connaître pour l'honorer.

— Quelle est la véritable manière de l'honorer?

— C'est 1° de mettre notre confiance en lui ;

2° De le servir en faisant sa volonté ;

3° En l'implorant dans toutes nos peines, en mettant en lui nos espérances, notre salut, notre vie présente ;

4° En confessant de cœur et de bouche que tout bien vient de lui.

Le principe de la vraie foi consiste dans la contemplation de Dieu en Christ ; de cette ascétique vision il fait découler le symbole apostolique formé par quatre représentations : le Père, le Fils, le Saint-Esprit et l'Eglise.

De la foi, il arrive à l'œuvre, à la repentance, à la loi et aux dix commandements ; puis à ce qu'il nomme le « service de Dieu, » lequel consiste à faire sa volonté.

« Calvin composa en françois ce catéchisme l'an 1536, et le publia à Basle en latin l'an 1538, il en changea la forme en 1541, la réduisant en bonne méthode par demandes et par responses, pour être plus aisé aux enfans ; au lieu qu'en l'autre les choses estoient traitées par sommaires et briefs chapitres. » Beze. — Calvin en fit ensuite une traduction latine qui fut imprimée à Strasbourg l'an 1545 : cette édition a été copiée à la fin de l'édition latine de l'Institution, imprimée à Genève en 1559 in-4°

L'édition de 1538 doit être bien rare, puisqu'elle n'a pas été réimprimée et qu'il y a apparence que Calvin cherchait à la supprimer. David Clément, Bibl. Cur. t. VI, p. 96, note. Le catéchisme a été traduit en hébreu.

De la loi il passe à la prière ; car l'homme a besoin du secours divin pour faire la volonté de Dieu.

L'oraison dominicale lui sert de texte pour glorifier le Seigneur, qui est la source de tous biens, et qui a donné à son église sa sainte parole et les sacrements.

En tête de son Formulaire, le réformateur a placé ces lignes insolentes :

« Ça esté une chose que touiours l'Eglise a eu en singulière recommandation d'instruire les petits enfants en la doctrine chrestienne. Et pour ce faire, non seulement on auoit anciennement les escoles, et commandoit-on à un chacun de bien endoctriner sa famille; mais aussi l'ordre public estoit par là tenu d'examiner les petits enfants sur les poincts qui doyuent estre communs entre tous les chrestiens. Et afin de procéder par ordre, on usoit d'un Formulaire qu'on nommoit Catéchisme. Depuis le diable, en dissipant l'Eglise, et faisant l'horrible ruisne dont on voit encore les enseignes en la plupart du monde, a destruit cette sainte police, et n'a laissé que ie ne sçay quelles reliques qui ne peuvent sinon engendrer superstition, sans aucunement édifier; c'est la confirmation qu'on appelle où il n'y a que cingerie sans aucun fondement. »

Il faut imiter ici la franchise de Calvin, et dire au réformateur qu'il a menti ; car, au moment où il accusait notre Eglise de laisser l'enfance sans nourriture spirituelle, nos presses de tous les pays travaillaient à reproduire sous les titres divers d'Articuli fidei, de Rudimenta fidei, en latin, en français, en allemand, ce petit livre qui déjà portait le nom de catéchisme 1).

La méthode de Calvin a peu trouvé de sympathie en Allemagne. Ursinus et Olevian ont changé la forme pédagogique des deux réformateurs. C'est l'homme dans toute sa misère, déchu par le péché, que l'enfant apprend à connaître d'abord.

Mais cet homme a été affranchi et ressuscité par sa foi en Jésus-Christ. Quelle est cette foi? Olevian en donne la formule.

L'homme affranchi doit amour et reconnaissance à son Sauveur, et l'ame chrétienne apprend en quoi consiste cet amour.

S'il aime, il doit vivre saintement et suivre les principes de la loi divine.

Alors vient l'exégèse des dix commandements et de l'oraison dominicale.

Calvin revit son travail français en 1545, et changea de méthode. Dans la nouvelle édition, il procède par dialogues et déduit la foi avant la loi ou commandement. Le synode genevois plaça le catéchisme au nombre des livres symboliques, et l'accueillit comme un enchiridion des vérités chrétiennes écrit sous l'inspiration du Saint-Esprit. Les synodes de France décidèrent que les églises réformées le recevraient sans y rien changer. Mais il a eu le sort des rimes de Marot : le ver du temps l'a rongé, et Vernet, le rationaliste, a remplacé Calvin.

Ainsi, dans la réforme, esprit et matière, signes et

---

1) Qui ne connait le catechismus de Wicel, traduit de l'allemand en latin vers le milieu du 16e siècle, le catéchisme d'Emond Auger?

pensées, tout meurt. En pourrait-il être autrement? Voyez ces livres qu'elle a destinés à l'enfance, et où elle a versé tout ce qu'elle a de lumières, il n'en est pas un qui renferme des doctrines identiques. Elle a mis sur le titre : à l'usage des églises protestantes. Quelles églises? Celles de France, de Suisse, de Silésie, du Danemarck, de Suède ou d'Angleterre? Elle a raison : qu'elle laisse subsister sur le frontispice de ses catéchismes : à l'usage des églises protestantes. Sa sentence est là : elle n'a pas une église, mais des églises; et c'est un écrivain de la réforme qui a formulé l'arrêt 1).

Il n'y a pas longtemps qu'en visitant à Stanzad en Suisse, l'église dédiée à St-Nicolas de Flue, nous vîmes un capucin à cheveux blancs qui catéchisait des paysans.

— Quels sont les bien aimés du bon Dieu, demandait le moine à une petite fille?

— Ce sont ceux qui savent bien leur catéchisme, répondit sans hésiter l'enfant.

Le père se prit à sourire.

— Elle a raison, me disait le soir le père Athanasius : tout le saint chrême de la parole divine n'est-il pas dans ce petit livre? Il en est bien aussi tombé quelques gouttes dans ceux que les protestants mettent aux mains de leurs enfants, mais mêlées à l'eau de pluie et de neige.

— Vous voulez parler, lui demandai-je, de leur catéchisme.

---

1) Planck, G. J., Ueber die gegenwärtige Lage der katholischen und protestantischen Partey. 1816.

— Ou des enchiridions, auxquels ils donnent ce nom, me dit le moine ; car comme il n'y a qu'un Dieu, il ne peut y avoir qu'un catéchisme. Voudriez-vous que j'appelasse ainsi des recueils où la symbolique change comme la température sur nos montagnes, à chaque millier de toises ? Le catéchisme de Genève ne ressemble pas à celui de Neuchâtel ; le catéchisme de Neuchâtel à celui de Zürich. Écoutez-moi, ajouta-t-il, vous voyez cette robe de bure : plus d'un voyageur a passé par Stanzad qui s'est mis à sourire à l'aspect de ce capuchon, où Luther logeait tous les péchés capitaux ; comme si Guillaume Tell valait l'ermite Nicolas de Flue, notre saint libérateur ? Asseyons-nous en face de ce beau lac de Lungern, dont les campagnes stériles ont été fécondées par des moines, et je secouerai mon capuchon et ma besace, et nous verrons s'il n'en tombera que des péchés.

Nous allâmes nous asseoir sur un monticule qui s'abaissait en rampes verdoyantes, d'où l'œil apercevait au nord le mont Pilate, au midi le Miseberg, en face la vallée d'Obwalden, toute pleine de beaux arbres, de fraîches collines, de forêts épaisses, qui nous dérobaient les contours anguleux des rochers.

— J'attends, mon père, dis-je au capucin, que vous secouiez l'arbre de la science, car nous sommes ici dans un véritable paradis terrestre.

— Ce n'est pas moi qui secouerai l'arbre, mais l'erreur elle-même —

« Le dogme du péché originel est un article de foi, comme la régénération de l'homme par le sang du rédempteur.

C'est Walch qui parle 1).

« Le dogme du péché originel est abandonné aujourd'hui, car il ne repose pas sur la sainte écriture: il nuirait au développement de l'esprit.

C'est le docteur Hase qui s'exprime ainsi 2).

Pensez-vous que Walch et Hase puissent enseiner le même catéchisme?

« Le baptême confère la grace, et nous rend enfants de Dieu.

Ceci est la doctrine de Mélanchthon. 3)

« Le baptême n'est qu'un symbole : c'est la représentation figurée de notre entrée dans l'église chrétienne.

Ceci est l'enseignement du D. Thomas Balguy. 4)

Croyez-vous que ces deux docteurs doivent mettre le même catéchisme dans la main de leurs enfans ?

« Le corps et le sang de Jésus-Christ sont réellement et véritablement dans le sacrement de l'eucharistie, sous les espèces ou apparences du pain et du vin.

Vous savez que telle est la doctrine que Luther a constamment soutenue. 5)

« Jésus prit le pain et le rompit, et dit, ceci est mon corps, c'est à dire l'image de mon corps —

---

1) Prof. J. G. Walch, Einleitung in die polemische Gottesgelahrtheit, 1754, p. 312.

2) Dr. Karl Hase, Lehrbuch der evang. Dogmatik. 1826.

3) Augsburger Confession, 1530. Art. IX. des Glaubens und der Lehre.

4) D. Thomas Balguy, Discourses, dedicated to the King. 1785, p. 298.

5) Augs. Konf. Art. X.

ceci est mon sang, c'est à dire l'image de mon sang qui coulera comme le vin coule de ce calice.

C'est l'exégèse de notre Jacobi. 1)

Est-ce que Jacobi mettra dans les mains de sa fille le catéchisme que Luther avait composé pour sa petite Marguerite ?

« L'homme ressemble à la statue de Loth, au cavalier en croupe sur un cheval rétif qui le mène où il veut,

Nous dit Luther.

« Celui qui dit qu'il n'a pas reçu de Dieu le libre arbitre est le serviteur paresseux qui enfouit son talent dans la terre,

Enseigne Schulz 2).

Schulz a raison de rejeter le kleine Katechismus du moine saxon.

« Nous avons enlevé au démon sa personnalité : de nos jours on peut en rire comme d'une fiction. 3)

Vous venez d'entendre un écrivain qui passe pour une des lumières de la réforme.

Mais vous n'attendrez pas longtemps. Voici un un homme d'une grande science, d'une éloquence de cœur ravissante, Reinhard qui, dans des leçons sur la dogmatique, soutient :

« Que nier l'existence du démon comme être absolu, ou identité, c'est attaquer l'écriture qui parle

---

1) Dr. J. A. Jacobi, Die Geschichte Jesu für denkende und gemüthvolle Leser. 1816.

2) Was heißt Glauben? 1830, p. 147.

3) Dr. Treschow, Der Geist des Christenthums, 1828.

à chaque instant de l'activité dévorante de cet ange déchu 1).

Ainsi donc, si Treschow admet la nécessité d'un enchiridion chrétien pour l'enfance, ce n'est pas à Reinhard, protestant comme lui, qu'il en confiera la rédaction.

Quand avant d'admettre à la table sainte un enfant, je lui demande de réciter son credo, l'enfant m'obéit; et ce credo qu'il répète ici dans notre petite église de campagne, est le même que vous entendrez en France, en Italie, en Allemagne, dans tous les pays catholiques.

L'enfant dit partout, « Je crois au St-Esprit, à la sainte église catholique, apostolique, romaine, à la résurrection de la chair, etc.

Si je demande au protestant Kœhler, notre chair ressuscitera-t-elle? il répondra :

« Oui, le Christ ressuscitera les corps à la fin du monde, c'est à dire que le corps sera de nouveau uni à l'ame. Après la résurrection viendra le jugement suprême 2).

Mais Ammon dira :

« Puisque les idées de résurrection et de jugement ne découlent pas du nouveau testament, les livres de révélation n'ont donc plus qu'une valeur purement historique 3).

— De grace, dit Athanasius, écoutez-moi : je veux

---

1) Reinhard, Vorlesungen über die Dogmatik, 3ᵉ édition, 1812, p. 195.
2) Köhler, Die Hauptsätze der christlichen Religion, 1829, p. 22, 23.
3) C. F. Ammon, Biblische Theologie, 2ᵉ édit. 1813, t. III, p. 367.

amener devant vous une à une toutes les vérités du christianisme, vous verrez celles qui entreront dans la symbolique réformée.

Au grand jour du jugement l'écriture nous apprend que Jésus apparaîtra dans toute sa puissance et qu'il dira aux bons : venez les bénis de mon père, le royaume du ciel est à vous ; et aux méchants : Allez, maudits, aux feux éternels. Nos enfants ont appris cela dans leur catéchisme.

Hasenkamp est bref dans sa sentence :

« Arrière le dogme des peines éternelles, et les vapeurs empoisonnées de l'abyme 1).

Et Walch plus précis encore :

« L'éternité des peines est établie par l'écriture 2).

Voilà deux catéchistes qui ne pourront se rencontrer, sans rire, dans le même temple.

Kœhler dit à l'enfant —Le St-Esprit est la troisième personne de la Ste-Trinité 3).

Ewald survient qui l'entend et s'écrie ; non, rien ne me prouve la personnalité du St-Esprit, je ne la trouve pas dans la bible, et je ne crois qu'à ce que je lis dans la bible 4).

Jésus-Christ est-il Dieu ?

Notre enfant répond — Oui, il est Dieu.

Et je dirai à la fille du docteur Ammon — Jésus-Christ est-il Dieu ?

---

1) Hasenkamp, Die Wahrheit zur Gottseligkeit, III, p. 309.
2) Walch. loc. cit., p. 488.
3) Kœhler, loc. cit. p. 16.
4) J. L. Ewald, nöthiger Anhang zu der Schrift: die Religionslehre der Bibel. 1814.
5) Ammon, Die unveränderliche Einheit, 1827, III, p. 21.

L'enfant du ministre répondra — oui: et le père ajoutera — si Jésus est fils de Dieu, s'il est notre médiateur, notre sauveur, sa doctrine est sainte.

Mais que dira le fils de Cludius? Il répondra : non, Jésus n'est pas Dieu, car il ne s'est jamais donné dans l'écriture que pour un missionnaire de Dieu. Sa doctrine n'a aucune connexité avec sa personne 1).

Je veux vous lire un beau passage d'un écrivain moraliste.

« Puisque Jésus a pris sur lui les péchés du monde, qu'il s'est offert en holocauste pour racheter le genre humain, qu'il a satisfait à la justice de son père en souffrant dans sa chair; Dieu peut bien, en vertu des mérites du sang de son fils, pardonner aux pécheurs repentants, leur remettre les peines encourues par leur désobéissance, et les placer dans sa gloire. Sans la foi au sang du Christ, l'ame ne peut espérer de salut dans la vie éternelle ! 2)

— Belles et nobles paroles, dis-je au père Athanasius.

— Bien belles, vous l'avez dit, et dont je remercie le docteur Krafft; mais écoutez le docteur Paulus.

« Comment des idées aussi peu bibliques que celles de satisfaction, de réparation, de rédemption par une expiation sanglante, peuvent-elles être admises par un chrétien 3)?

---

1) G. H. Cludius, Uransichten des Christenthums, 1808.

2) Dr. J. C. G. L. Krafft, Christus unsere Weisheit. Vier Predigten, 1829; p. 33.

3) Prof. Dr. H. E. G. Paulus, Das Leben Jesu als Grundlage einer reinen Geschichte des Urchristenthums, 1828 (préface).

« A qui donneriez-vous votre enfant à instruire? Et ce sont deux glorieuses intelligences qui, avec toute leur puissante imagination, ne pourraient écrire un dialogue de deux lignes sur le symbole chrétien! Amenez-moi tous les protestants du monde, je les réduirai à l'impuissance, en leur demandant pour un de mes petits enfants une page de catéchisme. Et cependant, ils nous diront qu'ils ont trouvé la vérité, et ils ne peuvent me définir la vérité. »

Le père Athanasius, après un moment de silence, ajouta :

— Vous voyez cette tourelle? C'est là qu'habita Nicolas de Flue. J'occupe la petite chambre où, chaque matin en se levant avec le soleil, il se prosternait pour adorer en esprit celui qui féconde nos champs, qui donne la vie à nos fleurs, l'eau à nos rochers, la nourriture à nos oiseaux, le pain matériel à nos laboureurs. Quelquefois je me disais : ce pauvre ermite qui croyait à la parole qu'on lui enseignait, marchait-il dans la voie du Seigneur? Est-ce un malheur pour lui s'il n'a point vu la lumière que la réforme prétend avoir fait luire dans le monde? Et alors tous les souvenirs de mes vieilles lectures (car j'ai été long-temps travaillé de doutes) venaient bourdonner dans ma tête, comme ces insectes que le soleil en se couchant rassemble autour de nous.

Et Zschockke s'écriait : — En avant le protestantisme, dût-il tomber dans un abîme sans fond 1)

---

1) J. H. D. Zschokke, Ueberlieferungen zur Geschichte unserer Zeit. 1817, oct; p. 28.

Et Wolhfarth : — Si l'église évangélique veut se maintenir, qu'elle croisse sans cesse, qu'elle soit fidèle à cette devise teutonique: Hurah! en avant 1) !

Et Kleuker :— Allons, courage, protestons contre les protestations du nouveau protestantisme 2)!

Et Berger : — Que faut-il faire pour obtenir la vie éternelle? Autant de protestants, autant de réponses différentes 3).

Et Rambach : — Nous sommes en plein Babel : Babel en hébreu .בָּלַל, id est Confusio, id est confession 4.)

Et Fischer : —Donnez-moi un mille carré, et je me fais fort de vous trouver cinq à six chaires où le pasteur prêchera un évangile différent... Le peuple, dans sa simplicité, croit que la vérité est une, et il ne peut comprendre comment chaque ministre est en possession d'un dogme qui lui appartient en toute propriété 5).

Mais voici que Dieu donne aux chiffres une voix plus puissante que ne fut jamais celle des dissidents : je veux vous la faire entendre.

En 1823, les presbytériens, dont les églises sont les plus nombreuses dans le midi, l'ouest et le centre des Etats-Unis, avaient 1,214 pasteurs et 136,473

---

1) Dr. A. Wohlfarth in der all. Kirch. Zeit., 1830, N° 693.

2) Dr. J. F. Kleuker, Ueber den alten und neuen Protestantismus 1832.

3) Berger, Einleitung zur Religion in der Vernunft.

4) Dr. J. J. Rambach, Historische Einleitung in die Streitigkeiten zwischen der evangelisch-lutherischen und römisch-katholischen Kirche, t. I, p. 201.

5) Dr. Fr. Fischer, Zur Einleitung in die Dogmatik der evang.-prot. Kirche, 1828.

membres; les congrégationalistes, dont la hiérarchie tient le milieu depuis 1708, entre celle des presbytériens et des indépendants, 720 ministres, 960 églises; les baptistes 2,577 ministres; l'église épiscopale, 11 évêques, 486 ministres, 24,075 membres; les wesleyens, 3 évêques, 1,405 ministres et 382,000 membres; les quakers de la Pensylvanie, de New-Gersey et de New-York, 750,000 membres; les protestants allemands, 90 pasteurs et 30,000 membres; les réformés hollandais, 150 ministres et 40,000 membres; les luthériens, 200 ministres et 800 communes; les swendenborgistes, 50 ecclésiastiques et 100,000 membres; les universalistes, 140 pasteurs et 250 communes; les trembleurs, 40 pasteurs et 5,400 membres; les presbytériens, 60 pasteurs et 60 communes; les baptistes du libre arbitre, 242 pasteurs et 12,000 membres; les baptistes des six principes, 20 pasteurs et 1,500 membres; les baptistes de la libre communion, qui ne sont pas anabaptistes, 23 ministres et 1,284 membres; les sabbathariens, 29 pasteurs et 2,862 membres; les marionites, 200 pasteurs et 20,000 membres 1).

Puis, un beau jour, des missionnaires protestants, la bible sous le bras, se sont abattus sur cette terre, déjà travaillée par tant de sectes, et, à leur souffle, vous avez vu naître des baptistes nouveaux, des méthodistes, des Herrnhuthes, des calvinistes, des luthériens rigides, des presbistes, des rationalistes et des

---

1) Burnier, Revue britannique religieuse, ou choix d'article extraits des meilleurs journaux religieux de la grande Bretagne et des Etats-Unis. Genève, 1829.

suprarationalistes 1). Le soleil n'est pas plus fécond au mois de mai dans nos montagnes que la parole de ces pèlerins évangéliques ; seulement l'herbe, la fleur, les graminées qu'il féconde, chantent tous le même cantique, tandis que les ames que la réforme a enfantées ont chacune un cantique divers.

« Et maintenant, laissez tomber une page du catéchisme de ces communions et soyez sûr qu'aucune secte ne devinera à quelle église cette page appartient. Mais que le vent envoie au delà du Mont-Rose un feuillet du nôtre, le premier prêtre qui passera sur les bords du lac Majeur, se baissera pour le relever, et, en le lisant, il dira : « Ceci est un fragment d'un livre catholique ».

---

1) Aeußerung eines « sehr verständigen Mannes » gegen Niemeyer. S. dessen Beobachtungen auf Reisen. t. 1, p. 402.

CHAPITRE XXVIII.

RAPPEL DE CALVIN. 1541.

Causes du rappel de Calvin. — Misérable état de l'Eglise réformée à Genève. — Lettre de J. Bernard à l'exilé. — Menaces de Berne. — Envoi de députés pour traiter des points en litige. — Leur retour à Genève. — Le parti calviniste soulève la population contre les patriotes signataires de la convention avec Berne. — Les articulants. — Supplice du capitaine général de la milice. — Division des esprits. — Les conseils songent à rappeler Calvin. — Lettre des syndics. — Refus du réformateur. — Nouvelles démarches des conseils. — Adjuration. — Calvin cède. — Départ pour Genève. — Ignace et Calvin.

Il nous faut étudier maintenant les causes du rappel de l'exilé.

A son arrivée à Genève, Calvin, dans ses desseins d'absolutisme mal déguisé, avait cherché un appui en dehors du peuple, et il l'avait trouvé dans les conseils inférieurs ; mais le peuple, avec son admirable bon sens, avait deviné le théocrate, et, un jour de colère, il l'avait chassé. La plaie restait : Genève était divisé. L'aristocratie voulut tenter une révolution politique, en proposant « que rien ne fût mis en avant au conseil des deux cents qui n'eût été traité en conseil étroit, ni au conseil général avant d'avoir été traité tant au conseil étroit qu'au conseil des deux cents 1). » Le peuple encore sauva les libertés genevoises en évitant un piége où trente ans plus tard il devait tomber.

Le parti populaire ne fut ni habile ni heureux. Il continua de chansonner les bannis et de les livrer à des moqueries de taverne, à des bouffonneries de tréteaux. Il rappelait ainsi des noms qu'il fallait laisser tomber dans l'oubli : c'était à la fois manquer d'adresse et de générosité. Il eut tort d'exiler d'obscurs régents de collége qui refusaient de communier avec du pain sans levain. Genève perdit Saunier, Mathurin Cordier, et d'autres émigrés, qui crièrent à l'intolérance. Mathurin Cordier était un pédagogue qui avait rendu des services à l'instruction élémentaire. Calvin avait conservé de chauds partisans, parmi les exilés français venus de Paris, de Meaux, et de Lyon surtout.

Il a pris soin de peindre les prédicants qui lui avaient succédé au ministère de la parole : « le Franciscain qui s'était converti à l'Evangile dans les bras d'une femme, moine débauché, paillard, couvert de lèpre et de superstition ; — l'histrion qui jouait la sainteté des mœurs comme on joue la comédie;— et le souteneur ou habitué des mauvais lieux;—trois intrus qui avaient usurpé le ministère qu'ils prostituaient publiquement. » Si ces portraits sont ressemblants, l'Eglise genevoise était bien coupable de ne point interdire la prédication à de tels êtres, dignes

---

1) J. Fazy, Essai d'un précis sur l'histoire de Genève, t. 1, p. 252 et suiv.

du fouet ou du pilori. Mais si Calvin a calomnié, c'est une lâcheté dont il doit à jamais rester flétri. Et la preuve, dit-on, qu'il mentait, c'est 1) la prière qu'il fait à Bullinger de cacher à tous les regards des secrets qu'il confie à la discrétion d'un ami. Nous ne savons pas si Bullinger se tut; mais il est à présumer que les criailleries de Calvin enhardirent ses partisans, qui ne gardaient plus de mesure et insultaient publiquement les mœurs, la foi et la science des prédicants. Les calvinistes les appelaient papistes, intrus et ignares. Au reproche de papisme, ils répondaient en montrant leurs femmes; au reproche d'intrusion en demandant qu'on leur représentât les lettres de vocation du fils du scribe de Noyon; au reproche d'insuffisance, en citant les noms des ministres que Berne après la victoire de Lutry était allé chercher dans les cabarets, pour leur imposer les mains. La lutte devenait plus vive; les réfugiés outrageaient les ministres dans les rues, riaient tout haut à leurs sermons, ou refusaient de recevoir la communion de leurs mains. Si les syndics interposaient leur autorité, les calvinistes les accusaient de tendance à l'idolâtrie: le désordre était dans la cité. Surgissait-il quelque discussion dogmatique, on ne trouvait dans le clergé aucune lumière suffisante pour la décider; et les noms de Farel et de Calvin revenaient à la mémoire.

---

1) Obtestamur vos fratres, caveatis ne hujus epistolae publicatio nobis sit fraudi. Familiarius enim in sinum vestrum quidvis deponimus quam promiscue simus narraturi. Vestrae itaque fidei haec secreto commissa memineritis. Voyez la lettre aux pièces justificatives.

Les ministres découragés demandèrent leur démission. Elle fut refusée 1).

Alors Jacques Bernard prit le parti d'écrire à Calvin une lettre digne d'un moine défroqué. « Venez, venez, disait-il, mon père en Christ, notre père véritable à tous, venez! les cœurs soupirent après votre retour. Vous verrez avec quelle joie vous serez reçu! Vous apprendrez à me connaître. Je ne suis pas tel que de mensongers rapports ont pu me peindre; mais un ami fidèle et sincère, un frère dévoué. Ne tardez pas; accourez pour contempler, pour revoir Genève, c'est à dire tout un peuple renouvelé par la grace divine. Adieu; daignez venir au secours de notre Eglise, si vous ne voulez pas que le Seigneur vous demande compte de notre sang et de nos larmes. » 2)

Nous nous attendions à quelques lignes de Calvin, mais rien. Il faut lui pardonner son silence, ou louer peut-être la prudence de ceux qui ont recueilli les lettres du réformateur, et qui auront dû lire sa réponse. Comment s'y prit-il pour louer un intrus?

Le terrain des luttes intestines s'agrandissait de jour en jour. Berne, qui avait confisqué le pays de Vaud, convoitait le Genevois; c'eût été son plus beau joyau. Les terres du chapitre de St-Victor étaient en-

---

1) Picot, histoire de Genève, t. 1 p. 369 et suiv.
2) Veni ergo venerande mi pater, in Christo…Cognosces me insuper non qualem hactenus relatione quorumdam, sed pium, sincerum ac fidelem fratrem ac amicum tuum….. Vale, ecclesiæ nostræ digneris succurrere, alioqui requiret de manu tua sanguinem nostrum Dominus Deus. Tuus Jacobus Bernardus, minister evangelicus. Genevae, 6 feb. 1541.

clavées dans les bailliages de Terni et de Gaillard, dont il disputait la propriété. Son langage, d'abord affectueux, s'enhardit et devint menaçant. L'orgueil républicain s'émut : on ne froisse pas impunément le patriotisme de tout un peuple. Le conseil, craignant d'irriter l'oligarchie bernoise par une fin de non recevoir, chargea trois citoyens de traiter à Berne des questions en litige. Ce choix était heureux. Jean Lullin, Amédée de Chapeaurouge, et Jean Gabriel de Monathon étaient de bons patriotes. Jean Lullin appartenait à l'une des plus anciennes familles de Genève ; ambassadeur aux ligues avec Besançon Hugues, Jean Philippe et Ami Girard, en 1530, il avait été nommé syndic en 1538. Ami de Chapeaurouge, ou comme il se signait, Ami Chapeau-Roge, était membre du conseil en 1529, 30 et 31. Jean Gabriel de Monathon était aussi d'une vieille souche. On comptait avec raison qu'ils défendraient courageusement les droits de la cité. Mais soit que les députés eussent des instructions secrètes, soit qu'ils voulussent, par une prompte détermination, éviter à leur pays un envahissement à main armée ; ils signèrent un traité où les droits de Berne sur le chapitre et les enclaves de Saint-Victor étaient formellement reconnus. La population de Genève, excitée par les calvinistes, accueillit le retour des ambassadeurs par des moqueries et des murmures. On criait : —Laissez passer les articulants ! La populace fanatisée oublia tout d'un coup une vie pure passée dans les emplois, des services signalés rendus au pays, une noblesse qui ne s'était jamais démentie, ni sur le champ de bataille, ni dans l'administration, ni dans l'intérieur de la famille. Ce n'était pas seulement une triviale plaisanterie que la faction jetait à la face de ses députés, mais un cri de trahison. Les conseils inférieurs furent effrayés, et refusèrent de ratifier les conventions ; et comme les murmures des partisans de l'exilé allaient croissant, ils prirent la résolution de sacrifier les patriotes. C'était un acte de lâcheté.

Les articulants avaient de nombreux partisans et des ennemis acharnés. Ce qui leur faisait tort, c'était la protection de Berne. Les conseils inférieurs avaient voulu les faire incarcérer (27 janvier 1540) ; à l'assemblée générale (1er février) ils prouvèrent leur innocence et confondirent leurs calomniateurs. C'était une belle victoire, mais dont ils abusèrent. Il leur fallait un gage de sécurité pour l'avenir. Ils réussirent, appuyés des sollicitations de Berne, à placer à la tête de la milice bourgeoise un homme de résolulution, Jean Philippe, l'ennemi de Calvin. La lutte s'envenima. Les calvinistes ne virent plus dans les députés que des traîtres vendus à l'étranger, et qui méditaient l'oppression de Genève.

Le petit conseil ne se laissait point abattre par le vote du conseil général, et il continuait silencieusement l'instruction du procès des députés. Les articulants eurent peur, et quittèrent la ville : faute impardonnable! Ils devaient être condamnés : le peuple sanctionna par son silence l'arrêt de mort. Un dimanche les deux partis se rencontrèrent à un tir à l'oiseau. Philippe cherchait un prétexte pour châtier l'insolence de ses ennemis. La lutte commença par des injures : il fallait du sang. Le capitaine irrité tire son épée et frappe au cœur un malheureux nommé

Daberes, qui n'appartenait à aucune faction. On crie:
au Molard. La place est bientôt toute pleine de combattants; le sang de Daberes demandait vengeance: on chercha le meurtrier, qui s'était réfugié dans 1) l'écurie de la tour de Perse, où il fut bientôt découvert, saisi et conduit en prison au milieu des vociférations d'une populace irritée. Il n'y avait qu'une tête qui pût l'apaiser, c'était celle de Jean Philippe, naguère son idole. Les syndics prononcèrent une sentence de mort contre le capitaine.

« Nous, syndics, juges des causes criminelles de cette ville, ayant vu le procès fait et formé à l'instance de Mons. le lieutenant, esdites causes instant contre toi Jean Philippe, et les réponses que tu as faites volontairement en nos mains, et que tu as réitérées plusieurs fois, par lesquelles il nous conste et appert que le dimanche dernier tu attroupas un grand nombre de personnes et excitas un grand tumulte, dans lequel il y a eu plusieurs meurtres commis et bien des personnes blessées : cas et crime encourant grièveé punition corporelle. — A ces causes, après avoir consulté nos citoyens et bourgeois, selon nos anciennes coutusmes, siégeant au lieu de nos prédécesseurs, ayant le livre des saintes écritures devant les yeux, disant : au nom du Père, du Fils et du Saint Esprit. Amen. — Par notre sentence définitive, laquelle nous donnons ici par écrit, toi, Jean Philippe, nous te condamnons à être mené au lieu de Champel, et là avoir la tête tranchée de dessus les épaules jusqu'à ce que l'ame soit séparée de ton corps, et ledit

---

1) Fazy, t. 1 p. 256.

corps devoir être attaché au gibet. Ce ainsi finiras tes jours pour donner exemple aux traîtres qui tels cas voudroient commettre. — Et à vous, Mons. le lieutenant, mandons et commandons notre présente sentence mettre à exécution 1). »

La tête de Jean Philippe tombée, la populace se tut. Le supplice du capitaine général Jean Philippe, la mort de Claude Richardet, qui s'était tué en voulant fuir la justice du pays, tous deux ennemis violents de Calvin, étaient regardés par quelques fanatiques comme un châtiment du ciel. Bèze et l'historien Roset, ont fait du bourreau et du hasard deux instruments de la colère divine. Les conseils inférieurs durent profiter de ce moment de stupeur pour rappeler Calvin. Le pouvoir religieux était dans des mains incapables de porter un pareil fardeau. Les Eglises réformées de la Suisse pouvaient citer quelques théologiens illustres : Lausanne, Viret ; Zürich, Leo Judae; Neuchâtel, Farel. Mais que penser de Genève dont l'administration spirituelle était confiée à un de la Mar, qui disait en chaire : « que le Christ était allé à la mort aussi vite qu'homme alla jamais à la noce ? » Depuis son apparition aux diètes de Worms et de Ratisbonne, le nom de Calvin avait grandi. Bien que le docteur français n'eût pris aucune part aux débats des diètes, on savait que mis en face de Mélanchthon, l'aigle de la scène, à cette époque, sa science n'avait pas souffert de ce rapprochement; on disait même que Philippe lui avait donné le surnom de théologien. Le pouvoir politique qui cherchait vainement dans le sacerdoce

---

1) Cité par Picot, histoire de Genève, t. 1.

un appui et un auxiliaire, était déconsidéré. Les conseils durent chercher quelque nom qui les relevât aux yeux de la multitude : mais s'ils en trouvaient, ces noms appartenaient au parti patriote, aux Libertins qui connaissaient trop bien Calvin pour consentir à son rappel. Il n'y avait dans les conseils ni unité ni cohésion. Ils offraient un mélange bizarre de croyances et d'opinions : le catholicisme, le luthéranisme, le zwinglianisme, l'anabaptisme, y avaient des représentants; Calvin et Jean-Philippe y comptaient des partisans. On commença par essayer quelque tentative de rapprochement avec Farel et Viret; mais ni l'un ni l'autre ne voulaient administrer une église où Calvin aurait manqué. Il ne restait plus qu'un parti à prendre.

Il fallait rappeler Calvin. « Donc pour l'augmentation et l'avancement de la parole de Dieu, il fut ordonné d'envoyer querir es Strasbourg, maistre Johannes Calvinus, lequel est bien savant, pour estre l'évangélique en la ville de Genève 1). « C'était donc un motif louable et une détermination que l'abaissement de tous les pouvoirs rendait nécessaire.

Calvin voulait un acte de justice populaire, réel ou apparent. Il dut être content. Le conseil rappelait « l'homme que la providence avait envoyé à Genève pour étendre le règne de Dieu. »

Les syndics et le conseil lui écrivaient :

« Monsieur nostre bon frère et singulier amy, très affectueusement en vous nous recommandons, pour ce que nous sommes entierement informes que vostre

---

1) Fram. biog. Extraits des registres du 20 novembre 1540.

desir n'est aultre sinon a l'accroyssement et auancement de la gloire et l'honneur de Dieu et de la sainte parole, de la part de nostre petit grand et général conseil (lesquels de ceci fere nous ont grandement admonestes). Vous pryons très affectes vous volloyr transporter par devers nous et en votre prestine place et ministère retourne et espérons en l'ayde de Dieu, que ce seray un grand bien, et fruict à l'augmentation du saint Evangile. Voyeant que notre peuple vous désire. Et ferons avec vous de sorte que aurez occasion vous contenter. — A Genève, 22 octobre 1540.

Vos bons amys,
Les syndics et conseil de Genève 1).

Le pouvoir faisait ici parler la voix du peuple qui ne s'était pas fait entendre une seule fois en faveur de Calvin. S'il eût voulu rappeler l'exilé, l'échafaud de Philippe aurait servi de tribune. L'historien qui a fouillé toutes les archives de la cité, n'y a pas trouvé un seul témoignage en faveur de Jean de Noyon 2).

Calvin se préparait à partir pour Worms quand il reçut la lettre du conseil de Genève. Bucer et quelques réfugiés voulurent y répondre. Leur langage est noble. « Nous vous felicitons sincèrement, disent-ils aux Genevois, de la bonne idée que vous avez eue de songer à rappeler votre digne pasteur. C'est offenser la divinité que de maltraiter et de chasser ses ministres. C'est un signe non équivoque de sagesse que de reconnaître que le Christ reluit dans votre glorieux martyr. Calvin n'a jamais eu qu'une pensée, le soin

---

1) Cité par Paul Henry, pièces justificatives, page 77, t. 1.
2) Notices généalogiques, t. 3, art. Perrin, p. 403.

de votre salut, dût-il pour vous verser jusqu'à la dernière goutte de son sang 1).... Demain ou après demain au plus tard, il se met en route avec nous pour Worms. Si les conférences religieuses qui doivent s'y tenir, n'amènent point une conciliation entre les partis, nous devons nous attendre à de graves mouvements. Si la religion est tourmentée en Allemagne, elle le sera ailleurs : cela est à craindre. Il n'est donc pas probable que Calvin méprise la volonté divine qui l'envoie en mission au colloque. »

Jacob Bedrottus, professeur de langue grecque à Strasbourg, donnait à cette mission un motif tout humain, qui nous explique l'apparition de Calvin à Worms, sans l'intervention de la divinité : c'est que le théologien exilé entendait et parlait la langue française 2).

Calvin croyait que sa parole doctrinale serait plus puissante qu'elle ne l'avait été jusque là. Il se trompait comme nous l'avons vu : et c'est sans doute cet espoir d'une gloire mondaine qui lui fit refuser de reprendre tout aussitôt le chemin de Genève ; peut-être aussi trouvait-il que l'offense faite à sa dignité n'était point suffisamment expiée par les lettres de rappel : il voulait une réparation plus éclatante. Sa

---

1) Vero enim Christus ipse contemnitur et injuria afficitur ubi tales ministri rejiciuntur et indigne tractantur. Bene itaque nunc habent res vestrae dum Christum in hoc praeclaro ejus organo rursus agnoscitis. Mss. Gen.

2) Si nescis, legatos miserunt ad senatum nostrum, tum ad Calvinum, Genevenses, hujus revocandi gratia. Responderunt nostri se nunc valde opus habere Calvino ad colloquium, partim propter linguae gallicae cognitionem. Argent. 24 nov. Sturm. Antip.

réponse « aux puissants seigneurs et messieurs les syndics et conseil de Genève » est embarrassée, louche, et sèche. Calvin à travers une phraséologie reluisante d'humilité, est bien aise de montrer à ses ennemis qu'il est l'homme que la providence envoie à la diète pour représenter les intérêts du Verbe divin.

« Je vous prie doncq, comme je vous ai naguere escrit, de vouloir toujours considérer que je suis icy pour servir, selon la petite faculté que Dieu m'a donnée, à toutes les Eglises chrestiennes, au nombre desquelles vostre Eglise est comprise ; et pourtant que je ne puis pas delaisser une telle vocation, mais suis contraint d'attendre l'issue qu'il plaira au Seigneur de nous donner. Car combien que je ne sois rien, il me doit suffire que je suis constitué en ce lieu par la volonté du Seigneur, à fin de m'employer à tout ce où il me voudra appliquer ; et combienque nous ne voyons pas les choses disposées à procéder avant, si nous faut-il mettre toute diligence et nous tenir sur nos guardes, d'aultant que nos ennemis ne demandent qu'à nous surprendre au dépourvu, et qui plus est, comme ils sont plains de cauteles nous ne sçavons pas ce qu'ils machinent 1).

Calvin redoutait les dispositions hostiles du peuple. Viret qui était à Genève depuis quelques mois essayait en vain de l'encourager. Calvin lui répondait :
— « Vraiment c'est à peine si je puis lire votre lettre sans rire : vous vous donnez trop de souci pour moi : retourner à Genève? pourquoi pas me crucifier ?

---

1) Mss. de Genève.

mieux vaudrait pour moi mourir une bonne fois que de m'exposer à être torturé incessamment dans cette chambre ardente 1). »

Viret montra la lettre de Calvin aux syndics.

On vit alors le pouvoir politique s'abaisser jusqu'à la prière, s'humilier devant l'exilé, flétrir la cité, en la représentant, depuis le bannissement du théologien comme en proie aux disputes, à la débauche, aux séditions, aux factions et à l'homicide 2), et glorifier les ministres chassés, comme des serviteurs du Christ, victimes de la brutalité d'une populace ingrate qui avait oublié tout à la fois leur gloire et leurs services. Calvin, Farel, qui avaient insulté, en pleine chaire, la magistrature citoyenne; qui avaient par trois fois désobéi aux volontés des représentants nationaux, ne sont plus que de saints ministres de l'évangile dont le retour peut seul ramener l'ordre dans la patrie.

Le conseil souverain se posait ainsi en suppliant devant les consistoires de Berne, de Bâle, de Zürich et de Strasbourg. Etait-ce assez de lâcheté!

La lettre écrite, la sentence de bannissement fut révoquée, et Ami Perrin, l'ancien syndic envoyé comme député au sénat de Strasbourg, pour solli-

---

1) Cur non potius ad crucem? Satius enim fuerit semel perire, quam in illa carnificina iterum torqueri. MSS. Gen.

2) Iniqui profligati, magnaque ingratitudine rejecti fuerunt, praeteritis plane ac oblitis gratiis et beneficiis haud sane vulgaribus, quæ a Domino horum ministerio obtinuimus. Ab ea enim hora qua ejecti fuerunt nihil praeter molestias, inimicitias, lites, contentiones, dissolutiones, seditiones, factiones, et homicidia habuimus. Clarissimis principibus, D. consuli et senatui urbis Basiliensis, vel Argentinensis, aut Tigurinensis, amicis nostris integerrimis. Mai 1540.

citer le rappel de Calvin. Ami Perrin aurait dû refuser cette mission, lui qui s'était montré jusqu'alors l'ennemi des bannis, et le chef de la faction des Libertins. Perrin était un patriote généreux qui avait peur de Berne, et redoutait l'asservissement de son pays. Il ne vit dans le retour de Calvin qu'un moyen d'échapper aux instincts ambitieux d'un ennemi secret. L'historien doit lui tenir compte de son dévoûment. Ami Perrin oublia jusqu'à l'insulte que le parti calviniste avait faite récemment à sa femme, trop amoureuse de ces plaisirs dont un rigorisme puritain lui avait fait un crime 1).

Calvin résistait encore. Bèze raconte que Bucer, afin de vaincre son ami, eut recours à un expédient qui réussissait toujours. Pour contraindre le réformateur, il invoqua le nom de Dieu et l'exemple du prophète Jonas : le moyen n'était pas nouveau : il avait été employé quatre fois déjà, et toujours avec le même succès 2).

Le sénat voulut donner au retour du ministre un air de triomphe. On lui envoya un héraut d'armes à

---

1) Hommes et femmes et filles qui ont dansé sont mis en prison. 1 nov. 1540. P. M. V. qui ont dansé dimanche dernier avec la femme d'Amy Perrin, la femme dudit Marquiot, et l'hôtesse du Mortier seront punis suivant les ordonnances. Le. S. J. Coquet emprisonné pour ce que le jour qu'on tira le papegay il dit à certains qu'ils pouvoient bien danser. Fait les cries accoutumées des danses, chansons et autres sous les peines précédentes. 18 juin 1541.

2) Censuit tandem Bucerus illorum precibus esse ad tempus concedendum, quod tamen a Calvino, non nisi interposita gravi divini judicii denunciatione et proposito Jonae exemplo, fuit impetratum.

Strasbourg pour l'accompagner pendant le voyage 1). Ce héraut, qui menait avec lui un cheval de selle, était chargé de louer une voiture pour la femme du théologien et un charriot pour leur ménage. La maison qui devait recevoir Calvin était toute préparée; elle était située au haut de la rue des Chanoines, dans une position d'où l'œil pouvait embrasser la chaîne du Jura, les deux Salèves, le Mont-Blanc et ses neiges, les eaux du lac et les collines savoisiennes qui s'abaissent doucement jusqu'aux remparts. Le conseil s'était rappelé l'amour de Luther pour les fleurs, pour le chant des oiseaux, pour la verdure, et devant l'habitation de Calvin, il avait eu soin de disposer un petit jardin tout plein de verdure, de fleurs et d'oiseaux. La maisonnette du pasteur, simple, mais de bon goût, n'était qu'à quelques pas du temple de Saint-Pierre, dont on avait abattu le grand jubé et abaissé la chaire, afin que la parole du prédicateur pût arriver plus facilement aux oreilles des fidèles 2). De chaque côté de l'église, on avait établi des bancs ou formes pour le service divin. On assigna au mi-

---

1) 22 juillet 1541. — §. 36 A nostre hérault de cheval pour quérir M. Calvin pred. qui est apresent à Strasbourg. Aussi résolu d'envoyer chercher sa femme. Le 16 septembre, en outre, résolu de lui envoyer quérir son ménage, et lui soit ordonné homme et argent avec tout ce qui est en tel cas nécessaire. 17 septembre payé 12 fl. à M. Jq. Desarts pour le ménage livré à M. J. Calvin Prédicant. (120 francs)

2) 21 août 1541. — Afin que le temple de Saint-Pierre soit plus commode pour la prédication, il a été ordonné que le grand jubilé du chœur soit mis bas et soit fait une belle chaire propice et les formes (bancs), soyent mises au lieu le plus commode.

nistre exilé 500 florins par an, douze coupes de blé, deux tonnes de vin 1). C'était se montrer généreux, si l'on compare ce traitement à celui des syndics, qui n'était que de 25 florins, sans autre redevance, et aux revenus des anciens évêques de Genève. Antoine de Champion, ce modèle de toutes les vertus, qui, en 1493, sentait la nécessité d'une réforme dans le clergé de son diocèse 2), en hiver, manquait souvent de feu pour se chauffer ; car il donnait tout aux pauvres. Luther, chargé d'enfants, recevait à peine la moitié du traitement de Calvin ; encore l'électeur ne payait-il pas toujours la pension ; ce qui obligeait le docteur à vendre les gobelets d'argent dont les princes saxons lui faisaient présent.

Après trois années d'exil, Calvin revoyait enfin Genève. Le peuple ne se porta point sur le passage du ministre, ne fit entendre aucun cri de joie, ne témoigna ni surprise, ni allégresse. Aussitôt après son arrivée, Calvin remit au conseil des lettres de Strasbourg et de leurs prédicants, « et aussi de Basle, qui furent lues à haute voix. Après a tout au long fait ses excuses de la longue demeurance qu'il a faite ; après cela a prié de mettre ordre à l'église, et que icelui ordre fusse rédigé par écrit, et qu'on élise gens de conseil pour avoir conférence avec eux, les queulz feront la relation en conseil ; et quant à lui, il s'est offert à estre toujours serviteur de Genève. » 3)

---

1) Picot, histoire de Genève.
2) Senebier, histoire littéraire de Genève, t. 1.
3) Reg. p. 13 septembre 1541.

Au moment où Calvin rentrait à Genève pour y étouffer les dernières semences du culte d'Avitus, un de ses anciens condisciples à l'université de Paris, quittait la France pour aller conquérir dans un autre monde des milliers d'ames au catholicisme. Dieu bénissait St-Ignace, ce pieux pèlerin, qui, après une vie d'épreuves, de patience, de douleurs et de triomphes évangéliques, s'endormait au Seigneur, dans une misérable cabane, sur le haut d'une montagne qui touchait le ciel; et trois siècles plus tard arrachait à un protestant ce cri d'admiration : « Ah! plût à Dieu qu'avec ta couronne de vertus tu te fusses assis au milieu de nous ! » 1).

---

1) Wollte Gott daß, so wie Du warst, Du einer der Unserigen wärst, oder gewesen wärst. Balbäus, Geschichte von Indien.

PIÈCES JUSTIFICATIVES.

N° 1.

PSEUDONYMIE DE CALVIN. 1)

Son véritable nom était Caulvin. Dans une lettre, MSS. de Genève, que les syndics lui adressent en 1540, pour le rappeler, on lit sur la suscription et dans le courant de la dépêche : Docteur Caulvin, ministre.

Son nom de baptême était Jean, que le réformateur ajoute presque toujours à son nom de famille. Une lettre adressée à Pierre Viret, Mss. de Genève, prédicateur à Lausanne, datée d'avril 1540, est signée simplement Calvin. Samuel Turretin pense qu'elle fut écrite de Strasbourg, où Calvin ne séjourna que peu de temps. Toutes celles qu'il écrivit de Genève portent le double nom, Jean Calvin.

Quant au titre de maître qu'affectionne le réformateur, on n'en connaît ni l'origine ni le motif. Sénebier n'a que des conjectures à former à ce sujet. Quelques uns pensent qu'il s'en revêtit après sa nomination de docteur en droit ; d'autres qu'il l'ajouta à son nom, imitant la mode en Suisse où l'on donne le titre de maître à tout prédicateur.

Calvin appelle maîtres ses deux amis de cœur, comme on le voit dans

---

1) Christiani Sigismundi Liebii, Diatribe de Pseudonymia. J. Calvini, in qua iis quae Petrus Bælius, Bailletus, aliique de hoc argumento tradiderunt sub examen vocatis, idem illud uberius illustratur et epistolae, anecdotae 27. J. Calvini aliorumque ad eum ψευδωνύμως datae, nunc primum in lucem eduntur. Amstel. 1723, 8. — Das Leben von Johann Calvins des großen Reformators, t. I, Beilage 3, p. 29.

une lettre à Fallais : « Maître Guillaume Farel et maître Pierre Viret ont été ici sept jours ; il n'eut plus fallu que vous pour faire pleine fête. J'entens aux recommandations que maître Guillaume (Farel), maître Pierre Viret), ma femme, tous les amis y sont comprins, plus d'une douzaine. »

Garasse « Doctrine curieuse, liv. 8, p, 1023 », s'égaie au sujet des noms divers pris par Calvin : « Alcuin, Chauvin, Chervin, Carvin, Happeville. « Le plus insigne affronteur de tous les hérésiarques en matière de déguisement a été Calvin, lequel sur le commencement de la révolte, agité d'un esprit remuant, et ayant peur de son propre ombre, changea plus souvent de nom que de chambre. — Alcuin, anagramme de son nom. — Joh. Calidonius, Jos. de Calido vino — Chauvin, Carvinus, — Chervin à la fin des énigmes d'Orus Apollo, imprimées à Paris per Joh. Mercerum. — Il a pris le nom de Charles de Happeville, jusqu'en 1550, augure fatal, que Calvin devoit un jour prendre et happer nos villes par surprise. — Après seulement il a pris le nom de J. Calvin. »

On sait que c'était au 16e siècle la coutume parmi les savants de changer leur nom ineuphonique pour un nom plus doux à l'oreile. — Ludder prend celui de Luther, Schwartzerde celui de Melanchthon (terre noire), Kœpflein (petite tête) celui de Capito.

La famille de Calvin portait le nom de Cauvin, Chauve, Calvus, Cauvin, Calvinus.

L'Institution chrétienne parut sous le nom d'Alcuinus, précepteur de Charlemagne. Strasbourg, 1539 1).

On ne sait pas où Garasse a pu trouver le nom de Calidonius qu'aurait pris Calvin. C'est Boyard qui en écrivant à ce réformateur le nomme Calidonius, ainsi que Liebe l'a trouvé dans les manuscrits de la bibliothèque royale de Paris. Senebier s'est trompé, en parlant de Caldarius que Calvin n'a jamais pris ni signé 2).

Le surnom de Chervin est imaginaire, il s'agit dans les énigmes d'Orus, d'un Chervin qui n'a jamais représenté le ministre genevois.

On trouve dans quelques lettres à ses amis la signature de Lucanius.

C'est pour dépister ses ennemis qu'il prit tous ces noms et d'autres encore : —

Deperçay, Deparçay quand il s'enfuit de Paris pour gagner le midi ;

---

1) Dans une édition de l'Institution on lit en la préface — potentissimo, illustrissimoque monarchae, magno Francorum regi, principi, ac domino suo Alcuinus. — Dans une autre : Institutio chr. religionis nunc vere demum suo titulo respondens, auctore Alcuino, cum indice locupletissimo.

2) Hist. litt. t. I, p. 245.

Charles de Heppedeville ou Happedeville en Italie, dans sa correspondance avec la duchesse de Ferrare.

C'est le dérivé corrompu de Despevilleus. Liebe a compté 80 lettres inédites encore, où ses amis l'appellent d'Espeville, Espeville et Despeville;

Deux autographes et six de main étrangère, où il se donne et reçoit le nom de Charles Passelius.

Une où plus tard on lui écrit sous le pseudonyme de Joh. Calphurnius.

Mosheim 1) cite une lettre qu'il a eue entre les mains, adressée à Joh. Frellon au sujet de Servet, et terminée ainsi : Votre serviteur et entier amy, Charles Despeville.

C'est sous le nom de Charles Passelius qu'il écrit en 1561, à Bèze.

Dans la collection genevoise des lettres manuscrites du réformateur, il en est une qui porte pour signature J. de Bonneville. C'est une signature pseudonyme qui a échappé à Liebe.

N° 2.

FAMILLE CAUUIN 1).

Gérard Cauvin.

« Comme ce praticien (Gérard) prenoit partout, aussi entreprenoit-il facilement tout sans prévoir par où sa sortie. Il entreprit premièrement, avec

---

1) Mosheim, neue Nachrichten von Serveto, p. 37.

1) Ces notices sont de le Vasseur, doyen de l'église de Noyon, lequel les avait tirées des registres du chapitre de la cathédrale. Drelincourt a vanté la probité historique de ce savant dont les « Annales de l'église de Noyon » furent saluées par tous les poètes du siècle : un d'eux le comparait à Homère —

    Malgré les temps et la fortune
    Nous revoyons l'antiquité ;
    Un astre plus beau que la lune
    Nous fait renaistre sa beauté ;
    Nous pouvons dire avec joye,
    Que Noyon, tout ainsi que Troye
    A son Homère, le Vasseur
    Pour éterniser la mémoire
    De ses pères morts dans l'honneur
    En faisant revivre leur gloire.
              VOIRIN, chanoine de Noyon.

maistre Jean Balloche, chanoine de Noyon, l'exécution du testament de feu maistre Nicolas Obry, chappellain dudit lieu, et la géra seul. Pourquoy estant poursuivi par ledit Balloche, pour la reddition du compte, il fit ceste dette sienne et promit de la nettoyer de son chef. Il en passa condamnation. Recepit condemnationem ex nunc pro ut ex tunc (dit la conclusion), casu quo non reddiderit compotum et reliqua infra festum S. Remigii proximi. (Concl. cap. du 27 juin 1526.)

« Il en fit autant de l'exécution testamentaire de feu maistre Michel Courtin (aussi pourveu d'une chapelle de la mesme église), pour l'administration de laquelle il n'estoit nommé que le troisième au testament du défunct, et néantmoins il deschargea ses deux co-exécuteurs à sa caution, afin de profiter seul du gain qu'il s'en promettoit. En voici la conclusion : — Inter eumdem promotorem actorem contra magistros M. le Blatier cantorem, N. Bouche et prædictum G. Cauvin, executores testamenti defuncti domini Michaelis Courtin, capellani reos, præfatus Cauvin exoneravit suos executores de bonis dicti defuncti ac recepit condemnationem ex nunc pro ut ex tunc casu non reddiderit compotum dictæ executionis infra festum sancti Remigii proximi. Voilà la promesse reçue; c'est assez : qui a terme ne doit rien. Le terme arrivé et passé, voyons en quelle monnoye il paye : en celle des chicaneurs, par un appel formé; que la conclusion capitulaire en face foy. Capitulo facto die veneris 13 novembris 1528, domino Decano præsidente etc., magister J. Renard retulit se prolocutum fuisse cum G. Cauuin super quadam executione condemnationis contra ipsum facta, a qua ut dicebat, erat appellans duabus de causis, quas hic subtaceo causa breuitatis. Quo audito domino ordinarunt dicto Cauuin fieri responsum per dictum Renard in modum qui sequitur, videlicet quod monitio dictæ condemnationis suspenditur usque ad ... ut interim possit reddere compotos executionis bonorum N. Obry et M. Courtin, cappellanorum; et ad sublevandam dicti Cauuin impotentiam, deputauerunt domini N. Tresmon ad faciendum minutum et grossandos dictos compotos. Voilà le terme reculé, et Gérard traité de courtoisie ; qu'on n'en parle plus qu'après sa mort, afin qu'il meure dans ses liens comme il a fait. Considérons encore ce dernier acte de sa vie, puis tirons le rideau. — Die sabbathi in vigilia pentecostes, 27 mensis maji 1531 durante vltimo matutinarum, in claustris Ecclesiæ congregati domini, Charmolüe decanus præsidens, A. Fauuel, Jo. Boileau, P. Fortin, etc. et personaliter comparente Carolo Cauuin cappellano ad altare B. Mariæ Magdalenæ, dixit et exposuit quod anno 1526 die 27 mensis junii, Gerardus Cauuin dicti comparentis pater, et de suo consensu fuerat condemnatus ad reddendos compotos et reliqua executionis et administrationis testamentorum defunctorum DD. M. Courtin et N. Obry, dum viverent ecclesiæ cap. infra certum tempus ad hoc sibi virtute cujusdam sententiæ limitatum, se submittendo juridictioni ecclesiæ et dominorum ; per quam sententiam, ann.

1528, secunda mensis novembris per Gaspardum Courtin presbyterum, ecclesiæ cappellanum, secundum sui formam et tenorem fuerat personaliter monitus. Nihilominus prædictis compotis, et quæ reliqua dicuntur redditis, præfatus Gerardus Cauuin heri 26 mensis maji diem clauserat extremum, nondum terræ commendatus propter sententiam excommunicationis quam incurrerat; quamobrem præfatus comparens paterno motus affectu et amore, promisit infra festum B. Remigii proximum venturi se de omnibus in dicta sententia et executione contentis satisfacturum. Quapropter domini supra dictum Gerardum pro absoluto haberi voluerunt, pro ut de præsenti absoluunt. — Annales de l'Eglise de Noyon, par Jacques le Vasseur, in-4°. — 1153-1155.

b) *Charles Cauuin.*

Charles fut receu à l'une des chapelles de la Gésine (qui sont quatre en l'église de Noyon), le 23 iour de février 1518. —Voici la conclusion capitulaire. — Magister Philippus de Nozières vicarius Domini episcopi Nouiomensis retulit; ipsum reuerend. Presbyterum contulisse Carolo Cauuin, filio Gerardi clerico No. alteram cappellarum missae primae ad altare Gesinae B. Mariae, in introitu chori hujus ecclesiæ fundatam, vacantem per puram ac simplicem resignationem Domini Nicolaï Obry ultimi possessoris. Qua relatione audita, Domini post deliberationes singulorum, et post præstationem juramentorum in primaria receptione cappellani noui praestari solitorum, ipsum Carolum in cappellanum hujus ecclesiae receperunt.

Le 26 jour de novembre 1520, Charles permute sa chapelle de la Gésine en celle de la Magdelaine, avec M. Michel Courtin, et fut reçeu ledit Charles à la présentation de maistre Martin Blatier, chanoine et chantre estant en tour. Il fut pareillement receu à la cure de Roupy. Registre du secrétariat.

Le vendredy 13 février, ledit Charles, présent, poursuivi par le promoteur, pour avoir frappé avec violence un ancien clerc de l'église, nommé Maximilien, de quoi il est demeuré d'accord, fut condamné par le chapitre de se faire absoudre de l'excommunication par lui encourue par ledit excès.

Plainte du 4 novembre 1534, formée par le promoteur contre les défauts de Charles Cauvin au service divin : il manque d'acquitter ses messes d'obligation.

Il décède le dernier jour d'octobre 1537, et fut formé opposition à sa sépulture par J. Luydet et P. Billoré nomine fabricae qui se opposuerunt. — L'information du chan. de Mesle le fait foy que ledit Charles se sentoit fort de l'hérésie, et que pour n'auoir voulu recevoir les sacrements à sa mort, son corps fut enterré entre les quatre pilliers des fourches patibulaires de la ville, et ce nuictamment pour éuiter le scandale, n'estant son hérésie notoire; autant en dit Papyre Masson en ces termes : Carolus ejus frater et presbyter Rovioduno mortuus, noctu et clam sepultus est inter quatuor columnas furcae publicae quia eucharistiam sumere noluerat. — 1165-1167.

c) Jean Cauvin.

Jean Cauvin fut receu à la chapelle de la Gésine de la Vierge ou de la naissance de nostre Seigneur, fondée en la cathédrale de Noyon, à l'entrée du chœur, et fut installé en iceluy le 29 jour de may 1521, veille du Saint-Sacrement, n'estant aagé que d'onze ans ou environ, et ce par la résignation à lui faite de laditte chapelle par maistre Michel Courtin, dernier possesseur paisible, et fut tant receu qu'installé en la personne de maistre Antoine d'Estrée, son procureur, suffisamment fondé.

Le 27 jour de septembre 1527, il fut présenté à la cure de Sainct-Martin de Marteville, diocèse de Noyon, par maistre Antoine Fauvel, chanoine, qui estoit en tour ad præsentandum, et fut ladite présentation agréée par messieurs qui ordonnerent à son procureur de le présenter à l'évesque de la part du chapitre : ce qui fut fait après.

Le 5 jour de juillet 1529, fut présentée en chapitre la procuration dudit Jean Caluin, permutant sa dite cure de Marteville à celle du Pont-l'Evesque (lieu originaire de ses devanciers), avec messire Jean du Bray. Laquelle permutation sortit son effet pardeuant monsieur l'éuesque ou ses grands vicaires. Voilà en somme les bénéfices qui furent possédés par Jean Caluin auec une petite chappelle, fondée en l'église de Sainct-Quentin-en-l'Eau au faubourg de Péronne, nommée la chapelle de Sainct-Jean de Bayencourt.

Les trois frères Caluin ont possédé alternatiuement, et l'un après l'autre la chapelle de la Gésine. Charles la tint quelque temps, puis la permutta à celle de la Magdelaine auec Michel Courtin, qui la résigna à Jean. Huict ans après, à sçauoir le dernier jour d'avril 1527, ledit Jean, aagé de vingt ans, la mit au nom d'Antoine, son frère, qui entra en possession, et fut installé par maistre Mathieu Randoul, doyen.

Enuiron deux ans après, sçauoir le mercredy 26 jour de feurier 1531, ledit Jean rentra en la mesme chappelle, par la résignation dudit Antoine, admise par M. Foursy de Cambray, docteur en théologie et vicaire-général de messire Jean de Hangest, éuesque, et fut mis en possession en la personne de Charles, son frère, fondé de sa procuration.

Le lundi 4 jour de may 1534, Jean Caluin résigne ou trafique encore la même chappelle de la Gésine, et la met au nom de maistre Antoine de la Marlière, mediante pretio conventionis, dit l'enqueste, et prirent tous deux possession, l'un de l'argent, l'autre du bénéfice.

Il nacquit donc le 10 juillet 1509, et fut reçeu chappelain le 29 jour de may 1521. Le 5 jour d'aoust 1523, année de la grande peste, il obtient du chapitre, ce requérant son père, licence de s'absenter de Noyon, en considération du danger; ce qui lui fut accordé lucrando, jusques au jour de sainct Remy. Depuis cet an n'est parlé de luy jusqu'en 1526, qu'il est à l'instance du promoteur, contumacé au chapitre général, tenu le 16 jour de janvier. Condamnation qu'il encourt de rechef pour pareille contumace au chapitre général tenu le 6 jour de may 1827, sans qu'il ait comparu ny par soy, ny par envoi de procureur, estant lors aux estudes à Paris, absence qu'il devoit du moins purger par l'envoy de la testimoniale de M. le recteur de l'université. Toutefois, il n'en fait rien, et durant tout ce temps-là il ne comparut nullement à Noyon. Le 24 jour de juillet 1527, son père Gérard, stipulant pour lui, plaide une cause au chapitre, en laquelle Jean Cauvin est demandeur contre maistre Jean de Vic, chanoine, défendeur. Voicy les termes de la conclusion : Inter Gerardum Cauvin per Joannem Cauvin suo filio stipulantem, procurationem habentem, actorem contra magistrum Joannem de Vico presbyterum, canonicum reum, ad suscipiendum ad octavam. 1161.

d) Anthoine Cauuin.

Anthoine Cauuin, le troisième des frères, eut plus d'esprit que Charles; qui fut d'un entendement grossier. Il fut confident de Jean, qui lui résigna ou plutôt confia sa chappelle de la Natiuité de nostre Seigneur, pour la luy garder jusques à son retour des estudes, comme il fit sur la vaine espérance qu'auoit conceue ledit Jean de dogmatiser à Noyon à sa venue, dont il fut frustré. Anthoine, outre la chappelle mentionnée, en posséda une autre petite au village de Travercy, diocèse de Noyon, proche de la Fère, ladite chappelle nommée de Tourneville. Papyre Masson a dit d'Anthoine : — Hic dimisso minori sacerdotio quod possidebat in vico Tracio, Noviomensis dioceseos, Genevam ad fratrem iverat, uxoremque acceperat; où il s'esquivoque prenant Travcoy pour Travoroy, qui sont deux villages différents dans le mesme diocèse. — 1168.

N° 3.

Caroli V imperatoris epistola ad Lausannenses, ne disputationem de religione in sua urbe institutam, fieri sinant, an. 1536.

Carolus divina favente Clementia, imperator semper Augustus et Honorabiles, fideles, dilecti. Intelleximus in ista civitate nostra imperiali, ubi inter cætera ecclesiastica ædificia cathedralis ecclesia a nostris prædecessoribus dotata et sub nostra protectione existit, fieri innovationes in religionis et fidei nostræ causa, et inter cætera institutam esse certam disputationem brevi isthic fiendam super eodem negotio, quæ omnia nobis eo magis sunt adversa, quia ea in præjudicium edictorum nostrorum imperialium quibus omnes innovationes usque ad futurum concilium jam nostro studio et apud beatitudinem summi pontificis intercessione, indictum, et ad futurum mensem maij inchoandum, cessare et suspensa esse voluimus. Et roinde vos requirimus, serio mandantes, ut dictam disputationem (ut præfertur) institutam, nec non omnes alias innovationes in negotio fidei et religionis nostræ attentatas illicò annulletis, aboleatis, et omnia innovata in pristinum restituatis, causam ad futurum concilium (uti præfertur) celebrandam remittatis, contrarium nullo pacto facere præsumentes, seu fieri permittentes; vosque ita obedientes geratis, ut nobis de vestra erga nos et sacrum imperium observantia et officio planè persuademus. Datum Saviliani, die V Julii, anno Domini MD XXXVI, imperii nostri XV.

      Carolus. Ad Mandatum Cæsareæ et catholicae
      majestatis proprium. Obernburger.

N° 4.

....Pientissimo et eruditissimo viro D. Bullingero. Tig. eccles. pastori, fratri carissimo. M. Jun. 10, 1538.

... Deliberabat Senatus, ut Genevam concederem ad restituendos istos expulsos (sic enim ignominiose nuncupabat), sed potius abdicarim me ministerio, et patria cesserim, quam ut illos juvem, a quibus scio me fuisse immaniter traductum... Haec est scilicet fides vobis et ecclesiae Christi solenniter data, cujus fallendae praereptam facultatem Cunzeno putabatis. Proinde nunc tandem experimento credite, non fuisse vanum timorem apud vos... Consternabamur, ecclesiae autoritate aegerrime inducti ad ingrediendum hunc labyrinthum. Jam vero defuncti sumus. Jam vestro et piorum omnium judicio videmur satisfecisse, utcuncque nil effecerimus, nisi forte quod duplo aut triplo malum, quam antea, deterius recrudait; nam cum ejectis principio nobis Satan libidinose et illic et in tota Gallia triumpharet, accrevit tamen ex isto repulsu non mediocris praefidentia illi et ejus membris. Incredibile est, quam licentiose et insolenter omni vitiorum genere debacchentur illic impii, quam petulanter insultent Christi servis, quam ferociter Evangelio illudant, quam importune modis omnibus insaniant; quae calamitas eo nobis acerbior esse debet, quod ut disciplina, quae illic mediocris nuper apparebat, cogebat acerrimos religionis nostrae adversarios dare Domino gloriam: ita furiosa ista omnium flagitiorum patrandorum licentia pro loci celebritate in summum evangelii ludibrium plus nimio erit spectabilis. Vae illi per quem tale scandalum excitatum est. Vae illis potius, qui simul in scelestum hoc concilium conspirarunt. Bona pars etsi nos incolumes stare cupiebat, quia tamen non poterat consequi quod appetebat, nisi extincto veritatis lumine, non dubitavit ea mercede servire perversae cupiditati. Conzenus quia nos evertere non poterat sine ecclesia ruina, non dubitavit illam nobiscum trahere, ac nostram quidem aedificationem videtur diruisse; nos vero solidi in Domino consistimus, ubi ipse eum tota impiorum natione corruet, jam ecclesiam prorsus destitutam esse pastoribus praestiterit, quam a talibus proditoribus sub pastorum larva latitantibus occupari. Duo enim sunt qui locum nostrum invaserunt, quorum alter Gardianus Franciscanorum cum esset inter evangelii exordia, hostiliter semper repugnavit, donec Christum aliquando in uxoris forma contemplatus est, quam simul atque habuit secum, modis omnibus corrupit; in ipso monachatu vixerat foedissime et impurissime, et sine ulla non superstitione modo, sed superstitionis simulatione. (?) Proinde ne videatur episcoporum ordine merito expugnandus, saepe clamat in suggestu non requiri episcopum a Paulo, qui sine crimine fuerit, sed qui incipiat esse, ubi primum in eam dignitatem cooptatur. Ex quo nomen evangelio dedit, ita se gessit, ut omnibus appareat pectus Dei timore atque adeo religione omni prorsus vacuum. Alter, quanquam est vaferrimus in tegendis vitiis, adeo tamen insigniter ac notabiliter vitiosus est, ut non nisi peregrinis imponat. Uterque vero cum sit indoctissimus, nec ad discendum modo, sed etiam ad garriendum insulsissimus, ambo tamen insolentissime superbiunt. Nunc tertium illis adjunctum referunt scortationis nuper insimulatum et jam jam convincendum, nisi paucorum favore elapsus esset e judicio. Neque majore dexteritate administrant officium quam usurparunt — eo enim se ingesserunt fratribus totius provinciae partim inconsultis, partim reclamantibus, in eo quamvis potius personam (mercenariorum) prae se ferant, quam servorum Christi. Verum nihil nobis magis dolet, quam eorum tum inscitia, tum levitate, tum stoliditate, ministerium prostitui ac projici — Nullus praeterit dies, quo non manifeste alicujus errati, aut a viris, aut a mulieribus, interdum etiam a pueris notentur. Sed jam festinatione tabellarii epistola nobis de manibus excutitur. Valete igitur dilectissimi nobis et imprimis observandi fratres, seriisque nobiscum precibus Dominum appellate.

Fratres amantissimi vestri.

Farellus et Calvinus.

Haec manu Calvini:

Obtestamur vos fratres, caveatis, ne hujus epistolae publicatio nobis sit fraudi. Familiarius enim in sinum vestrum quidvis deponimus, quam promiscue simus narraturi. Vestrae itaque fidei haec secreto commissa memineritis.

TABLE DES MATIÈRES

DU PREMIER VOLUME.

Introduction, page i.

CHAPITRE I. Premières années de Calvin, 1509 — 1529. Naissance de Calvin. — Ses parents. — Gérard son père le destine à l'étude de la théologie. — La famille Mommor. — Calvin à Paris, chéz son oncle Richard. — Mathurin Cordier. — Farel. — Retour à Noyon, 1.

CHAPITRE II. Les universités. L'Ecolier à l'université. — Location des chambres. — Quand doit-il payer son bail? — Droit qu'il a d'évincer tous locataires qui font du bruit. — N'est pas tenu aux prestations de service envers l'état. — Vêtements. — Livres de l'Ecolier insaisissables. — Droits civils de l'Etudiant. — Ne peut être excommunié. — Prière de l'Elève. — Conseils de Rebuffy, 28.

CHAPITRE III. Calvin a l'université de Bourges, 1529 — 1532. Mort de Gérard Calvin. — Lettre de Jean Calvin à Daniel. — Bourges, André Alciati. — Melchior Wolmar. — Retour de Calvin à l'étude de la théologie. — Théodore de Bèze. — Melanchthon et Bèze. — Système de la prédestination. — Retour de Calvin à Paris. — Prédications. — Le pouvoir sévit contre les réformés, 34.

CHAPITRE IV. Le traité de la clémence. Examen de l'ouvrage. — Peines et tourments de l'auteur. — Lettres diverses. — Calvin vend sa cure et la part de son héritage, 57.

CHAPITRE V. Calvin a la cour de Marguerite. La psychopannychie, 1534 — 1535. Cop et Calvin s'enfuient de Paris. — La cour de Nérac. — Calvin à Claix. — Du Tillet. — A Orléans. — La réforme en France. — Servet. — Exil de Calvin. — Strasbourg. — Basle. — La Psychopannychie. — Examen de l'ouvrage. — Jugement de Calvin, 64.

CHAPITRE VI. François Ier. La réforme était commencée en France quand parut Calvin. — Influence de François Ier sur les lettres. — Les évêques, — Porcher, — Pélissier, — Du Bellay. — Les Lettrés — Budée, — Vatable, — Danès, — Postel. — Le collége Trilingue. — Marot. — La Sorbonne. — Le poète est protégé par le prince — Mouvement littéraire. 81.

CHAPITRE VII. Les femmes. Intrigues des dames de la cour pour introduire la réforme en France. — La duchesse d'Etampes. — Mesdames de Pisseleu et Cani. — La Messe à sept points. — Colporteurs réformés. — Le Coq, curé de Saint Eustache, prêche devant François Ier. — On veut attirer Mélanchthon en France. — Lettre de ce savant au roi. — Le cardinal de Tournon fait échouer la conjuration des Dames. — Les Placards, 100.

CHAPITRE VIII. L'Institution chrétienne. Accueil que la Réforme fait à ce livre. — C'est un manifeste contre le protestantisme. — Antagonisme de Calvin et des réformateurs allemands. — Quelques doctrines de l'Institution. — Variations de la Symbolique de Calvin. — Servet. — Idée de la polémique de l'Institution. — Appel de Calvin à l'autorité catholique. — La Préface de l'Institution. — Style de l'œuvre, 120.

CHAPITRE IX. Calvin en Italie. 1536. L'Italie fidèle au culte de la forme. — Calvin à Ferrare. — L'Arioste. — Calcagnini. — Marot. — La duchesse de Ferrare. — Calvin est obligé de quitter Ferrare. — Commerce épistolaire avec la duchesse, 140.

CHAPITRE X. La réforme en Suisse. Commencement de la réforme en Suisse. — Ulrich Zwingli. — Causes des succès de la Réforme. — Les nobles. — Le peuple. — Les conseils — Le sénat. — Violences contre le catholicisme. — Portrait de Farel. — Ses thèses. — Genève avant la réforme. — Etat politique. — La maison de Savoie. — Les Eidgenoss. — Monuments religieux de Genève, 151.

CHAPITRE XI. Les évêques et les patriotes. Tableau des services rendus par l'épiscopat aux intérêts matériels et religieux de Genève. — Ardutius. — Adhémar Fabri. — Jean de Compois. — Lutte des pa-

trioles et de l'épiscopat. — Berthelier.—Besançon Hugues.— Pecolat.
— Bonnivard. — Supplice de Berthelier, de Levrier. — L'Evêque
de la Baume est obligé de quitter Genève. — Son caractère. — Berne
profite des divisions intestines de Genève pour répandre la réforme, 175.

CHAPITRE XII. LA SOEUR JEANNE DE JUSSIE, 1530 — 1536. Le livre de la sœur. — Récit. — Pillage de Morges par les réformés. — Les Bernois à Genève. — Dévastation de l'église de Saint-Pierre ; — De l'Oratoire, — De Saint-Victor,—De Saint-Laurent. — Combat dans les rues de Genève. —Assassinat de Pierre Werli. — Supplice de Malbosson.— Farel.— Les syndics veulent contraindre les sœurs de Ste-Claire à assiter à une dispute théologique.—Les sœurs refusent et sont chassées. 195.

CHAPITRE XIII. CALVIN A GENÈVE. — FAREL. — VIRET. 1536. Arrivée de Calvin à Genève. — Il est découvert par Viret. — Adjuration de Farel. — Calvin consent à rester. — L'Ours de Berne. — Caractère des trois réformateurs, Farel, Viret et Calvin. — Préparatifs du colloque de Lausanne. — Ruses de la réforme. — Le pape antechrist, 215.

CHAPITRE XIV. COLLOQUE DE LAUSANNE, 1536. Moyens employés par la réforme pour convertir la Suisse catholique. — Pillage des églises. — Exil des prêtres. — Vente des biens des proscrits. — Conduite de Berne. — Dispute de Lausanne. — Thèses de Farel. — Les docteurs catholiques. —Invectives de Viret et de Farel contre la papauté. — Misère de nos prêtres. — Calvin prend la parole. — Idée de son argumentation, 229.

CHAPITRE XV. LES ANABAPTISTES, 1537 — 1538. Hermann et Benoit anabaptistes, viennent à Genève pour disputer avec les ministres. — Colloques avec le syndic. — Dispute avec Calvin. —Les anabaptistes ne peuvent défendre leurs doctrines — Ils sont chassés. —Persécutions contre les catholiques. — Catéchisme de Calvin. — Le peuple jure le nouveau Formulaire — Caroli attaque les ministres genevois. — Il est cité au synode de Berne. — Et condamné. — Violences de Calvin contre Caroli. — Luther outragé, 251.

CHAPITRE XVI. DESPOTISME. EXIL. 1537 — 1538. Troubles excités à Genève par le Formulaire. — L'Eglise dans l'Etat. — Balard dénoncé par Calvin. —Traits divers de despotisme religieux.— Physionomie de la cité. — Irritation croissante des Eidgenoss. — Délateurs. — Corault. — Le conseil enjoint à Calvin et à Farel de donner la communion aux fidèles. — Refus obstiné des ministres. — Le peuple s'assemble et prononce leur exil. 271.

CHAPITRE XVII. Pamphlets de Calvin. Sadolet, 1537 — 1539. Examen de deux pamphlets publiés par Calvin à Genève contre le catholicisme. — Le Réformateur jugé par M. Galiffe. — Le prêtre catholique. — Sadolet à Rome, — A Carpentras. — Conduite de l'Evêque, — Sa lettre aux Genevois, — monument de charité et d'éloquence. — Réponse de Calvin. — Double appréciation de cette lettre. 291.

CHAPITRE XVIII. Calvin à Berne, 1538. Voyage de Calvin à Berne. — Dispositions des populations. — Arrivée à Berne. — Conz. — Portrait de ce ministre. — Dispute entre Conz, Calvin et Farel. — Berne travaille au retour des Bannis. — Le peuple genevois en assemblée générale confirme l'arrêt d'exil de Calvin. — L'Eglise de Genève et ses ministres jugés par le réformateur. — Paillardise, hypocrisie, ignorance du clergé réformé. — Calvin à Basle. — A Strasbourg, 318.

CHAPITRE XIX. Calvin à Strasbourg. Son mariage. 1539 — 1540. Physionomie religieuse de Strasbourg. — Jean Sturm. — Capito. — Hedio. — Bucer. — Mariage des prêtres à quel prix opéré. — Calvin arrive à Strasbourg. — Il est nommé professeur de théologie. — Il s'occupe de marier Viret. — Epouse Idelette Stœrder. — Perd son premier né, et sans verser de larmes, 330.

CHAPITRE XX. Doctrine de Calvin. a) *Prédestination.* b) *Libre arbitre.* 1539 — 1540. Le sacristain de Saint-Pierre-le-Jeune à Strasbourg. — Dispute au cabaret de l'Arbre vert. — Que le bon plaisir est chez Dieu le seul motif pour sauver ou réprouver. — Il n'y a pas d'innocent. — Le Seigneur ne permet pas, il ordonne. — Le décret horrible. — Dieu ne veut que le salut des élus. — Il commande le péché. — L'œuvre du coupable est l'œuvre de Dieu. — Point de liberté dans l'homme. — La concupiscence. — Exposé du système de Calvin sur la prédestination. — L'église réformée et l'église protestante aux prises. — La tombe du sacristain, 353.

CHAPITRE XXI. Calvin à Francfort, a Haguenau, a Worms, a Ratisbonne. 1540 — 1541. Double travail de la réforme. — Appel au concile qu'elle est décidée d'avance à rejeter. — Calvin à Francfort. — Son opinion sur la cène. — Sur les cérémonies du culte. — En désaccord avec Mélanchthon. — Calvin à Haguenau. — Vœux de Rome pour la paix. — Eck, Bucer et Calvin. — Accusations portées par ses coreligionnaires contre le Réformateur genevois. 376.

CHAPITRE XXII. DE COENA DOMINI, 1539 — 1540. Divergence des symboliques protestantes touchant la cène. —Opinion de Carlstadt. — De Zwingli. — De Luther. — Système de Calvin exposé par Bossuet, et réfuté et condamné par Luther et l'église Saxonne. — Le dogme catholique de la transsubstantiation, défendu par divers protestants, 398.

CHAPITRE XXIII. L'ÉPITRE AUX ROMAINS. Caractère de l'Exégèse saxonne. — Luther. — Mélanchthon. — L'Ecole catholique. — Progrès qu'elle a fait faire à l'herméneutique. — L'Epitre aux Romains, commentée par Calvin. — Appréciation de cet ouvrage. — Exemples de divers textes pauliniens torturés par le réformateur. — Son système exégétique. — Abymes où conduit l'exégèse, 418.

CHAPITRE XXIV. VIE INTÉRIEURE DE CALVIN A STRASBOURG. — Amitiés littéraires de Calvin à Strasbourg. — Castalion. — Les frères Vaudois. — Indigence du réformateur. — Farel veut venir au secours de son ami. — Refus de Calvin. — Les libraires Vendelin et Michel. — Les livres de Calvin obtiennent en Allemagne peu de succès ; et pourquoi ? — Caractère du réformateur. — Il dénonce en chaire l'inconduite d'un magistrat. — Se plaint de Bucer. — Récriminations du jacobin. — Aveux de Calvin. 432.

CHAPITRE XXV. LE DIABLE ET L'ANTECHRIST. Le DÉMON dans la vie de Luther comme instrument de colère et de poésie. — Tentations du docteur. — Le démon dans la vie de Calvin. — Opinions du réformateur genevois. — Récit d'une possession. — Ce que Calvin pense des épileptiques et des sorciers. — L'ANTECHRIST de Luther et de l'église saxonne. — La réforme enseigne encore aujourd'hui que le pape est l'antechrist. — La Revue protestante du 19e siècle. — Croyance de Calvin. — Jean de Müller. — Hugo Grotius, 447.

CHAPITRE XXVI. L'ÉCRITURE. Opinion de Pighius sur la valeur de l'Ecriture et de la tradition.— Heinrich Bensheim de Haguenau — Sa vision.— Luther et Calvin devant le tribunal suprême. Cotta la femme selon le cœur de Dieu. — Calvin opposé à Calvin. — Aveux de protestants modernes, 469.

CHAPITRE XXVII. CATÉCHISME DE CALVIN, 1541. Catéchisme catholique. — Catéchismes de Luther, leurs doctrines. — Catéchisme de Calvin, vieilli et usé. — La réforme n'a pas d'église, mais des églises. — Le père Athanasius de Stanzad.— Que le catholicisme seul peut avoir un catéchisme.— Toutes les vérités évangéliques niées et affirmées par la réforme. — Preuves diverses extraites des œuvres protestantes, 482.

CHAPITRE XXVII. Rappel de Calvin, 1541. Causes du rappel de Calvin. — Misérable état de l'Eglise réformée à Genève. — Lettre de J. Bernard à l'exilé. — Menaces de Berne. — Envoi de députés pour traiter des points en litige. — Leur retour à Genève. — Le parti calviniste soulève la population contre les patriotes signataires de la convention avec Berne. — Les articulants. — Supplice du capitaine général de la milice. — Division des esprits. — Les conseils songent à rappeler Calvin. — Lettre des syndics. — Refus du réformateur. — Nouvelles démarches des conseils. — Adjuration. — Calvin cède. — Départ pour Genève. — Ignace et Calvin. 501.

Pièces justificatives. 519.

ERRATA DU TOME PREMIER.

Page 10, ligne 2, amours incestueux	lisez incestueuses.
19, non ragionam di cor,	non ragioniam di lor.
48, 13, les ravale,	la ravale.
146, 3, ce catholicisme,	le catholicisme.
172, 16, à cette autre Marathon,	à cet autre Marathon.
178, note, a conservés,	conservées.
307, 24, si je les avais reçues,	reçus.
432, attirait,	attiraient.
455, 1, cette tumulte,	ce.
456, 24, saute bas,	à bas.
489, 20 et 21, avant la loi ou commandement,	le commandement.

Imprimerie de F. Locquin, rue N.-D.-des-Victoires, 16.

LA RÉFORME
CONTRE
LA RÉFORME,

OÙ

RETOUR A L'UNITÉ

PAR LA VOIE DU PROTESTANTISME ;

PAR M. HOENINGHAUS ;

TRADUIT DE L'ALLEMAND

ET PRÉCÉDÉ D'UNE INTRODUCTION

Par M. AUDIN.

Deux forts volumes in-8.

Ce n'est point ici un livre de controverse, mais la plus éloquente défense du catholicisme qui jamais ait été entreprise. Dans cette œuvre que Mœhler appelait un prodige d'érudition, il n'est pas une ligne qui n'appartienne à un dissident. On est émerveillé en parcourant toutes ces belles pages, signées des noms les plus illustres de l'école protestante: philosophes, exégètes, moralistes, archéologues, poètes, historiens, chaque gloire de la réforme vient tour à tour payer son tribut d'admiration aux dogmes, à la discipline, à la morale de notre culte.

Traduit en italien, en anglais, en espagnol, l'ouvrage de Hœninghaus a partout été accueilli avec admiration.

On souscrit, *sans rien payer d'avance*, et en s'adressant directement

A **M. MAISON**, QUAI DES AUGUSTINS, 29.

Prix des deux volumes in-8° pour les souscripteurs, 12 francs. L'ouvrage mis en vente coûtera 15 francs.

MODELE DE SOUSCRIPTION.

Je soussigné souscris pour   exemplaire de l'ouvrage de Hœninghaus : **LA RÉFORME CONTRE LA RÉFORME**, 2 vol. in-8., au prix de 12 francs, que je payerai à la réception de l'ouvrage.

(*Signature et domicile.*)

Imprimerie de F. LOCQUIN, rue N.-D.-des-Victoires, 16.

www.ingramcontent.com/pod-product-compliance
Lightning Source LLC
Chambersburg PA
CBHW070823230426
43667CB00011B/1675